Marktforschung

Uwe Kamenz

Marktforschung

Einführung mit Fallbeispielen,
Aufgaben und Lösungen

2., durchgesehene Auflage

2001
Schäffer-Poeschel Verlag Stuttgart

Praxisnahes Wirtschaftsstudium

Herausgeber:
Prof. Dr. Bernd P. Pietschmann, Fachhochschule Aachen
Prof. Dr. Dietmar Vahs, Fachhochschule Esslingen
   Hochschule für Technik

Autoren:
Prof. Dr. Uwe Kamenz lehrt an der Fachhochschule Dortmund

Hilfsmaterial für die Lehre

Dozenten können eine CD-ROM mit Abbildungen aller Fachhochschulbände beim Verlag bestellen. Von diesen Vorlagen lassen sich Transparentfolien zur Anwendung in Lehrveranstaltungen ziehen. Richten Sie Ihre Bestellung an den

Schäffer-Poeschel Verlag
Vertrieb
Werastraße 21–23
D-70182 Stuttgart
Fax 07 11/21 94-119

Bitte fügen Sie eine Bescheinigung über Ihre Dozententätigkeit bei.

Bestellnummer der CD-ROM: 3-7910-1623-7

Die Deutsche Bibliothek – CIP Einheitsaufnahme

Kamenz, Uwe:
Marktforschung : Einführung mit Fallbeispielen,
Aufgaben und Lösungen / Uwe Kamenz. – 2., durchges. Aufl.
– Stuttgart : Schäffer-Poeschel, 2001
(Praxisnahes Wirtschaftsstudium)
ISBN 3-7910-1809-4

Gedruckt auf chlorfrei gebleichtem, säurefreiem und alterungsbeständigem Papier

© 2001 Schäffer-Poeschel Verlag für Wirtschaft · Steuern · Recht GmbH
Einbandgestaltung: Willy Löffelhardt
Satz: Typomedia Satztechnik GmbH, Ostfildern
Druck und Bindung: Franz Spiegel Buch GmbH, Ulm
Printed in Germany

April/2001
Schäffer-Poeschel Verlag Stuttgart
Ein Tochterunternehmen der Verlagsgruppe Handelsblatt

Vorwort der Herausgeber

Die Reihe *Praxisnahes Wirtschaftsstudium* bietet eine lebendige und praxisorientierte Vermittlung aktuellen betriebswirtschaftlichen Wissens.

Dazu trägt vor allem die langjährige Praxiserfahrung sämtlicher Autoren und Autorinnen dieser Reihe bei. Durch ihre Tätigkeit als Führungskräfte in Unternehmen, als Hochschullehrer und als Wirtschaftsberater verfügen sie sowohl über fundierte Fachkenntnisse als auch über umfassende praktische Erfahrungen.

Die Reihe *Praxisnahes Wirtschaftsstudium* umfasst mehrere Bände, die in Aufbau und Gestaltung derselben Systematik folgen. Dadurch finden sich die Leserinnen und Leser in den einzelnen Wissensgebieten schnell zurecht und können die Themen leichter miteinander »vernetzen«. Der leichteren Orientierung dienen auch die Marginalien am Rande des Textes und die Kennzeichnung von Beispielen mit einem B und von Definitionen mit einem D. Die Bücher bestehen aus jeweils drei Elementen:

- In einem **Thementeil** werden die Lehrinhalte systematisch und anhand einer Vielzahl von erklärenden Graphiken und Beispielen aus der Wirtschaft erläutert.

- Durchgängige **Fallbeispiele** führen realitätsnah durch die verschiedenen Problembereiche eines Unternehmens und ermöglichen die unmittelbare Anwendung des erarbeiteten Wissens.

- Das ausführliche **Stichwortverzeichnis** am Ende jeden Buches macht die Reihe zu einem Nachschlagewerk, in dem sich die Leserinnen und Leser schnell zurechtfinden.

Wo immer dies sinnvoll ist, wird jeder Abschnitt des Thementeils durch Kontrollfragen zur Überprüfung des Lernfortschritts ergänzt; am Ende des Buches findet der Leser dann Übungsaufgaben mit Musterlösungen.

Die Bücher der Reihe *Praxisnahes Wirtschaftsstudium* wenden sich insbesondere an zwei Adressatengruppen:

- **Studierende** an Fachhochschulen, Universitäten, Akademien und sonstigen Einrichtungen, denen in dieser Reihe Lehrbücher angeboten werden, die wissenschaftliche Grundlagen mit konkretem Praxisbezug verbinden und die durch ihren Aufbau auch über das Studium hinaus als Nachschlagewerk dienen.

- **Praktiker,** die im Rahmen ihrer Tätigkeit mit betriebswirtschaftlichen Problemen konfrontiert werden und sich schnell und systematisch einen fundierten Einblick in den gegenwärtigen Stand der Betriebswirtschaftslehre und einiger wichtiger Nachbardisziplinen verschaffen wollen.

Für Hinweise, die einer Verbesserung der Reihe *Praxisnahes Wirtschaftsstudium* dienen, sind die Herausgeber jederzeit dankbar.

Reutlingen und Stuttgart   *Bernd P. Pietschmann*
Dietmar Vahs

Vorwort

Marketing als markt- und kundenorientierte gesamtheitliche Unternehmensführung übernimmt innerhalb der Betriebswirtschaftslehre und erst recht in der wirtschaftlichen Praxis die zentrale Position zur erfolgreichen Unternehmensführung. Inzwischen gibt es kein Unternehmen, keine Organisation und keinen Verein, der nicht durch die Nutzung der Marketinginstrumente wirtschaftlich erfolgreich sein will. Innerhalb der Unternehmen bewirkt die Umorientierung zu Lean Management, Teamarbeit und kontinuierlicher Produktivitätssteigerung die Umsetzung eines internen Marketings. Jede innerbetriebliche Lieferanten-Kundenbeziehung wird inzwischen dem Marketingleitgedanken unterworfen.

Unternehmerisches Handeln heißt, Entscheidungen zu treffen. Kann sich der Wissenschaftler durch ceteris paribus-Bedingungen einen Prämissenraum bilden, in dem er aufgrund von Theorien oder empirischen Befunden zu optimalen Entscheidungen gelangen kann, steht die Praxis immer dem Problem der Entscheidungsfindung unter größter Unsicherheit gegenüber. Hierin sieht die Marktforschung ihre Hauptaufgabe. Deren Erkenntnisse dienen als Informationsgrundlage für die Entscheidungsfindung. Damit ist die Kenntnis über die Marktforschungsmethoden neben den Grundlagen des Marketings für jeden Betriebswirt und jeden wirtschaftlich arbeitenden Praktiker Pflicht.

Das vorliegende Lehrbuch richtet sich deshalb an alle Studenten der Wirtschaftswissenschaften und jeden Praktiker, der kundenorientierte Entscheidungen zu treffen oder vorzubereiten hat. Die Inhalte orientieren sich am Stand der Wissenschaft. Als notwendige Ergänzung werden einführende Lehrbücher zum Marketing, Controlling und zur Statistik empfohlen. Diese Bereiche werden nur am Rande behandelt.

Zur besseren Orientierung werden viele grafische Darstellungen verwendet. Zur klaren Einordnung und Inhaltsbeschreibung werden die Abbildungen mit folgenden Symbolen ergänzt:

 Übersicht über das Kapitel und die dargestellten Sachverhalte.

 Unterarten oder Untergruppen des Sachverhaltes.

 Definitionen und Erläuterungen von Sachverhalten.

●→○　Zusammenhänge und Strukturen von Sachverhalten.

●=●　Beispiele aus der Literatur und Praxis.

●→
●→?　Kriterien zur Auswahl von Verfahren und Methoden.
●→

●→+
●→-　Bewertung und Beurteilung von Verfahren und Methoden.
●→+

●→1.
●→2.　Prozessstufen und Reihenfolge der Vorgehensweise
●→3.　bei Verfahren, Methoden und Auswahlschritten.

Eine Fallstudie aus der Automobilindustrie soll über alle Kapitel hinweg dem Weg folgen von der Problemstellung über die Marktforschungsschritte zur Entscheidung. Die Fallstudie ist fiktiv, lehnt sich allerdings an einen realen Fall an.

Am Ende eines jeden Kapitels stehen Übungsaufgaben und eine Liste weiterführender Literatur. Sehr oft werden in Klammern auch synonyme oder die englischsprachigen Ausdrücke genannt, da auch in deutschen Unternehmen oft nur noch die englischen Vokabeln genutzt werden, erst recht im Agenturbereich.

Für vielseitige Unterstützung danke ich folgenden Personen: Dipl.-Soz. Peter Brandt, Dipl-Bw. Bärbel Brüssow, Petra Hülsmann, Dr. Michael Kopp, Dipl.-Bw. Peter van den Hurk.

Ein besonderer Dank geht an die Teilnehmer des Marktforschungsseminars an der FH Dortmund im Sommersemester 1996 für die Ausgestaltung der Fallstudie.

Kontinuierliche Verbesserung ist der Schlüssel zur Erfolgsicherung einer jeden wirtschaftlich tätigen Person. Deshalb bittet der Autor um Verbesserungsvorschläge für eine noch zielgruppenspezifischere Darstellungsweise:

Prof. Dr. U. Kamenz　　　　Tel.:　　02 31 / 7 55-48 89
FH Dortmund　　　　　　　Fax:　　02 31 / 7 55-49 02
Fachbereich Wirtschaft　　　e-mail: kamenz@profnet.de
Emil-Figge-Str. 44　　　　　www.profnet.de
44227 Dortmund

Vorwort zur 2. Auflage
Gegenüber der Erstausgabe wurden ausschließlich Fehler behoben, die vor allem von den Lesern direkt mitgeteilt wurden. Für die Überarbeitung und Umsetzung sei Frau Verena Skrawek ein besonderer Dank ausgesprochen.

Inhaltsverzeichnis

Abbildungsverzeichnis

1 Grundlagen der Marktforschung

Nach Durcharbeitung des Kapitels Grundlagen der Marktforschung soll der Leser

- die unterschiedlichen Begriffe voneinander abgrenzen können,
- verschiedene Einteilungen der Marktforschung nennen können,
- die Aufgaben der Marktforschung beschreiben können,
- die Bedeutung und die Position der Marktforschung im Marketingprozess beschreiben können,
- den Marktforschungsprozess als Ganzes und in den wichtigsten Schritten aufzeigen können.

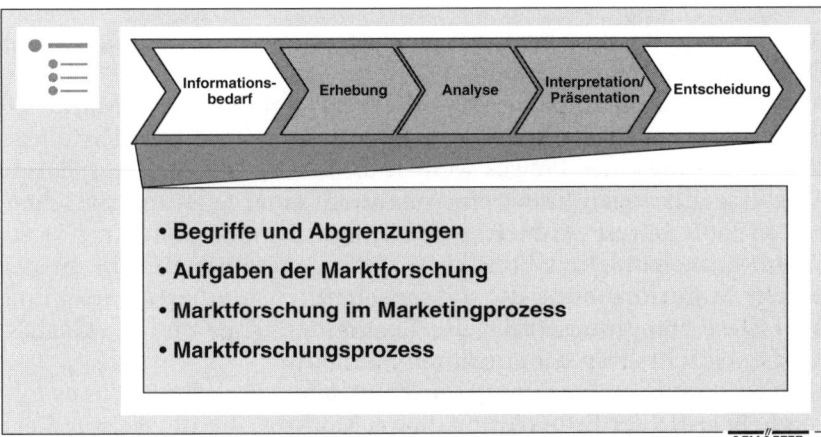

Abb. 1: *Übersicht über die Grundlagen der Marktforschung*

Als Basis für die Darstellung der einzelnen Schritte des Marktforschungsprozesses sollen als erstes die Grundlagen der Marktforschung betrachtet werden. Welche Begriffe sind abzuklären, welche Aufgaben hat die Marktforschung, welche Funktion hat die Marktforschung im Marketingprozess und wie sieht der vollständige Marktforschungsprozess vom Problem zur Lösung aus?

1.1 Begriffe und Abgrenzungen

Im Folgenden sollen die in der Literatur und Praxis benutzten Begriffe bezüglich der Marktforschung dargestellt und kritisch disku-

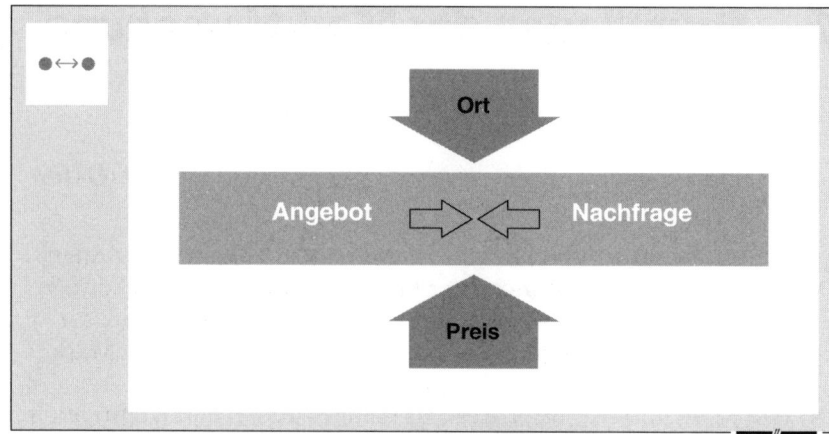

Abb. 2: *Der Markt als Ort von Angebot und Nachfrage*

Marktbegriff

tiert werden. Als Ergebnis soll eine weiterentwickelte, praxisnahe Definition gefunden werden.

Ausgangsposition allen wirtschaftlichen Handelns ist der Markt. Er ist der Ort, an dem Angebot und Nachfrage aufeinandertreffen. Durch Bildung eines Preises werden diese ausgeglichen. Auf Handlungsträger bezogen findet ein Austausch einer Leistung zwischen einem Lieferanten (Anbieter) und einem Kunden (Nachfrager) zu einem ausgehandelten Preis statt. Somit wäre vereinfacht ausgedrückt Marktforschung die wissenschaftlich fundierte Forschung über diese Handlungsträger, die Zusammenhänge und die Gestaltungsmöglichkeiten der einzelnen Elemente.

Begriffe

In der Praxis und in der wissenschaftlichen Forschung gibt es folgende Begriffe der Erforschung dieses Marktes, die im Weiteren erläutert und abgegrenzt werden:

- Absatzforschung,
- Marketingforschung,
- Marktforschung und
- Meinungsforschung.

Klassische Definitionen Marktforschung

Die wissenschaftliche Literatur zur empirischen Wirtschafts- und Sozialforschung, zur Absatzpolitik und zum Marketing hat im Wesentlichen folgende Abgrenzungen und Definitionen der oft synonym verwendeten Begriffe Marketingforschung und Marktforschung entwickelt:

Definition von Salcher

Marktforschung = die systematische (kurzzeitige oder kontinuierliche) Analyse des Marktes, um die gegebene Marktstruktur (Produktangebot, Konkurrenzsituation, Preissituation, Vertriebswege, etc.) sowie die spezifischen Verhaltensweisen des Verbrauchers

*in diesem Markt (Kauf- und Konsumgewohnheiten) zu verdeut-
lichen, sodass – auf der Basis dieser Erkenntnisse – die Art des
zu planenden Produktes sowie der Umfang der Produktion optimal auf diesen Markt abgestimmt werden kann.*
(Salcher 1978, S. 16).

*Marktforschung ist die Sammlung, Verarbeitung und Analyse
von Informationen über Gegenstände, die für das Marketing re-
levant sind. Sie beginnt mit der Definition des Problems und
endet mit einem Bericht und Handlungsempfehlungen.*
(Lehmann 1985, S. 3)

**Definition von
Lehmann**

*Marktforschung ist die systematische Sammlung, Aufzeichnung
und Analyse von Daten über Probleme, die in Bezug stehen zum
Marketing von Gütern und Dienstleistungen.*
(Churchill 1987, S. 10)

**Definition von
Churchill**

*Unter Marketingforschung versteht man die systematische und
objektive Gewinnung und Analyse von Informationen, die zur
Erkennung und Lösung von Problemen im Bereich des Marketings dienen.* (Green/Tull 1982, S. 4)

**Definition von
Green/Tull**

*Marketingforschung ist die systematische Anlage und Durch-
führung von Datenerhebungen sowie die Analyse und Weitergabe von Daten und Befunden, die in bestimmten Marketing-
situationen vom Unternehmen benötigt werden.*
(Kotler/Bliemel 1992, S. 143)

**Definition von
Kotler/Bliemel**

*Die Marktforschung kann allgemein als Beschaffung und Verar-
beitung von Informationen bezüglich der Unternehmensmärkte
definiert werden.* (Berndt 1992, S. 113)

**Definition von
Berndt**

Zusammengefasst ergeben sich zwei grundsätzliche Richtungen
der Definitionen von Markt- und Marketingforschung:

- Die einen Autoren sehen mehr die Markterforschung, also die
  systematische, wissenschaftlich fundierte und das planvolle Vorgehen bei der Ermittlung von Daten über Märkte,
- die anderen Autoren sehen die Marktforschung mehr als die direkte Entscheidungsgrundlage für Marketingentscheidungen.

**Klassische
Abgrenzung
Marktforschung**

Abb. 3: *Klassische Abgrenzung Markt-, Meinungs- und
Marketingforschung*

**Demoskopische
Marktforschung**

Im Weiteren wird von der Markt- und Marketingforschung, auch
ökoskopische Marktforschung genannt, noch die Meinungsforschung
als drittem zentralen Begriff abgegrenzt. Dieser auch demoskopische Marktforschung benannte Bereich beinhaltet die Erforschung
von Meinungen und Ansichten gegenüber wirtschaftlichen Markt-
und vor allem gesellschaftlichen Frage- und Problemstellungen.
Die Wahlforschung ist hier als bekanntestes Feld zu nennen.

Eine weitere Literaturposition sieht eine Unterteilung der Marketingforschung in die Erforschung der Tatbestände der Gegenwart
Marktprognose (Marktforschung) und die Tatbestände der Zukunft (Marktprognose)
(Bruhn 1995, S. 85). Eine solche Marktforschung wäre damit eine
reine Status-quo-Betrachtung.

Forschung ist grundsätzlich immer auch zukunftsbezogen. Außerdem nutzt die Marktprognose dieselben Verfahren der Datenerhebung und Datenanalyse wie die gegenwarts- oder vergangenheits-
bezogene Marktforschung. Deshalb ist eine solche Abgrenzung
nicht notwendig. Die nicht-wirtschaftlichen Meinungen und Einstellungen wie z.B. zur Politik, Kirche oder Staat sind spätestens in
den 90er Jahren mehr und mehr auch zu einem eigenen Markt geworden. Meinung an sich ist ebenfalls eine Ware, unterliegt Angebot und Nachfrage. Deshalb wird die klare Abgrenzung zwischen
Markt- und Meinungsforschung in der Zukunft verschwinden. Sie
beinhaltet vielmehr eine Unterscheidung innerhalb der Marktforschung nach unterschiedlichen Inhaltsarten und einer mehr qualitativen und mehr quantitativen Marktforschungsausrichtung.

Viele Autoren sehen keinen grundsätzlichen Unterschied zwischen der Markt – und der Marketingforschung (Hüttner 1989, S. 1). Traditionell wird davon ausgegangen, dass Marketing sich spezifisch auf die Absatzmärkte ausrichtet. In den 80er und 90er Jahren hat sich das Marketing diesbezüglich weiterentwickelt. Inzwischen wird es in allen erdenklichen Märkten genutzt, sodass es z.B. auch ein Beschaffungsmarketing, ein Personalmarketing, ein Finanzmarketing oder ein Städtemarketing gibt. Spätestens seitdem die Marketingwissenschaft auch innerbetriebliche Kunden-Lieferanten-Beziehungen durch das Interne Marketing erfasst, muß sich die Marketingforschung auf alle Märkte und auch alle internen Bereiche beziehen.

Unterschied Markt- und Marketingforschung

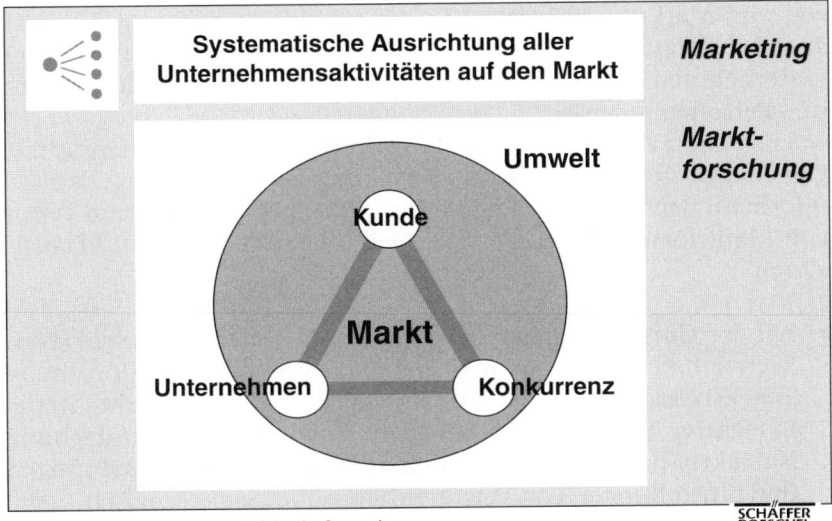

Abb. 4: *Marketing und Marktforschung*

Marketing ist die systematische Ausrichtung aller Unternehmensaktivitäten auf dem Markt. Dieser wird gekennzeichnet durch den Kunden, das eigene Unternehmen, den Konkurrenten und die Umwelt. Für alle Entscheidungen innerhalb dieser vier Bereiche muss die Marktforschung im Marketing-Planungsprozess Informationen zur Verfügung stellen.

Marketing

Bleibt als letztem möglichen Unterschied zwischen Markt- und Marketingforschung die Forschung über die Marketingwissenschaft selbst wie z.B. über neue Methoden und Theorien. Auch hier hilft für den empirischen Forschungsansatz die Marktforschung mit Falsifizierungs-Informationen. Dieser Aufgabenbereich der Marketingforschung bedingt allerdings nicht notwendigerweise eine Abkehr von dem eingeführten Begriff der Marktforschung.

Eine modernere, praxisbezogene und marketingorientierte Marktforschungsdefinition ergibt sich damit wie folgt:

> **Marktforschung** erzeugt systematisch auf der Basis wissenschaft-licher Methoden (Erhebung, Analyse, Interpretation und Präsentation) Informationen für Marketingentscheidungen, welche das Management und die Gestaltungsalternativen aller Kunden-Lieferanten-Beziehungen sowohl materieller als auch immaterieller Güter betreffen.

Informationsmanager

Ein weiterer Trend liegt in der Verfügbarkeit und Wichtigkeit der Informationen. Die Entwicklung der Informations- und Kommunikationstechnologie wird die Marktforschung extrem verändern. Spricht man heute von Marktforschung, Marktforschungsabteilungen und Marktforschungsinstituten, so wird man in der Zukunft von Informationsmanagement und Informationsmanagern von Unternehmen und aller wirtschaftlich arbeitenden Organisationen und Personen reden.

Typologie der Marktforschung

Die reale Typologie der Marktforschung verbindet viele Ansätze, von dem Umfeld, der Mikro- oder Makroebene, über die Quellen der Informationen bis zu den Zielgruppen. Die Einsatzgebiete und Typen von Marktforschung lassen sich nach folgenden Kriterien klassifizieren:

- Art der **Untersuchungsobjekte** (Sachverhalte): Unter objektiven Sachverhalten versteht man die ökoskopische Marktforschung (objektiv-sachliche) wie z.B. Umsatzgrößen oder Marktanteile. Subjektive Sachverhalte, der demoskopischen Marktforschung (subjektiv-persönliche), beinhalten Einschätzungen, Meinungen und Einstellungen von Personen gegenüber Sachverhalten.
- Art der **Informationsgewinnung:** Primär, Sekundär. Art der Erhebungsmethoden: Beobachtung, Befragung, Experiment. Objekt der Marktforschung: Absatzmarkt-, Beschaffungsmarkt-, Finanzmarktforschung etc.
- Art der **Quellen:** interne versus externe.
- Art der untersuchten **Marktteilnehmer:** Kunde, Konkurrent, Absatzmittler und Helfer, Lieferant, interner Kunde.
- Art der **Zielgruppen:** Industrie, Handel, Absatzmittler, Meinungsführer, Endverbraucher, Mitarbeiter.
- **Raumdimensionen:** Gebiete, global – international – national – regional – lokal; Inland-, Ausland.
- **Zeitdimensionen:** gestern – heute – morgen, Vergangenheit – Gegenwart – Zukunft, retrospektive – adspektive (Diagnose) – prospektive (Prognose).
- **Häufigkeiten:** einmalige, mehrmalige Erhebungen, permanente. Art der Messungen: Qualitative, Motive – Erwartungen – Einstellungen versus quantitative, Messung numerischer Werte über den Markt.

• Umfeld:	Mikro - Makro
• Quellen:	intern - extern
• Informationsbezug:	demoskopisch - ökoskopisch
• Objekte:	Konsumgüter - Investitionsgüter - Dienstleistung - Handel - nicht kommerziell
• Träger:	intern - extern
• Unternehmensbereiche:	Absatz - Beschaffung - Finanzen - Personal - Entwicklung - etc.
• Erhebungszeitraum:	fallweise - prospektiv - retrospektiv
• Arbeitsgebiete:	Bedarfs-, Absatz-, Konkurrenz-
• Form:	quantitativ - qualitativ
• Wirtschaftsbereich:	betriebswirtschaftlich - volkswirtschaftlich
• verhaltenswissenschaft- liche Konstrukte:	Einstellung, Image, Werte
• Gegenstand:	Meinung - Motiv - Image - Verhalten
• Marktteilnehmer:	Kunde - Konkurrenz - Lieferant - Handel
• Häufigkeit:	einmalig - mehrmalig
• zeitliche Dimension:	Vergangenheit - Gegenwart - Zukunft
• räumliche Dimension:	lokal - regional - national - international
• Erhebungsform:	Field - Desk
• Marketing-Instrumente:	Produkt - Preis - Kommunikation - Distribution
• Art:	Introduktion, Ökonomierung
• Ort:	Labor - Feld
• Bereiche:	Umfrage - Panel - psychologische - Media
• Erhebungsmethoden:	Befragung - Beobachtung - Experiment
• Zielgruppen:	Industrie - Handel - Absatzmittler - Meinungsbildner

SCHÄFFER
POESCHEL

Abb. 5: *Typologie der Marktforschung*

- Träger der **Marktforschung:** Eigen-, Fremdmarktforschung.
- **Stellung** auf dem Markt: Hersteller-, Handels-, Verbrauchermarktforschung,
- **Produktart:** Konsumgüter-, Investitionsgüter-, Dienstleistungsmarktforschung.
- **Introduktionsmarktforschung** und **Ökonomisierungsmarktforschung:** Klärung der Marktaufnahmefähigkeit von neuen Produkten und Verbesserung der Wirtschaftlichkeit eines bestehenden Produktes.
- Ort der **Messung:** Labor, Feld.
- Art der zu untersuchenden **Marketinginstrumente:** Produkt-, Preis-, Distributions- und Kommunikationsinstrumente

1.2   Aufgaben der Marktforschung

Aufgaben der Marktführung

Die Aufgaben der Marktforschung leiten sich aus der Unterstützungsfunktion zur Entscheidungstreffung ab:

- **Innovationsförderung:** Erkennen von Chancen und Trends, die die Märkte und die Umwelt heute oder in Zukunft bieten. Die Marktforschung muss hier Entscheidungen für Innovationen bei den Entscheidungsträgern fördern.

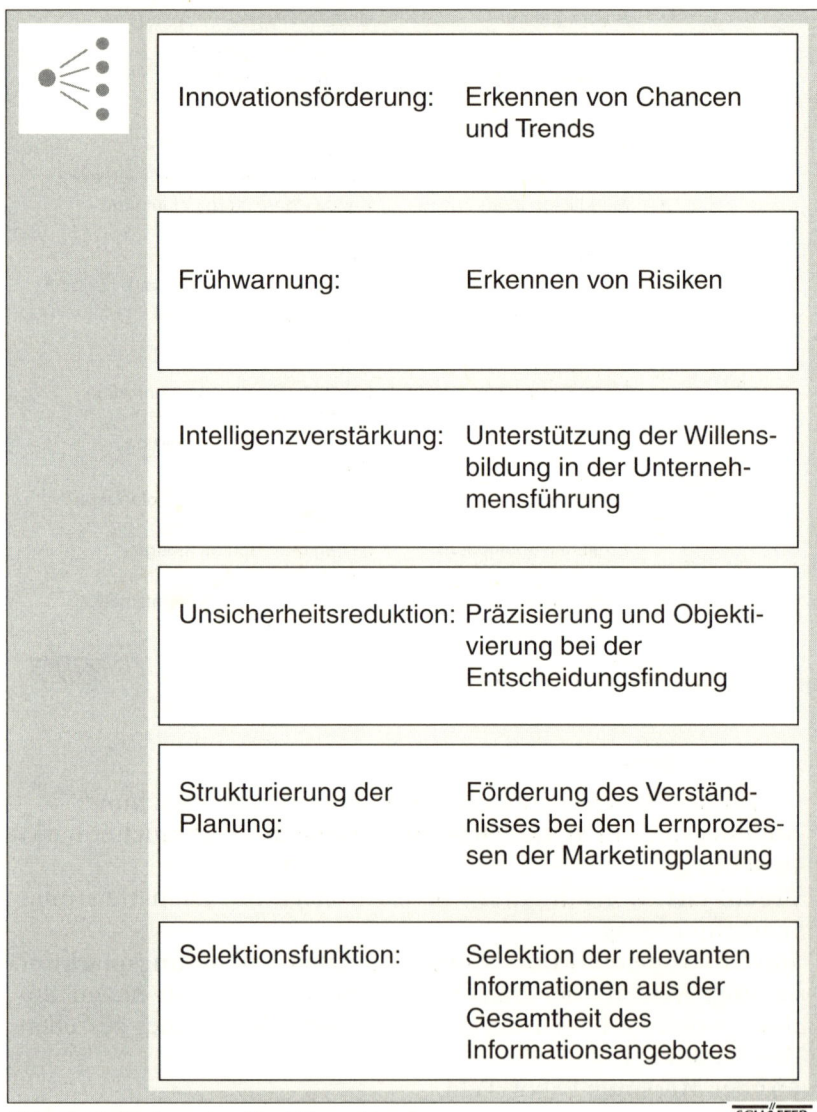

Innovationsförderung: Erkennen von Chancen und Trends

Frühwarnung: Erkennen von Risiken

Intelligenzverstärkung: Unterstützung der Willensbildung in der Unternehmensführung

Unsicherheitsreduktion: Präzisierung und Objektivierung bei der Entscheidungsfindung

Strukturierung der Planung: Förderung des Verständnisses bei den Lernprozessen der Marketingplanung

Selektionsfunktion: Selektion der relevanten Informationen aus der Gesamtheit des Informationsangebotes

Abb. 6: *Aufgaben der Marktforschung*
        (Quelle: Meffert 1989, S. 150)

- **Frühwarnung:** Heutige und zukünftige Risiken müssen frühzeitig erkannt und notwendige Entscheidungsprozesse in Gang gebracht werden.
- **Intelligenzverstärkung:** Projekte und Entscheidungsprozesse durchlaufen viele Stadien, Abteilungen und viele Meetings unterschiedlicher Manager. Deren Kenntnisse und Managerqualitäten sollen durch Förderung der Methodenkenntnisse und der marktrelevanten Zusammenhänge verbessert werden.
- **Unsicherheitsreduktion:** Da alle Entscheidungen im Wirtschaftsleben fast immer unter Unsicherheit gefällt werden müssen, da zu viele Freiheitsgrade und sich ständig verändernde Einflussfaktoren vorhanden sind, muss die Marktforschung einen großen Beitrag zur Verringerung der Unsicherheit und damit zur Auswahl der richtigen Handlungsalternative liefern.
  Planungsstrukturierung: Eine systematische Vorgehensweise, die sich immer am Primat der Kundenorientierung ausrichtet, fördert das Verständnis und damit die Qualität der Marketingplanung. Kontinuierliche Lernprozesse sind diesbezüglich zu unterstützen.
- **Strukturierung der Planung:** Die Marketingplanung eines Unternehmens wird durch die Ergebnisse der Marktforschung besser strukturiert und führt so zu besseren Ergebnissen.
- **Selektionsfunktion:** Durch die heutigen Kapazitäten der Kommunikations- und Informationstechnologien wird mehr und mehr von der Marktforschung erwartet, dass sie aus der Flut der verfügbaren Informationen die relevanten Informationen herausselektiert und aufbereitet.

1.3 Marktforschung als Informationsbasis des Marketings

Marketing verstanden als marktorientierte Unternehmensführung der Unternehmensbereiche bezüglich aller Kunden-Lieferanten-Beziehungen benötigt tagtäglich Informationen über die Marktsituation, um Entscheidungen unter verringerter Ungewissheit und damit mit höherem Erfolg treffen zu können.

Marketingprozess

Dabei folgt der Marketingprozess zum einen der Planung, Durchführung und Kontrolle aller betriebswirtschaftlichen Abläufe. Zum anderen führt er konsequent von der Situationsanalyse, der Bestimmung des Ist-Zustandes, über die Zielbestimmung, der Ermittlung des Soll-Zustandes, und der Strategiebestimmung, dem Weg vom Ist-Zustand zum Soll-Zustand, schließlich zum Marketingmix, dem einzusetzenden Instrumentarium.

Damit müssen in allen vier Phasen des Marketingprozesses in der Planung, der Durchführung und der Kontrolle Entscheidungen

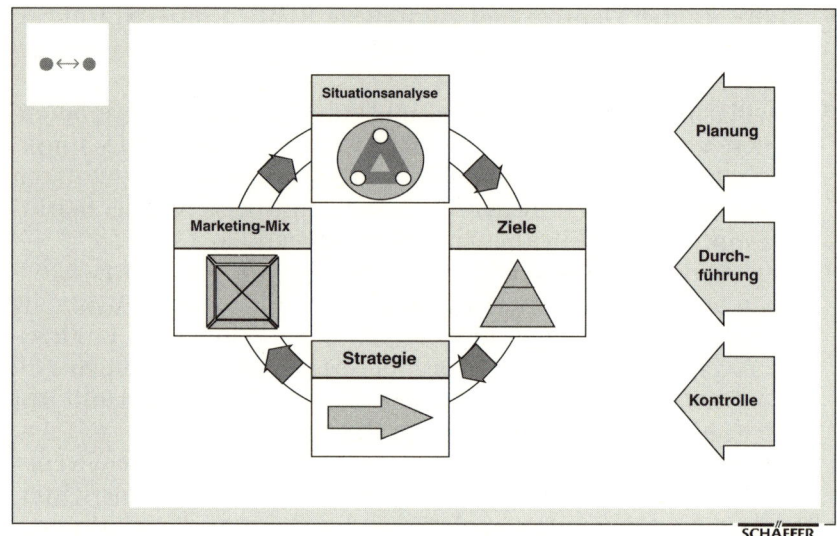

Abb. 7: *Marketingprozess*

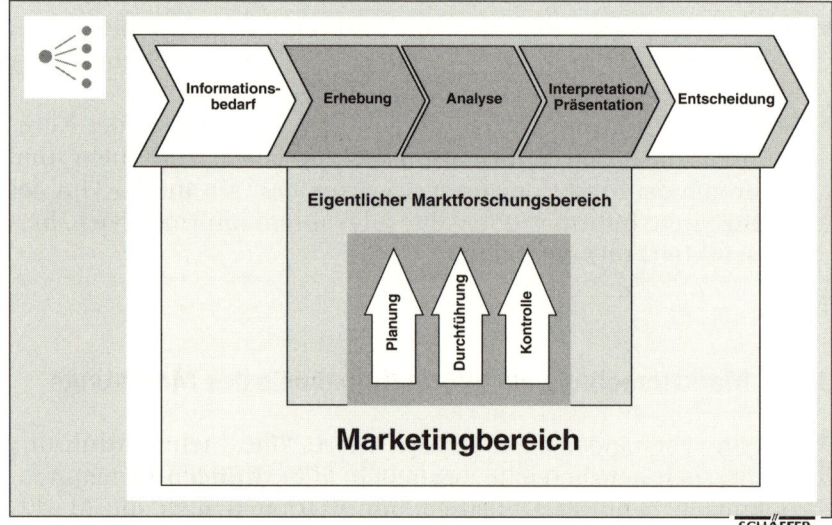

Abb. 8: *Marketing und Marktforschungsprozess*

getroffen werden. Daraus ergibt sich der konkrete Entscheidungsbedarf des Marketings und damit der Informationsbedarf an die Marktforschung.

1.4   Marktforschungsprozess

Marktforschungsprozess

Der Ausgangspunkt für den Marktforschungsprozess ist die Identifizierung des Marketingproblems. Das beinhaltet alle im vorherigen

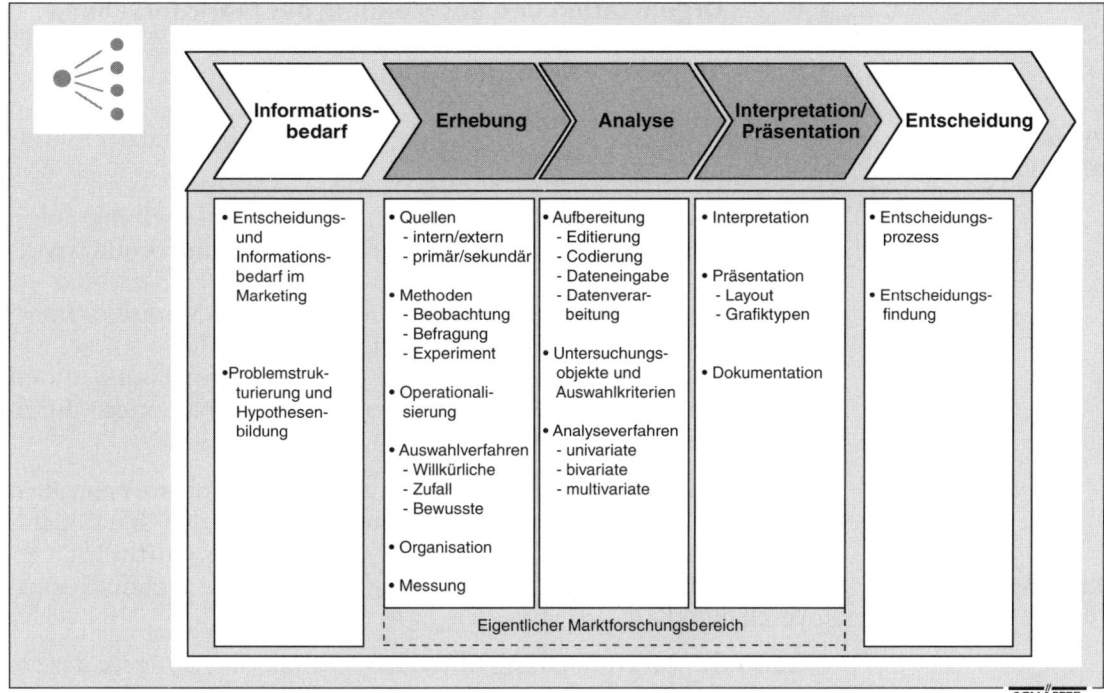

Abb. 9: *Marktforschungsprozess*

Kapitel aufgezeigten möglichen Kombinationen von Einzelfragen. Aus diesem Entscheidungsproblem resultiert der Informationsbedarf. In den drei weiteren Marktforschungsprozessstufen, der Marktforschung im engeren Sinne, werden für diesen Entscheidungsbedarf Informationen und Daten erhoben, analysiert, interpretiert und präsentiert. Auf dieser Basis werden von den Marketingverantwortlichen letztendlich die Entscheidungen getroffen. Die erste und letzte Phase betrifft somit die Marketing- oder Geschäftsleitung, während die drei Phasen dazwischen internen und/oder externen Marktforschungsspezialisten und Instituten unterliegen. Auch der Marktforschungsprozess im engeren Sinne wird durch die Folge von Planung, Umsetzung und Kontrolle gemanagt. Im Folgenden soll als zentralem Ansatzpunkt die Planung der Marktforschung besonders betrachtet werden. Ergebnisse der Umsetzung werden als Input in die Planung einbezogen. Zum Bereich der Kontrolle wird auf die einschlägige Controlling-Literatur verwiesen.

Für jeden Phasenabschnitt des Marktforschungsprozesses sind wichtige Teilschritte zu gehen. Die weitere Darstellung des Prozesses in diesem Buch folgt der dargestellten Systematik.

1.5   Organisation und Entwicklung der Marktforschung

1.5.1   Träger der Marktforschung

Träger der Marktforschung

Grundsätzlich gibt es drei Möglichkeiten der Organisation der Marktforschung:

1. Eigenmarktforschung (betriebliche, interne Marktforschung) durch eine unternehmensinterne Abteilung oder zumindest einen Mitarbeiter,
2. Fremdmarktforschung (außerbetriebliche, externe Marktforschung) durch spezialisierte Marktforschungsinstitute und
3. Kombinationen aus Fremd- und Eigenmarktforschung durch Marktforschungsprojekte, die intern gelenkt, aber extern durch Institute ausgeführt werden.

Je nach Unternehmensgröße, Aufgabenstellung und Inhalte kann auch ein Wechsel oder eine parallele Nutzung zwischen den drei Organisationsformen und den Trägern der Marktforschung stattfinden.

Eigenmarktforschung

Innerhalb der Eigenmarktforschung sind folgende Organisationsformen denkbar:

- zentrale Marktforschungsabteilung als Stabsabteilung für das gesamte Unternehmen,
- dezentrale, abteilungsbezogene Marktforschungsabteilungen oder -gruppen,
- einzelne Marktforscher oder
- Mitarbeiter, zu deren Aufgabenbereichen unter anderen auch die Marktforschung gehört.

Eigenmarktforschung empfiehlt sich zum Beispiel bei eher geringem Informationsbedarf. Wichtig ist die Frage, ob in einer Untersuchung auch unternehmensinterne, geheime Daten Verwendung finden sollen. In solchen Fällen kann es ebenfalls sinnvoll sein, auf Eigenmarktforschung zurückzugreifen. Kein Entscheidungsbedarf entsteht hingegen bei solchen Unternehmen, die über keinerlei Kapazitäten zur Durchführung von Marktforschungsaktivitäten verfügen. In diesem Fall, der allerdings eher selten anzutreffen sein dürfte (irgendwo werden immer Marktdaten gesammelt und von Fall zu Fall analysiert), wird man dann zu hundert Prozent auf die Fremdmarktforschung zurückzugreifen müssen.

Fremdmarktforschung

Die Auftragsforschung oder Fremdmarktforschung wird von Dienstleistern und Agenturen im Auftrag der Unternehmen durchgeführt. Sie empfiehlt sich besonders bei großem Informationsbedarf. Dem häufig empfundenen Vorteil der schnellen, professionellen Bearbeitung der Projekte stehen jedoch die im Vergleich zur Eigenmarktforschung nicht selten höheren Kosten der Auftragsforschung gegenüber.

Innerhalb der Fremdmarktforschung gibt es folgende Arten von Dienstleistern:

Arten von Dienstleistern

- Vollservice-Marktforschungsinstitute: Bieten alle Bereiche von der Datenbeschaffung bis zur Präsentation an. Beispiele: GfK, Nielsen, Infas, Burke, Emnid.
- Field-Research-Institute: Zuständig für preisgünstiges und professionelles Beschaffen insbesondere von Primärdaten.
- Einzelberater: Entwickeln vor allem die Konzeption der Beratung und übernehmen qualitative Marktforschungsteile.
- Spezialisierte Institute: Haben sich für bestimmte Instrumente oder Branchen über Jahre ein Spezial-Know-how erworben.
- Informationsanbieter: Datenbankbetreiber, die ihre Bestände verkaufen.
- Informationsbroker: Bieten ihr Wissen über das Vorhandensein von Daten gegen Honorar an.
- Forschungsinstitute: Batelle, BBE, DIW und Ifo z.B. bieten ihre Forschungsleistungen und damit ihre Forschungsdaten gegen Entgelt an.
- Kommunikationsagenturen: Für die Entwicklung, Umsetzung und die Kontrolle von Kommunikationskonzepten bieten die entsprechenden großen Agenturen Marktforschungsleistungen mit an.
- Verbände und Standesvertretungen: Ermitteln Branchenstatistiken meist über Panels bei den Mitgliedsfirmen.
- Öffentliche Institutionen: Behörden, Ministerien, Kammern, Gebietskörperschaften und Bundesämter erheben im öffentlichen Auftrag Daten.
- Verlage: Als Verkaufsförderungsinstrument betreiben Großverlage Marktforschung, um Anzeigenkunden die Attraktivität der eigenen Publikationen mit Datenmaterial nachweisen zu können.
- Banken: Erstellen Branchen- und Länderkonjunkturspiegel zur Unterstützung der eigenen gewerblichen Kunden.
- Forschungseinrichtungen: Universitäten, Fachhochschulen und Forschungsstellen erheben unter wissenschaftlichen Aspekten Daten und Informationen.

Für jedes Unternehmen wird es wichtig sein, den richtigen Partner für die passende Problemstellung zu finden. Folgende Kriterien zur Auswahl von Marktforschungsinstituten sind zu unterscheiden:

Auswahlkriterien für Marktforschungsinstitute

- Erfahrung und Spezialisierung des Institutes,
- personelle und sachliche Ausstattung,
- Mitgliedschaften in Marktforschungsverbänden,
- Datenschutzmanagement,
- Konkurrenzausschluss,
- Kontrollmöglichkeiten des Auftraggebers bei der Durchführung,

- Referenzen,
- Erfahrungen in der bisherigen Zusammenarbeit.

Die Zusammenarbeit mit Marktforschungsinstituten wird von dem Projektleiter des Unternehmens geleitet. Das zentrale Instrument für die Planung und Durchführung des Marktforschungsprojektes ist das Briefing:

- Exakte Projektbeschreibung,
- methodische Überlegungen und Anforderungen,
- Zielgruppendefinition und -beschreibung,
- Kostenkalkulation,
- eigene Jobübernahmen des Auftraggebers,
- Angebotsabgabetermin und Projekttermine,
- Sonderbedingungen.

Insbesondere in Großunternehmen ist eine Kombination aus betrieblicher und außerbetrieblicher Marktforschung anzutreffen. Teilweise international strukturiert, werden bestimmte Studien an Institute gegeben, teilweise Multiclient-Studien erworben. Kleinere und mittelständische Unternehmen betreiben nur in Kooperation untereinander z.B. über einen Verband Eigenmarktforschung. Ansonsten greifen sie besonders gerne auf zugängliche Ergebnisse der Fremdmarktforschung zurück.

Eine der wichtigsten Entscheidung in jedem Unternehmen bei fast allen Bereichen ist die »make-or-buy«-Entscheidung. Bezüglich der Marktforschung bedeutet das, welche Bereiche machen wir mit eigenen spezialisierten Mitarbeitern selbst, welche geben wir an externe Dienstleister und welche an Marktforschungsinstitute.

● → + ● → - ● → +	Vorteile	Nachteile
	• Nutzung subjektiver Informationen • Bessere Kenntnis der spezifischen Probleme des Unternehmens • bessere Kontrolle der Marktforschungsaktivitäten • schnellere Reaktion • Datenschutz • Kommunikationsvorteil • Bessere Branchen- und Sachkenntnis	• Betriebsblindheit • fehlende Methodenkenntnis • begrenztes Methoden- und Verfahrensspektrum • Fixkostenbelastungen • fehlende Objektivität • fehlende Unabhängigkeit • fehlende Spezialisten • fehlende Kapazitäten • self-fullfilling prophecy

SCHÄFFER POESCHEL

Abb. 10: *Vor- und Nachteile der Eigenmarktforschung im Vergleich zur Fremdmarktforschung*

Vergleich Eigen- und Fremdmarktforschung

Eine kostengünstige Möglichkeit, an substantielle Marktforschungsergebnisse zu gelangen, ist es, wenn man sich im Zuge einer Multiclient-Studie mit den Wettbewerbern zusammenschließt. Dies macht zum Beispiel die Automobilindustrie mit dem New-Car-Buyer-Survey (NCBS), das im Auftrag mehrerer Hersteller kontinuierlich bei Neuwagenkäufern durchgeführt wird und sehr genaue Wanderungstendenzen zwischen den Modellen und Marken aufzeigt. Die wichtigste Fragen sind die nach dem Vorbesitz und nach dem beim Kauf als zweitwichtigsten in die Wahl gekommenen Modell.

1.5.2 Entwicklung und Entwicklungstendenzen in der Marktforschung

Zeitraum	Methodik
vor 1910	direkte Beobachtung, einfache Umfrage
1910 - 1920	Verkaufsanalyse, einfache Kostenanalyse
1920 - 1930	strukturierte Fragebögen, Untersuchungstechniken
1930 - 1940	Stichprobenauswahl nach Quotenverfahren, einfache Korrelationsanalyse, Distributionskostenanalyse, Absatzmessung im Einzelhandel
1940 - 1950	Stichprobenauswahl nach der Wahrscheinlichkeitsmethode, Regressionsmethoden, Methoden der folgernden Statistik, Verbraucher- und Handelspanels
1950 - 1960	Motivationsforschung, Operation-Research, multiple Regressions- und Korrelationsanalyse, experimentelles Design, Methoden der Einstellungsmessung
1960 - 1970	Faktoren- und Diskriminanzanalyse, mathematische Modelle, Bayessche statistische Analyse und Entscheidungstheorie, Skalierungstheorie, computerisierte Datenverarbeitung und -analyse, Marketingsimulation, Informationsspeicherungs- und -zugriffssysteme
1970 - 1980	multidimensionale Skalierung, ökonometrische Modelle, umfassende Marketing-Planungsmodelle, Testmarketing mit Simulationslabor, Multiattribut-Attitüden-Modelle
ab 1980	Conjoint-Measurement, Trade-off-Analyse, kausale Strukturgleichungssysteme (z.B. LISREL), computergestützte Befragungsverfahren, Scanning, kanonische Korrelationsanalyse

SCHÄFFER
POESCHEL

Abb. 11: *Entwicklung der Marktforschung im 20. Jahrhundert (Kotler/Bliemel 1992, S. 146)*

Entwicklung der Marktforschung

Die Marktforschung hat sich über die Jahrhunderte in folgenden Phasen und Zeitsprüngen entwickelt:

1. Naive Marktumschau, schon in der Antike einzelne Beispiele nachweisbar.
2. Volkszählung des römischen Kaisers Augustus, um Steuerschätzungen zu machen.
3. Bewusste Markterfassung: Das Augsburger Handelshaus der Fugger ist der eigentliche Erfinder konsequenter Marktforschung.
4. Systematische, organisierte Markterfassung, Abteilungen und Spezialisten im 19. Jahrhundert.
5. Ausbau der methodischen Grundlagen insbesondere im statistischen Bereich in der ersten Hälfte des 20. Jahrhunderts.
6. EDV-Unterstützung in den 70er und 80er Jahren.
7. Neue Informations- und Kommunikationstechnologien und mit der Vernetzung von Haushalten neue Marktforschungsmöglichkeiten zum Ende des Jahrtausends.

Im Folgenden soll kurz auf die über alle Schritte des Marktforschungsprozesses hinweg dargestellte Fallstudie eingegangen werden:

EASY-Fallstudie

Der Vorstand des süddeutschen Automobilherstellers Speedy GmbH sitzt bei einem Schoppen Wein im Kaminzimmer der idyllisch gelegenen Tagungsstätte des Unternehmens im Schwarzwald. Die Speedy GmbH gehört ab dem Mittelklassesegment im Premiumbereich zu den europaweit am besten angesehenen Unternehmen. Aufgrund der überdurchschnittlichen Preise sind die bisherigen Käufer der Fahrzeuge i.d.R. um die 50 Jahre alt.

Die Vorstandsrunde plaudert über die Zukunft der eigenen Automobilmarke. Insbesondere kommt das Thema zu Sprache, wo weitere Absatzmärkte für die eigenen Fahrzeuge zu suchen sind. Der Vertriebsvorstand äußert: »Das Problem unserer Käufer ist, dass sie in spätestens 20 Jahren fast alle weggestorben sind.« Verschiedene Lösungen werden locker diskutiert, Fitnessprogramme für Speedy GmbH-Kunden oder Zusammenarbeit mit Schwarzwaldsanatorien. »Wir brauchen neue, vor allem jüngere Käufer. Die haben eine längere Lebenserwartung« sagt der Vorstandsvorsitzende. »Dann brauchen wir natürlich auch ein neues Auto, was für diese Zielgruppe passender ist, vor allem auch bezahlbar sein muss. Aber es wird immer noch deutlich teurer sein als die entsprechenden Mitbewerber«, äußert der Entwicklungsvorstand. »Kein Problem, denken Sie nur an die Swatch-Uhren, die sind auch mehr als doppelt so teuer wie Produkte gleicher Qualität und verkaufen sich prima«, sagt der Vertriebsvorstand.

In Anschluss an die Tagung wird der Marketingleiter vom Vorstand beauftragt, die notwendigen Planungsschritte für die Entwicklung eines neuen Fahrzeugs für eine neue Zielgruppe einzuleiten. Der Marketingleiter bildet ein Projektteam, in dem neben ihm der verantwortliche Produktmanager für das bisherige Mittelklassemodell, der Leiter Strategische Projekte und der Leiter der Marktforschung mitarbeiten. Das Projektteam einigt sich in der ersten Sitzung auf den Arbeitstitel EASY für das Projekt.

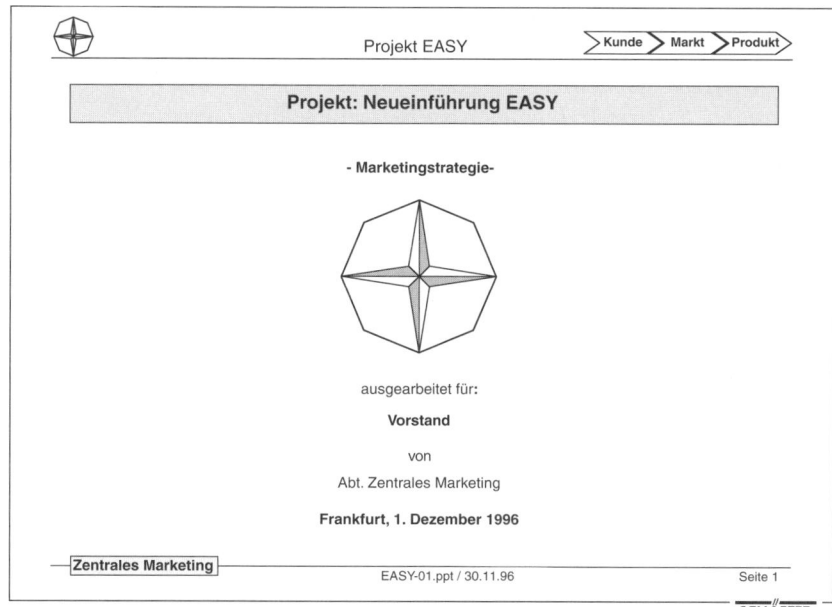

*Abb. 12: Präsentationsdeckblatt des Projektes EASY
der Speedy GmbH*

1.6 Kontrollfragen

Wie wird Marktforschung definiert?

Diskutieren Sie die Unterschiede zwischen Marktforschung und Marketingforschung?

Was ist der Unterschied zwischen Absatzforschung und Meinungsforschung?

Welche Kriterien zur Einteilung der Marktforschung gibt es?

Was ist Marketing?

Welche Aufgaben hat die Marktforschung?

Welche Möglichkeiten der Einteilung der Marktforschung gibt es?

Was ist der Unterschied zwischen ökoskopischer und demoskopischer Marktforschung?

Welche Phasen kennzeichnen den Marketingprozess?

Welche Beziehung besteht zwischen der Marktforschung und dem Marketingprozess?

Welche Phasen beschreiben den Marktforschungsprozess?

Was ist ein Informationsmanager?

1.7 Literaturhinweise

Aaker, D.A/Day, G.S.: Marketing-Research, 3. A., New York 1986

Angermann, E. (Hrsg.): Handbuch der Marktforschung, Wien 1989

Atteslander, P./et al.: Methoden der empirischen Sozialforschung, 6.A., Berlin 1991

Berekoven, L./Eckert, W./Ellenrieder, P.: Marktforschung. Methodische Grundlagen und praktische Anwendung, 6.A., Wiesbaden 1993

Böhler, H.: Marktforschung, 3.A., Stuttgart/et al. 1995

Boyd H./Westfall, R./Stasch S.: Marketing Research. Text and cases, 6.A., Homewood 1985

Churchill, G.: Marketing Research. Methodological Foundations, 4.A., Chicago et al. 1987

Friedrichs, J.: Methoden der empirischen Sozialforschung, 12.A., Opladen 1984

Green, P./Tull, D.: Methoden und Techniken der Marketingforschung, 4.A., Stuttgart 1982

Hammann, P./Erichson, B.: Marktforschung, 3.A., Stuttgart 1994

Hüttner, M.: Grundzüge der Marktforschung, 4.A., Berlin/New York 1989

Kastin, K.: Marktforschung mit einfachen Mitteln, München 1995

Kinnear, T./Taylor, J.: Marketing Research, 3.A., New York et al. 1987

Kromrey, H.: Empirische Sozialforschung, 6.A., Opladen 1994

Luck, D./Rubin, R.: Marketing Research, 7.A., Englewood Cliffs 1987

McDaniel, C./Gates, R.: Contemporary Marketing Research, Minneapolis 1993

Meffert, H.: Marketingforschung und Käuferverhalten, 2.A., Wiesbaden 1992

Parasuraman, A.: Marketing Research, Reading 1988

Pepels, W.: Käuferverhalten und Marktforschung, Stuttgart 1995

Rogge, H.: Marktforschung, 2.A., München et al. 1992

Unger, F.: Markforschung, Heidelberg 1989

Weis, H. Steinmetz, P.: Marktforschung, 2.A., Ludwigshafen 1995

2 Informations- und Entscheidungsbedarf

Lernziele

Nach Durcharbeitung des Kapitels Informations- und Entscheidungsbedarf soll der Leser

- die unterschiedlichen Begriffe des Informations- und Entscheidungsbedarfs voneinander abgrenzen können,
- den Entscheidungsbedarf anhand des Marketing-Prozesses für alle Phasen ableiten können,
- die Struktur und Funktionsweisen von Marketing-Informationssystemen beschreiben können,
- eine Problemstrukturierung und Hypothesenformulierung durchführen können.

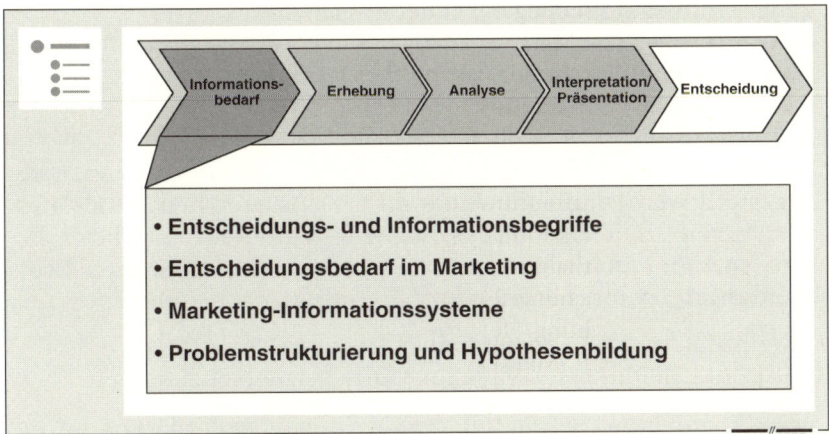

Abb. 13: *Übersicht über die Phase Informations- und Entscheidungsbedarf*

Die Festlegung des Informations- und Entscheidungsbedarfes stellt die Startphase des Marktforschungsprozesses dar. Nach Darstellung der Begriffe Information, Entscheidung und entscheidungsrelevante Information wird ausführlich auf die wichtigsten im Marketingprozess anfallenden Entscheidungen eingegangen, die damit den Informationsbedarf für die engeren Marktforschungsphasen Erhebung, Analyse, Interpretation und Präsentation ergeben. Die Problemstrukturierung und die Hypothesenbildung runden die erste Phase ab.

2.1   Entscheidungs- und Informationsbegriff

Die Marktforschung soll entscheidungsrelevante Informationen liefern. Damit ist der Ausgangspunkt der Überlegungen der Begriff der Information. Sie wird als

Begriff der Information

- analoge oder digitale Erkenntnis- oder Wissenseinheit,
- neutral betrachtet und ohne Bewertung,
- unabhängig von der Nutzung und
- unabhängig von dem Nutzen

abgegrenzt.

Information ist somit völlig neutral und unabhängig. Sie ist grundsätzlich wertfrei. Davon abzugrenzen ist der Begriff der Daten. Inhaltlich werden beide Begriffe meist gleich verwendet. Daten stehen meist für solche Informationen, die aufgrund eines wissenschaftlichen Systems messbar sind. So sind Absatzzahlen oder der Name eines Produktes Daten. Der Informationsbegriff ist also umfassender als der Datenbegriff.

Demgegenüber steht der Begriff der Entscheidung:

Eine **Entscheidung** ist die Auswahl einer Alternative aus mehreren zur Verfügung stehenden Handlungsalternativen.

Damit sollen durch die Marktforschung solche Informationen bereitgestellt werden, die die Auswahl der erfolgreichen Handlungsalternativen erleichtert und ermöglicht. Verbindet man beide Begriffe, so ergibt sich folgende Abgrenzung der Information als entscheidungsrelevantes Wissen für Marketingentscheidungen:

Entscheidungs-relevante Information

- Kenntnis- und Wissenseinheit,
  mit Entscheidungsrelevanz für Marketingentscheidungen.

Diese Abgrenzung beinhaltet die wichtigste Anforderung an die Marktforschung, die durch das Controlling gesteuert wird: Nur solche Marktforschung ist sinnvoll und nützlich, die wirklich einen Vorteil bei der Auswahl der Handlungsalternativen bewirkt. Dies bedingt als weiteres, dass die exakte und schriftlich fixierte Definition des Informations- und Entscheidungsbedarfes für jede Marktforschungsfragestellung die Grundlage bilden muss.

Ein Marktforscher ermittelt durch Sekundäranalyse die Halbwertzeit von Kohlenstoff 14. Ist diese Information entscheidungsrelevant? Für einen Manager selten, doch für einen Archäologen von entscheidender Bedeutung. Über diesen Wert kann das Alter von gefundenen Ausgrabungsstücken exakt definiert werden.

Die Art der Entscheidungsfällung hat einen direkten Einfluss auch auf die Durchführung der Marktforschung und der Definition der Entscheidung. Entscheidungen können grundsätzlich in drei Zuständen zu fällen sein:

Arten von Entscheidungen

- unter absoluter Sicherheit,
- unter Risiko oder
- unter Unsicherheit.

Der erst Fall der absoluten Sicherheit würde eintreffen, wenn aufgrund der Marktforschung nur eine Handlungsalternative übrig bleibt und somit schon die Marktforschungsanalyse und -interpretation die Entscheidung nach Regeln trifft. Der zweite Fall der Entscheidung unter Risiko ermittelt einen Risikowert für die jeweilige Entscheidungsalternative. In der Praxis ist i.d.R. der dritte Fall anzutreffen. Eine Vielzahl von sich täglich verändernden Einflussgrößen und damit Parametern beeinflusst die Sicherheit der Entscheidung. Somit werden die von der Marktforschung bereitgestellten Informationen meistens die Unsicherheit der Entscheidung verringern und nur sehr selten die Entscheidung direkt bedingen.

Deshalb sind von der Marktforschung nur solche Informationen zu erheben, zu analysieren und zu interpretieren, die zum einen eine direkte Relevanz zur Entscheidungsfindung aufweisen, und zum anderen einen möglichst großen Beitrag zur Reduktion der Unsicherheit aufweisen.

Für die Speedy GmbH sind alle Entscheidungen bezüglich des EASY unter größter Unsicherheit zu treffen. Die Entwicklungszeit beträgt ca. 7 Jahre und muss ebenfalls die Kundenwünsche der Käufer in 7 Jahren einbeziehen. Somit kann hier die Marktforschung nur einen begrenzten Beitrag zur Reduktion der Unsicherheit leisten.

2.2   Entscheidungsbedarf im Marketing

2.2.1   Überblick

Marketingmanagement bedeutet kunden- und marktorientierte Entscheidungen in allen Bereichen des Unternehmens mit kurz-, mittel- und langfristigen Wirkungen zu treffen. Der erste Schritt zu den richtigen Entscheidungen ist es somit, das zu lösende Problem zu entdecken und präzise zu definieren.

Ein Hauptgrund, weshalb Marktforschung nicht immer zu den richtigen Entscheidungen führt, liegt darin begründet, dass oftmals das Problem und daraus der entscheidungsrelevante Informationsbedarf nicht eindeutig geklärt wurde.

Anfang der 90er Jahre sollte mit einem Produktrelaunch und einer entsprechend neuen, aufmerksamkeitsstarken und ungewöhnlichen Werbestrategie der Marktanteil der Zigarettenmarke Camel deutlich erhöht werden. Die umgesetzte Werbeidee, das Kamel als Markenzeichen in witzigen und spontanen Situationen lebendig zu machen, wurde von den Marktforschern durch Pre- und Posttest als bei allen Altersgruppen, Rauchern und sogar Nichtrauchern als erfolgversprechend getestet. Die Werbekampagne wurde durchgeführt und bekam nie dagewesene Aufmerksamkeits- und Sympathieratings bei Rauchern und auch Nichtrauchern. Allerdings veränderte sich der Marktanteil nur geringfügig. Die erfolgreiche Werbekampagne war letztendlich nicht erfolgreich, da das eigentliche Ziel der Marktanteilssteigerung nicht erreicht wurde. Was war schief gelaufen? Die Problem- und Aufgabenformulierung war nicht exakt genug vorgenommen worden. Es war der Umfang bezüglich der Zielgruppe nicht genau bestimmt worden. Als Zielgruppe für den Relaunch und die Werbekampagne wären nur bisherige, ehemalige und direkte Wettbewerbskunden der Marke Camel abzugrenzen gewesen – und nicht die Gesamtheit der Raucher oder gar die Nichtraucher als neuem Potential.

Problempräzisierung

Nach der Entdeckung eines Problems z.B. durch eine eigene Marktforschung mit dem Ziel der Aufdeckung von solchen Problembereichen, muss jedes einzelne Problem als zu lösende Aufgabe eng präzisiert werden. Jedes einzelne Problem ist nach Inhalt, Umfang und Zeitbezug zu formulieren. Daraus ergibt sich das Marktforschungsziel und kann der entscheidungsrelevante Informationsbedarf abgeleitet werden.

Entdeckung und Präzisierung
- Soll-Ist-Abweichungen (Zieldiskrepanzen)
- Erkenntnisse des Controllings
- Indikatoränderungen
  (z.B. Wertewandel, neue Konkurrenten)
- "weak signals" (im Umfeld des Unternehmens)
- Ergebnisse der Situationsanalyse

Formulierung des Problems
Bestimmung des Entscheidungsbedarfs und des Informationsbedarfs

- nach Inhalt   **(Art)**
- nach Umfang   **(Ausmaß)**
- nach Zeitbezug   **(Termin)**

SCHÄFFER
POESCHEL

Abb. 14: *Definition eines Marketingproblems*
        für ein Marktforschungsprojekt

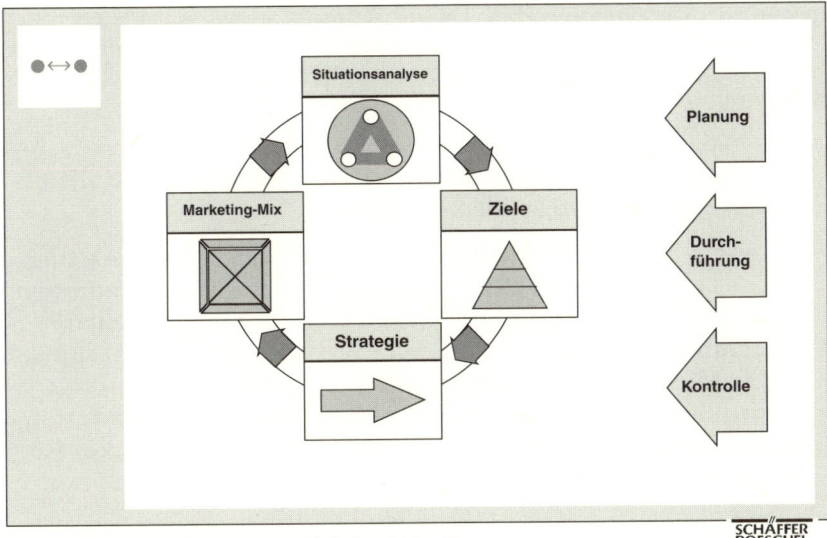

Abb. 15: *Marketingprozess (siehe Abb. 7)*

Neben der unsystematischen Problemerkennung gibt es auch einen Weg, alle marktorientierten Entscheidungen eines Unternehmens zu definieren und deren Informationsbedarf abzuleiten. Diese Systematik folgt den unterschiedlichen Phasen des dargestellten Marketingprozesses.

Marketingprozess

Entscheidungen sind entlang dieses Marketingprozesses vielseitig zu treffen. Den Ausgangspunkt stellt die Situationsanalyse dar. Sie ermittelt die Ist-Situation, die Ausgangslage. Nach der Ist-Situation ist zu entscheiden, welche Soll-Situation gewünscht wird. Diese manifestiert sich im Zielsystem. Ist dieses bestimmt, stellt sich der dritte Entscheidungsbereich nach dem Weg vom Ist zum Soll. Dieser Weg wird durch die Strategie und die strategische Ausrichtung aller Marketinginstrumente bestimmt. Ist der Weg festgelegt, muss er durch den konkreten Einsatz der Instrumente des Marketings beschritten werden. Dazu müssen alle einzelnen Instrumente des Marketingmixes auf die Strategie ausgerichtet und in ihren individuellen Ausprägungen konkret bestimmt werden.

Ein einfaches Beispiel soll die Prozessschritte erläutern: Ein Student möchte verreisen. In der Situationsanalyse stellt er fest, wo er sich befindet (Ist-Situation): in München. Als nächstes stellt sich die Frage: Wo will er hin, welches Ziel strebt er an (Soll-Situation)? Nach Mailand. Als drittes ist der zu wählende Weg von München nach Mailand (die Strategie) zu bestimmen. Soll er mit dem Auto, der Bahn, dem Flugzeug, mit Elefanten, per Ski, mit dem Fahrrad oder mit einer Kombination aus allen nach Mailand gelangen? Er entscheidet sich für eine Strecke S-Bahn, eine Strecke Eisenbahn und den Rest mit dem Auto. Nach dieser Entscheidung will er seinen Weg antreten. Doch dazu müssen die ausgewählten Verkehrsmittel konkret zu dem angesagten Zeitpunkt am gewünschten Ort zur Verfügung stehen. Welches Fahrzeug? Abfahrtzeit des richtigen Zuges! Fahrkarte? Er muss also die einzelnen Instrumente in ihren konkreten, individuellen Ausprägungen planen und aufeinander abstimmen (Marketing-Instrumente).

Controlling

Die vier Bereiche des Marketingprozesses unterliegen wie alle unternehmerischen Prozesse dem Controlling:

- **Planung:** Welche Schritte sind in der zukünftigen Umsetzungsperiode nach Zeit und Inhalt zu gehen? Welche Mittel sind wann, an welchem Ort in welcher Menge zur Verfügung zu stellen?
- **Durchführung:** Wird planungsgerecht und zeitgerecht umgesetzt? Muss gegengesteuert werden?
- **Kontrolle:** Waren die eingesetzten Mittel ausreichend und erfolgreich? Ist der erwartete Nutzen eingetreten? Muss nachgebessert werden?

Dieser Controllingprozess betrifft den Marketingprozess als Ganzen und auch jeden einzelnen Bereich jeweils vollständig. So ist z.B. die Bestimmung des Zielsystems für sich allein dem Controllingprozess von Planung, Durchführung und Kontrolle zu unterwerfen.

2.2.2 Entscheidungs- und Informationsbedarf in der Situationsanalyse

Situationsanalyse

Zum Auffinden und zur exakten Definition eines zu lösenden Problems innerhalb der marktorientierten Unternehmenspolitik be-

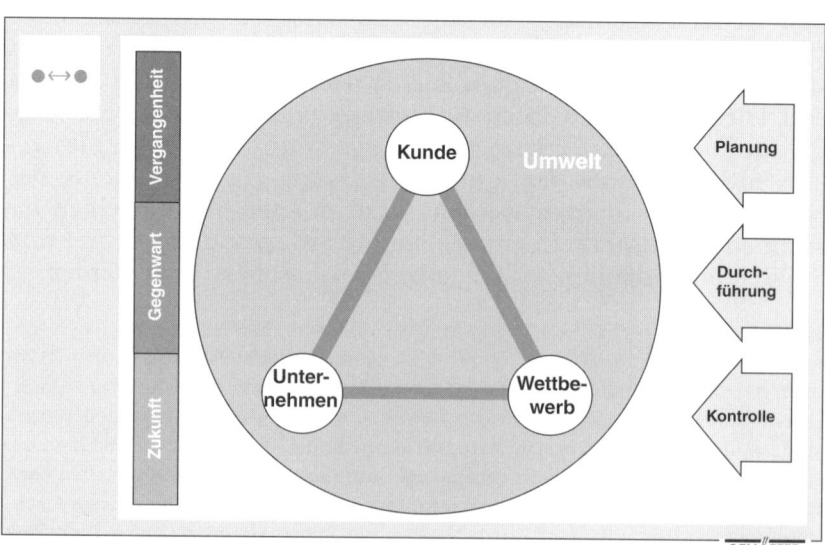

Abb. 16: *Überblick über die Situationsanalyse*

darf es einer genauen Beschreibung der Ausgangssituation, auch Ist-Situation genannt. Innerhalb der Marktforschung spricht man von der Situationsanalyse, wenn sie von einem Unternehmen für sich selber durchgeführt wird. Wird eine solche Situationsbeschreibung unabhängig von einem konkreten Unternehmen durchgeführt, spricht man von einer Branchen- oder Marktanalyse.

Der Anstoß für eine Situationsanalyse ist vielfältig. Bei Großunternehmen wird sie kontinuierlich monatlich oder quartalsweise nach festem Plan und für fest definierte Unternehmensteile und Kriterien durchgeführt. Bei kleineren Unternehmen analysiert man die Ausgangssituation zumindest für die jährliche Marketing- und Vertriebsplanung einmal im Jahr. Neben diesen geregelten internen Anstößen gibt es auch externe Gründe, eine Ist-Analyse oder eine Problemdefinition vorzunehmen. Plötzliche Veränderungen der gesetzlichen Situation, Kostensteigerungen bei Ressourcen oder technische Entwicklungen geben Anlass zum Nachdenken und zur Analyse als Vorbereitung für die richtigen Entscheidungen.

Ex-Bundesinnenminister Zimmermann kündigte in der Mitte der 80er Jahre ein Gesetz zur Ausrüstung aller Pkws mit Katalysator an, zögerte aber die endgültige Entscheidung über Jahre hinaus. Daraufhin untersuchten alle Hersteller, wie ihre Situation diesbezüglich z.B. technologisch und kapazitativ aussah. So führte das über mehrere Jahre gehende zögerliche Festlegen dieses Gesetzes zu einem Nachfragerückgang der Kunden, die erst die Entscheidung der Bundesregierung abwarten wollten. Damit wurde für die Automobilhersteller eine kontinuierliche Situationsanalyse und Planung erforderlich, weil sich die Situation in Abhängigkeit der jeweiligen Stellungnahmen aus Bonn wöchentlich änderte.

Jede Situationsanalyse besteht aus fünf Untersuchungsbereichen:

Bereiche der Situationsanalyse

- **Marktdefinition:** Auf welchem Markt sind wir tätig? Wie grenzt sich unser Markt zu anderen Märkten ab?
- **Kunde** (Absatzhelfer): Wer ist unser Kunde? Was will unser Kunde?
- **Unternehmen:** Wer sind wir? Was wollen wir? Wie ist unsere eigene Ausgangssituation? Wo sind unsere Stärken und Schwächen?
- **Wettbewerb:** Wie sieht unsere Wettbewerbssituation aus? Wer ist unser wichtigster Wettbewerber? Wo hat er seine Stärken und Schwächen?
- **Umwelt:** Welche Entwicklungen der sonstigen Umwelt sind zu beachten? Wo liegen Chancen und Risiken für uns?

Die Situationsanalyse unterliegt wie jede andere Stufe des Marketingprozesses den drei Contollingstufen Planung – Durchführung – Kontrolle. Dabei ist hier vor allem der Kosten-Nutzen-Aspekt in Hinsicht auf die Entscheidungsrelevanz der Informationen zu betrachten.

Die Situationsanalyse soll zu einem bestimmten Stichtag die Ist-Situation für die fünf betrachteten Untersuchungsbereiche wiedergeben. Dies bedeutet nicht, dass nur Gegenwartsdaten einbezogen werden. Auch alle entscheidungsrelevanten Informationen der Vergangenheit und vor allem über die Zukunft müssen zu dem Stichtag erhoben und betrachtet werden. Deshalb gehört zu jeder Situationsanalyse auch eine Prognose der zukünftig zu erwartenden Entwicklungen, kurz- mittel- und langfristig über alle Untersuchungsbereiche zum Stichtag der Erstellung der Situationsanalyse.

Easy-Fallstudie

Die Speedy GmbH führt kontinuierliche und fakultative Situationsanalysen für unterschiedliche Bereiche durch. Aus den Prognoseergebnissen einer dieser kundenbezogenen Situationsanalyse ergab sich die Problemstellung, für den langfristigen Unternehmenserfolg neue und jüngere Zielgruppen zu erobern. Die Studie für den EASY beinhaltet eine weitere, zielgerichtete Situationsanalyse als Basis für die Zieldefinition, die Strategiebildung und die Marketingmix-Bestimmung.

2.2.2.1 Marktdefinition und Marktgrößen

Für die Situationsanalyse ist es erforderlich zu bestimmen, über welchen Markt sprechen wir? Grundsätzlich sollte dieser zu bearbeitende Markt kunden- und damit nutzenorientiert definiert und abgegrenzt werden. In der Praxis ist allerdings weiterhin die historisch aufgrund des Primats der Entwicklungsingenieure bestehende produktorientierte Marktabgrenzung vorzufinden. Ein weiteres wichtiges Kriterium der Marktabgrenzung ist die regionale Abgrenzung, lokal – national – international – global.

Marktdefinition

Eine typische, produktorientierte Marktdefinition wäre für ein Chemieunternehmen: Wir stellen chemische Substanzen aus Ölprodukten und Tierkadavern für dermatologische Anwendungen her. Kundenorientiert würde der Markt für Hautcremes bezeichnet als: Wir verkaufen Hoffnung auf Schönheit.

**Marktdefinition
nach Abell**

Neben dieser nutzenorientierten Definition bietet sich als Ergänzung die komplexere Marktdefinition von Abell zur Abgrenzung von Märkten an:

1. Funktion: Was macht unser Produkt?
2. Technologie: Welche Technologie setzen wir ein?
3. Marktsegment: Welche Kundensegmente sprechen wir an?
4. Wirtschaftsstufe: Auf welcher Stufe der Wertschöpfungskette befinden wir uns mit unserem Produkt?

EASY-Fallstudie

Wie überwiegend im Automobilmarkt üblich wird der Markt für Automobile pro-
duktorientiert nach Fahrzeug- und Karosseriegrößen abgegrenzt (siehe Autohaus-
Statistik). Für die Speedy GmbH gibt es bisher vier Segmente, die alle im gehobenen
Preissegment positioniert sind:

- untere Premium-Mittelklasse (z.B. AUDI A3, BMW 3er-Kompakt),
- Premium-Mittelklasse (z.B. AUDI A4, BMW 3er),
- gehobene Premium-Mittelklasse (z.B. AUDI A6, BMW 5er) und
- Luxusklasse (z.B. AUDI A8, BMW 7er).

Marktsegmente	1985	1986	1987	1988	1989	1990	1991	1992	1993	1994	1995	1996
Kleinstwagen	1,91	2,04	2,19	2,24	2,40	2,35	2,47	1,98	2,30	2,40	2,55	2,56
Kleinwagen	14,22	15,12	14,73	14,35	13,64	14,89	17,73	16,23	15,74	16,32	18,67	18,97
Untere Mittelklasse	33,56	35,59	34,53	32,71	32,14	31,50	32,09	33,67	35,05	33,40	31,45	30,87
Mittelklasse	27,01	26,33	27,11	26,96	28,39	27,42	25,98	26,96	26,28	28,80	27,75	27,35
Obere Mittelklasse	13,50	13,07	13,57	15,19	13,96	13,87	11,56	10,65	10,37	9,80	9,55	9,97
Luxusklasse	1,37	1,20	1,44	1,39	1,30	1,23	1,02	1,10	0,89	1,05	1,26	0,94
Sportwagen	2,76	2,23	1,75	1,56	2,23	2,86	3,35	3,01	2,49	2,06	2,17	1,90
Kl. Nutzfahrzeuge	2,05	2,46	2,67	3,06	3,14	3,06	3,41	3,45	3,17	2,74	2,59	2,32
Geländewagen	1,41	1,57	1,63	1,83	1,96	2,16	1,70	2,05	2,57	2,20	2,29	1,92
Mini-Vans	0,33	0,31	0,32	0,32	0,43	0,54	0,54	0,74	1,01	1,12	1,53	2,99
Sonstige	1,88	0,08	0,06	0,39	0,41	0,12	0,15	0,16	0,13	0,11	0,19	0,21

SCHÄFFER
POESCHEL

Abb. 17: *Pkw-Neuzulassungsentwicklung in Deutschland
nach Segmenten (Quelle: Autohaus 13/96, S. 17)*

Das Segment für den EASY kommt bisher in der hausinternen Marktabgrenzung
nicht vor. Nach Analyse der Marktentwicklung wird sie von der Marktforschungsabteilung für die Situationsanalyse als Premium-Kleinwagenklasse definiert, die eine
zahlungskräftige Käuferschicht in den Klein- und Kleinstwagensegment definiert.

   Als zu analysierende regionale Abgrenzung werden die erfolgreichsten Speedy
GmbH-Märkte Deutschland und Westeuropa festgelegt. Die USA und Südostasien
sollen in dieser Studie vorerst nicht betrachtet werden. Als teilweise offene Marktdefinition nach Abell ergibt sich:

1. Funktion: Transport von 1 bis 2 Personen mit wenig Gepäck im Kurzstreckenver-
   kehr,
2. Technologie: konventionelle Bauweise mit Otto-/Benzinmotoren oder Kunst-
   stoffkarosserie mit alternativer Antriebstechnik,
3. Marktsegment: Premium-Kleinwagen-Käufer in Deutschland und Westeuropa,
4. Wirtschaftsstufe: Herstellung und Montage.

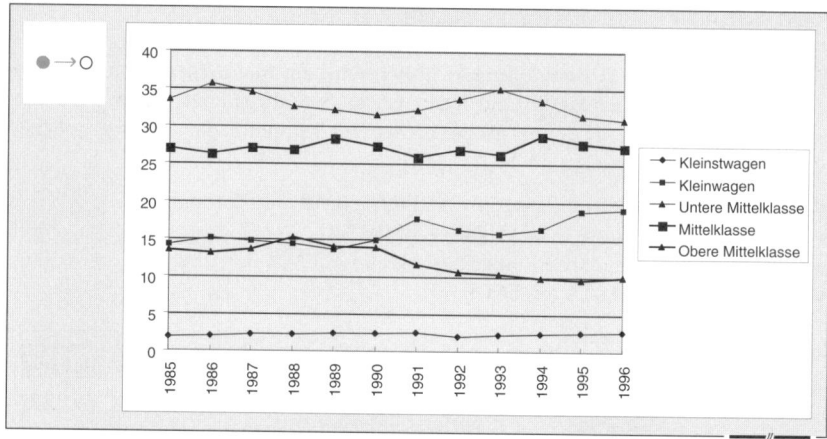

Abb. 18: *Entwicklung der PKW-Marktsegmente in Deutschland (Quelle: Autohaus 13/96, S. 16)*

Marktkennzahlen

Ist der Markt definiert, so sind grundsätzliche Marktkennzahlen zu ermitteln, die die Basis für alle Investitions- und Wirtschaftlichkeitsanalysen bilden. Folgende Kennzahlen werden vom Marketing für eigene Berechnungen und Prognosen und für das Controlling bestimmt und laufend aktualisiert:

- **Theoretische Marktkapazität:** theoretisch denkbare Aufnahmemöglichkeit durch den Markt, wenn alle Marktteilnehmer ihren Bedarf befriedigen würden.
- **Langfristiges Marktpotential:** langfristige, maximale Aufnahmefähigkeit des Marktes (Summe der Bedürfnisträger multipliziert mit dem Durchschnittsbedarf pro Zeiteinheit),
- **Kurzfristiges Marktpotential:** kurzfristige, maximale Aufnahmefähigkeit des Marktes,
- **Marktvolumen:** aktuelles Nachfragevolumen des Marktes, welches alle Anbieter in einer Zeiteinheit tätigen,
- **Marktausschöpfung:** Quotient von Marktvolumen und Marktpotential und damit als Restgröße das mögliche Wachstumspotential des Marktes oder Sättigungsgrad,
- **Marktanteil:** Verhältnis des Absatzes eines Unternehmens am Marktvolumen in einer Zeiteinheit,
- **Relativer Marktanteil:** Quotient des Absatzes eines Unternehmens und dem Marktanteil des stärksten Konkurrenten,
- **Absatzpotential:** theoretische Aufnahmefähigkeit des Marktes bezüglich des Absatzes des Unternehmens, also Anteil am Marktpotential, welches das Unternehmen für realisierbar erachtet,
- **Absatzvolumen:** realer, aktueller oder prognostizierter Absatz des Unternehmens.

- **Marktsättigung:** Relation aus Marktvolumen und Marktpotential. Sie zeigt auf, inwieweit das Marktvolumen schon ausgeschöpft ist.
- **Marktdurchdringung:** Relation zwischen Absatzvolumen und Absatzpotential. Sie zeigt die noch offenen Steigerungspotentiale für eine Unternehmen am Markt auf.

EASY-Fallstudie

Für alle zukünftigen Entscheidungen, die die Speedy GmbH-Controlling-Abteilung jeweils auf ihre Wirtschaftlichkeit hin überprüfen wird, sind für das Premium-Klein- wagen-Segment in Deutschland und in den anderen europäischen Ländern die Basis- Marktkennzahlen für Gegenwart und Zukunft zu ermitteln.

2.2.2.2 Kunde

Im Mittelpunkt und damit als Ausgangspunkt des Marketings steht immer der Kunde. Deshalb ist die generelle Ausgangsfrage immer im Marketing: Wer ist mein Kunde? Dazu gehören Informa- tionen über die Quantität und über die Qualität der bestehenden Kunden und der möglichen Kundenpotentiale. Um alle weiteren marktbezogenen Entscheidungen richtig treffen zu können, muss eine Entscheidung darüber getroffen werden, für welche Kunden, die exakt zu beschreiben sind, die Leistungen des Unternehmens angeboten werden.

Kundenanalyse

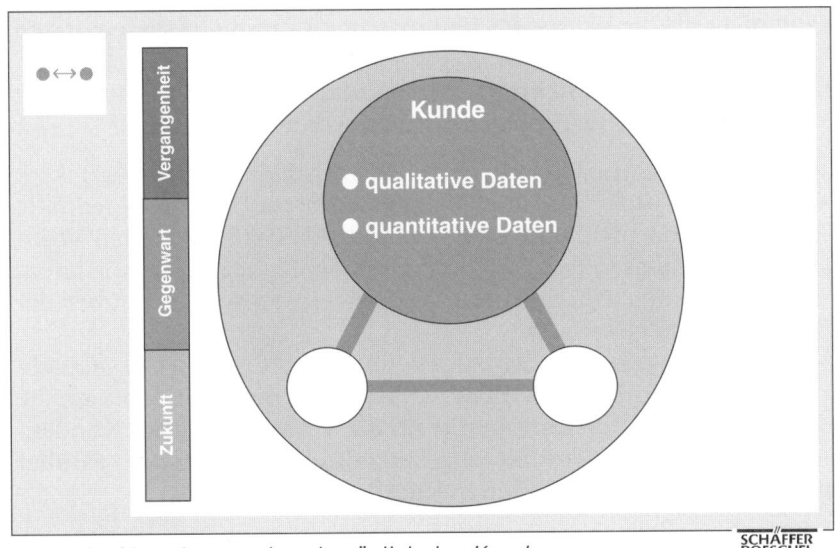

Abb. 19: *Situationsanalyse bezüglich des Kunden*

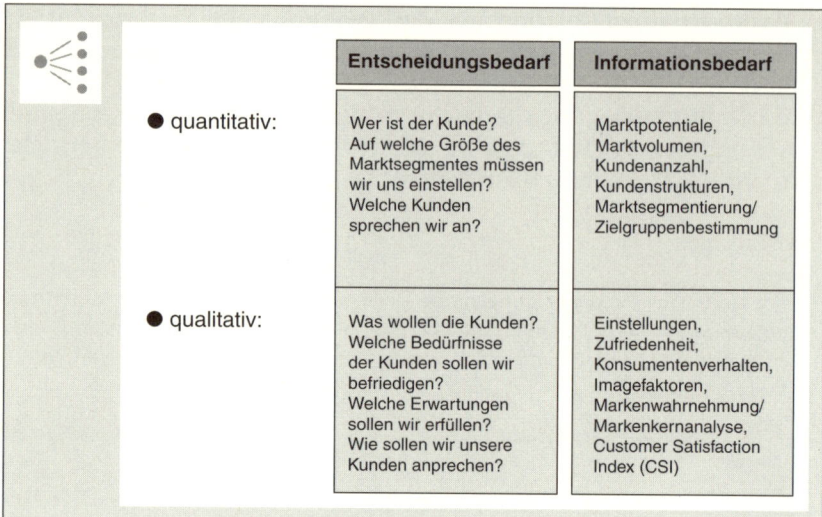

	Entscheidungsbedarf	Informationsbedarf
● quantitativ:	Wer ist der Kunde? Auf welche Größe des Marktsegmentes müssen wir uns einstellen? Welche Kunden sprechen wir an?	Marktpotentiale, Marktvolumen, Kundenanzahl, Kundenstrukturen, Marktsegmentierung/ Zielgruppenbestimmung
● qualitativ:	Was wollen die Kunden? Welche Bedürfnisse der Kunden sollen wir befriedigen? Welche Erwartungen sollen wir erfüllen? Wie sollen wir unsere Kunden anprechen?	Einstellungen, Zufriedenheit, Konsumentenverhalten, Imagefaktoren, Markenwahrnehmung/ Markenkernanalyse, Customer Satisfaction Index (CSI)

Abb. 20: *Entscheidungs- und Informationsbedarf bezüglich des Untersuchungsbereiches Kunde*

Kundenzufriedenheitsmessung

Im Zentrum der Überlegungen bezüglich des Kunden ist die Fragestellung: Ist unser Kunde zufrieden? Gemessen wird dies durch den Customer Satisfaction Index (CSI). Wie groß der Bedarf bezüglich der Information über den Kunden ist, zeigt eine Untersuchung bei 800 deutschen Unternehmen aller Branchen:

- weniger als ein Viertel der Unternehmen haben zufriedene Kunden,
- weniger als die Hälfte der Unternehmen sammeln systematisch Kundeninformationen,
- vier von zehn Mitarbeitern wissen nicht, welche Bedeutung ein zufriedener Kunde für ihren eigenen Arbeitsplatz hat.

Kundenorientierung

Die Kundenorientierung ist der alles entscheidende Erfolgsfaktor Nr. 1. Das heißt für ein marketingorientiertes Unternehmen, alle Unternehmensentscheidungen und alle Aktivitäten an den Wünschen, Bedürfnissen und Möglichkeiten der Kunden zu orientieren, und so in seinen Augen einen Wettbewerbsvorteil gegenüber der Konkurrenz zu gewinnen.

Die Messung der Kundenzufriedenheit, des CSI, über das Customer-Satisfaction-Measurement (CSM) ergibt nichts anderes als die Ist-Situation, der Ausgangspunkt für die Verbesserung der Kundenorientierung. Der Endpunkt ist gesetzt durch ein mehr oder minder definiertes Ziel des zufriedenen Kunden.

EASY-Fallstudie

Für die Speedy GmbH sind das Marktsegment Premium-Kleinwagen und deren Ziel-gruppen völlig neu. Es liegen auch keine Kundenzufriedenheitswerte vor. Deshalb ist für alle weiteren kundenbezogenen Entscheidungen eine detaillierte Kundenana-lyse gefordert:

- Wie viele potentielle Käufer gibt es in diesem Segment?
- Wie sehen diese Kunden aus?
- Gibt es Untersegmente, unterschiedliche Teil-Zielgruppen?
- Welches Budget hat der Kunde für einen Fahrzeugkauf zur Verfügung?
- Wie sieht die Fahrzeugnutzung dieser Kunden aus?
- Welche Einstellungen, Erwartungen, Werte und Life-Styles haben diese Kunden?

2.2.2.3 Unternehmen

Bei der Situationsanalyse bezüglich des Unternehmens ist vor allem die wirtschaftliche Situation zu betrachten. Wie sehen die betriebswirtschaftlichen Kennziffern aus? Wie alt sind die Produk-te, die Produktionsanlagen? Wie sieht die Auslastung der eigenen Ressourcen aus? Wo sind Potentiale? Welche Möglichkeiten für In-vestitionen bestehen? Wie sieht das bisherige Zielsystem aus, wie die bisher definierten langfristigen Strategien? Wie gestaltet sich das Marketingmix? Wie ist das Image, die Bekanntheit des Unter-nehmens?

Unternehmens-analyse

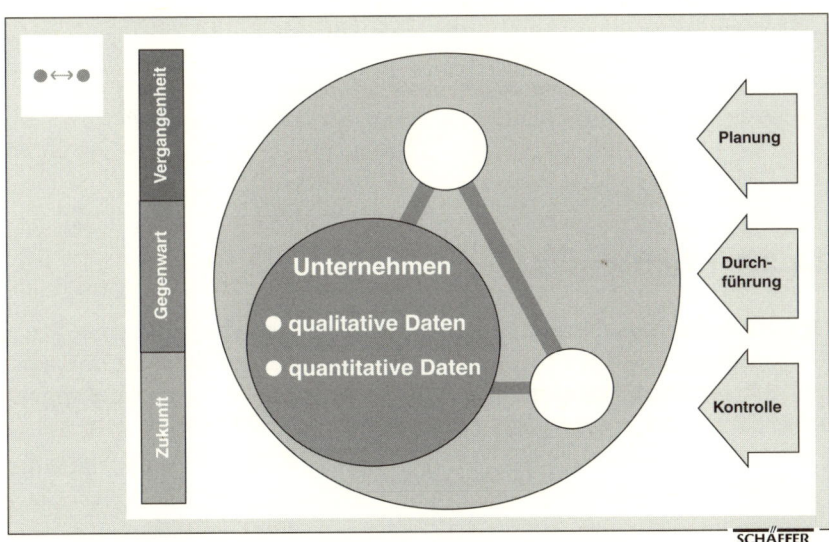

Abb. 21: *Situationsanalyse bezüglich des Unternehmens*

	Entscheidungsbedarf	Informationsbedarf
• quantitativ:	Müssen wir auf die wirtschaftliche Situation reagieren?	Absatzpotential, -volumen, Marktanteile, wirtschaftliche Eckdaten
• qualitativ:	Welches Image sollen wir haben?	Einstellungs-, Imageprofil, Markenpositionierung
	Welche Ziele sollen wir uns sezten?	Business-Mission, strategische - operative
	Welche Strategien sollen wir verfolgen?	Normstrategien, Standardstrategien
	Welche Marketing-Instrumente sollen wir einsetzen?	preis-, distributions-, produkt-, kommunikations-politische Instrumente

SCHÄFFER
POESCHEL

Abb. 22: *Entscheidungs- und Informationsbedarf bezüglich des Untersuchungsbereiches Unternehmen*

EASY-Fallstudie

Laut letztem Geschäftsbericht steht die Speedy GmbH augenblicklich mehr als gut da. Dies liegt daran, dass es zum Stil des Hauses gehört, in guten Zeiten konzentriert über die Zukunft nachzudenken. Der EASY ist ein solches Ergebnis. Die Marktforschungsabteilung soll trotzdem folgende Entscheidungen mit Informationen unterstützen:

- Können wir den EASY bauen?
- Muss eine neue Produktionsstätte gebaut werden?
- Wäre eine Kooperation mit einem anderen Hersteller sinnvoll?
- Was wäre mit oder ohne dem EASY?
- Passt ein solches Investitionsprojekt in die langfristige Finanzplanung?
- Kann die Speedy GmbH ein solches Projekt wirtschaftlich verkraften?

2.2.2.4   Wettbewerb

Wettbewerbsanalyse   Der vierte Analysebereich betrifft die Wettbewerbssituation. Ohne die Kenntnis des relevanten Wettbewerbes, seiner Stärken und seiner Aktivitäten, werden alle kundenorientierte Entscheidungen unter Umständen im Markt verpuffen.

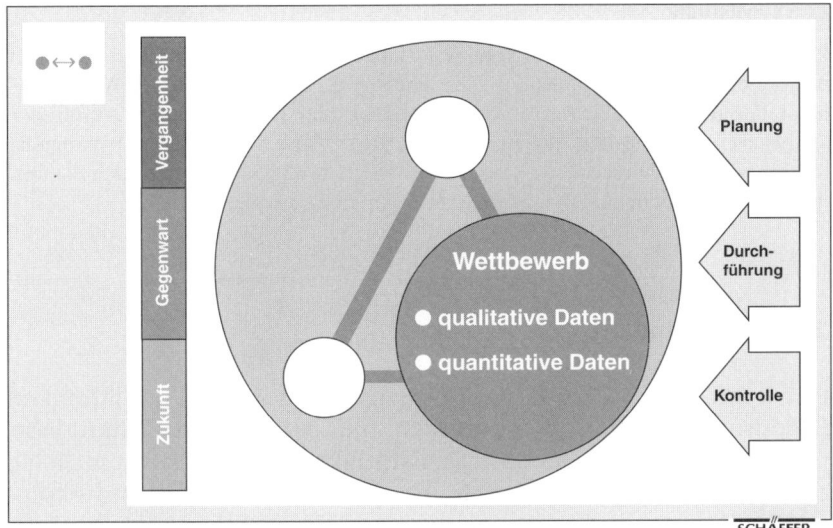

Abb. 23: *Situationsanalyse bezüglich des Wettbewerbs*

Die wesentliche zu treffende Entscheidung ist, wer überhaupt als Konkurrent anzusehen ist. Dazu ist notwendig zu erkennen, welchen Konkurrenten mit seinem Leistungsspektrum sieht der Kunde als grundsätzliche Alternative?

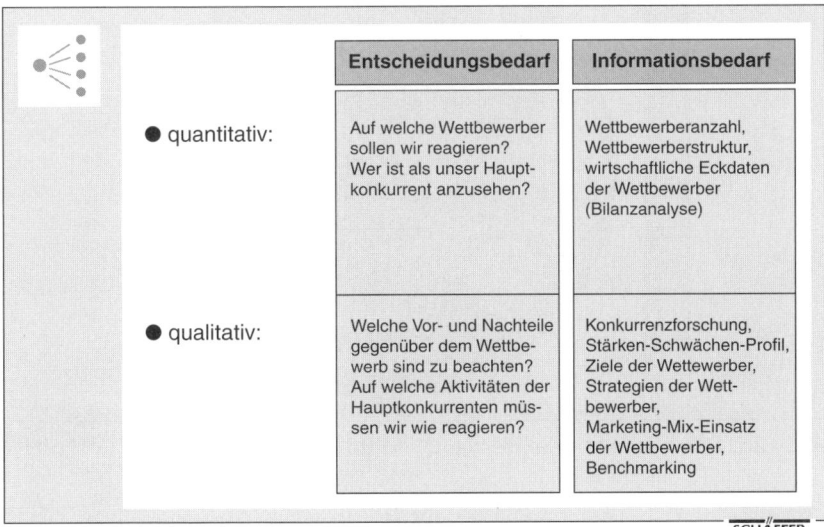

Abb. 24: *Entscheidungs- und Informationsbedarf bezüglich des Untersuchungsbereiches Wettbewerb*

EASY-Fallstudie

Das Premium-Kleinwagen-Segment wird bisher von keinem Wettbewerber aktiv bearbeitet. Deshalb werden vorausschauend von der Speedy GmbH alle Automobilhersteller als potentielle Wettbewerber festgelegt, deren Verhalten und Aktivitäten analysiert und in eigenen Aktivitäten einbezogen werden. Die Marktforschungsabteilung wird aufgefordert, eine Konkurrenzanalyse bezüglich der konkreten Planung der Wettbewerber in dem neu definierten Segment zu erstellen.

2.2.2.5   Umwelt

Umweltanalyse

Der letzte Bereich der Situationsanalyse hat in den 90er Jahren an Bedeutung deutlich zugenommen und wird im nächsten Jahrtausend noch wichtiger. Die Umweltfaktoren betreffen staatliche, rechtliche, technische, soziale, gesamtwirtschaftliche und ökologische Rahmenbedingungen, die das Wirtschaften und die Entscheidungen der Unternehmen beeinflussen. Vor allem die ökologische Situation bedingt bei den Kunden einen Einstellungswandel und in der Politik national und international einen Drang zu verstärkter staatlicher Regulierung z.B. durch Besteuerung ökologisch ungünstiger Produkte und durch Subventionierung gewünschter Produkte.

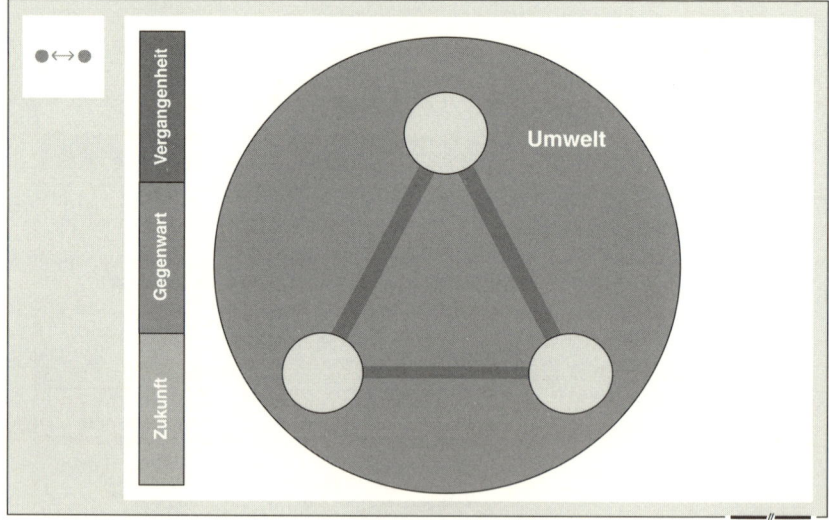

Abb. 25: *Situationsanalyse bezüglich der Umwelt*

Neben den ökologischen und staatlichen, rechtlichen Umweltfaktoren sind die technischen Basisinnovationen zu beachten. Weitere

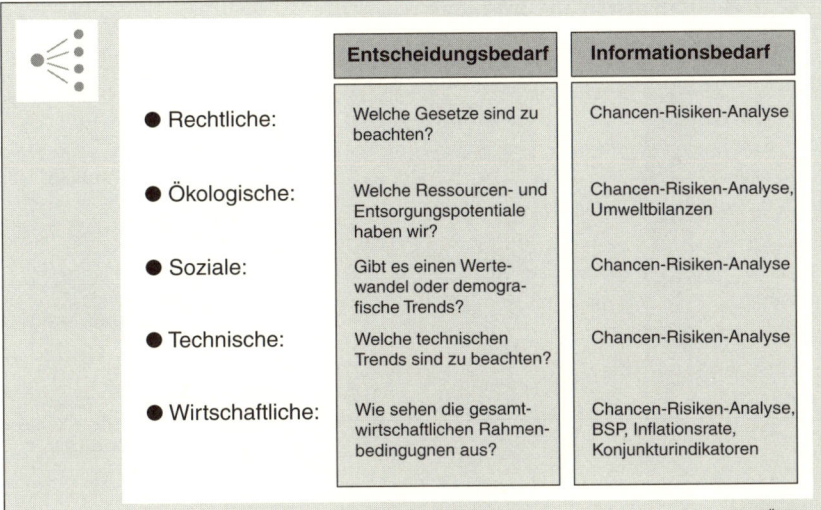

Abb. 26: *Entscheidungs- und Informationsbedarf bezüglich des Untersuchungsbereiches Umwelt*

Leistungsverbesserungen bei elektronischen Bauteilen und Vernetzungen aller Haushalte mit Telekommunikation lassen z.B. die Märkte von morgen anders aussehen als heute.

Ausgangspunkt jeglicher Umweltstudien im ökonomischen Bereich ist die makroökonomische Sicht folgender Faktoren:

- Entwicklung der Weltwirtschaft,
- Entwicklung der einzelnen Volkswirtschaften,
- Entwicklung der Branche, auch im Vergleich zur Gesamtwirtschaft, z.B. durch Aufdeckung struktureller Probleme,
- Konjunkturdaten wie Bruttosozialprodukt (BSP),
- Kaufkraftkennziffern,
- Inflationsraten,
- Arbeitslosigkeitsquoten.

In Zeiten von konjunkturellen Rezessionen gibt es grundsätzlich einen Rückgang der Gesamtabsätze. Allerdings gibt es für ein vorausschauendes Unternehmen durchaus die Chance, ein aufgrund des Preis-Leistungsverhältnisses für die Rezessionsphase ideales Produkt anzubieten und somit gegen den Strom schwimmen zu können.

EASY-Fallstudie

Für den EASY ist der Absatzmarkt auf Deutschland und Westeuropa begrenzt. Deshalb muss für diese Länder eine Umweltanalyse durchgeführt werden.

2.2.2.6   Integrative Ansätze

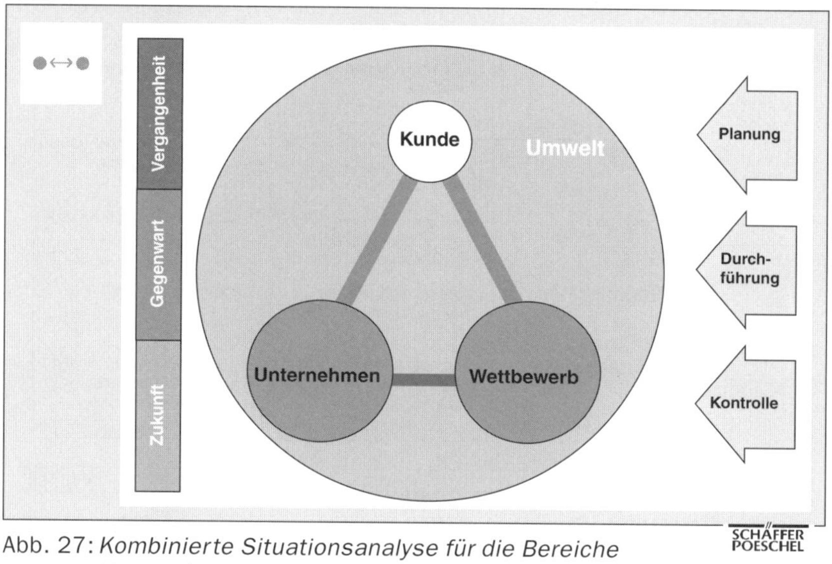

Abb. 27: *Kombinierte Situationsanalyse für die Bereiche*
Unternehmen und Wettbewerb

Kombinierte Analysen

Nachdem bisher versucht wurde, alle Bereiche der Situationsanalyse isoliert zu betrachten, sind von der Marketingwissenschaft mehrere integrative Ansätze entwickelt worden, um die Ist-Situation des Unternehmens zu beschreiben und die richtigen Entscheidungen abzuleiten:

- **Stärken-Schwächen-Profil:** Vergleich des eigenen Unternehmens mit den wichtigsten Wettbewerbern anhand zentraler wirtschaftlicher und marktrelevanter Kriterien.
- **Produktlebenszyklusanalyse:** Unter der Voraussetzung des Werdens und Vergehens von Produkten von der Markteinführung bis zum Marktaustritt werden verschiedene Phasen bestimmt, die eine bestimmte Ausrichtung vor allem der Preis- und Kommunikationspolitik bedingen.
- **Portfolio-Analyse:** Anhand der Beurteilung der Marktentwicklung und der eigenen Stärke auf dem Markt werden Produkte, Marken oder Geschäftseinheiten in einem zweidimensionalen Chart abgebildet. Anhand der Position in verschiedenen Feldern dieser Abbildung ergeben sich bestimmte empfehlenswerte Normstrategien.
- **Chancen-Risiken-Analyse:** Gegenüberstellung der Chancen, die sich für das Unternehmen ergeben, und der Risiken aus erwarteten Veränderungen in der Umwelt.

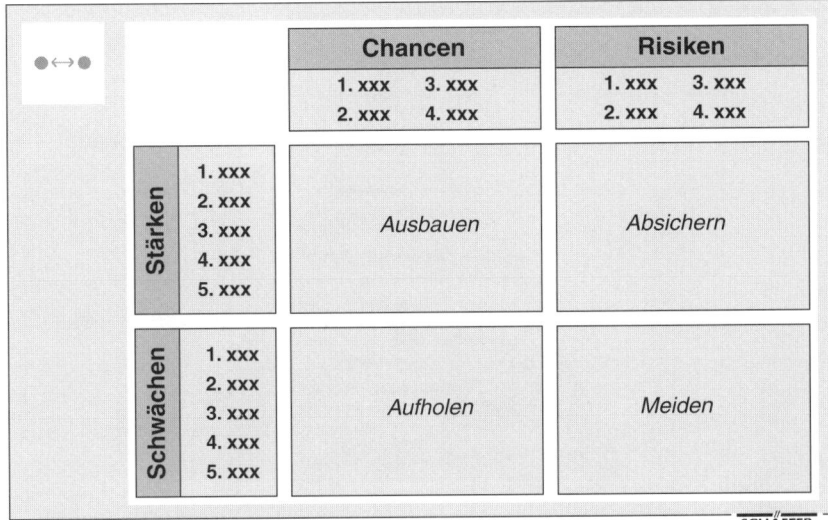

Abb. 28: *Struktur der SWOT-Analyse mit den passenden Normstrategien*

- **SWOT-Analyse** (Strengths-Weaknesses-Opportunities-Threats): Sie kombiniert die Stärken-Schwächen-Analyse mit der Chancen-Risiken-Analyse. Aus diesen vier Bereichen ergeben sich vier Felder, denen Normstrategien zugeordnet werden können.

EASY-Analyse

Nach Auffassung des Marketingleiters der Speedy GmbH birgt das Angehen einer neuen Zielgruppe große Gefahren beim Image und bei der Akzeptanz bei den bestehenden Zielgruppen und Marktsegmenten. Deshalb erwartet er von dem Projektteam eine detaillierte SWOT-Analyse für das EASY-Projekt. Dies beinhaltet, die Chancen und Risiken die der Markt für den Easy bereithält den Stärken und Schwächen der Speedy GmbH gegenüberzustellen und zu gewichten.

2.2.2.7 Entscheidungs- und Informationsbedarf in der Ziel- und Strategiebestimmung

Innerhalb des Untersuchungsbereiches Unternehmen der Situationsanalyse wird die bisherige Ausgestaltung des Zielsystems und der definierten Strategien des Unternehmens erfasst und analysiert. Im zweiten Marketingprozessschritt ist nun zu überprüfen, ob dieses Zielsystem ausreichend, vollständig und für die zukünftige Marktausrichtung erfolgversprechend ist. Andernfalls muss es

Zielsystembestimmung

Abb. 29: *Aufbau eines Zielsystems*

angepasst oder neu gestaltet werden. Die wesentlichen Bestandteile eines Zielsystems sind:

- Unternehmenszweck, die Business-Mission des Unternehmens,
- die Unternehmensidentität, die corporate identity
- die Unternehmensgrundsätze,
- die Oberziele, wie z.B. Umsatz- oder Gewinnziele,
- die Funktionsbereichsziele, wie z.B. Marketingziele,
- die Zwischenziele, wie z.B. die Sparten- oder Geschäftseinheitenziele,
- die Unterziele, wie z.B. die Instrumentalziele.

Die Marktforschung hat hier die Aufgabe, Informationen für die Entscheidungen zur Verfügung zu stellen. Insbesondere Zielkonflikte sind aufzudecken und zu bewerten.

EASY-Fallstudie

Als erfolgreiches Unternehmen hat die Speedy GmbH schon sehr früh ihr Zielsystem entwickelt und den Marktgegebenheiten nur sehr zurückhaltend angepasst, um ihre Positionierung in den Augen der Kundschaft nicht zu gefährden. Deshalb wird dem Marktforschungsteam vorgegeben, mit dem in der Situationsanalyse festgestellten Zielsystem auch für das EASY-Projekt zu arbeiten und keine Veränderungen zu empfehlen.

Sollte es sich in der Situationsanalyse ergeben haben, dass keine ausgeprägten Strategien formuliert wurden, so bietet die wissenschaftliche Strategieentwicklung grundsätzlich drei Wege:

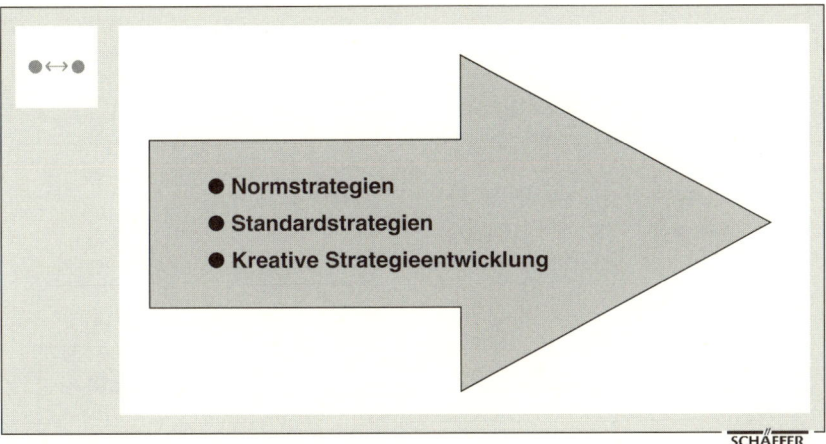

● ↔ ●

- **Normstrategien**
- **Standardstrategien**
- **Kreative Strategieentwicklung**

SCHÄFFER
POESCHEL

Abb. 30: *Wege der Strategiebestimmung*

1. **Standardstrategien:** In der marketingpolitischen Praxis bewährte Strategieformen, mit denen schon andere Unternehmer in ähnlichen Situationen sehr erfolgreich geworden sind.
2. **Normstrategien:** Auf der Basis der Positionierung in konzeptionellen Konstrukten wie SWOT-Analyse, Produktlebenszyklus oder Portfoliotechniken werden vorgegebene Strategien empfohlen.
3. **Kreative Strategiebildung:** Für die individuelle Ist-Situation des Unternehmens wird eine eigene, kreativ entwickelte neue Strategie gesucht.

Die Marktforschung kann für die Standardstrategien die Informationen über erfolgreiche Anwendungen im Markt ermitteln. Für die Normstrategien sind die für die Positionierungen definierten Eckdaten und Kennziffern exakt zu ermitteln. Für die kreative Strategieentwicklung liefert die Marktforschung die Methoden der Kreativitätstechniken als Erhebungsverfahren.

EASY-Fallstudie

Die Speedy GmbH fährt eine Premium-Markenstrategie. Dies beinhaltet ein hochwertiges Produkt, einen hohen Preis, hochwertigen Markenauftritt und exklusive Distribution. Dieser Premium-Markenstrategie muss sich auch der EASY unterordnen.

2.2.3 Entscheidungs- und Informationsbedarf im Marketingmix

In der vierten Phase des Marketingprozesses werden die einzelnen Instrumente mit allen ihren Ausprägungen geplant, umgesetzt und

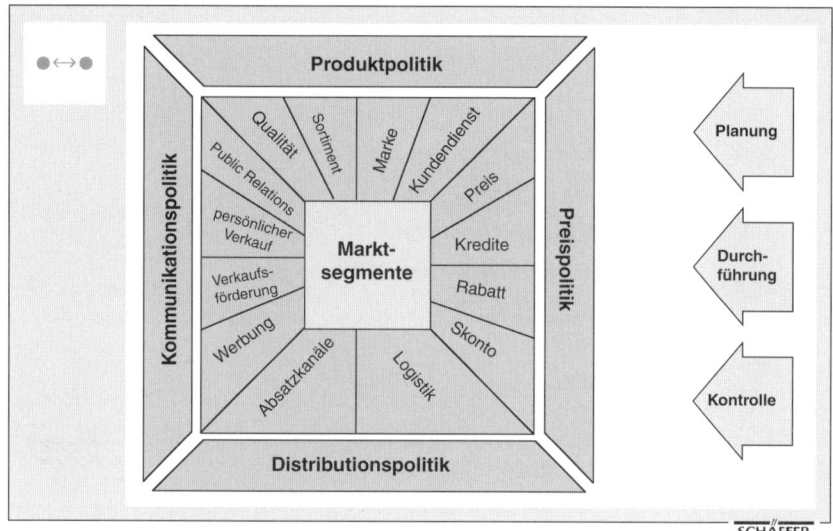

Abb. 31: *Instrumente im Marketing-Mix*

an ihrer Zielerreichung gemessen. Der kombinierte oder individuelle Einsatz der Instrumente muss sich im Rahmen der vorgegebenen Strategie und ggf. schon formulierter Instrumentalstrategien wie z.B. einer Kommunikationsstrategie bewegen.

EASY-Fallstudie

Die Speedy GmbH stellt sich nun die Frage, welche Kombination der marketingpolitischen Instrumente verwirklicht unsere Strategie und wie müssen die einzelnen Instrumente konkret aussehen?

2.2.3.1 Marktsegmentierung

Marktsegmentierung und Zielgruppenbestimmung

Die zentrale Frage im Marketing lautet: Wer ist mein Kunde? Nur dann kann das Unternehmen die Kundenbedürfnisse durch ihr Produkt- und Leistungsangebot optimal befriedigen. Für den Marketingmix bedeutet dies: Welche Kundengruppen wollen wir ansprechen und wie sehen diese Zielgruppen und Marktsegmente konkret aus? Ausgangspunkt ist der Bereich Kunden der Situationsanalyse. Nach dieser Ist-Beschreibung sollte in der Soll-Beschreibung (Zielsystem) und in der Wegbeschreibung vom Ist zum Soll (Strategie) die definierten Kundengruppen und damit die Zielgruppe bestimmt sein.

Die Marktsegmentierung untersucht in dieser Situation die Zusammensetzung und Struktur der Zielgruppen, insbesondere auch

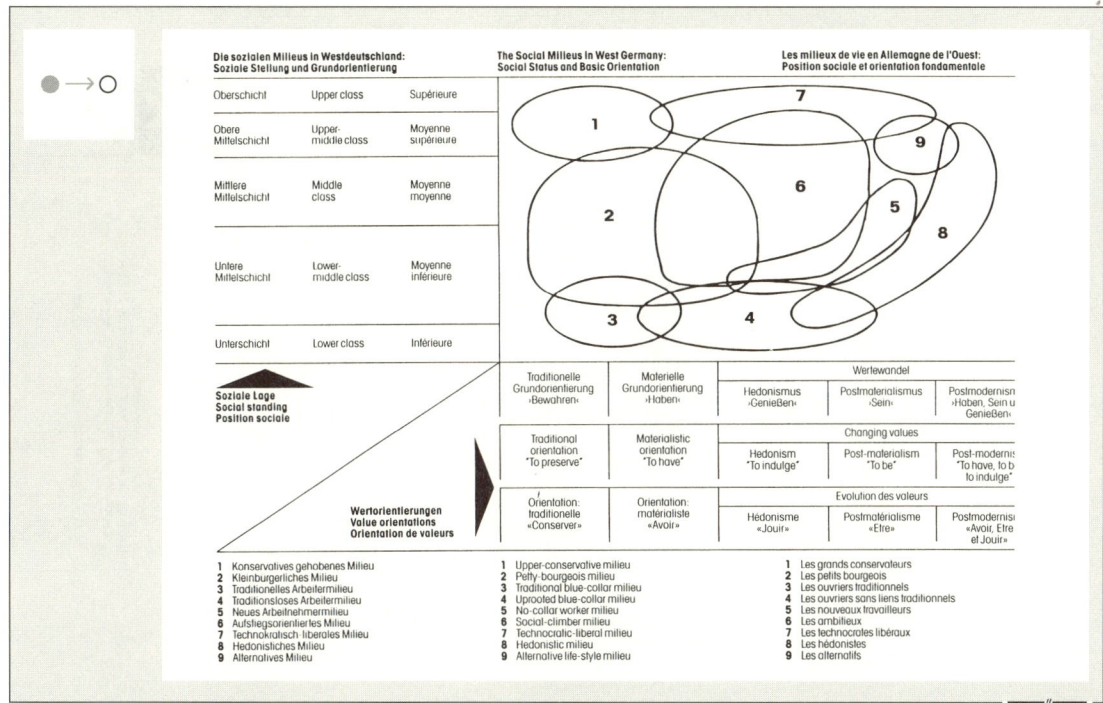

Abb. 32: *Marktsegmentierung nach Sozialer Lage und Wertorientierungen von Personen (Quelle: Spiegel-Verlag 1993, S. 198 – 199)*

ob Teilsegmente gebildet werden können oder ob sich mehrere heterogene Marktsegmente ergeben.

Sollten die Zielgruppen noch nicht genau definiert sein, ergeben sich folgende Ansätze einer Marktsegmentierung:

- **Käufergruppenbildung:** Soziodemografische und personenbezogene Merkmale wie Alter, Familienstand, Geschlecht, Kinderanzahl, Haushaltsgröße, Wohnort, Wohnregion, Berufstätigkeit, Berufsgruppe, soziale Schicht, Bildungsstand, Kaufkraft und Einkommen.

- **Merkmale des Kauf-, Informations- und Verwendungsverhaltens:** Verwendungshäufigkeit, Kaufraten, Konsumstile, Reaktionen auf den Einsatz von Marketinginstrumenten.

- **Lebensstilanalyse:** psychografisches Segmentierungsverfahren zur Identifikation typischer Kundengruppen.

- **Lebenszykluskonzepte:** Gruppierung nach der Phasenzugehörigkeit in individuellen oder Familienlebenszyklus.

Neben der Erfassung eines Querschnittes der Vertreter der Zielgruppen kann es in einzelnen Studien sinnvoll sein, sich nur auf die Opinion-Leader (Meinungsführer), Doorkeeper (Gatekeeper, Türöffner)

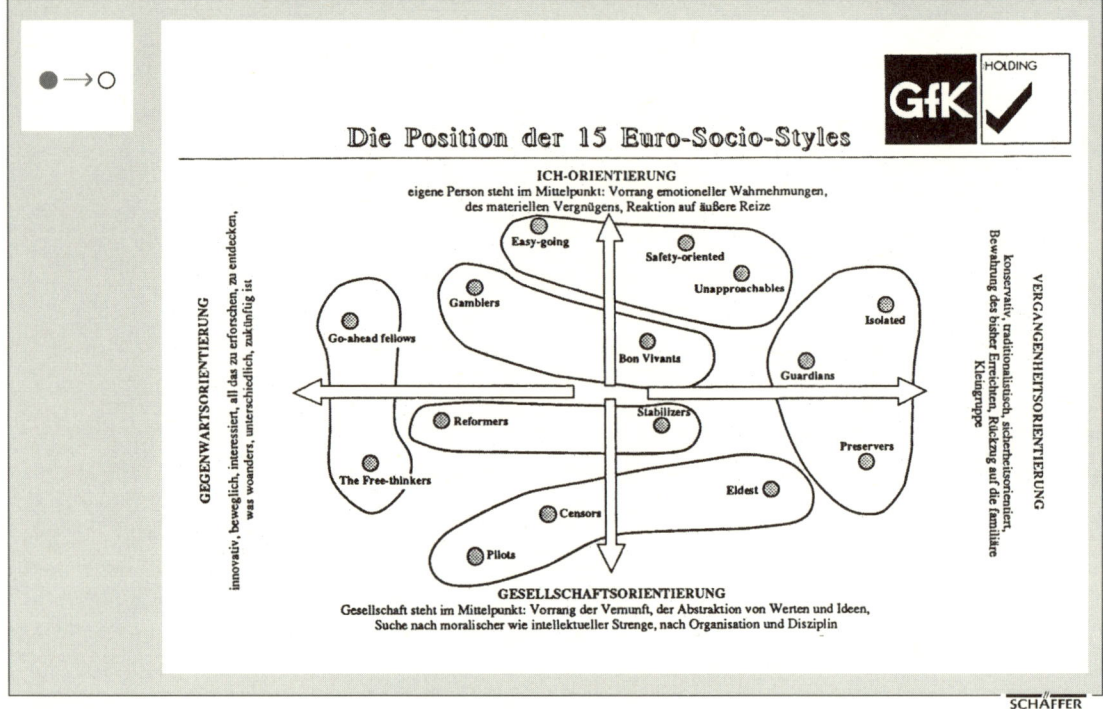

Abb. 33: *Euro-Socio-Styles der GfK (Quelle: GfK Lebensstilforschung)*

oder Innovatoren zu konzentrieren. Das Verhalten dieser Gruppen geht dem Verhalten der anderen Personen der entsprechenden Zielgruppen voraus. Der Opinion-Leader gilt in seiner sozialen Gruppe als qualifiziert und kompetent, sodass die anderen Gruppenmitglieder auf sein Wort hören und entsprechend ihr Handeln anpassen.

Als Zielgruppen kommen neben natürlichen Personen auch Unternehmen oder Körperschaften in Betracht, deren Segmentierungskriterien inhaltlich entsprechend anzupassen sind.

Euro-Styles der GfK   Um der Europäisierung der Märkte gerecht zu werden, hat die GfK in Nürnberg eine Marktsegmentierung aller Europäer durch eine Befragung von 24.000 Personen mit 3.500 Variablen, die nahezu alle Aspekte des Lebens abdecken, nach 15 Socio-Styles vorgenommen:

- **Unapproachables:** Konservative, fremdenfeindliche Personen, die sich in ihr Schneckenhaus zurückziehen.
- **Safety-oriented:** Misstrauische, negative Personen, aus einfacheren sozialen Kreisen. Ziehen sich auf sich selbst zurück.
- **Easy-going:** Junge, opportunistische Singles auf der Suche nach sozialem Erfolg und Geld.

- **Gamblers:** Junge Singles, tolerant, optimistisch. Suchen das Gleichgewicht zwischen Vergnügen und Vernunft.
- **Bonvivants:** Hedonistische Junge, angeberisch, materialistisch eingestellt.
- **Go-ahead Fellows:** Ehrgeizige, tolerante Junge, positiv in die Zukunft gerichtet.
- **Free-Thinkers:** Hedonistische, vierzigjährige Intellektuelle.
- **Reformers:** Aktive, optimistische Familien, die nach persönlicher Entfaltung streben.
- **Stabilizers:** Moralisierende Fünfzigjährige, trauern verlorengegangenen traditionellen Regeln hinterher.
- **Pilots:** Wohlsituierte, dynamische Vierzigjährige, verstärkt sozial engagiert, gemäßigte Befürworter des Fortschritts.
- **Censors:** Enttäuschte, die ihre materielle Lebensweise in Frage stellen und traditionellere Moralwerte fordern.
- **Eldest:** Bürgerliche und konservative Honoratioren, die die Rückkehr traditioneller Moralwerte wünschen.

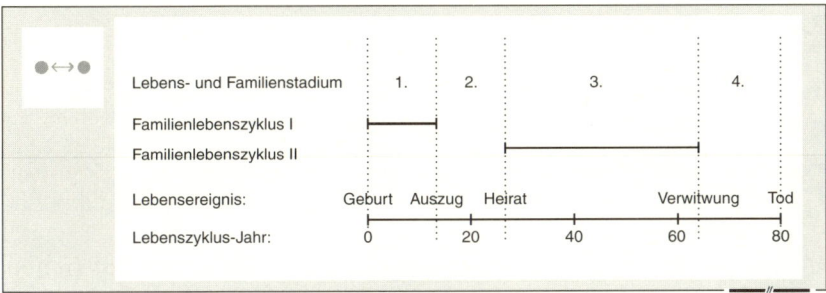

Abb. 34: *Lebenszykluskonzepte als Segmentierungskriterium (Quelle: Kamenz 1987, S. 10)*

Alle Menschen durchlaufen während ihres Lebens verschiedene Phasen ihrer familiären Situation. Diese einzelnen Phasen haben einen direkten Einfluss auf das Konsumverhalten. Entscheidend für die Segmentierung nach diesen Phasen ist die Abgrenzung und damit die Zuordnung einer Person oder eines Haushaltes zu einer Phase. Solche Phasenänderungsgründe sind Geburt, Auszug aus der elterlichen Familie, Heirat, Geburt des ersten Kindes, Austritt des letzten Kindes aus dem Haushalt, Tod des Partners und eigener Tod.

Grundsätzlich sind die Marktsegmente so zu bilden, dass die Mitglieder eines Segmentes möglichst homogen sind und dass die Segmente untereinander möglichst heterogen sind.

EASY-Fallstudie

Die Speedy GmbH segmentiert grundsätzlich produktorientiert. Zusätzlich wird vertriebstechnisch unterschieden in Firmen- und Privatkunden. Dies bedeutet für den EASY, dass für das gesamte Marketingmix das Marktsegment einer ausgewählten Teilmenge der Klein- und Kleinstwagenkäufer definiert wird. Innerhalb der Distributionspolitik wird zusätzlich die Vertriebssteuerung mit den zwei Marktsegmenten Firmenkunden und Privatkunden gearbeitet.

2.2.3.2 Marketing-Mix-Modellierungen

Marketingentscheidungen innerhalb des Marketing-Mixes sind in zwei Bereiche einzuteilen. Zum einen werden die Instrumente den langfristigen Strategien angepasst. Dies bedeutet eine kombinierte Ausrichtung aller Marketinginstrumente in eine gemeinsame Richtung. Zum anderen werden die einzelnen Instrumente zur operativen Umsetzung in ihren individuellen Ausprägungen bestimmt und ausgebildet.

2.2.3.3 Produktpolitik

Entscheidungen in der Produktpolitik

Innerhalb der strategieunterstützenden Produktpolitik sind im Wesentlichen folgende Entscheidungen zu treffen:

- **Innovation:** Neuentwicklung eines Produktes.
- **Variation:** Veränderung einiger Produktmerkmale, ohne das Basisprodukt zu verändern.
- **Elimination:** Herausnahme eines nicht mehr wirtschaftlichen Produktes.

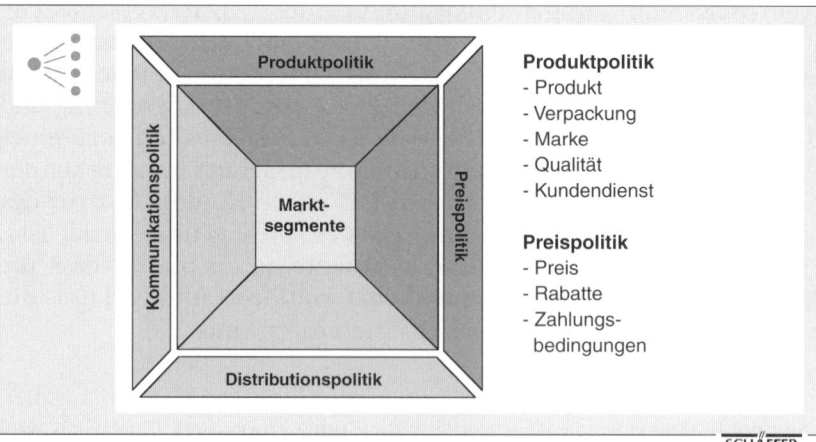

Abb. 35: *Instrumente der Produkt- und Preispolitik*

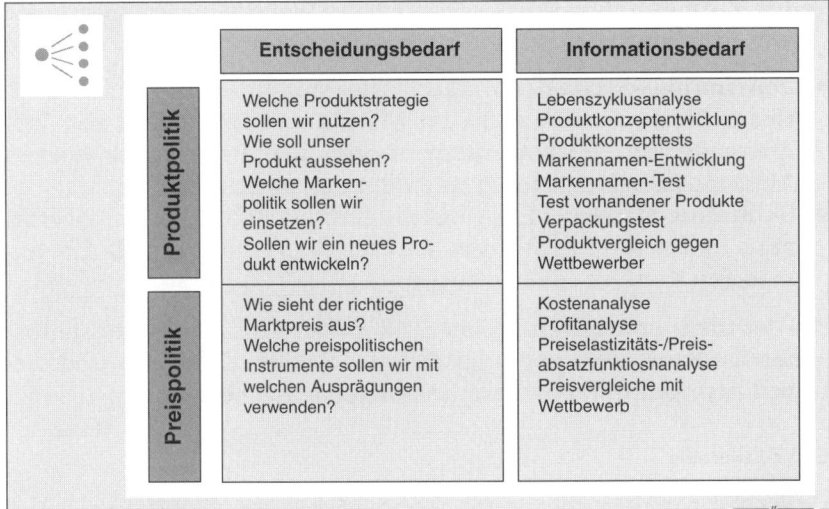

	Entscheidungsbedarf	Informationsbedarf
Produktpolitik	Welche Produktstrategie sollen wir nutzen? Wie soll unser Produkt aussehen? Welche Marken-politik sollen wir einsetzen? Sollen wir ein neues Pro-dukt entwickeln?	Lebenszyklusanalyse Produktkonzeptentwicklung Produktkonzepttests Markennamen-Entwicklung Markennamen-Test Test vorhandener Produkte Verpackungstest Produktvergleich gegen Wettbewerber
Preispolitik	Wie sieht der richtige Marktpreis aus? Welche preispolitischen Instrumente sollen wir mit welchen Ausprägungen verwenden?	Kostenanalyse Profitanalyse Preiselastizitäts-/Preis-absatzfunktiosnanalyse Preisvergleiche mit Wettbewerb

Abb. 36: *Entscheidungs- und Informationsbedarf der Produkt- und Preispolitik*

- **Diversifikation:** Hinzunahme einer neuen Produktlinie, die der bisherigen vor- oder nachgelagert (vertikale Diversifikation), parallel (horizontale Diversifikation) oder völlig unabhängig von der bisherigen Produktlinie (laterale Diversifikation) ist.

EASY-Fallstudie

Für die Speedy GmbH ergeben sich grundsätzlich die vier strategischen Möglichkeiten der Produktpolitik für die Verbesserung der Marktposition und der wirtschaftlichen Unternehmenssituation: ein neues Produkt wie den EASY einführen (Innovation), bestehende Produkte den Kundenwünschen besser anpassen z.B. durch bessere Ausstattung (Variation), ein erfolgloses Modell herauszunehmen (Elimination) oder neue Produktlinien ins Programm zu nehmen, z.B. LKWs (horizontale Diversifikation), Autoradios (vertikale Diversifikation) oder eine neue Fast-Food-Kette (laterale Diversifikation).

Die Speedy GmbH hat sich für Überprüfung einer Innovation entschieden, mit einem neuen Fahrzeugkonzept neue Zielgruppen zu erobern. Damit sind die größten Chancen für eine Stützung und Verbesserung der Marktposition in der Zukunft gegeben. Als Entscheidung steht somit für die Speedy GmbH an: Wie soll das Produkt EASY aussehen, dass es den Kundenansprüchen möglichst genau entspricht?

2.2.3.4   Preispolitik

Da am Markt der Anbieter und der Nachfrager unter Bildung eines Preises einen Austausch von Leistungen vornehmen, muss die Preispolitik mit den anderen Marketinginstrumenten im Einklang

Entscheidungen in der Preispolitik

gehen. Grundsätzlich sind – besonders bei Neuprodukteinführungen – zwei strategische Ausrichtungen zu betrachten:

- **Penetrations-Strategie:** Markteinstieg mit einem möglichst niedrigem Preis, um einen hohen Marktanteil und damit die Verdrängung von Wettbewerbern zu erreichen. Bei späterer starken Marktposition wird der Preis entsprechend erhöht.
- **Skimming-Strategie:** Einstieg mit dem höchstmöglichen Absatzpreis und spätere Reduktion des Preises in Abhängigkeit des verstärkten Konkurrenzangebotes.

Bei der mehr operativen Preispolitik ist der Einsatz der preispolitischen Instrumente wie Bonus, Skonto, Rabatt, Zahlungs- und Lieferbedingungen und Finanzierungsangebote zu betrachten.

EASY-Fallstudie

Für die Speedy GmbH kommt nur eine Hochpreispolitik in Frage. Was bedeutet diese Premium-Kleinwagen-Positionierung für den Preis? Was bedeutet Hochpreispolitik für einen Kleinwagen? Welcher Preis wird von den potentiellen Käufern noch akzeptiert? Wie sieht der Preiswettbewerb aus?

2.2.3.5   Kommunikationspolitik

Entscheidungen in der Kommunikationspolitik

Der Kunde kauft nicht nur einen materiellen Produktvorteil, sondern auch immer einen immateriellen Produktnutzen. Deshalb muss die Kommunikationspolitik neben der Information über das Leistungsangebot immer den auch als Markenkern bezeichneten Erlebnis- und Vorstellungsraum des Produktes und der Marke den

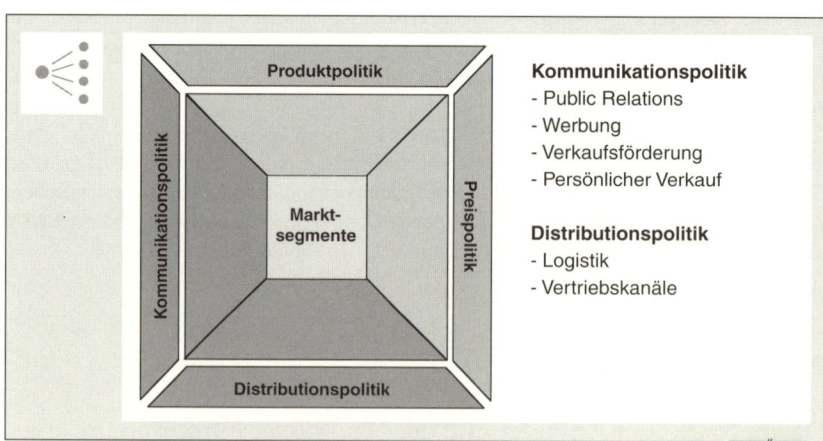

Abb. 37: *Instrumente der Kommunikations- und Distributionspolitik*

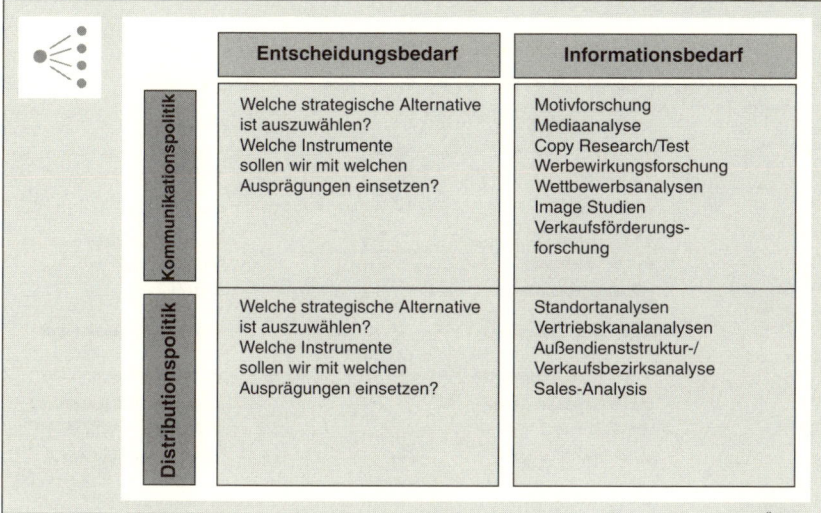

	Entscheidungsbedarf	Informationsbedarf
Kommunikationspolitik	Welche strategische Alternative ist auszuwählen? Welche Instrumente sollen wir mit welchen Ausprägungen einsetzen?	Motivforschung Mediaanalyse Copy Research/Test Werbewirkungsforschung Wettbewerbsanalysen Image Studien Verkaufsförderungs- forschung
Distributionspolitik	Welche strategische Alternative ist auszuwählen? Welche Instrumente sollen wir mit welchen Ausprägungen einsetzen?	Standortanalysen Vertriebskanalanalysen Außendienststruktur-/ Verkaufsbezirksanalyse Sales-Analysis

SCHÄFFER
POESCHEL

Abb. 38: *Entscheidungs- und Informationsbedarf der Kommunikations- und Distributionspolitik*

Kunden kommunizieren. Die Kommunikationsstrategie nimmt sich dieser beiden Bereiche an. Die einzelnen Instrumente wie Werbung, Verkaufsförderung, Sponsoring, Public Relations und persönlicher Verkauf müssen vernetzt die Kommunikationsstrategie ermöglichen.

EASY-Fallstudie

Die bisherige Kommunikationsstrategie läuft unter dem Motto »Gediegenheit und Sicherheit«. Der Werbeleiter der Speedy GmbH zweifelt an, ob eine solche Strategie erfolgreich für den EASY und seine »andersartigen« Käufer sein kann. Da das Speedy GmbH-Management sich der Brisanz und Wichtigkeit für die »Verjüngungskur« bewusst ist, gibt es folgende Aufgaben zur richtigen Entscheidungsfindung an das Projektteam:

1. Funktioniert die bisherige Kommunikationsstrategie auch für den EASY erfolgreich?
2. Wenn nein, wie müsste eine Kommunikationsstrategie über alle Produkte inklusive EASY aussehen?
3. Wie soll das Fahrzeug heißen?
4. Wie könnte die Markteinführungskampagne aussehen?

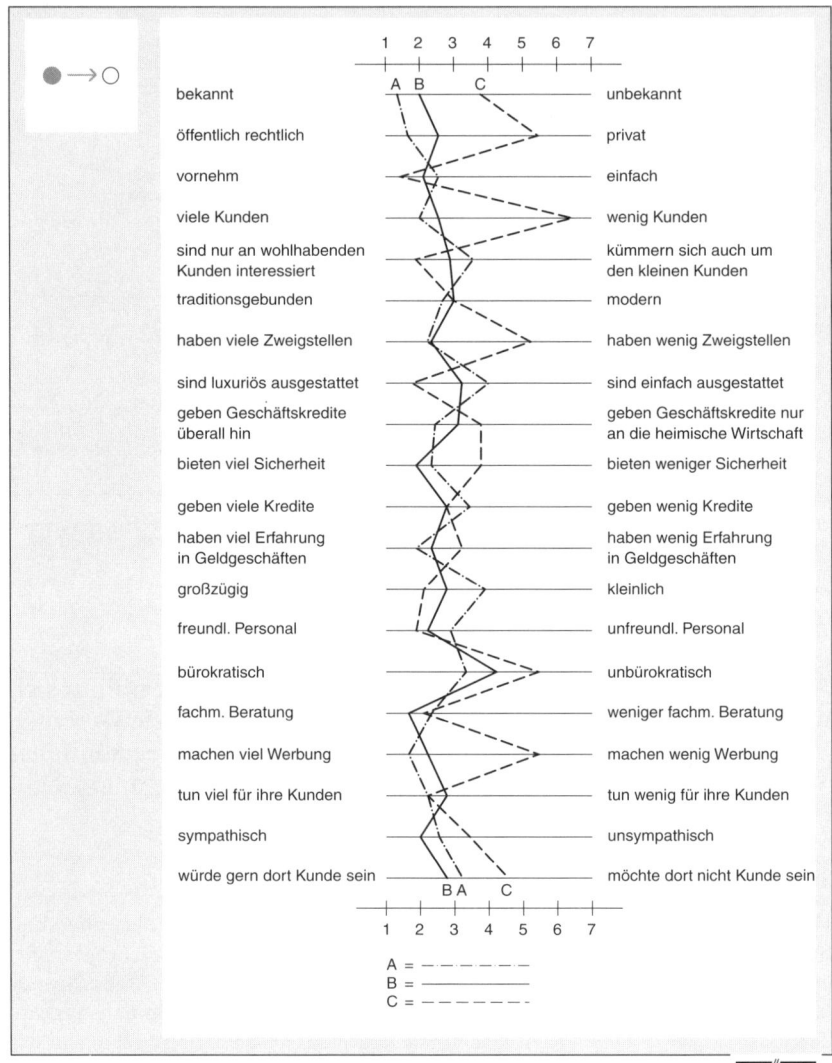

Abb. 39: *Imageprofil dreier Banken*
(Quelle: Trauth 1973, S. 1447)

2.2.3.6   Distributionspolitik

**Entscheidungen
in der Distributions-
politik**

Die Distributionspolitik erwartet Entscheidungen bezüglich der strategischen Ausgestaltung der Absatzkanalpolitik und der physischen Distribution der Produkte vom Hersteller zum Kunden. Die Absatzkanalpolitik betrifft die Ausgestaltung des eigenen Vertriebes und die Wahl der Absatzmittler wie Handel, Handelsvertreter oder eigene Niederlassungen. Die physische Distribution betrifft innerhalb des Marketingmixes alle die Entscheidungen, die für den Kunden sichtbar oder merklich sind. Dies beinhaltet z.B. die Ausprägungen der Instrumente Lieferbedingungen und Ersatzteildienst im Kundendienst.

EASY-Fallstudie

Die Speedy GmbH arbeitet mit einer Kombination aus eigenen Niederlassungen und Händlern zusammen. Die Händler haben einen weitreichenden Gebietsschutz und dürfen als Gegenleistung keine andere Automobilmarke vertreiben. Der Vertriebsvorstand merkt an, dass er sich nicht vorstellen könne, dass seine Händler einen Kleinwagen verkaufen können und wollen. Deshalb bekommt das Projektteam die Aufgabe zu überprüfen,

- ob der bisherige Absatzkanal ausreichend für den Erfolg des EASY ist, und
- wie ggf. für die Zielgruppe die richtige Absatzkanalpolitik auszusehen hätte?

Das Projektteam bildet verschiedene Arbeitsstäbe, die sich verschiedene Aufgaben vornehmen. Die Hauptgruppe unter der Leitung des Chefmarktforschers der Speedy GmbH hat neben der Erstellung der Endpräsentation wegen der grundlegenden besonderen Wichtigkeit alle kundenorientierten Aufträge erhalten:
Job 1: Erstellung einer vollständigen Projektstudie,
Job 2: Marktsegment- und Zielgruppendefinition: Anzahl und Struktur,
Job 3: Kundenorientierte Ausstattung,
Job 4: Absatzkanalwahl und Ausgestaltung.
Für die Umsetzung sind folgende Vorgaben zu beachten:

- die Marktdefinition ist vorgegeben,
- das Zielsystem soll unverändert bleiben,
- die Premium-Markenstrategie soll weitergeführt werden,
- die Hochpreispolitik soll nicht gefährdet werden.

Im Folgenden sollen die Bearbeitung dieser Jobs als Fallstudie bearbeitet werden.

2.3   Marketing-Informationssysteme

Innerhalb der Situationsanalyse wurde festgestellt, dass einige Unternehmen eine kontinuierliche und geregelte Analyse der augenblicklichen Institution vornehmen. Durch die ersten leistungsfähigen Computer in den 60er Jahren wurde deshalb angefangen, ein edv-gestütztes aktuelles Informationssystem für die Marketingbereiche aufzubauen.

Ein **Marketing-Informationssystem (MAIS)** besteht aus Personen, technischen Einrichtungen und Verfahren zur Gewinnung, Zuordnung, Analyse, Bewertung und Weitergabe zeitnaher und zutreffender Informationen, die dem Entscheidungsträger bei Marketingentscheidungen helfen. (Kotler/Bliemel, 1992, S. 136).

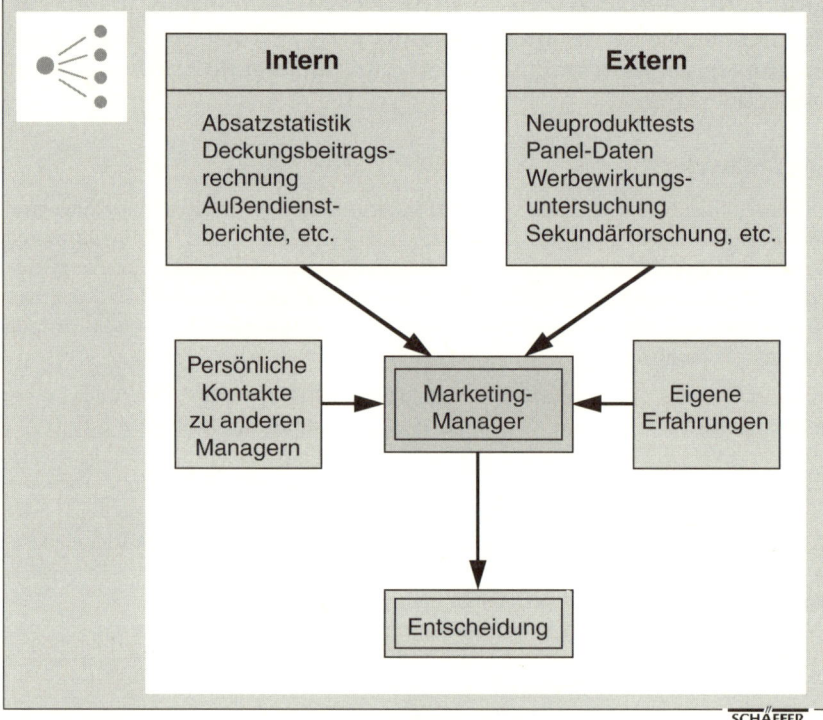

Abb. 40: *Struktur eines Manager-Informationssystems*

Unter einem MIS wird ein Management-Informationssystem verstanden. Zwischen MAIS und MIS besteht nur dann ein Unterschied, wenn das Management nicht marktorientiert ist. Ein Management-

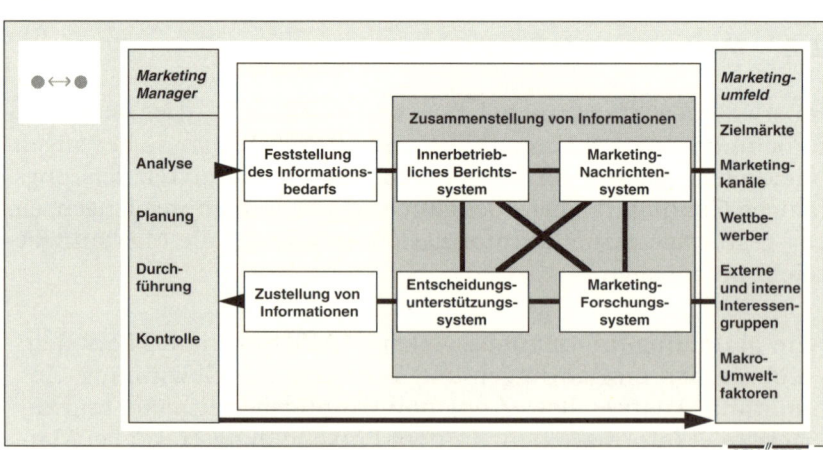

Abb. 41: *Struktur eines Marketing-Informationssystems*
        (Quelle: Kotler/Bliemel 1992, S. 137)

oder Marketinginformationssystem bedeutet, dass neben dem über die EDV zugänglich gemachten internen und externen Informationen auch persönliche Kontakte und eigene Erfahrungen in einem solchen System zu integrieren sind.

In dem linken Kasten ist der Informationsbedarf des Managers nach Analyse, Planung, Durchführung und Kontrolle beschrieben. Demgegenüber steht auf der rechten Seite das Marketingumfeld mit den verschiedenen Marketingprozeß-Inhalten. Dazwischen arbeitet das MIS. Der Manager übergibt seinen Informationsbedarf und bekommt nach der Be- und Verarbeitung die Informationen bereitgestellt. Die Be- und Verarbeitung erfolgt nach diesem System in vier Teilbereichen. Das innerbetriebliche Berichtssystem stellt alle vorhandenen Daten aus dem Unternehmen zur Verfügung. Das Marketing-Nachrichtensystem informiert über Veränderungen im Markt und in der Umwelt. Das Marketing-Forschungssystem entspricht einer kontinuierlichen und individuellen Marktforschung über das Marketingumfeld. Das Marketing-Entscheidungsunterstützungssystem (MEUS) ermöglicht eine Bewertung, Interpretation und Entscheidungsvorbereitung.

EASY-Fallstudie

Die Speedy GmbH verfügt über ein ausgeklügeltes Marketing-Informationssystem. Dieses bietet die aufbereiteten Informationen über innerbetriebliche und vorhandene außerbetriebliche Daten. Da der EASY ein für die Speedy GmbH neues Konzept darstellt, finden sich noch keine Daten über die entsprechenden Marktsegmente, Produkte, Wettbewerber oder Produktkonzeptionen in dem System. Deshalb wird das Projektteam beauftragt, die persönlichen Kontakte zu ehemaligen Kollegen bei der Konkurrenz für Informationen zu nutzen.

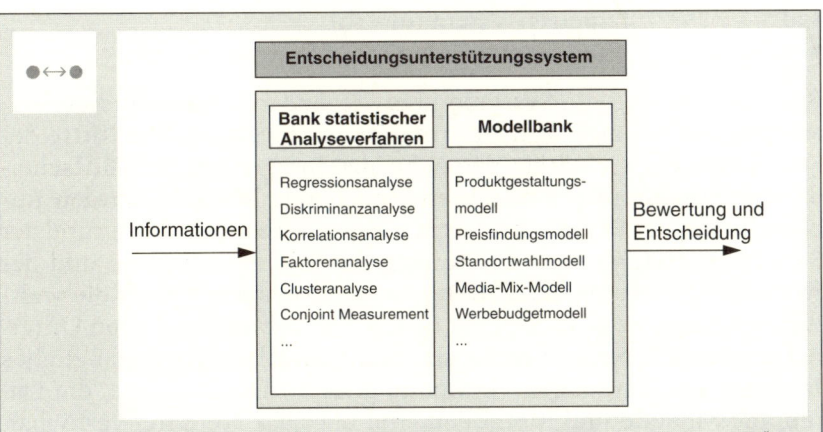

Abb. 42: *Marketing-Entscheidungsunterstützungssystem (Quelle: Kotler/Bliemel 1992, S. 166)*

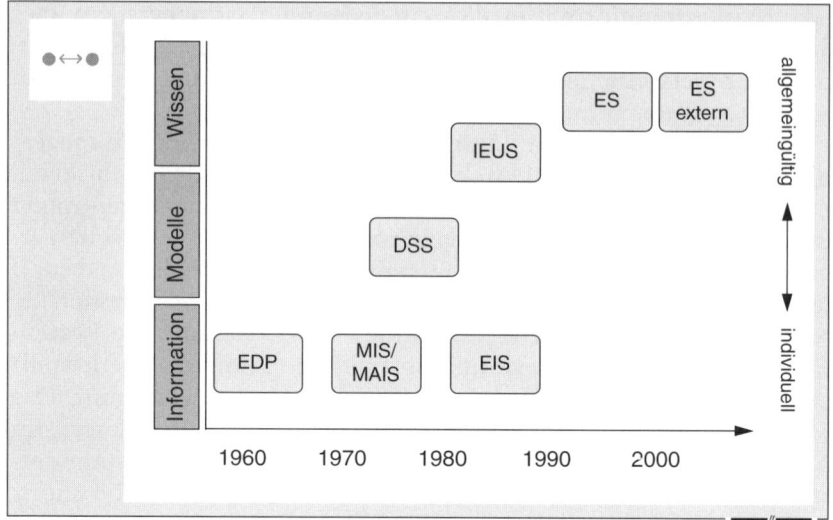

Abb. 43: *Entwicklung der Marketing-Informationssysteme*

Entwicklungen in den Marketing-Infor-mationssystemen

Seit den 60er Jahren haben sich die Marketing-Informationssysteme stetig weiterentwickelt, sodass eine Vielzahl unterschiedlicher Systeme inzwischen eingesetzt wird:

- EDP   Electronic Data Processing,
- MIS/MAIS   Management- oder Marketing-Informationssystem,
- EIS   Executives Information-System,
- DSS   Decision Support System,
- MEUS   Marketing-Entscheidungsunterstützungssystem,
- IEUS   Integriertes Entscheidungsunterstützungssystem,
- KI   künstliche Intelligenz,
- ES   Expertensystem (intern),
- ES-extern   unabhängiges, lernendes System, extern.

Bis heute werden die Systeme überwiegend zur individuellen Versorgung der Manager mit Informationen eingesetzt. Die Mitte der 70er Jahre entwickelten Versuche der Integration von Entscheidungsunterstützungen durch entsprechende Modelle wurden nur zögerlich in der Praxis umgesetzt. Diese Systeme sind aufgrund der Softwareentwicklungen im Bereich der Expertensysteme und der Künstlichen Intelligenz weiterentwickelt worden. Durch die weltweite Akzeptanz des Internets in den 90er Jahren wird allen Unternehmen und Forschern mehr und mehr ein allgemein zugängliches Informationssystem zur Verfügung gestellt. Die Software, die Daten, die Modelle und Methoden sind über das Netz frei verfügbar. Einige Unternehmen beginnen über sogenannte Intranets, für ihre eigene Unternehmenswelt ein internes freies Netz aufzubauen.

2.4 Problemstrukturierung und Hypothesenbildung

Innerhalb der Marketingpraxis wird der Entscheidungs- und damit der Informationsbedarf in der Regel durch W-Fragen (Wer, wieso, weshalb, warum, wo, wann, wie) als Aufgabe an die Marktforschungsabteilung gestellt. Diese wird diese Fragen in der Phase der Interpretation und Präsentation beantworten. Damit ist das Ergebnis der Marktforschungsstudien vor allem von dem präzisen Stellen der Fragen abhängig.

W-Fragen

In der Wissenschaft, mit dem Postulat der Systematik, wird ein etwas genauerer Forschungsansatz verlangt. Grundsätzlich werden bezüglich des zu wählenden Ansatzes folgende Möglichkeiten angeboten:

Forschungsansätze

- **explorative Studien:** Sammeln grundlegender Erkenntnisse, liefert z.B. die Basis für Theorie- und daraus die Hypothesenbildung. Bietet keine Antworten. Einsatz mehr qualitativer Methoden.
- **deskriptive Studien:** Überprüfung festgelegter Hypothesen. Erfassung und Beschreibung entscheidungsrelevanter Tatbestände und Schlussfolgerungen. Liefert Antworten durch Einsatz eher quantitativer Methoden.
- **kausalanalytische Studien:** Einblicke in bestehende Ursache-Wirkungszusammenhänge, Frage nach dem »Warum«. Liefert auch Antworten, mehr qualitative Methoden.

Da in der Marketingpraxis nur sehr selten ein Unternehmen Marktforschung zur Theoriebildung oder Bestätigung vermuteter Ursachen-Wirkungszusammenhänge tätigt, werden in der Praxis überwiegend deskriptive Studien durchgeführt, die entweder Strukturen innerhalb der Realität finden wollen, wie z.B. eine mögliche Marktsegmentierung, oder die Ausprägungen bekannter Wirkungszusammenhänge für die konkrete Problemstellung, wie z.B. die Auswirkung einer Werbeausgabenerhöhung auf das Absatzvolumen. Somit herrschen also die sogenannten strukturentdeckenden, auch explanatorisch genannten hypothesenlose Analysen vor.

Unabhängig von der Frage der wissenschaftlichen Systematik bleibt für die Marktforschungsabteilung immer die Frage, ob die mit den Erhebungsinstrumenten festgestellten entscheidungsrelevanten Informationen wirklich die Realität wiedergeben, da sie in der Regel über eine Stichprobe ermittelt wurden. Deshalb sollten auch in der unternehmerischen Praxis und in den Marktforschungsinstituten immer Hypothesentests vorgenommen werden.

Hinter jeder Problemstellung und jedem Informationsbedarf steht letztendlich eine Hypothese. Immer wird ein Zusammenhang oder eine bestimmte Struktur vermutet. Deshalb muss in einem ersten Schritt die Forschungsabsicht (Problemstellung) in einzelne Hypo-

Hypothesentest

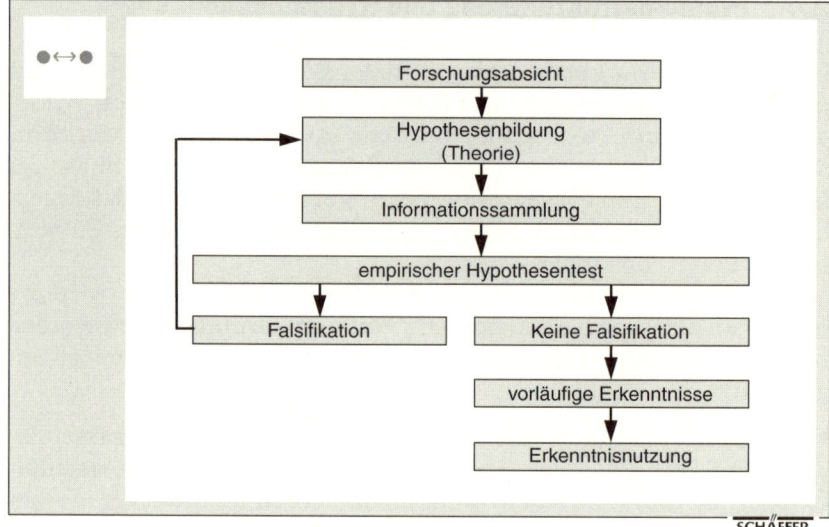

Abb. 44: *Wissenschaftlicher Forschungsprozess*

thesen umgesetzt werden. Für diese Hypothesen werden entsprechende Informationen gesammelt und erhoben. Ein empirischer Hypothesentest bestätigt die Hypothese (nicht falsifiziert) oder lehnt sie ab (falsifiziert). Durch diesen statistischen Test wird immer die Qualität des gefundenen Ergebnisses untermauert oder relativiert. Deshalb gehört er in jede fundierte Analyse von Daten zur Entscheidungsfindung.

Wissenschaftstheorie   Die Praxis wissenschaftlicher Erkenntnissuche besteht in einem fortwährenden Prozess des Aufstellens, Überprüfens und der Verbesserung von Hypothesen (Annahmen über die Realität). Nach der gültigen, auf Popper zurückgehenden Wissenschaftstheorie gelten verifizierte (nicht falsifizierte) Hypothesen nur solange als gültig, wie sie nicht durch eine neuerliche Hypothesenüberprüfung widerlegt worden sind. Somit gibt es keine endgültige Verifizierung empirischer Hypothesen (Popper 1984, S. 1–31).

»Immer wenn ich einen Ferrari sehe, dann ist dieser rot«. Diese Hypothese lässt sich auf der Autobahn und bei Oldtimerrennen hundertfach bestätigen, also nicht falsifizieren – sogar zu 100 %. Dennoch lässt dies nicht den Schluss zu, das diese Hypothese allgemein und für alle Zeiten gültig ist. Die Hypothese lässt sich widerlegen, wenn man weiß, dass ein kleinerer Teil der Ferraris auch in anderen Farben gefertigt wird. Wenn man aber nur immer rote Ferraris gesehen hat, wird man felsenfest davon überzeugt sein, dass es auch nur rote gibt.

Für die spätere Überprüfung durch die statistischen Testverfahren der induktiven Statistik müssen bestimmte Vorschriften eingehalten werden, unter denen die Hypothesen angenommen oder abgelehnt werden können. Deshalb wird als erstes die Nullhypothese aufgestellt. Diese als H_0 bezeichnete Hypothese bezeichneten den falsifizierten Zustand. Wird H_0 also mit Hilfe der statistischen Signifikanztests abgelehnt, gilt also unsere Ausgangsvermutung.

Hypothesen haben immer folgende Anforderungen zu erfüllen:

- sie müssen über Beziehungszusammenhänge operationalisierbar sein,
- sie müssen grundsätzlich falsifizierbar sein, also nicht widerlegt werden können,
- sie dürfen nicht immunisiert sein gegenüber der Realität,
- sie müssen möglichst exakt und eng formuliert werden, sie müssen durch ein statistisches Testverfahren überprüfbar sein.

- Vermutung: Alle Ferraris sind rot!
- Nullhypothese H_0: Es besteht kein Zusammenhang zwischen der Marke Ferrari und der Farbe Rot.
- Empirische Überprüfung: Beobachtung der Fahrzeugfarben von Ferraris auf zwei Ferraritreffen – von 100 Fahrzeugen waren 100 rot.
- Signifikanztest: real gemessene 100%-Sicherheit, daß ein Zusammenhang besteht.
- Ergebnis: Die Nullhypothese H_0 wird abgelehnt.

Nullhypothesen sind grundsätzlich negativ formuliert. Werden sie abgelehnt, ist die jeweilige Alternativhypothese, die den vermuteten Zusammenhang wiedergibt, angenommen.

EASY-Fallstudie

Der notwendige Entscheidungs- und Informationsbedarf der Projektteam-Jobs beinhaltet keine vermuteten Zusammenhänge. Vielmehr möchte man konkrete Strukturen und Zusammenhänge als Resultat erhalten. Deshalb verzichtet das Projektteam auf das Aufstellen von Hypothesen. Außerdem glaubt man nicht, dass eine Absicherung über Signifikanztests vom Vorstand überhaupt verstanden würde und deshalb der Zeitaufwand dafür nicht honoriert werden würde.

2.5   Kontrollfragen

Wie definieren sich die Begriffe Information, Entscheidung und entscheidungsrelevante Information?
Welche Phasen hat der Marketingprozeß?
Welcher Informationsbedarf besteht innerhalb der Situationsanalyse?
Welcher Informationsbedarf besteht innerhalb der Strategiebildung?
Welcher Informationsbedarf besteht innerhalb der Zielsystemerstellung?
Welcher Informationsbedarf besteht innerhalb des Marketing-Mixes?
Welcher Informationsbedarf besteht innerhalb der Produktpolitik?

Welcher Informationsbedarf besteht innerhalb der Distributionspolitik?

Welcher Informationsbedarf besteht innerhalb der Preispolitik?

Welcher Informationsbedarf besteht innerhalb der Kommunikationspolitik?

Wie funktioniert der Forschungsprozeß der Wissenschaftstheorie?

Wie wird eine Hypothesenbildung und -überprüfung durchgeführt?

2.6   Literaturhinweise

Becker, J.: Marketing-Konzeption, 5.A., München 1993

Berndt, R.: Marketing-Politik, 3.A., Heidelberg 1995

Bidlingmaier, J.: Marketing, 10.A., Opladen 1983

Brezski, E.: Konkurrenzforschung im Marketing, Wiesbaden 1992

Bruhn, M.: Marketing, 2.A., Wiesbaden 1995

Bruhn, M. (Hrsg.): Handbuch des Marketing, München 1989

Engel, J./Blackwell, R.D.: Consumer Behavior, Chicago 1982

Freter, H.: Marktsegmentierung, Stuttgart 1983

Heinzelbecker, K.: Marketing-Informationssysteme, Stuttgart 1985

Hofmeier, R.: Investitionsgüter- und High-Tech-Marketing, 2.A. Landsberg 1993

Jaspersen, T.: Computergestütztes Marketing, München 1994

Joas, A.: Konkurrenzforschung als Erfolgspotential im strategischen Marketing, Augsburg 1990

Kotler, P./Armstrong, G.: Marketing, Wien 1988

Kotler, P./Bliemel, F.: Marketing-Management, 8.A., Stuttgart 1995

Martin, M.: Mikrogeografische Marktsegmentierung, Wiesbaden 1992

Meffert, H.: Marketing, 7.A., Wiesbaden 1989

Meffert, H.: Marketing-Management, Wiesbaden 1994

Meffert, H. (Hrsg.): Lexikon der aktuellen Marketingbegriffe, 1994

Nieschlag, R./Dichtl, E. et al.: Marketing, 17.A. 1994

Ott, W.: Konsumforschung für Marketingentscheidungen, München 1989

Popper, K.R.: Logik der Forschung, 8.A., Tübingen, 1984

Porter, M.E.: Wettbewerbsvorteile, Frankfurt et al., 1989

Porter, M.E.: Wettbewerbsstrategie, 8.A., Frankfurt et al., 1995

Porter, M.E.: Globaler Wettbewerb, Wiesbaden 1995

Wiswede, G.: Motivation und Verbraucherverhalten, München 1973

Zentes, J.: Grundbegriffe des Marketing, 4.A., Stuttgart 1995

Zentes, J.: EDV-gestütztes Marketing, Berlin et al. 1987

3 Daten- und Informations- erhebung

Nach Durcharbeitung des Kapitels Daten- und Informationser- hebung sollte der Leser

- die unterschiedlichen Begriffe der Daten- und Informationser- hebung voneinander abgrenzen können,
- alle Quellen der Datenerhebung nennen können,
- die drei Methodengruppen der Datenerhebung beschreiben und gegeneinander abgrenzen können,
- für die Erhebungsmethode der Befragung den Informationsbe- darf in einem Fragebogen operationalisieren können,
- die verschiedenen Auswahlverfahren beschreiben und das passende auswählen können,
- die Schritte bei der Durchführung der Erhebung beschreiben können,
- die Kriterien für die Messung beschreiben und anwenden kön- nen.

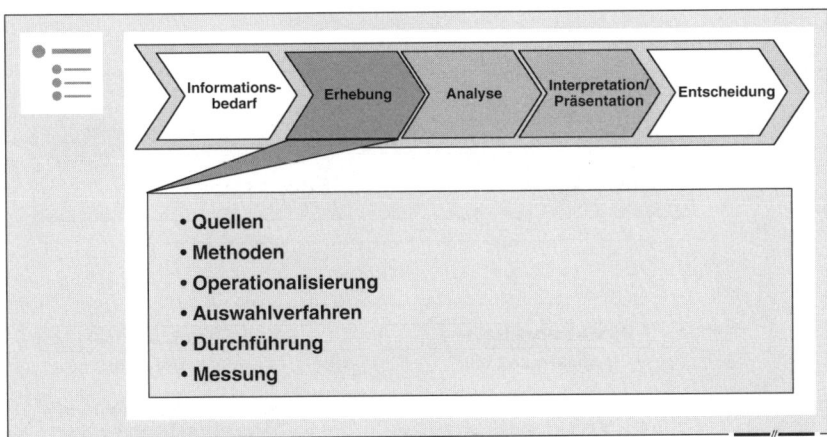

Abb. 45: *Übersicht über die Phase Daten- und Informationserhebung*

Der erste zentrale Bereich der Marktforschung ist die Erhebung der Daten und Informationen in Entsprechung zum festgelegten In- formationsbedarf. Zu klären und umzusetzen sind die Fragen: Wel- che Quellen von Daten gibt es und welche sind für den jeweiligen

Informationsbedarfsbestandteil zu nutzen? Welche Erhebungsmethoden stehen zur Verfügung und sind auszuwählen? Welche Auswahlverfahren ermöglichen eine optimale Stichprobe? Was ist bei
der Durchführung der Erhebung zu beachten? Welche Fehlerquellen beeinflussen die Güte der Messung?

3.1   Quellen

Der Ausgangspunkt für alle Überlegungen der Datenbeschaffung
über die Verfahren der Datenerhebung ist die Frage: Wo bekommen
wir die Informationen und Daten her? Welche Quellen der Datenbeschaffung und Datenerhebung gibt es?

Quellenarten   Informationen können grundsätzlich aus zwei Bereichen kommen: aus dem Unternehmen selber (intern) oder aus der Unternehmensumwelt (extern). Außerdem unterscheidet man zwischen der
Art der Quellen in Primärmarktforschung (Field Research) und
Sekundärmarktforschung (Desk Research). Bei der Primärmarktforschung werden spezifische, neue Erhebungen zu einem gegebe-
nen Problem und Informationsbedarf durchgeführt. Die Sekundärmarktforschung greift auf vorhandenes Material zurück und bereitet vorhandene Daten auf und analysiert sie, obwohl sie nicht zu
dem eigentlichen Informationsbedarf spezifisch erhoben worden
sind.

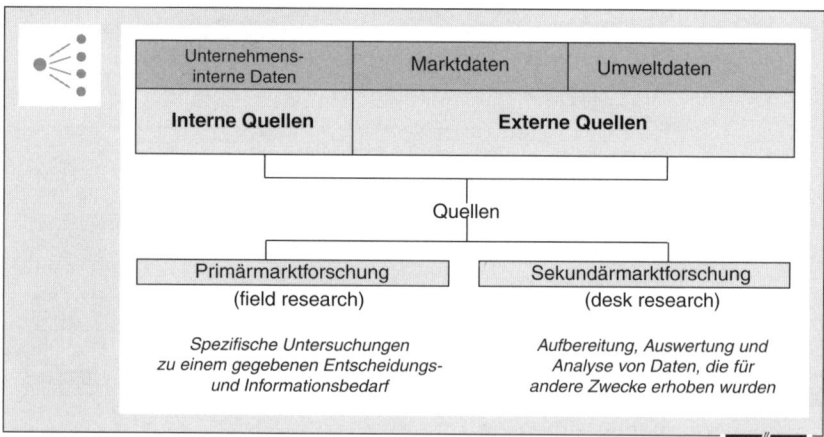

Abb. 46: *Arten von Quellen in der Marktforschung*

Kombination   Aufgrund der internen und externen Quellen auf der einen Seite
möglicher Quellen und der Primär- und Sekundärmarktforschung auf der anderen Seite gibt es insgesamt vier Kombinationen von Quellen.

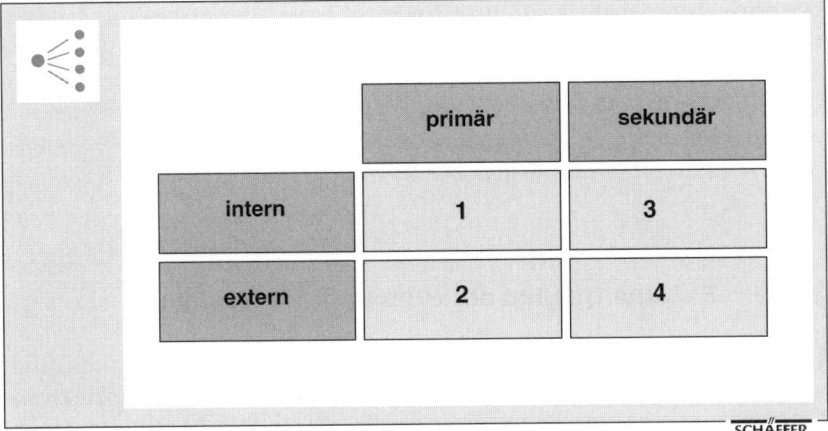

Abb. 47: *Kombinationen möglicher Quellen*

3.1.1 Interne Quellen der Primärmarktforschung

Die in späteren Kapiteln beschriebenen drei grundsätzlichen Erhebungsmethoden Beobachtung, Befragung und Experiment stehen als Instrument auch für interne Untersuchungen zur Verfügung. Als Probanden kommen hier Mitarbeiter, interne Experten oder die Niederlassungen in Frage. Inhalte solcher Erhebungen sind sehr oft die Zufriedenheit der Mitarbeiter mit dem Unternehmen, der Kantine, der Werkszeitung oder den Arbeitszeiten. Oft werden Mitarbeiter auch als schnell verfügbare Probanden für Fragestellungen genutzt, bei denen sie normale Bundesbürger ersetzen.

Interne primäre Quellen

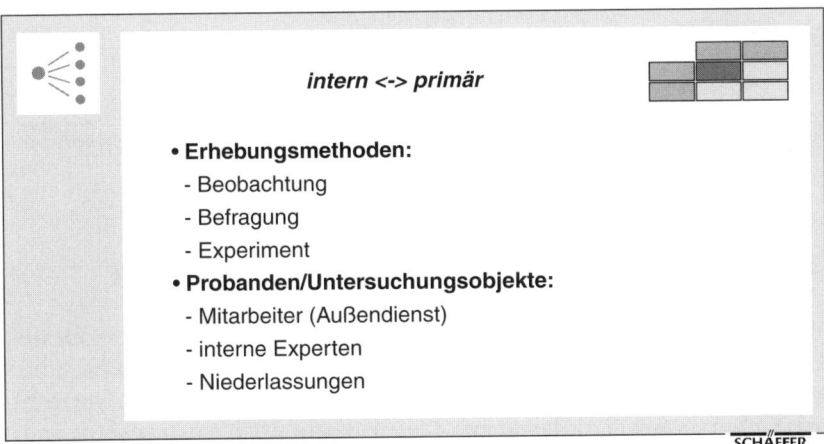

Abb. 48: *Interne primäre Quellen*

Um einen ersten Eindruck und erste Tendenzen bezüglich verschiedener Produkt-alternativen zu bekommen, testet ein Automobilhersteller z.B. neue Stoffe und Inneneinrichtungen zukünftiger Fahrzeuge mit Mitarbeitern, die der Zielgruppe entsprechen. Dies bietet die Vorteile, dass diese Probanden schnell und kostengünstig zur Verfügung stehen. Außerdem besteht nicht so sehr die Gefahr, dass die Informationen an die Konkurrenzmarktforscher des Wettbewerbers gelangen.

3.1.2   Externe Quellen der Primärmarktforschung

Externe primäre Quellen

Primärerhebungen bei externen Zielgruppen sind die letztendlich wichtigsten Quellen. Sie werden bestmöglich an den jeweiligen Informationsbedarf angepasst und optimal mit den Methoden Beobachtung, Befragung und Experiment umgesetzt. Auch für die Sekundäranalyse von externen Daten sind die primär erhobenen von entscheidender Bedeutung. Jede Sekundärinformation ist durch eine Primärerhebung entstanden. Als Probanden sind alle Marktteilnehmer denkbar, nicht nur natürliche Personen wie Kunden oder Experten, auch Unternehmen oder Produkte.

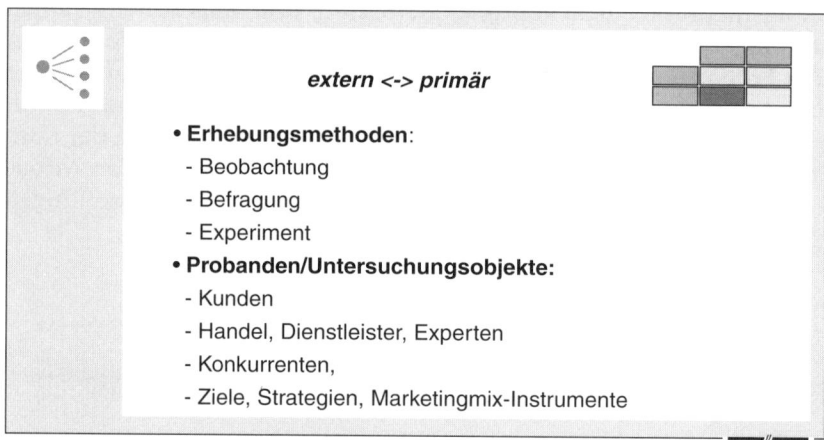

Abb. 49: *Externe primäre Quellen*

3.1.3   Interne Quellen der Sekundärmarktforschung

Interne sekundäre Quellen

Für die Bestimmung der eigenen Situation sind die individuellen Unternehmensdaten die Voraussetzung. Das Rechnungswesen bietet heutzutage kontinuierlich die Informationen über die betriebswirtschaftlichen Eckdaten an. Zudem kann über Auftragseingangsstatistik, Absatz- und Umsatzzahlen, vor allem auch die Kunden-

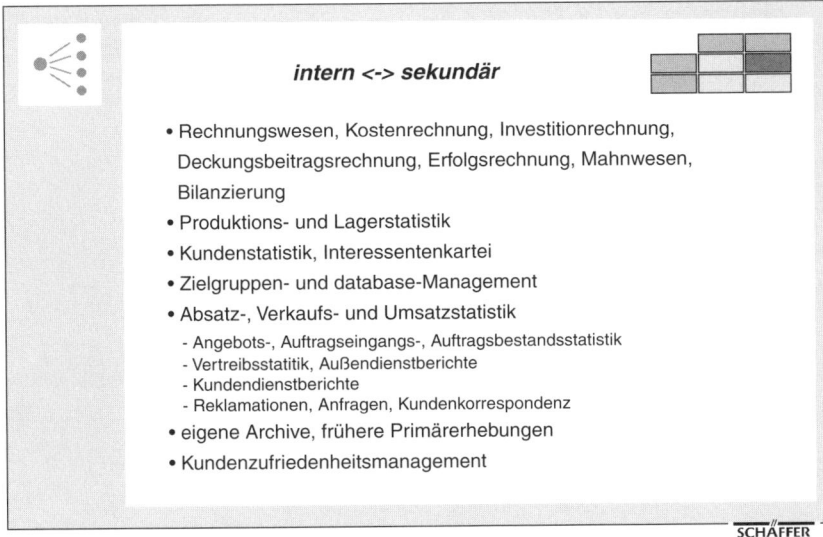

Abb. 50: *Interne sekundäre Quellen*

datei marketingorientiertes Informationsmaterial zur Verfügung gestellt werden. Eine wichtige Quelle für Informationen sind frühere Erhebungen, die entweder als Tabellenband oder auch als Originaldatensatz zur Verfügung stehen. Folgende typische interne Sekundärquellen gibt es: **Quellenarten**

- Daten der Buchführung, des Rechnungswesens und Controllings: Kostenrechnung, Deckungsbeiträge, Bilanzkennziffern, Mahnungen, Investitionsrechnungen,
- Vertriebsstatistik: Umsätze, Auftragseingänge, Auftragsbestände, Vertreterkennzahlen, Vertriebswegeerfolgskennziffern,
- Kundenberichte: Reklamationen, Anfragen, Beschwerden, Garantiefälle, Kulanzfälle, Direktmarketingkontakte, Kundenstatistik, Anzahl und Art der Kunden,
- Forschungs- und Entwicklungsabteilung: neue Entwicklungen, Produktdaten, technische Wettbewerbsinformationen,
- Frühere Primärerhebungen: Kundenanalysen, Imageanalysen,
- Produktvergleiche.

3.1.4 Externe Quellen der Sekundärmarktforschung

Der wichtigste Bereich der Quellenwahl sind die sekundärstatistischen Daten. Zum einen sind sie kostengünstiger zu bekommen **Externe sekundäre Quellen**

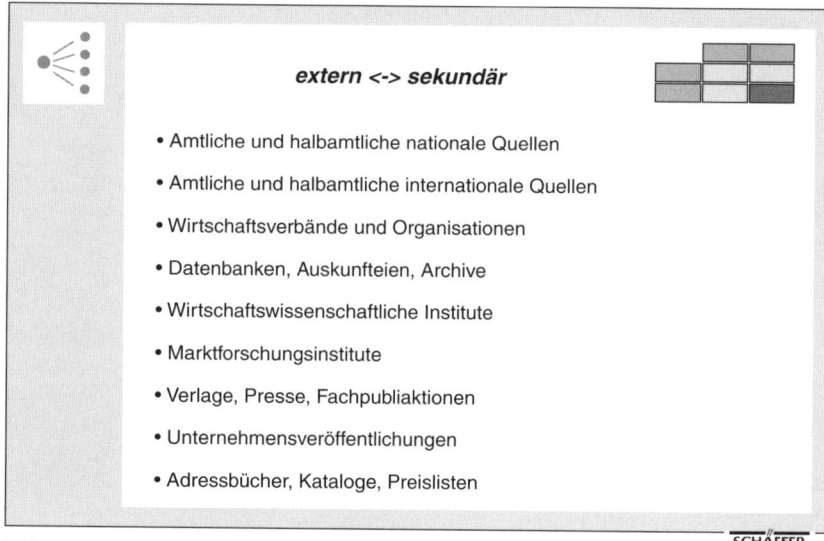

Abb. 51: *Externe sekundäre Quellen*

Quellenarten

als primäre Daten, zum anderen liegen sie für Bereiche vor, für die eine eigene Primärmarktforschung nicht sinnvoll oder sogar unmöglich ist wie z.B. eine Volkszählung. Typische Quellen für externe Sekundärinformationen:

- Veröffentlichungen der Statistischen Ämter: EU-Kommission, nationale, länderspezifische, regionale, Volkswirtschaftliche Gesamtrechnungen, Haushaltsstatistik (Mikrozensus, Einkommens- und Verbrauchsstichproben), Produktionsstatistik, Import-, Exportstatistik, Einwohnerstatistik (Volkszählung),
- Veröffentlichungen sonstiger amtlicher und nicht amtlicher Institutionen: Ministerien, Bundesämter, Bundesbank,
- Veröffentlichungen von Kammern und Verbänden: IHK, DIHT, VDA, ZDK,
- Veröffentlichungen wirtschaftswissenschaftlicher Institute: RWI, Institut für Weltwirtschaft in Kiel, HWWA, Ifo-Institut für Wirtschaftsforschung in München, DIW in Berlin; Konjunkturkennzahlen, Branchenentwicklungen, Außenhandel,
- Veröffentlichungen der Marktforschungsinstitute: GfK, Infratest-Burke, Institut für Demoskopie Allensbach, Emnid, Forsa, Nielsen,
- Veröffentlichungen der Geschäftsbanken: »Wer gehört zu wem?« der Commerzbank, Branchenberichte der Geschäftsbanken,
- Presseveröffentlichungen: Archive, spezielle Marktforschungsstudien,
- Datenbanken und Informationsbroker, Messekataloge, Lexika,

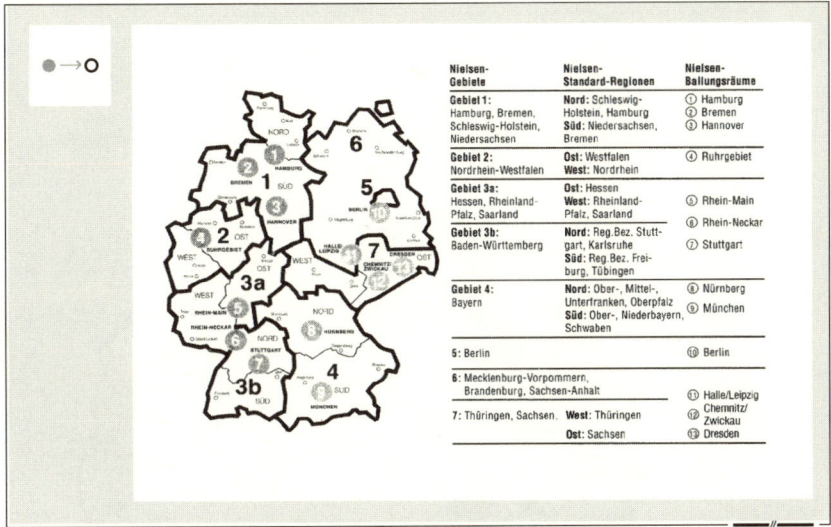

Abb. 52: *Regionalkarte von Nielsen (Quelle: Nielsen 1996, S. 4)*

Studien der Verlage: MARIA-Studie von G+J, Studien vom Burda-
oder Spiegel-Verlag,
* Unternehmensveröffentlichungen: Geschäftsberichte, Image-
broschüren, Produktbroschüren, Kataloge.

Für die Marktforschung insbesondere im Markenartikelhandel
haben sich bestimmte Standards durchgesetzt, die von Marktforschungsinstituten ausgearbeitet wurden. So wird die regionale Segmentierung der Bundesrepublik nicht nach Wahlkreisen oder Bundesländern vorgenommen, sondern nach den sogenannten Nielsengebieten. Nielsen 1 beinhaltet die nord-westlichen Bundesländer,
während Nielsen 3a Hessen, Rheinland-Pfalz und das Saarland umfasst. Entsprechend wird auch von anderen Marktforschungsinstituten die regionale Segmentierung nach diesen Nielsengebieten
vorgenommen.

Nielsengebiete

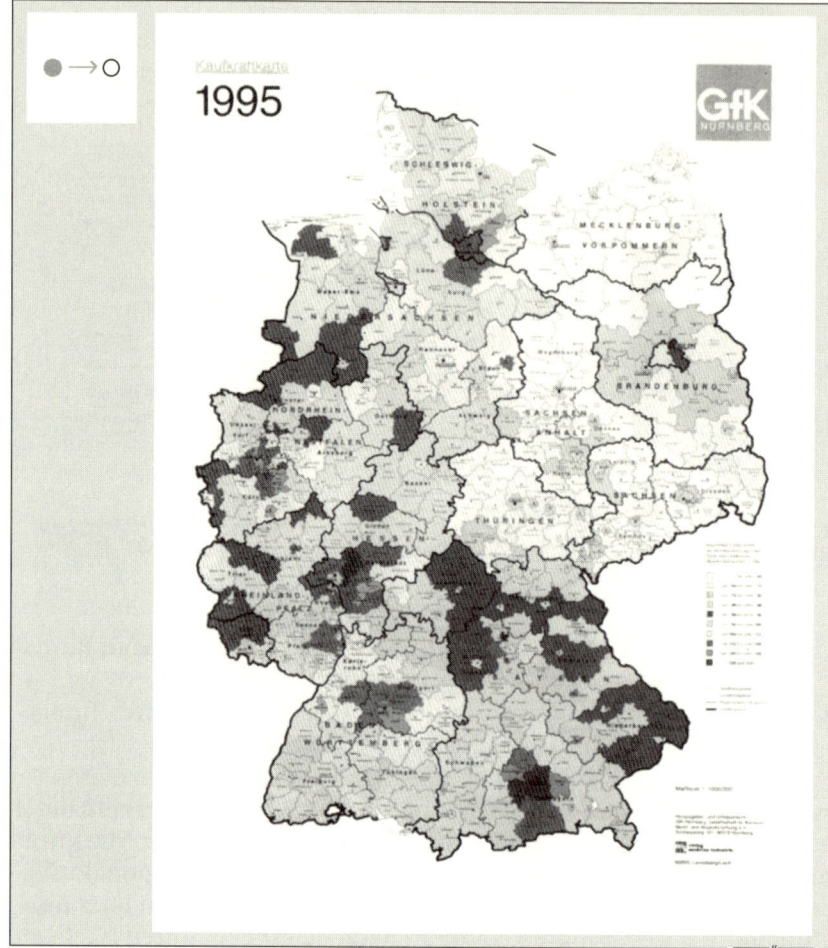

Abb. 53: GfK-Kaufkraftkarte (Quelle: GfK Marktforschung GmbH)

Kaufkraftkarten

Das größte deutsche Marktforschungsunternehmen, die GfK in Nürnberg, hat sich frühzeitig mit den Kaufkraftkennziffern der Bundesrepublik beschäftigt. Deshalb dienen diese in der Branche als Basis für regionale Berechnungen insbesondere für Standortanalysen oder regionales Zielgruppenmanagement.

Mediaanalysen

Original-Individualdaten als EDV-Datensatz sind über das Zentralarchiv für empirische Sozialforschung in Köln (Bauske 1983) gegen einen geringen Kostensatz zu beziehen. Daten liegen vor:

- Erhebungen von Hochschulen,
- ältere Erhebungen von Marktforschungsinstituten,
- Erhebungen von Verlagen,

- Leser- und Mediaanalysen der Arbeitsgemeinschaft Leser-Analyse (AG.LA) und der Arbeitsgemeinschaft Media-Analyse (AG.MA).

Besonders die Mediaanalysen und deren Vorläufer bis 1970 der Leseranalyse bieten hervorragende Potentiale auch für die Analyse anderer Fragestellungen. Folgende Vorteile bietet die Analyse der Individualdaten der Mediaanalysen:

- einzige kostengünstige Möglichkeit, repräsentative Individualdaten (Mikrodatensatz) über die Bundesbürger zu bekommen; mit über 15.000 interviewten Personen (Probanden) die größte wiederkehrende Marktforschungserhebung,
- über die Verknüpfung der einzelnen Mediaanalysen können langfristige Zeitreihen- und Kohortenanalysen durchgeführt werden (Kamenz 1987, S. 84),
- Auswahlverfahren der Mediaanalyseerhebungen gilt als Standard für andere Erhebungen (ADM-Master-Sample),
- inhaltlich bieten die Mediaanalysen neben einer vollständigen Soziodemografie und des Mediaverhaltens, mit dem Schwerpunkt Printmedien, die Durchdringung der Haushalte mit langlebigen Gebrauchsgütern und Sonderthemen wie Einkaufsverhalten oder Wohnverhalten.

Den größten Zuwachs und die höchsten Zuwachsraten im Bereich der Sekundärmarktforschung weisen Datenbanken auf. Zwar gibt es diese schon sehr lange, doch waren der Zugang und die Kosten in der Vergangenheit kundenfeindlich. Inzwischen haben die Technologie und die Öffnung der Telekommunikationsmärkte die Situation drastisch verändert. Einige bekannte Datenbanken sind: **Datenbanken als Quellen**

- ABI/INFORM: ca. 400.000 Dokumente über angewandte BWL, **Arten von Datenbanken**
- ABSTRACTS OF WORKING PAPERS IN ECONOMICS: ca. 7.000 Dokumente über Forschungsdokumentationen von internationalen Forschungsinstitutionen,
- ASW (Zeitschrift Absatzwirtschaft): Volltext-Datenbank über Marketing-Veröffentlichungen,
- AWIDOCK (allgemeine Wirtschaftsdokumentation): amtliche Außenhandelsinformationen,
- BDI (Bundesverband der Deutschen Industrie): 90.000 Bezugsquellennachweise in 9.500 Erzeugnisgruppen,
- BELINDIS: juristische Datenbank,
- BLISS Bibliographische Quellen ab 1975, ca. 100.000 Dokumente, Kurzreferate zu Literatur aus sämtlichen Teilbereichen der BWL,
- BDID: ca. 20.000 Herstellernachweise zu Produkten,
- BUBANK: Numerische Datenbank der Deutschen Bundesbank,
- CELEX: juristische Datenbank,

- CREDITREFORM: ca. 250.000 Firmenprofile,
- DPAA (Deutsche Presse Agentur): Volltext-Datenbank mit täglicher Auswertung von 200 internationalen Nachrichten,
- ECONIS: Nachweis von Büchern, Zeitschriften und Aufsätzen, insbesondere auch Statistiken, Wirtschafts- und Unternehmensinformationen, amtliches Schrifttum, Arbeitspapiere und Dissertationen. Basis: Bestände der Bibliothek des Instituts für Weltwirtschaft, Kiel, mit Schwerpunkt VWL und Weltwirtschaft,
- Elektrotechnik: bibliographische Hinweise (mit Abstract) auf die deutsche und internationale Fachliteratur der Elektrotechnik, Elektronik und Informatik,
- ELI: volkswirtschaftliche Literatur, ca. 200.000 Dokumente,
- FINDEX: ca 13.000 Dokumente, Marktstudien aus 55 Industriezweigen,
- FITT: Auswertung der deutschsprachigen Wirtschaftspresse zu Unternehmen, Produkten und Märkten,
- FIZ-Technik Fachinformationszentrum Technik, Frankfurt: technisch-wissenschaftliche Datenbank,
- FOREIGN Trade & ECONOMIC Abstracts: ca. 200.000 Dokumente über internationale Volkswirtschaften,
- FORIS (Dokumentation von Forschungsprojekten),
- GBI Gesellschaft für Betriebswirtschaftliche Information mbH, München,
- GENIOS-Wirtschaftsdatenbanken, Frankfurt,
- HBRO (Harvard Business Review Online),
- HOPE (Hoppenstedt Firmendatenbank): ca. 25.000 Firmenberichte,
- HWWA: Aufsätze von ca 1.000 internationalen Fachzeitschriften der BWL und VWL,
- INDUSTRY DATA SOURCES: ca. 150.000 Dokumente über Marktforschungsergebnisse und Prognosen,
- JURIS: Juristisches Informationssystem, Saarbrücken,
- MANAGEMENT CONTENTS: ca. 250.000 Dokumente über angewandte BWL,
- MRAD: ca. 2.000 Herstellernachweise zu Produkten der Mess- und Regeltechnik,
- PTS PROMT (Predicasts Terminal System, Predicasts Overviews of Markets and Technology), ca. 1,2 Mio. Dokumente bezüglich Markt- und Businessinformationen,
- STATISBUND (Statistisches Bundesamt): Numerische Datenbank, Ergebnisse amtlicher Statistik,
- WW (Wirtschaftswoche): Volltext-Datenbank eigener Berichte,
- ZDB-DBI: Zeitschriftendatenbank mit bibliothekarischer Titelaufnahme und Standortnachweisen,
- ZVEI (Zentralverband der Elektroindustrie): 14.000 Produktbegriffe und Herstellernachweise.

● → + ● → - ● → +	Kriterium	Konventionelle Informationsmedien	Externe Datenbanken
	Schnelligkeit der Reaktion	niedrig	hoch
	Vielfalt der Zugriffsmöglichkeiten	niedrig	hoch
	Internationalität	nur sehr aufwendig zu erreichen	gegeben
	Kreativität	zumeist nicht gegeben	sehr hoch
	Aktualität	nicht immer gewährleistet	sehr hoch
	Informations-Aufnahme	sehr arbeitsaufwendig	schnell
	Informations-Speicherung	körperliche Lagerung von Aufzeichnungen	elektronische Speicherung
	Informations-Retrieval	zumeist sehr aufwendig	einfach und schnell
	Anforderungen an technische Qualifikation	niedrig	hoch

SCHÄFFER POESCHEL

Abb. 54: *Kriterienvergleich zwischen externen Datenbanken und konventionellen Informationsmedien (Quelle: Leonhard 1986, S. 498)*

Viele dieser Datenbanken sind inzwischen auch als CD-ROM ver-   **CD-ROM**
fügbar. Mehr und mehr wird außerdem der Zugang über das Internet gewährleistet und damit wird Information zu einem öffentlichen Gut. Dies bedeutet für die Marktforscher, dass nicht mehr der
Erwerb der Information die wichtigste Aufgabe sein wird, sondern
vor allem die Schnelligkeit der Informationsbeschaffung. Außerdem wird in der Zukunft über dieses Medium die Datentiefe ausge-
baut. So plant die Deutsche Nationalbibliothek in Frankfurt im
Zuge ihres Neubaues nicht nur den Zugang aller Bestandsquellen,
sondern auch der Dokumente selber in der Zukunft. Dann kann

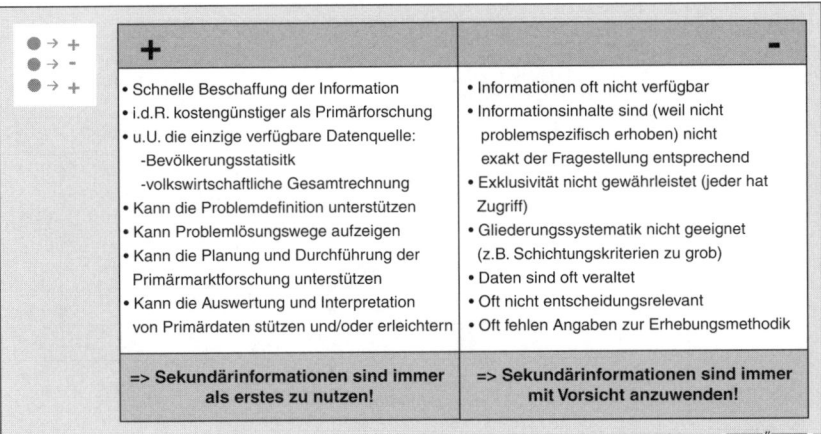

Abb. 55: *Vor- und Nachteile der Sekundärmarktforschung gegenüber der Primärmarktforschung*

man sich alle Inhalte der deutschsprachigen Literatur über das Internet zu jeder Zeit zugänglich machen.

Quellenvergleich   Vergleicht man die Sekundärmarktforschung mit der Primärmarktforschung, so liegen ihre Stärken in der Kostengünstigkeit, der Schnelligkeit und der teilweise einzigen Beschaffungsmöglichkeit. Die Schwächen sind bezüglich des eigenen Informationsbedarfes oft die eingeschränkte Qualität und die fehlende Exklusivität. Da sie aber immer eine Hilfestellung und manchmal sogar die Basis für die Primärmarktforschung bildet, so sollte sie bei jedem Projekt und jedem Informationsbedarf immer als erstes durchgeführt werden. Ihre Informationen sind allerdings mit Vorsicht zu interpretieren. Als grundsätzliche Bewertungskriterien für Sekundärmarktforschungsdaten sind anzuführen:

- Beurteilung der eingesetzten Methoden,
- Übereinstimmung zwischen Erhebungszweck und Informationsbedarf,
- Glaubwürdigkeit bezüglich des Auftraggebers, Kontrollmechanismen, fachliche Qualifikation,
- Messqualität, ausgewiesen bezüglich Validität, Reliabilität, Repräsentanz, Objektivität,
- Weiterverarbeitungsmöglichkeiten: Individualdaten als Datensatz oder Gruppendaten in Tabellenform.

3.1.5 Suchstrategie

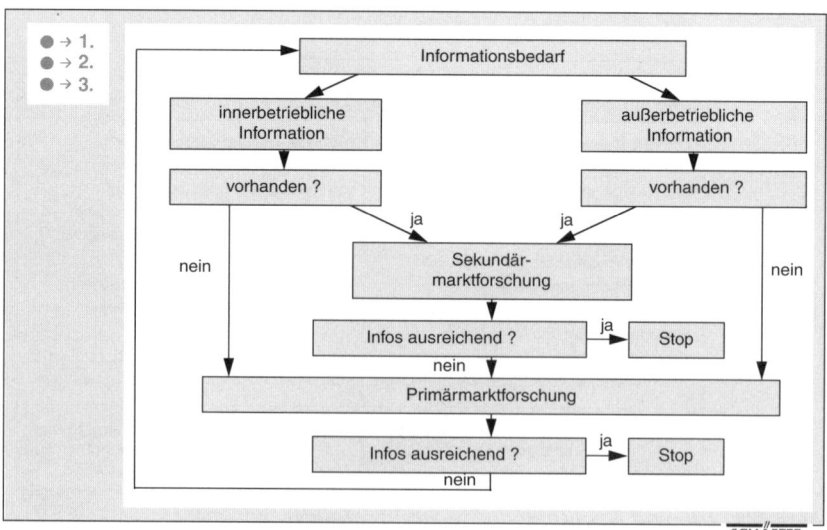

Abb. 56: *Ablauf der Suchstrategie*

Bei der Vielzahl der möglichen Quellen ist es mehr als sinnvoll, einem systematischen Vorgehen bei der Suche der Informationen zur Deckung des Informationsbedarfes zu folgen. Als erstes wird geprüft, ob die benötigten Informationen interne oder externe Sachverhalte betreffen. Danach wird geprüft, ob die gesuchten Daten schon vorhanden sind. Trifft dies nicht zu, wird eine Suchroutine innerhalb der Sekundärmarktforschung gestartet. Führt auch diese nicht zum Erfolg, so muss auf die Primärmarktforschung zurückgegriffen werden. Sind jetzt immer noch nicht die Informationen passend, dann ist in der Regel der Informationsbedarf nicht klar und eindeutig genug formuliert worden, sodass wieder bei ihm angefangen werden muss.

Systematische Suchstrategie

Die Sekundärmarktforschungssuchroutine entspricht einem Rechercheplan. Insbesondere wenn es sich um ein bisher unbekanntes Fachgebiet handelt, worüber noch keine Quellenwege bekannt sind, empfiehlt sich die Aufstellung eines Rechercheplans, der folgendermaßen aussehen kann:

Rechercheplan

1. Festlegung der genau gesuchten Materialien,
2. Bildung von Fragekomplexen und Ableitung daraus von grobrastrigen Suchkriterien und Suchbegriffen,
3. am Anfang keine Spezialisierung, sondern globale Suche, um möglichst keine Information zu übersehen,
4. Reihenfolge der Quellen festlegen: Brancheninformationsdienste vor Datenbanken vor Zeitschriften,
5. neben der Benutzung von Datenbanken hat sich die Inanspruchnahme eines eventuell vorhandenen persönlichen Netzwerkes des Recherchierenden bei ihm bekannten Fachleuten bei Banken, Firmen und Verbänden als sehr hilfreich erwiesen.

Ergeben sich bei der Festlegung der Suchstrategie Probleme, sollte geprüft werden, ob nicht dasselbe oder ähnliche Themen bereits einmal bearbeitet wurden, um hier gegebenenfalls Ansatzpunkte zu finden.

EASY-Fallstudie

Bezüglich der potentiellen Kunden (Job 2) und deren Wünsche hinsichtlich Ausstattung (Job 3) und dem richtigen Vertriebskanal (Job 4) liegen intern keinerlei Informationen vor. Schließlich ist der EASY für die SPEEDY GMBH völlig neu.
Deshalb wird ein Assistent beauftragt, alle verfügbaren externen Informationen zu besorgen. Dieser findet insgesamt acht Quellen aus Büchern und veröffentlichten Marktforschungsstudien. Vor allem die SPIEGEL-Studie findet sein Interesse, da ausführlich auf potentielle Marktsegmente eingegangen wird.

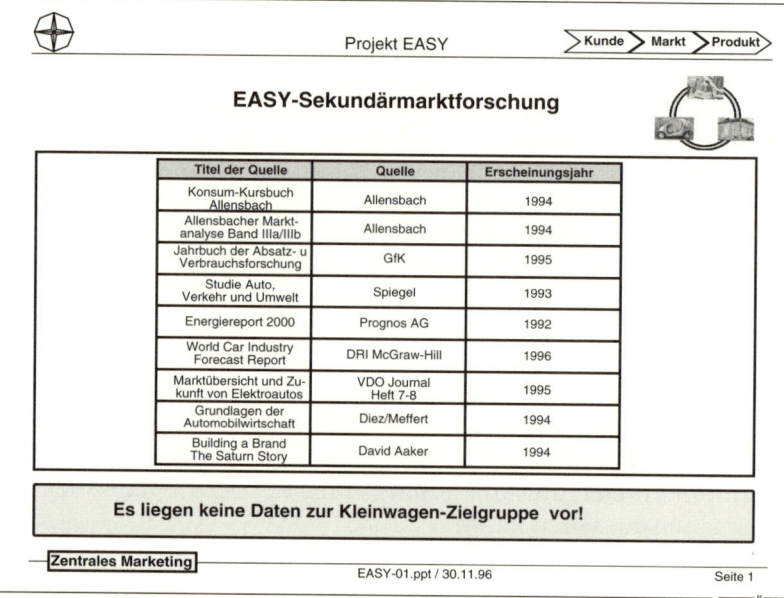

Abb. 57: *Ergebnis der Sekundärmarktforschung für die
EASY-Studie*

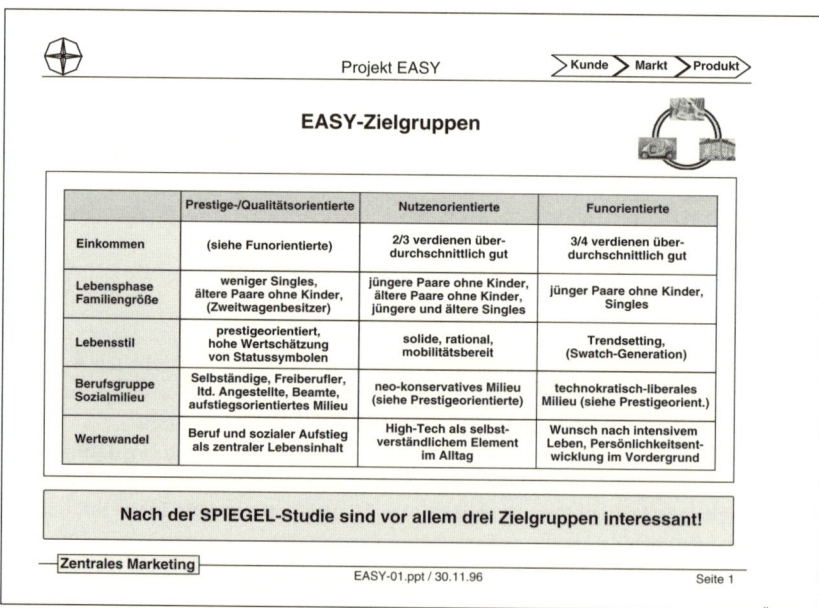

Abb. 58: *Beschreibung der EASY-Zielgruppen*

Die Auswertung der Studie durch das Projektteam ergibt, dass sich für ein neues Modell, welches deutlich kleinere Ausmaße hat, trotzdem seinen Preis haben wird und überwiegend in Städten eingesetzt werden wird, aus der SPIEGEL-Studie drei Zielgruppen mit Berechnung der Ballungsraumanteile (EASY-Zielgruppe) ableiten lassen:

1. Prestigeorientierte Kunden:
   - insgesamt 19 % der PKW-Käufer,
   - EASY-Zielgruppe: 1,8 Mio.
2. Nutzenorientierte Kunden:
   - insgesamt 34 % der PKW-Käufer,
   - EASY-Zielgruppe: 4,2 Mio.
3. Funorientierte Kunden:
   - insgesamt 19 % der PKW-Käufer,
   - EASY-Zielgruppe: 1,7 Mio.

Die Arbeitsgruppe beschließt, aufgrund der soliden Basis der Studie mit 11.000 Interviews diese Daten als Ausgangsbasis zu nehmen. Für die anderen Jobs liegen keine weiteren empirischen Informationen vor, sodass eine Primärerhebung unter den Zielgruppen vorgenommen werden soll.

3.2 Methoden

Nachdem die Quellen zur Informationsgewinnung abgearbeitet wurden und das Sekundärmaterial nicht ausreichend ist, müssen die notwendigen Daten und Informationen neu durch Primärmarktforschung erhoben werden. Auch für die spätere Analyse der Sekundärmaterialien ist wichtig zu wissen, mit welchen Methoden und unter welchen Prämissen die Daten erhoben wurden.

Methoden der Primärmarktforschung

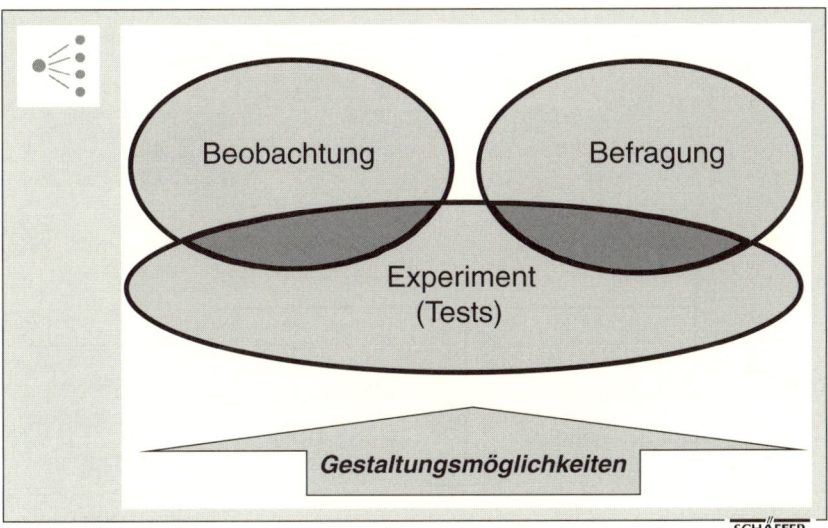

Abb. 59: *Übersicht über die Methoden der Erhebung*

Innerhalb der Marktforschung gibt es grundsätzlich drei Erhebungsmethoden: die Beobachtung, die Befragung und das Experiment. Experimente werden in der Praxis im Marketing auch als Tests oder Testverfahren bezeichnet. Alle drei Verfahren können über vorhandene Gestaltungsmöglichkeiten wie quantitativer oder qualitativer Marktforschung variiert werden. Nach der Darstellung der drei Verfahrensgruppen wird auf diese Möglichkeiten ausführlich eingegangen.

3.2.1 Beobachtung

Begriff der Beobachtung

Die Beobachtung ist die systematische Erfassung von mit den menschlichen Sinnen oder technischen Sensoren wahrnehmbaren Sachverhalten zum Zeitpunkt ihres Geschehens. Dabei ist für die Marktforschung die wissenschaftliche (im Gegensatz zur naiven, d.h. unsystematischen) Beobachtung von herausragender Bedeutung. Ihre Durchführung erfordert

- einen exakt abgegrenzten Untersuchungsbereich,
- ein genau definiertes Erkenntnisziel,
- sinnlich wahrnehmbare Beobachtungsgegenstände,
- planmäßiges Vorgehen,
- in der Regel eine rezeptive Haltung des Beobachters (nicht aktiv in das Geschehen eingreifend),
- eine Registrierung des aktuellen Geschehens (keine Rekonstruktion).

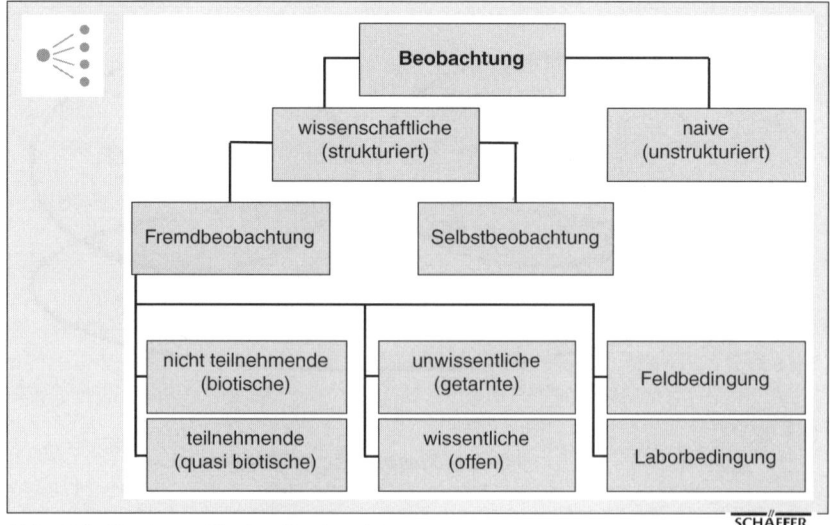

Abb. 60: *Systematik der Beobachtung*

Beobachtung kann von einem Probanden an sich selbst vorgenommen werden. Dann ist allerdings durch das Bewusstsein über die Beobachtungssituation ein das Ergebnis verfälschender Einfluss möglich. Deshalb ist die Fremdbeobachtung der Regelfall, bei der ein Proband von dem Beobachtenden oder der registrierenden Maschine beobachtet wird. Im weiteren wird unterschieden:

Arten der Beobachtung

- nach dem Ort in Feld- oder Laborbedingung,
- nach dem Wissen über die Beobachtung in unwissentliche (getarnte) und wissentliche (offene),
- nach der aktiven Teilnahme des Probanden in nicht teilnehmende (biotische) und teilnehmende (quasi biotische),
- strukturierte oder unstrukturierte,
- nach der Einbeziehung des Probanden in persönliche oder unpersönliche (z.B. Maschinen).

Bewusstseinsgrad Benennung der Situation	Wissen um den Versuchs-zweck (graduell)	Wissen um die Aufgabe	Wissen um die Versuchs-situation
Offene Situation	+	+	+
Nicht-durchschaubare Situation	-	+	+
Quasi-biotische Situation	-	-	+
(Voll-) biotische Situation	-	-	-

Abb. 61: *Untersuchungssituationen im Rahmen der Beobachtung* SCHÄFFER POESCHEL

Die Beobachtung wird im Marketing vor allem bei folgenden Fragestellungen eingesetzt:

Fragestellungen der Beobachtung

- Kundenlaufstudien in Handelsgeschäften,
- Blickschwerpunkte im Supermarktregal,
- Blickverlauf bei Anzeigen,
- Wirkungen von jeglicher Gestaltung von Werbemitteln und anderen Kommunikationsmitteln,
- Besucherfrequenzen in einem Geschäft oder Dienstleistungsbetrieb,
- Einkaufsverhalten,
- Handhabungs- und Nutzungsbeobachtungen,
- Produktpräferenzmessung.

Kundenlaufstudien

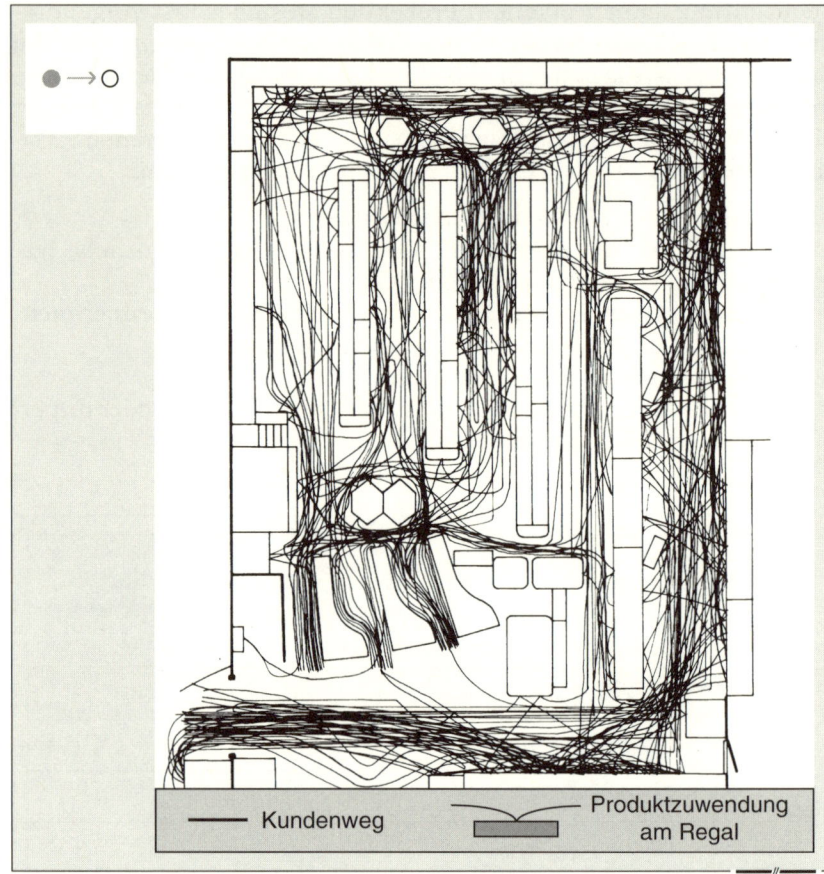

Abb. 62: *Kundenlaufstudie (Becker 1973, S. 208)*

Apparative Verfahren der Beobachtung

Neben der Beobachtung durch eine Person bietet sich der Einsatz apparativer Verfahren und Maschinen an, weil damit verdeckt, kostengünstig und schnell die Information aufgezeichnet und gleichzeitig verarbeitet werden kann. Solche Geräte sind:

- **Anglemeter:** perspektivisch verzerrte Wiedergabe des Testobjektes, Seiten-, Darauf- und Daruntersichten.
- **Antwortzeitmessung.**
- **Atemvolumenmessung.**
- **Audiometer:** automatische Abspeicherung des eingeschalteten Radiosenders.
- **Blickregistrierungsverfahren:** eye-mark-Recorder NAC (Spezialbrille) oder Compagnon-Verfahren über indirekte Blickaufzeichnung mit einer Kamera.
- **Blutdruckmessung.**

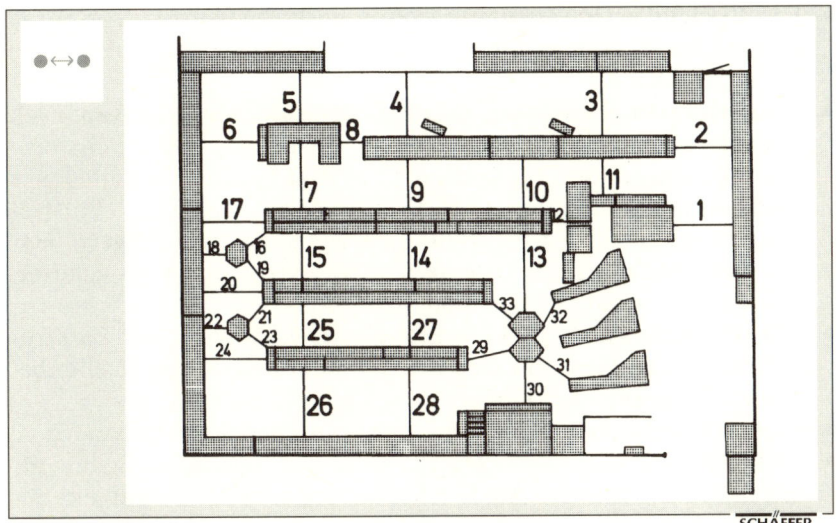

Abb. 63: *Kundenlaufstudie (Quelle: GfK Regional- und Handelsmarktforschung)*

- **Daktyloskop:** Gerät zur Identifizierung von Fingerabdrücken nach Präparierung z.B. von Werbeseiten.
- **Lidschlagfrequenz:** Messung der Veränderungen der Frequenz über Fernsehkameras gegenüber den Normalwerten um 30 Lidschlägen pro Minute.
- **Einwegspiegel** (Gottschaldtsche Scheibe, One-Way-Spiegel): einseitig durchsichtige Glasfläche zum unerkannten Beobachten von Probanden.

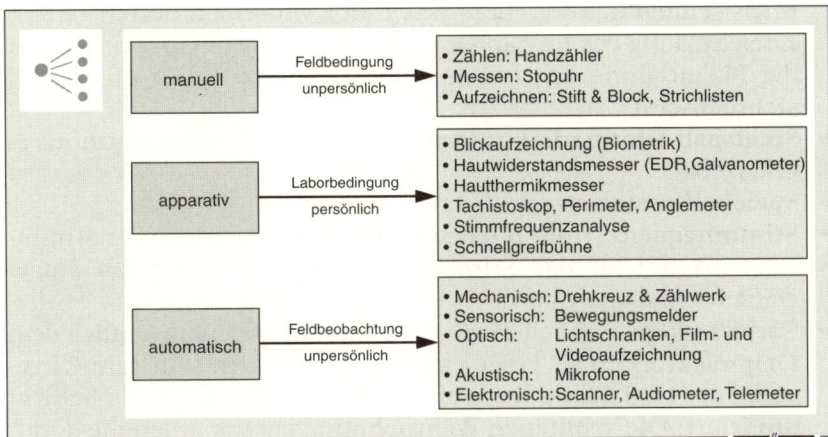

Abb. 64: *Wichtige Aufzeichnungsverfahren der Beobachtung*

- **FAST (Facial action scanning techniques):** Auswertung von Fotos anhand Augenbrauen, Stirn, Augen, Augenlidern, Nase, Wangen, Mund und Kinn.
- **Hautwiderstandsmessung (EDR, GSR= galvanic skin response):** auch psychogalvanische Reaktion, Messung geringster Schweißabsonderungen des Probanden in Abhängigkeit verschiedener Reizvorlagen. Gleichzeitige Messung von Atmung, Pulsfrequenz und Blutdruck möglich. Elektroden an zwei Fingern oder auf dem Handrücken befestigt, schwacher Strom eingeleitet, Hautwiderstand verändert den Stromfluss.
- **Hirnstrommessung (EEG = Elektroenzephalogramm):** Elektroden am Hinterkopf, die die Hirnströme messen, beta-Wellenbereich wird gemessen, Veränderung nach Stimulus.
- **Lichtschranke:** Ermittlung der Passierfrequenz der Probanden.
- **Nyktoskop:** stufenlose Steigerung der Umgebungshelligkeit für ein Produkt, Grad der Ausleuchtung, bei dem das Testobjekt zuerst zu erkennen ist.
- **Perimeter:** Rand des Sichtfeldes eindeutig wahrnehmbar?
- **Programmanalysator:** doppelter Joystick, bei Gefallen und Missfallen ist anderer Joystick zu bewegen.
- **Psychomotorik:** Messung von unwillkürlichen Körperreaktionen.
- **Pulsfrequenzmessung.**
- **Pupillometer:** Augenkamera hält Veränderungen der Pupillenweite fest in Millimetern. Die Kamera nimmt auch die Richtung und den Zeitraum der Veränderung auf, auch den Blickverlauf, Messung des Pupillendurchmessers, der sich bei Beeindruckung vergrößert.
- **Scanner:** optische Aufzeichnung von genormten Buchstaben (Barcode) oder Symbolen (Strichcode).
- **Schnellgreifbühne:** Kasten, in dem mehrere Gegenstände rotieren. Vorhang oder Klappe, die sich kurz öffnen, der Proband muss schnell das ergreifen, was ihm spontan am besten gefällt. Entscheidung des Probanden notwendig. Eine Sonderform stellt die Plakatbühne dar, bei der für einen Augenblick ein Plakat sichtbar wird.
- **Sichtspaltdeformation:** nur als Ausschnitt des Gesamtmotives erkennbar.
- **Speichelflussmessung.**
- **Stimmfrequenz (voice pitch analysis):** Veränderungen der Stimmfrequenzen über das Stimmfrequenzspektrum werden aufgezeichnet und analysiert.
- **Tachistoskop:** »Schnellseher«, Projektionsinstrument ähnlich dem Diaprojektor, Bilder von Gegenständen werden sehr schnell gezeigt, ca. 1/20 Sekunden, auf eine Leinwand oder einen Schirm projiziert. Die spontanen Wahrnehmungen, vor allem die dominanten Gestaltungselemente des Gezeigten werden gemessen.

Abb. 65: *Beispiel eines Telemeters*
    (Quelle: GfK Fernsehforschung)

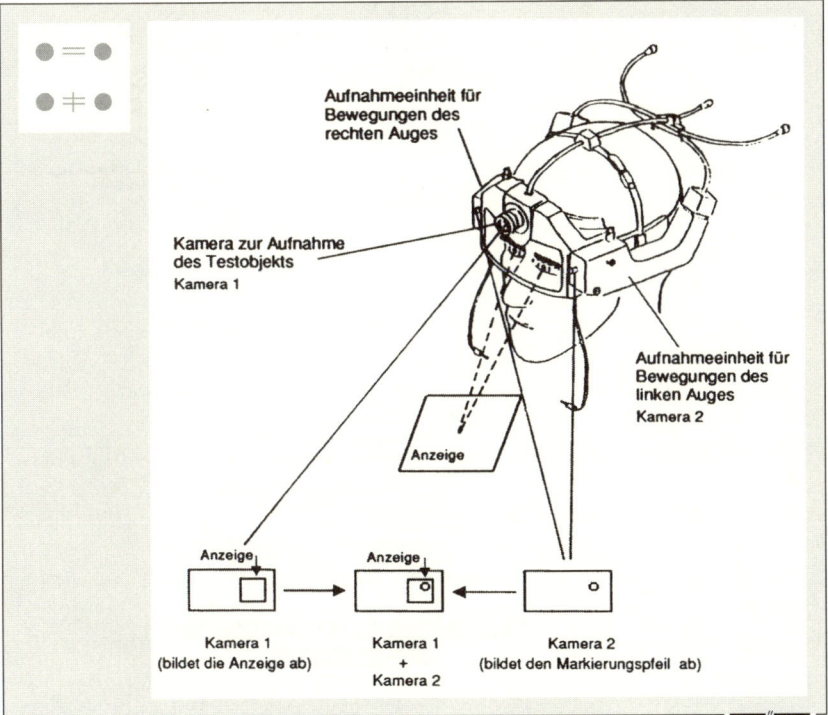

Abb. 66: *Blickverlauf eines Probanden beim Betrachten*
    einer Werbeanzeige (Quelle: Kroeber-Riel 1990, S. 235)

Nach der Theorie der Ganzheits- oder Gestaltungspsychologie (**Aktualgenese**) führt eine Wahrnehmungserschwerung durch Verkürzung, Verkleinerung oder Verdunkelung zu einem schnelleren Auslösen von emotionalen Reaktionen und eigentlichen Erkennen des Gegenstandes.

- **Telemeter:** Messung des jeweils eingeschalteten Fernsehprogramms mit über das people-meter gesteuerter Erfassung der anwesenden Personen.
- **Thermographie:** Messung der Durchblutung der Körperoberfläche durch Temperaturfühler.

Verfahren der Blickregistrierung

Bei der Blickregistrierung z.B. nach dem NAC-Verfahren wird der Blick des Probanden aufgezeichnet und als Print-out z.B. auf der

Abb. 67: *Blickverlauf eines Probanden beim Betrachten einer Werbeanzeige (Quelle: Kroeber-Riel 1990, S. 235)*

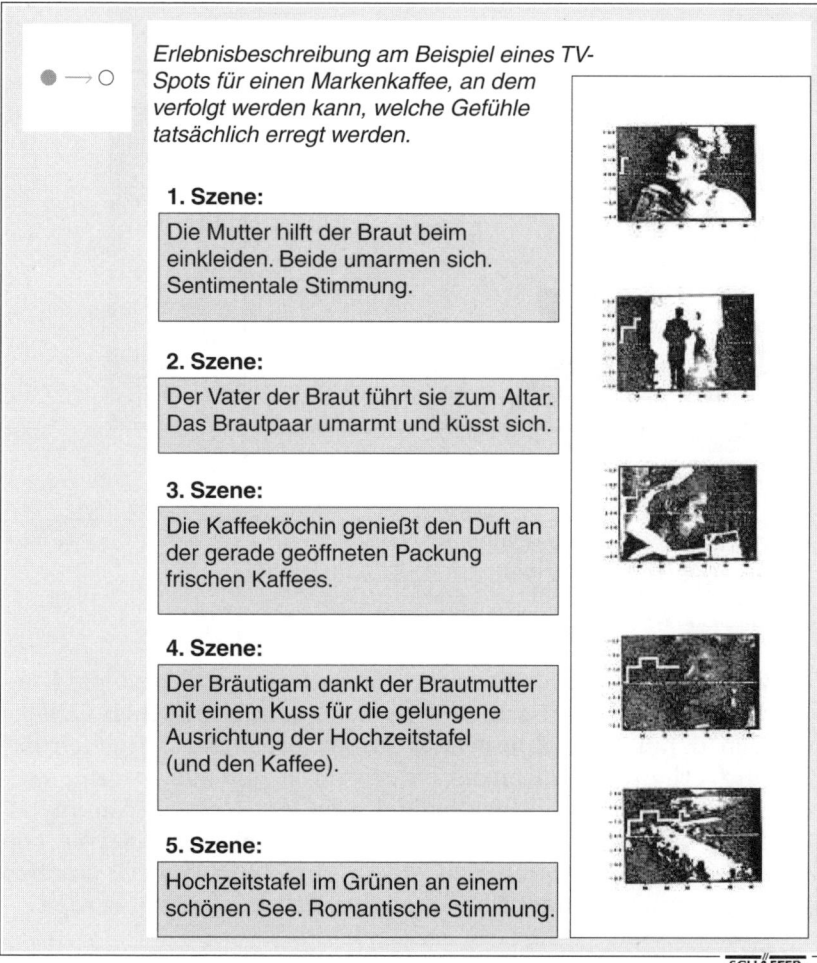

Abb. 68: *Werbefilmszenenbeurteilung mit Hilfe des Programm-*
         analysators

Werbeanzeige ausgewiesen. Kleine Kreise, Verdickungen, Wende-
punkte und Schleifen weisen auf Fixationen, also kurzer Blickver-
weildauer des Probanden auf einer Stelle hin. Die Betrachtungszeit
dauerte bei dem Werbeanzeigenbeispiel nicht länger als ca. 10 Sekunden.

Bei dem Programmanalysator wird eine aktive Mitarbeit des   **Programmanalysator**
Probanden erwartet. Er misst vor allem bewusste Reaktionen auf
optische oder sonstige Reize. Der Proband muss z.B. während eines
Fernsehspots kontinuierlich über einen Joy-Stick seine positive
oder negative Anteilnahme ausdrücken.

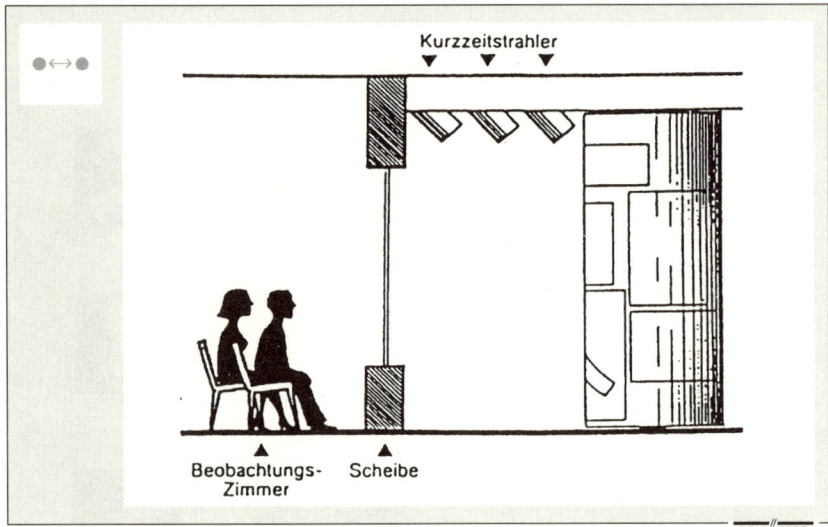

Abb. 69: *Aufbau einer Plakatbühne*
         (Quelle: Mülder/Weiß 1996, S. 249)

Scanner

Die wichtigste Technologie zum automatischen Erfassen von Kundenaktivitäten ist der Scanner. Mit Hilfe dieses optischen Gerätes und den daran angeschlossenen Computern kann zeitgleich das Konsumverhalten des Konsumenten erfasst und ausgewertet werden. Insbesondere im Einzelhandel sind daran auch Warenwirtschaftssysteme gekoppelt. Neben der permanenten Analyse von Verkaufsdaten bis hinunter zu einem einzelnen Produkt können Warenkorbanalysen oder Kundenanalysen durchgeführt werden.

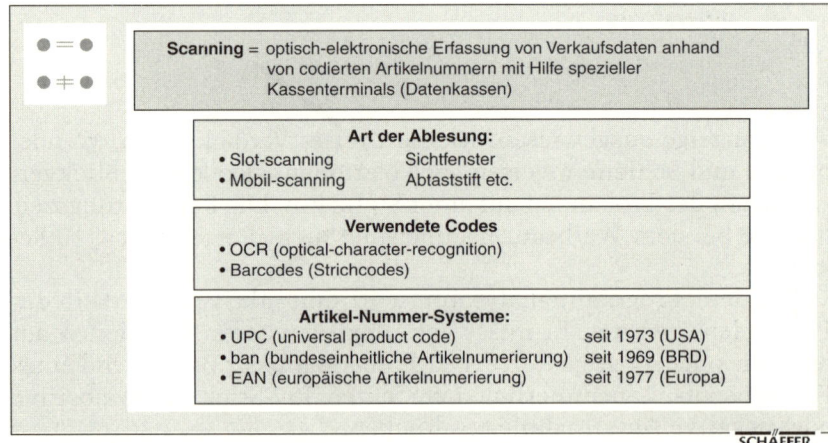

Abb. 70: *Scannertechnologie*

Abb. 71: *Scanner-Strichcode*

Grundlage für die positive Nutzung der Scannertechnologie im Einzelhandel war der Strichcode mit der international gültigen Nummernvergabe. Damit hat jedes Produkt seine eigene Nummer und kann in allen Computern der Welt richtig zugeordnet werden.

Bei jedem Verkauf eines Artikels in einem Einzelhandelsgeschäft fallen parallel weitere Informationsverknüpfungen an:

Informationen beim Scanning

- der aktuelle Preis wird vom Computer zugeordnet und verrechnet,
- der Zeitpunkt des Kaufes wird aufgezeichnet,
- der Ort und das Geschäft des Kaufes werden erfasst,
- über eine Haushaltsidentifikationskarte wird der Kauf einem Haushalt zugeordnet z.B. innerhalb eines Einkaufspanels eines Marktforschungsinstitutes,

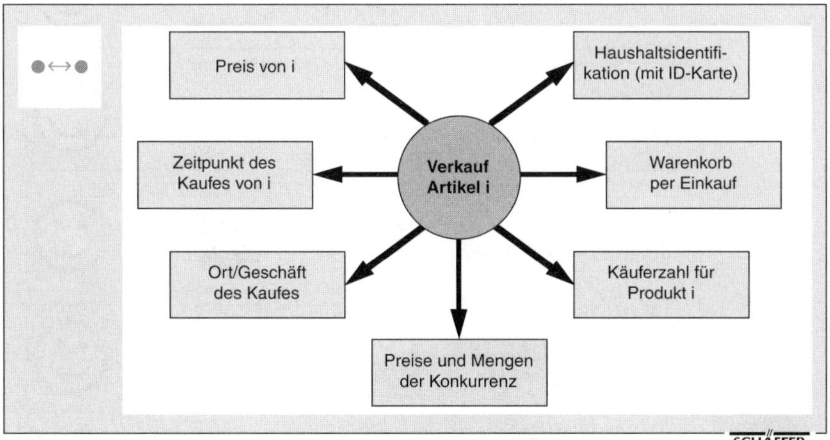

Abb. 72: *Informationszuordnung bei Scanner-Daten*

- der Warenkorb des Einkaufs anhand des Kassenzettels liegt vor, die Käuferanzahl, die Menge pro Kauf werden erfasst,
- Preise und Mengen zwischen Konkurrenzprodukten können verglichen werden.

Die führenden deutschen Marktforschungsinstitute Nielsen und GfK werten diese Scannerdaten aus und stellen diese ihren Klienten zur Verfügung.

EASY-Fallstudie

Für den Automobilhandel sind solche Scannerdaten nicht verfügbar. Da das Kraftfahrtbundesamt alle Kfz-Anmeldungen speichert und anonymisiert und gruppiert an die Automobilhersteller verkauft, ist das Automobilgewerbe auch so eines der bestinformiertesten Wirtschaftsbereiche. Für die Fragestellungen der EASY-Studie ergibt sich kein Ansatz für den Einsatz der Beobachtung, da die Kundenwünsche und -erwartungen zu einem bisher nicht existenten Automodell erhoben werden müssen.

3.2.2 Befragung

Arten der Befragungsmethode

Die Befragungsmethode ist die mit Abstand am häufigsten eingesetzte Erhebungsmethode. Immer dort, wo mit Sensoren und den menschlichen Sinnesorganen menschliches Verhalten nicht über die Beobachtung gemessen werden kann, muss der Proband selbst Auskunft geben. Vor allem menschliche Verhaltensweisen, Meinungen und Einstellungen können über die Befragung gemessen werden. Es werden nach der Kommunikationsform zwischen Interviewer und Proband vier Arten der Befragungsmethode unterschieden:

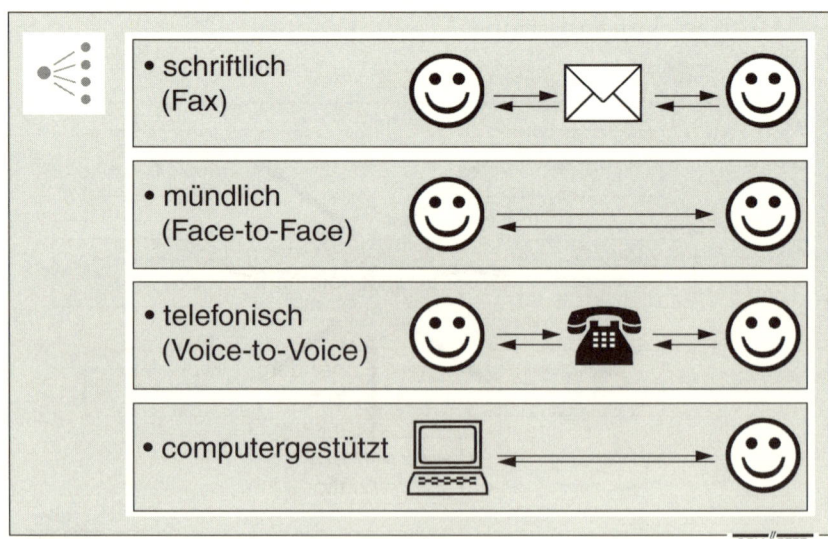

- schriftlich (Fax)
- mündlich (Face-to-Face)
- telefonisch (Voice-to-Voice)
- computergestützt

Abb. 73: *Arten der Befragungsmethode*

- die schriftliche,
- die mündliche,
- die telefonische und
- die computergestützte Befragung.

Bei den vier Befragungsmethoden werden unterschiedliche Kommunikationsmittel genutzt; bei der schriftlichen (oder per Fax) ist es das geschriebene Wort, bei der mündlichen das gesprochene Wort und die Körpersprache, bei der telefonischen nur die Stimme und bei der computergestützten der Bildschirm mit Ton und Bild.

3.2.2.1 Schriftliche Befragung

Die schriftliche Befragungsmethode ist eine wichtige Form der Primärforschung. Hierbei bekommt der Proband ein Anschreiben und einen Fragebogen in schriftlicher Form vorgelegt, den er für sich allein durcharbeiten soll. Er hat keinen persönlich gegenübersitzenden Interviewer, es besteht eine zeitliche und örtliche Distanz zwischen Interviewer und Proband. Auch kann der Interviewer ihn nicht durch den Einsatz von Interviewtechnik unterstützen. Für die Ergebnisse bleibt zu beachten, dass die Befragungssituation nicht kontrollierbar ist, so ist z.B. nicht sicher, ob der angeschriebene Proband wirklich selber den Fragebogen ausgefüllt hat.

    Dem Hauptvorteil der Kostengünstigkeit steht als Hauptnachteil die niedrige Rücklaufquote entgegen. Sie liegt – in Abhängig-

Kennzeichnen der schriftlichen Befragungsmethode

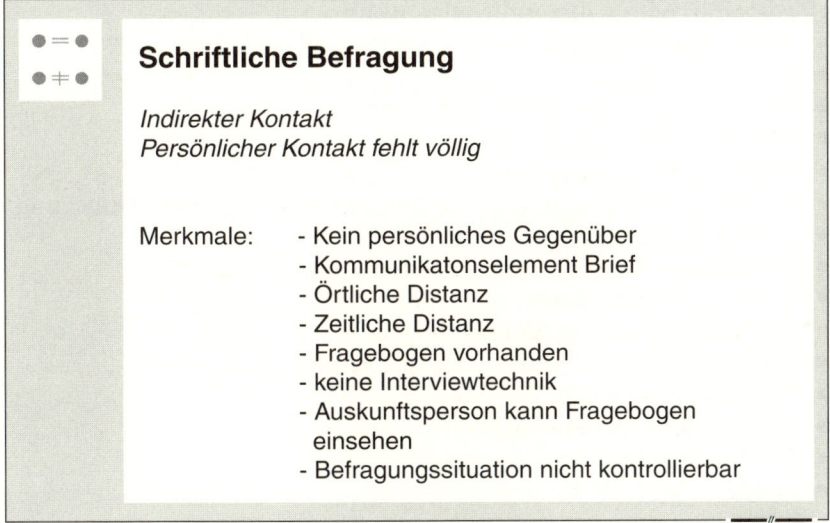

Schriftliche Befragung

Indirekter Kontakt
Persönlicher Kontakt fehlt völlig

Merkmale: - Kein persönliches Gegenüber
                - Kommunikatonselement Brief
                - Örtliche Distanz
                - Zeitliche Distanz
                - Fragebogen vorhanden
                - keine Interviewtechnik
                - Auskunftsperson kann Fragebogen
                   einsehen
                - Befragungssituation nicht kontrollierbar

SCHÄFFER POESCHEL

Abb. 74: *Kennzeichen der schriftlichen Befragung*

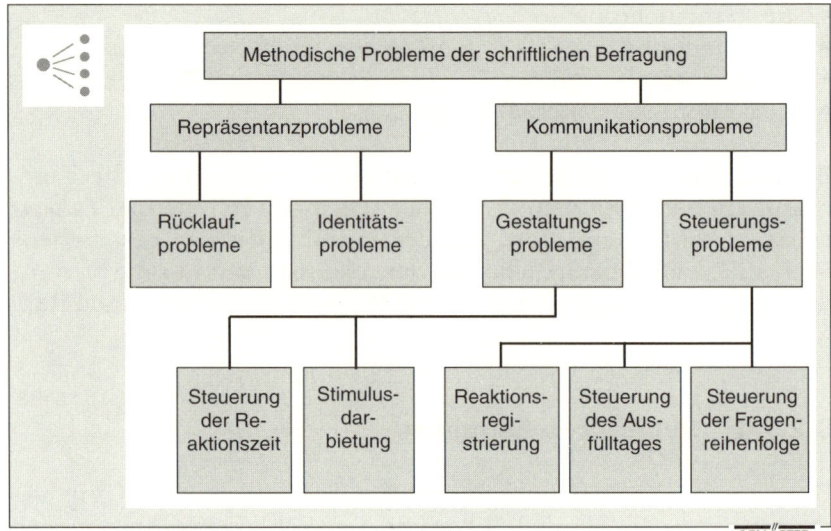

Abb. 75: *Methodische Probleme der schriftlichen*
        Befragungsmethode

Verbesserung der   keit von der Zielgruppe und dem Befragungsgegenstand – meist nur
Rücklaufquote   zwischen 10 und 20 %. Deshalb gibt es eine Reihe von Maßnah-
                           men zur Verbesserung von Rücklaufquoten:

- Glaubwürdige und neutrale Berichte über Forschungsvorhaben mitschicken,
- Bekanntmachung vorher in der Presse,
- das Anschreiben mit handgeschriebenen Zusätzen persönlicher gestalten oder vollständig persönlich,
- Fotos und Zeichnungen über das Projekt beifügen,
- Versand als normalen Brief statt Infobrief,
- Versandzeit in ruhigeren Arbeitszeiten,
- Sonderbriefmarken nutzen,
- telefonisches Nachfassen,
- nochmaliger Versand des Fragebogens mit höflicher Erinnerung,
- Ankündigung eines Interviewers,
- kurzfristige Deadline zur Rücksendung,
- Vorankündigung des Fragebogens,
- optisch ansprechender Fragebogen,
- freigemachter Rückumschlag mit Empfängeraufdruck,
- Gewinnanreize oder Geschenke,
- Zusage der Ergebnisberichterstattung,
- Produktbeilage oder Warenprobe,
- sonstige Vorteile für den Probanden.

Bevor ein schriftlicher Fragebogen oder ein Fax versendet wird, ist immer die Frage zu klären, welchen Nutzen hat der Proband durch das Ausfüllen und Rücksenden des Fragebogens? Findet man diesen Nutzen und kann diesen dem Probanden durch das Begleitschreiben vermitteln, so wird man eine überdurchschnittliche Rücklaufquote erlangen.

Fax als schriftliche Befragungsmethode

Das Fax hat im Geschäftsleben den Brief teilweise verdrängt. Deshalb ist es auch in der Marktforschung im Vormarsch. Dabei wird dem Probanden der Fragebogen zugefaxt, mit der Bitte um sofortige Bearbeitung und um das Rückfaxen. Nachteile liegen darin begründet, dass nur ein kurzes Fax möglich ist und die Anonymität des Probanden nur schwer gewährleistet werden kann. Da ein Fax-Fragebogen allerdings dem Arbeitsstil vieler Manager entspricht und schnelle Reaktionen ermöglicht, ist es für diese Zielgruppe eine wichtige Alternative.

3.2.2.2 Mündliche Befragung

Die mündliche Befragung, das persönliche Interview, ist die am häufigsten verwandte Befragungsart. Es findet bei dem Probanden zu Hause, in einem speziell dafür eingerichteten Studio, auf der Straße oder in Einkaufszentren statt. Durch den persönlichen, direkten Kontakt zwischen Interviewer und Proband am gleichen Ort und zur gleichen Zeit kann am besten die Befragung durchgeführt werden. Bei Unklarheiten kann sofort reagiert werden, zu-

Kennzeichen der mündlichen Befragung

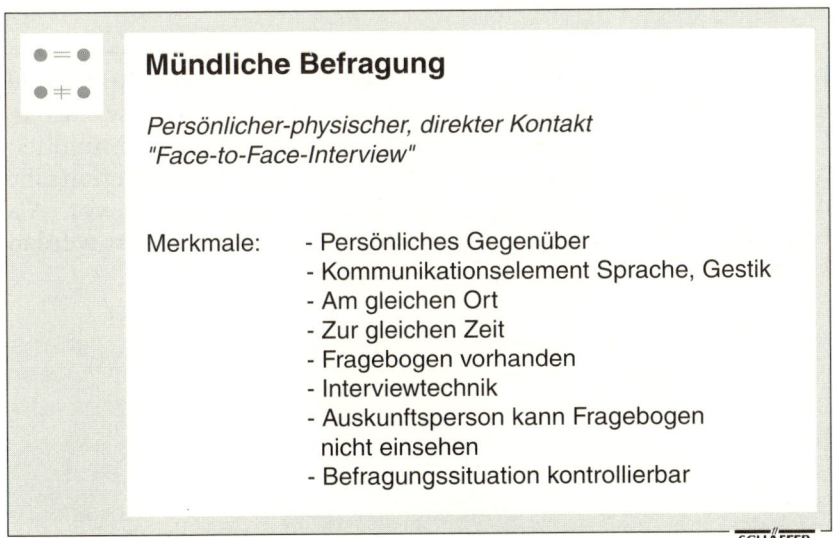

Abb. 76: *Kennzeichen der mündlichen Befragung*

sätzliche Hilfsmittel können mitgebracht werden und durch die Interviewtechnik wird der Proband zum Ziel geführt. Gute Interviews sind nicht länger als 45 Minuten. Ein mündliches Interview kostet das Unternehmen mindestens 100 DM, wovon auf den Interviewer im Erfolgsfall 20 bis 30 DM entfallen.

3.2.2.3   Telefonische Befragung

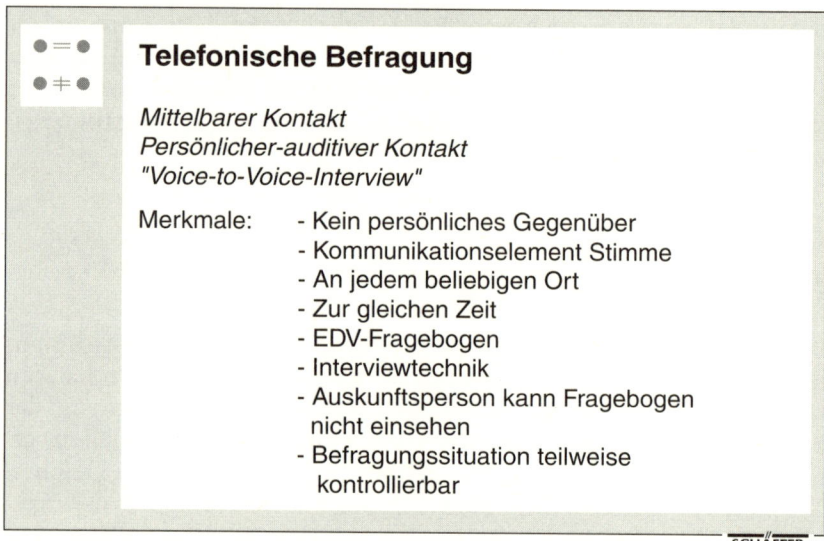

Abb. 77: *Kennzeichen der telefonischen Befragung*

Kennzeichen der telefonischen Befragungsmethode

Bezüglich der Schnelligkeit zwischen Auftragsstellung und Ergebnispräsentation ist die telefonische Befragung unschlagbar. Die Probanden werden vom Interviewer angerufen und mündlich befragt. Mit Hilfe der Computerführung und Computereingabe durch den Interviewer liegen alle Ergebnisse zeitgleich vor. Als Nachteil ist anzuführen, dass nur kurze Interviews geführt werden können, die nicht länger als 20 Minuten dauern.

3.2.2.4 Computergestützte Befragung

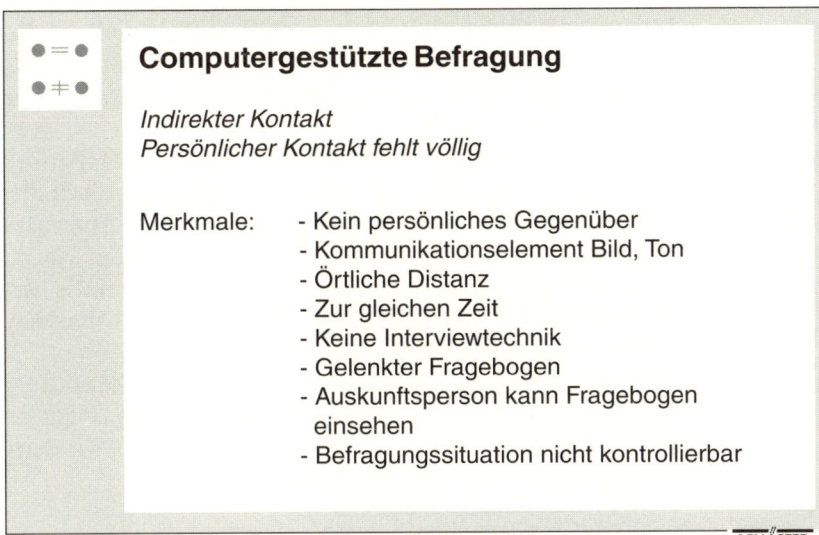

Computergestützte Befragung

Indirekter Kontakt
Persönlicher Kontakt fehlt völlig

Merkmale: - Kein persönliches Gegenüber
- Kommunikationselement Bild, Ton
- Örtliche Distanz
- Zur gleichen Zeit
- Keine Interviewtechnik
- Gelenkter Fragebogen
- Auskunftsperson kann Fragebogen
  einsehen
- Befragungssituation nicht kontrollierbar

SCHÄFFER
POESCHEL

Abb. 78: *Kennzeichen der computergestützten Befragung*

Der Computer kann innerhalb der direkten Erhebung der Befragung zwei Funktionen übernehmen:

- Unterstützung der anderen Befragungsmethoden,
- direkte Befragung über Bildschirmterminals (z.B. Touch-Screen),
- online-Bildschirmbefragung (Internet, Btx, T-Online) oder interaktives Fernsehen (bisher: TED).

Bezüglich der Unterstützung anderer Befragungsmethoden gibt es folgende Ansätze:

Kennzeichen der computergestützten Befragungsmethode

Arten der computerunterstützenden Befragung

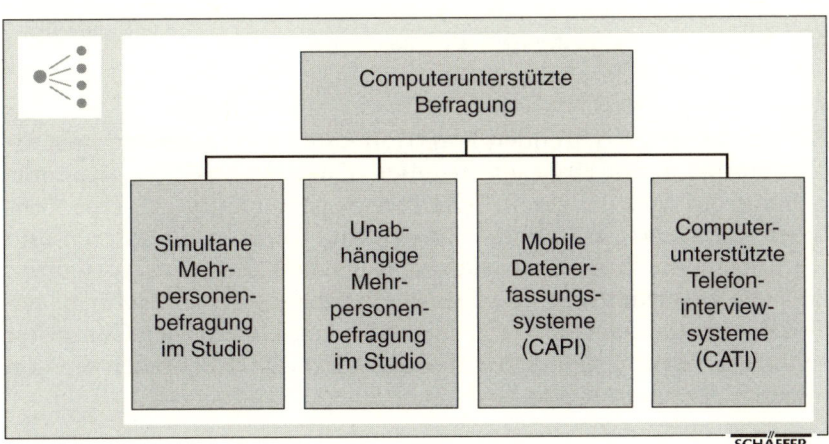

Computerunterstützte
Befragung

| Simultane Mehrpersonenbefragung im Studio | Unabhängige Mehrpersonenbefragung im Studio | Mobile Datenerfassungssysteme (CAPI) | Computerunterstützte Telefoninterviewsysteme (CATI) |

SCHÄFFER
POESCHEL

Abb. 79: *Computerunterstützte Befragung*

- CATI (Computer Assisted Telephone Interviewing): die telefonische Befragung wird durch den Computer gelenkt, die Fragen erscheinen für den Interviewer direkt am Bildschirm, er liest die Fragen vor und gibt die Antworten direkt in den Computer ein, die Telefonschaltung mit Nummernauswahl kann ebenfalls vom Computer übernommen werden.
- Bei der simultanen Mehrpersonenbefragung wird im Marktforschungsstudio gleichzeitig eine Gruppe von Probanden befragt, die Ergebnisse werden über ein Datenerfassungsgerät übermittelt, z.B. bei Fernsehsendungen durch einen ja-nein-Knopf.
- Die unabhängige Mehrpersonenbefragung findet ebenfalls im Marktforschungsstudio statt, allerdings sind hier die Probanden in separaten Räumen oder Kabinen untergebracht.
- CAPI (Computer Assisted Personal Interviewing, Computer-Aided-Personal-Interviewing): die mündliche Befragung wird durch einen Laptop unterstützt, alle Fragen erscheinen auf dem Bildschirm, direkte Eingabe der Antworten.

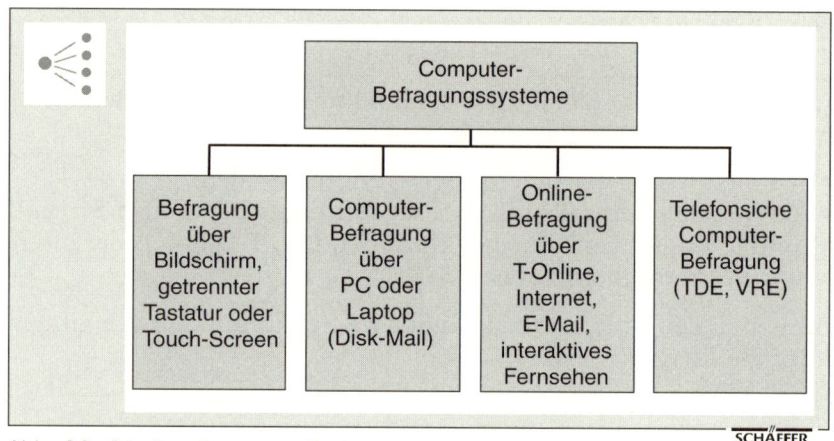

Abb. 80: *Direkte Computer-Befragungssysteme*

Arten der Computer-befragungssysteme

Neben der unterstützenden Funktion kann der Computer auch direkt zur Befragung eingesetzt werden. Dazu ist ein Bildschirm notwendig, auf dem der eigentliche Fragebogen abläuft, ggf. eine Tonwiedergabe, um zusätzlich Stimmen und Töne zu integrieren und ein Eingabemedium. Entweder muss der Proband seine Antworten über die Tastatur eingeben, über die Berührung des Bildschirms bei Touch-Screens oder über die eigene Stimme, wenn der Computer schon ein Stimmerkennungsmodul besitzt. Unterschieden werden folgende Möglichkeiten:

- CSAQ (Computer Self Administered Questionaires): Selbstbefragungssysteme über spezielle aufgestellte Bildschirmgeräte in Einkaufszentren;
- online-Befragung über Internet oder T-Online (Btx, Datex-J);
- integrierter Fragebogen bei digitalem Kabelfernsehen, pay-tv mit Rückkanal und interaktivem Fernsehen;
- EMS (electronic mail survey): über Diskette oder Datenaustausch wird statt eines schriftlichen Fragebogens eine Computerbefragung verschickt, die der Proband an seinem eigenen PC ablaufen lässt und über Diskette oder Datenaustausch zurückschickt;
- direkte Computerbefragung, indem der Proband zu Hause, im Studio oder in einem Einkaufszentrum an einem PC oder Laptop die Befragung durchführt;
- TDE (Touchtone Data Entry) und VRE (Voice Recognition): telefonische Befragung des Computers mit Hilfe von Tonbandstimmen, der Proband antwortet über Tastendruck oder verbal Antworten.

3.2.2.5 Vor- und Nachteile der Befragungsarten

Kriterien	schriftlich	mündlich	telefonisch	EDV-gest.
Antwortquote	–	+	+	–
einheitlicher Erhebungsstichtag	–	+	+	–
Antwortzeit				
– Ausschluss unüberlegter Antworten	○	+	–	–
– Messung	–	○	+	+
Einfluss von dritter Seite	–	+	○	○
Umfang des Fragebogens	–	+	–	○
Gefahr von Missverständnissen	–	+	+	–
komplexe Informationen	–	+	–	○
Interviewereinfluss	+	–	○	+
schwer erreichbare Berufskreise	+	–	○	○
räumliche Repräsentation	+	–	+	+
Kosten	+	–	○	+

(● → + / ● → – / ● →)

SCHÄFFER POESCHEL

Abb. 81: *Vor- und Nachteile der Befragungsmethoden nach 11 Einzelkriterien*

Beurteilung der Befragungsmethoden

Für den Marktforscher stellt sich bei jedem Informationsbedarf die Frage, welches Erhebungsinstrument wählt er aus. Ist die Befragung der richtige Weg, muss er die Vor- und Nachteile der vier Befragungsarten abwägen und sich für eine Methode entschließen. Es

● → + ● → − ● →	Kriterium \ Befragungsmethode	Kosten	Zeit	Quote	Qualität	Repräsentanz
	schriftlich	+	−	−	○	○
	mündlich	−	−	+	+	+
	telefonisch	○	+	○	+	+
	computergestützte	+	−	−	○	−

Abb. 82: *Vorteilsvergleich der Befragungsmethoden nach den Hauptkriterien*

SCHÄFFER POESCHEL

gibt eine Fülle von Kriterien, die dafür in Frage kommen. Letztendlich stehen ihm fünf Hauptkriterien zur Verfügung:

1. **Kosten** des Methodeneinsatzes,
2. **Zeitaufwand** für den Methodeneinsatz,
3. **Rücklaufquote** der Ergebnisse,
4. **Qualität** in Hinblick auf den Informationsbedarf,
5. **Repräsentanz** der Ergebnisse.

Methodenvergleich anhand der fünf Hauptkriterien

Ein Vergleich der vier Befragungsmethoden zeigt für die fünf wichtigsten Kriterien folgende allgemeingültige Aussagen:

- **Kosten:** mündliche Befragungsmethode aufgrund der Personalkosten sehr hoch, bei der schriftlichen sind Papier- und Portokosten zu beachten, Kosten für Fragebogenentwicklung für alle etwa gleich;
- **Zeitaufwand:** telefonische Befragungsmethode mit Abstand am geringsten, zu beachten sind der Zeitaufwand für Entwicklung, Durchführung und Auswertung;
- **Repräsentanz:** mündliche Befragungsmethode sehr hoch, da der Interviewer einen direkten Einfluss nehmen kann;
- **Qualität** der Ergebnisse: sollte grundsätzlich bei allen Methoden hoch sein, aufgrund des Interviewereinflusses bei der telefonischen und mündlichen besonders hoch;
- **Rücklaufquote:** bei der Bildschirmbefragung am geringsten, gefolgt von der schriftlichen Befragung. Allgemein geht man bei der schriftlichen von ca. 10 bis 20 % aus, während telefonische und mündliche Befragungen 75 bis 90 % erbringen. Bei der mündlichen Methode ist der Rücklauf besonders abhängig von dem gewählten Auswahlverfahren.

EASY-Fallstudie

Das Projektteam beschließt, eine mündliche Befragung für Job 3 (Ausstattung) und Job 4 (Absatzkanal) durchzuführen. Über den Computer wären die Zielgruppen nicht alle (Nutzenorientierte!) zu erreichen. Die telefonische Befragung kommt nicht in Frage, da neue, eher komplexe Dinge erfragt werden sollen, die abstrakt nicht darstellbar sind. Auch in schriftlicher Form wäre es schwierig, die verschiedenen Ausstattungsvarianten zu erklären und von dem Probanden qualitativ richtig einzuordnen. Deshalb bleibt nur die mündliche Befragung übrig, bei der die Interviewer den Probanden helfen können.

Ein führendes deutsches Marktforschungsunternehmen wird beauftragt, bezüglich der richtigen Ausstattung und des richtigen Absatzkanals eine repräsentative Befragung bei den Zielgruppen durchzuführen.

3.2.3 Experiment

Die dritte Gruppe von Erhebungsmethoden sind die Experimente. Innerhalb des Marketings spricht man dabei meist von Tests oder Testverfahren. Diese Testverfahren sind von den statistischen Testverfahren inhaltlich zu unterscheiden und abzugrenzen.

Im Weiteren werden die Experimente anhand der möglichen Versuchsanordnungen dargestellt und ihre Umsetzung in den Testverfahren der Marktforschung betrachtet. Die apparativen Messinstrumente wurden im Kapitel Beobachtung dargestellt. Die weitgehend aus der Psychologie stammenden Konzeptionen zur Messung unbewusster Vorgänge werden im Kapitel Qualitative Marktforschung betrachtet.

Einordnung der Erhebungsmethode Experiment

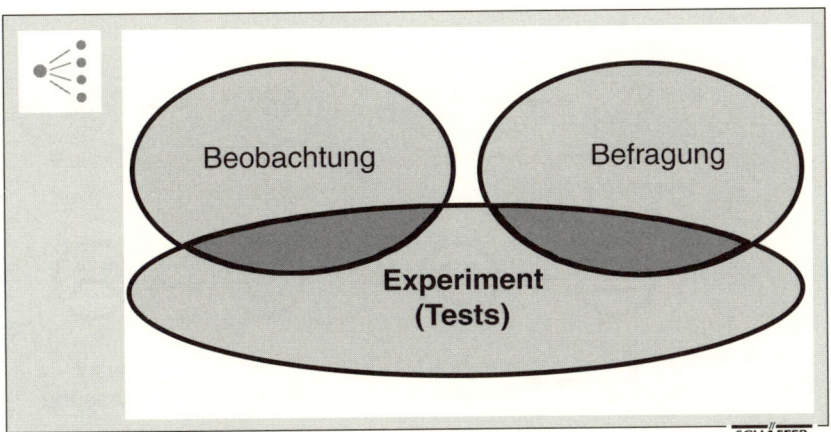

Abb. 83: *Einordnung des Experimentes als Erhebungsverfahren der Marktforschung*

3.2.3.1   Versuchsaufbau

Versuchsaufbau von Experimenten

Das Experiment nutzt Methodenteile der Beobachtung und/oder der Befragung, insbesondere auch der qualitativen Marktforschung. Deshalb wird ihm oft fälschlicherweise der Rang einer eigenständigen Erhebungsmethode abgesprochen. Der entscheidende Unterschied liegt in **einer künstlichen Veränderung der natürlich vorgefundenen Realität**. Ohne diese Veränderung handelt es sich um eine reine Befragung oder eine reine Beobachtung. Unterschieden wird in Experimenten, die im Labor stattfinden und solchen Experimenten, die in einer natürlichen Umgebung (Feldexperiment) stattfinden. Ein jedes Experiment besteht aus folgenden Merkmalen:

- unabhängigen Variablen, deren Einfluss gemessen werden soll (z.B. Verpackung, Preis, Produktqualität),
- abhängigen Variablen, an denen die Wirkung gemessen werden soll (z.B. Kaufbereitschaft, Gefallen, Image),
- Störgrößen, die einen unkontrollierten Einfluss auf die abhängigen Variablen nehmen,
- kontrollierten Variablen, deren Einfluss konstant gehalten wird.

Arten der Experimente

Entsprechend der Beobachtung gibt es vier Bereiche von Experimenten nach der Einblickmöglichkeit in die Experimentalsituation durch den Probanden:

- offene Versuchssituation: der Proband weiß von dem Versuch und kennt das Ziel der Erhebung,
- nicht durchschaubare Situation: der Proband weiß von dem Versuch und glaubt, das Ziel zu kennen,

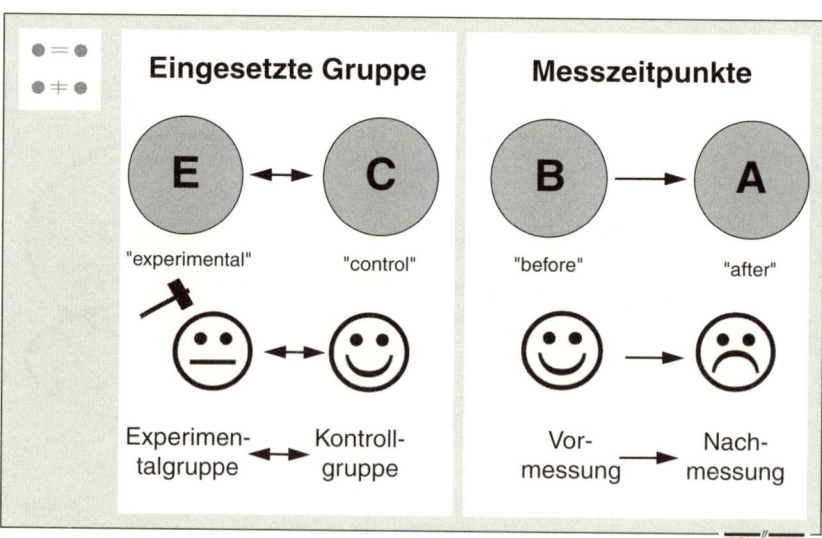

Abb. 84: *Versuchsaufbauelemente eines Experimentes*

- quasibiotische Situation: der Proband weiß, dass er sich in einem Versuch befindet, sonst aber nichts,
- vollbiotische Situation: der Proband weiß nichts.

Es gibt eine anerkannte Kurzstrukturierung von Experimenten. Diese unterteilt sich in die eingesetzten Probandengruppen und die erhobenen Messzeitpunkte. Bei den eingesetzten Gruppen spricht man von der Experimentalgruppe E (»experimental«) und der Kontrollgruppe C (»control«). **Elemente des Versuchaufbaus**

Bei der Experimentalgruppe wird die Veränderung der Realität, dargestellt mit dem »Hammer«, vorgenommen. Die Kontrollgruppe wird nicht dieser Veränderung ausgesetzt. Die Messzeitpunkte, dem zweiten Kriterium zur Kennzeichnung und Abgrenzung eines Versuchsaufbaues eines Experimentes, werden mit der Vormessung B (»before«) vor dem Eintritt der künstlichen Veränderung und mit der Nachmessung A (»after«) nach der Veränderung der Daten erhoben. Damit können insgesamt vier Datengruppen erhoben werden aus den Kombinationen von E, C, B und A. Mit diesen Buchstaben werden die jeweiligen Test – oder Experimentdesigns charakterisiert.

Bei einem vollständigen Versuchsaufbau werden die Experimentalgruppe und die Kontrollgruppe vor dem Eintritt der künstlichen Veränderung (»Hammer«) und danach befragt oder gemessen. Dieser Versuchsaufbau wird mit Abstand die besten Ergebnisse liefern, wenn darauf geachtet wird, dass beide Gruppen von ihrer Zusammensetzung her die gleichen Voraussetzungen haben. **EBA-CBA-Typ**

Typ der Versuchsanordnung	EBA-CBA	Beispiel
Eingesetzte Gruppe(n) E Experimentalgruppe C Kontrollgruppe	E : C	Waschpulvernutzer, die eine Gruppe im Testgebiet, die andere außerhalb
Messzeitpunkt B (before) Vormessung A (after) Nachmessung	bei E B und A bei C B und A	Produktnutzung vor und nach der Veränderung
Ergebnisse durch Vergleich von	Differenz der Ergebnisse der Vormessungen bei E und C mit derDifferenz der Ergebnisse der Nachmessung bei E + C	Kaufverhalten nach der Veränderung
Probleme	Kann die Vormessung Verzerrungen bewirkt haben? (Lerneffekt?)	Experimentalgruppe war Intensivwäscher
Einsatzgebiete	Store-Test: Matched Samples	Testmarkt für ein neues Waschpulver

Abb. 85: *Vollständige Versuchsanordnung EBA – CBA*

EBA-Typ

● = ● ● ≠ ●	Typ der Versuchsanordnung	E B A	Beispiel
	Eingesetzte Gruppe(n) E Experimentalgruppe C Kontrollgruppe	E	Käufer eines Einzelhandelsgeschäftes
	Messzeitpunkt B (before) Vormessung A (after) Nachmessung	bei E: B und A	Beobachtung vor und nach der Veränderung
	Ergebnisse durch Vergleich von	Ergebnis der Vormessung mit Ergebnis der Nachmessung bei E	Kaufverhalten vor und nach der Veränderung
	Probleme	Ist der Unterschied tatsächlich durch die experimentelle Bedingung verursacht? (Kausalität?)	Zufällige Veränderung des Kaufverhaltens gegenüber Dosensuppen
	Einsatzgebiete	Store-Test	Neue Anordnung des Dosensuppenangebotes

Abb. 86: *Experiment mit dem Versuchsaufbau EBA*

SCHÄFFER POESCHEL

In der Praxis ist es nicht immer möglich, bei beiden Gruppen beide Messungen vorzunehmen. Bei dem EBA-Experimenttyp fehlt z.B. die Kontrollgruppe. Dies führt dazu, dass der durch die vor- und nachgemessene Experimentalgruppe gefundene Zusammenhang nicht kausal mit 100%iger Sicherheit auf den Stimulus zurückzuführen sein muss. Es kann sein, dass ein anderer, nicht gemessener Grund vorliegt. Trotzdem wird dieser Versuchsaufbau eingesetzt, wenn es keine Kontrollgruppe geben kann. So ist es in einem Lebensmitteleinzelhandelsgeschäft nicht möglich, gleichzeitig einer Gruppe ein verändertes Warenangebot zu offerieren und einer anderen Gruppe nicht.

EA-CA-Typ

● = ● ● ≠ ●	Typ der Versuchsanordnung	E A - C A	Beispiel
	Eingesetzte Gruppe(n) E Experimentalgruppe C Kontrollgruppe	E : C	Waschpulvernutzer, die eine Gruppe im Testgebiet, die andere außerhalb
	Messzeitpunkt B (before) Vormessung A (after) Nachmessung	bei E A bei C A (d.h. keine Vormessung)	Produktnutzung vor und nach der Veränderung
	Ergebnisse durch Vergleich von	Ergebnis der Nachmessung bei E und C	Kaufverhalten nach der Veränderung
	Probleme	Bestand zwischen den Gruppen vorher schon ein Unterschied? (Gruppeneffekt?)	Experimentalgruppe war Intensivwäscher
	Einsatzgebiete	ERIM-Panel: Neuproduktakzeptanz mit und ohne Werbung	Testmarkt für ein neues Waschpulver

Abb. 87: *Experiment mit dem Versuchsaufbau EA-CA*

SCHÄFFER POESCHEL

3.2.3.2 Testverfahren in der Marktforschung

Testverfahren in der Marktforschung sind nichts anderes als Experimente mit einer Marketingzielsetzung. Sie lassen sich unterscheiden:

Einsatzgebiete von Testverfahren

- nach den Entscheidungsgebieten der Marketinginstrumente in Produkttests, Preistests, Distributionstests und Kommunikationstests,
- nach der Art der Probandeneinbeziehung und der Nähe zum Kunden in Storetest, Markttest, Mini-Testmarkt-Panel und Testmarktsimulation.

3.2.3.2.1 Testverfahren nach den Marketinginstrumenten

Beim Produkttest werden die Qualität, die Gestaltung, die Verpackung, Verwendungseigenschaften und sonstige Instrumente der Produktpolitik getestet. Die Probanden bekommen in der Regel eine oder mehrere Varianten eines bestehenden oder neuen Produktes zum Gebrauch in einer Testsituation. Danach werden sie nach ihren Erfahrungen befragt. Gegebenenfalls werden die Ergebnisse auch gemessen, z.B. die Haltbarkeit einer veränderten Gewebestruktur einer Levis-Jeans nach vierwöchigem Gebrauch. Arten von Produkttest können sein:

Produkttest

Arten von Produkttests

- Einzeltest oder Vergleichstest: ohne und mit einem Alternativprodukt,
- Volltest oder partieller Test: eine oder alle Eigenschaften werden überprüft,
- Kurzzeittest oder Langzeittest: der Gebrauch wird nur kurzfristig oder über einen langen Zeitraum (z.B. als In-home-Test zu Hause) überprüft.

Beim Preistest stellt sich die Frage, welchen Preis ist der Verbraucher noch bereit zu zahlen? Der Proband bekommt ein Produkt vorgeführt und wird gefragt: »Wie viel, glauben Sie, kostet dieses Produkt im Laden?« Damit bekommt man die generelle Preisvorstellung des Probanden. Die zweite Frage könnte lauten: »Welchen Preis würden Sie maximal für dieses Produkt bezahlen?« Damit erhält man die Preisobergrenze. Über die Ergebnisse aller Probanden wird dann eine Preis-Absatz-Funktion (PAF) berechnet. Daneben wird auch nach der Preiskenntnis, dem Preisbewusstsein oder den Preisschwellen geforscht.

Preistest

Das größte Anwendungsgebiet von Experimenten im Marketing und in der Marktforschung liegt in der Kommunikationspolitik und vor allem dort in der Werbeforschung. Zu unterscheiden sind:

Kommunikationstest

- Konzeptionstests,
- Gestaltungstests und
- Wirkungkontrolltests (Impact-Tests) Pretests, Inbetween-Tests, Posttests (Recognitiontests, Recalltests).

Konzeptionstests sollen Aufschluss darüber geben, ob z. B. eine Kommunikationskonzeption kurz- und langfristig bei den Verbrauchern erfolgreich wird. Konzeptionen, die kurzfristig nicht erfolgreich sind, können sich über Lernprozesse beim Verbraucher langfristig trotzdem durchsetzen. Folgende Erhebungsziele bezüglich der Probanden-Reaktionen auf Kommunikationskonzeptionen stehen dabei im Mittelpunkt:

- Assoziationsumfelder und spontaner Zugang zur Kommunikationsidee,
- emotionale Resonanzen,
- Informations- und Kommunikationswerte,
- geweckte Erwartungsvorstellungen z.B. gegenüber den Produkteigenschaften,
- Imagecharakterisierung des Untersuchungsobjektes,
- individuelle Aktualität,
- Glaubwürdigkeit und
- persönliche Identifikationsmöglichkeiten.

Gestaltungsstest

Der Gestaltungstest betrifft die Umsetzung der Konzeption in einzelne Kommunikationsmittel. Er betrifft deshalb mehr die wahrnehmungspsychologische Problemstellung. Dabei werden folgende Ziele zur Beurteilung der konkreten Gestaltung des einzelnen Kommunikationsmittels beim Probanden verfolgt:

- Aufmerksamkeitswirkung,
- Wahrnehmungsabläufe,
- optische Prägnanz,
- Handhabbarkeit.

Pretest/Posttest

Die Wirkungskontrolltests sollen nachweisen, ob die Kommunikationsziele mit der Konzeption und der Gestaltung und dem Einsatz der Kommunikationsmittel erfolgreich sein werden (Pretests), erfolgreich sind (Inbetween-Tests) oder erfolgreich gewesen sind (Posttests). Als Analysefaktoren für den Wirkungserfolg werden angesehen:

- Aufmerksamkeitserzielung,
- Interessenbildung,
- Erinnerungsaktivierung,
- Engagementauslösung,
- Imagebeeinflussung,
- Kaufdisposition.

Ein Bestandteil des Produkt- und Kommunikationsmixes ist die **Branding**
Marke. Innerhalb einer erfolgreichen und auch internationalen
Markenpolitik spielt deshalb die Marke oder der Name eines Produktes eine entscheidende Rolle. Deshalb wird für diese Aufgabe in
der Marktforschung nichts mehr dem Zufall überlassen. Renom-
mierte Spezialagenturen wie Nomen, Interbrand oder Gotta bieten
einen 100%-Service von der Generierung der Namen über die semantische und phonetische Prüfung in den wichtigsten Sprachen
bis zum Namenstest bei den Zielgruppen.

So wurde die Marke Kelts, als alkoholfreies Bier des Hauses König in Duisburg, erst
nach mehreren Branding-Runden gefunden. Verschiedene Versionen waren vorher:
Alco, Helvic, Duisbeck, Tarek, Tibur und Skelten (Dichtl/Egges 1996, S. 18).

Es gibt grundsätzlich drei Kategorien von Namen: **Phasen der**
Namensentwicklung

- beschreibende Namen (»Schokomüsli«),
- assoziative Namen (»Brekkies«) oder
- artifizierte Namen (»Persil«, »Nivea«).

Der erste Schritt innerhalb der Namensentwicklung ist das Finden
von alternativen Namen und Marken. Danach erst wird über die
Testmarktforschung die Zielgruppenakzeptanz erforscht. Folgende
Testschritte sind umzusetzen:

- Festlegung der Zielgruppen, der nationalen und internationalen
  Verkaufsgebiete und des gewünschten Markenkerns.
- Juristische Überprüfung bezüglich Schutzrechter Dritter, z.B.
  Opel Omega und Omega-Uhren oder Fiat Topolino und Disney
  Topolino (Mickey Mouse in Italien).
- Internationale Überprüfung in meist 7 europäischen Sprachen
  auf phonetische (klangliche) und semantische (inhaltliche) Ähn-
  lichkeit mit anderen Produkten oder negativ besetzten Inhal-
  ten.
- Qualitatives Befragungsdesign durch Tiefeninterview oder Grup-
  pendiskussion über assoziative Techniken, teilweise durch Dis-
  plays mit dem Namenszug in der Produktumgebung. Ranking,
  Vor- und Nachteile der Alternativen.

Beispiel

● → ○	Unternehmen	Marke	Land	Missverständis
	Audi	A3, A4	D	Autobahnnummer
	AMC	Matador	E	Killer
	Austin	Metro	F	U-Bahn
	Citroen	Evasion	GB	Steuerflucht
	DAEWOO	Espero	E	"ich warte"
	Daihatsu	Dash	D	Waschmittel
	Fiat	Topolino	I	Mickey-Mouse
	Fiat	Regata	S	"streitsüchtige Frau"
	Fiat	Ritmo	GB	Verhütungsmethode
	Fiat	Uno	SF	"Trottel"
	Ford (LKW)	Fiera	E	runzlige Alte
	Ford	Pinto	E	umgangssprl."Penis"
	Ford	Probe	D	Probepackung
	GM	Randan	J	Idiot
	Lada, Chevy	Nova	E	"funktioniert nicht"
	Lancia	Dedra	GB	dead - "tot"
	Mercedes	400	J	Todeszahl 4
	Mitsubishi	Pajero	E	"Wichser"
	Nissan	Serena	EU	Damenbinden-Marke
	Opel	Corsa	GB	"ungehobelt", "rauh"
	Rolls-Royce	SilverMist	D	Misthaufen
	Seat	Seat	GB	"Sitz"
	Sunbeam	Mist-Stick	D	Mist
	Toyota	MR2	F	merdeaux - "Scheißer"
	Toyota	Starlet	USA	"Filmsternchen"
	VW	Corrado	I	"Konrad"
	VW	Jetta	I	"wegwerfen"
	VW	Sharan	GB	Soap Opera-Flittchen
	VW	Vento	E	"pfurzen"

Abb. 88: *Namenstestergebnisse für Automobil-Modellmarken*   SCHÄFFER POESCHEL

Eine Aufstellung der benutzten Automobil-Modellnamen zeigt, dass fast alle Automobilhersteller nicht immer Namenstests durchgeführt haben. Zum Teil wurden in unterschiedlichen Ländern unterschiedliche Namen verwandt, was auf Urlaubsreisen bei den entsprechenden Kunden zu Irrungen und Verwirrungen führte.

Das Problem ist allerdings nicht auf den Automobilmarkt beschränkt. Zum Beispiel bedeutet der Name Picco, genutzt für Kaffee und einen Tischventilator, im Spanischen Schandpfahl.

Es gibt eine einfache Regel für erfolgreiche Namen:

- C   Creativität,
- O   Originalität,
- V   Vitalität,
- I   Internationalität,
- U   Unverwechselbarkeit,
- S   Schutzfähigkeit.

3.2.3.2.2   Testverfahren nach der Marktnähe

Bei der Durchführung der Testverfahren nach ihrer Marktnähe wird unterschieden in:

- Storetest,
- Markttest,
- Mini-Testmarkt-Panel und
- Testmarktsimulation.

Ein Storetest beruht auf der Änderung der Produkte und/oder Marketinginstrumente innerhalb der Distribution. In der Regel werden bestimmte, reale Handelsgeschäfte dazu ausgewählt. In diesen Outlets werden bestimmte Änderungen des Marketinginstrumentenmixes wie z.B. veränderte Verpackungen, neue Produkte oder eine veränderte Produktpräsentation getestet. Als Testgebiet werden immer nur einzelne Handelsgeschäfte (Stores) in den Test einbezogen.

Storetest

Bei den Markttests wird ein regional abgegrenzter Markt vollständig einem Test unterzogen. Auf der Basis der Ergebnisse in diesem Markt soll eine Prognose über die Wirkung und den Erfolg eines Produktes und/oder des Einsatzes eines Marketinginstrumentes für den Gesamtmarkt ermöglicht werden. Kriterien für einen Markttest sind:

Markttest

- Zeitlimitierung,
- regionale Abgrenzung,
- vollständiger Einsatz möglichst aller Marketinginstrumente in dem Testgebiet,
- Kosteneffizienz,
- Repräsentanz für den Gesamtmarkt,
- Qualität des Marktforschungsinstrumentariums.

Bis 1989 war West-Berlin der deutsche Testmarkt, da dieser Markt bezüglich der Einzelhandelslandschaft und der Werbung in sich abgeschlossen war. Als Flächenmarkt wurde das Saarland als Markttestgebiet genutzt. Da es heute aber kaum noch regionale TV-Werbung gibt, ist ein in sich geschlossener Teilmarkt nur noch schwer

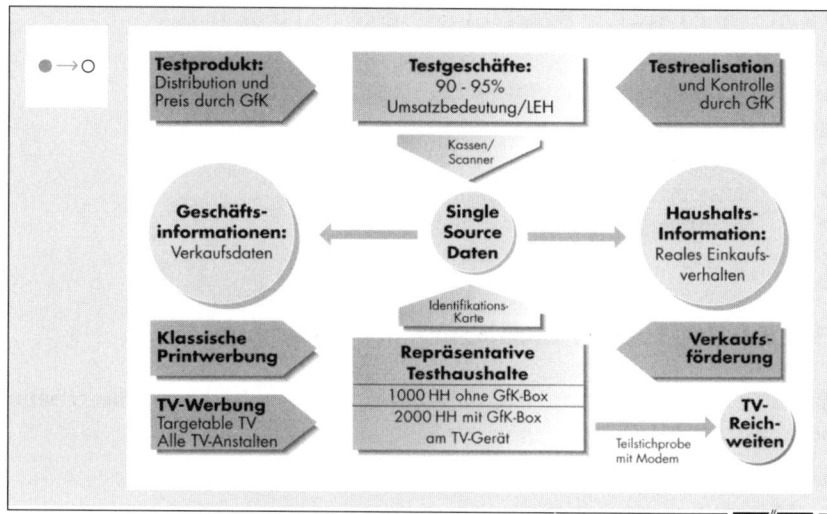

Abb. 89: *Aufbau und Struktur des GfK-BehaviorScan*
Mini-Testmarkt-Panel (Quelle: GfK Testmarktforschung)

zu finden. International wird die Schweiz als Test – und Experimentiermarkt genutzt.

Da der Markttest nur sehr schwer umzusetzen ist und auch hohe Kosten verursacht, haben die beiden führenden Marktforschungsinstitute in der Handels- und Konsumentenforschung, GfK und Nielsen, Mini-Testmarkt-Panels gebildet. Dies sind sehr kleine Teilmärkte, in denen aufgrund technischer Möglichkeiten mit überschaubarem finanziellen Aufwand mehrere Marketinginstrumente gleichzeitig veränderbar sind.

Mini-Testmarkt-Panel

Die GfK bearbeitet in Haßloch das kompletteste Angebot. Dort bekommen die Testhaushalte eigene Werbeeinspielungen, spezielle präparierte Printmedien und ein spezielles Angebot in den Supermärkten. Über die Scanner der Einzelhandelsgeschäfte in Verbindung mit einer Haushalts-Identifikationskarte werden alle Käufe pro Haushalt genau erfasst. Über den Telemeter wird erfasst, welche Werbeinsel von den Probanden gesehen wurde. Begleitende Befragungen runden den vollständigen Test ab.

Merkmal	Gfk Behavior Scan
Testmarkt	Haßloch in der Pfalz - 90% aller Haushalte kabelfähig
Anzahl der Testhaushalte	2000 HHe mit Gfk-Box 1000 HHe ohne GfK-Box
Markterfassungs-grad im LEH	je nach Warengruppe bis zu 95%
einsetzbare Medien	• alle relevanten TV-Sender (ARD, ZDF, RTL/RNF, SAT1/EPF) • Hörzu • Tageszeitung "Die Rheinpfalz" • Supplement (z.B. IWZ) • Plakate • Handelswerbung (Tageszeitung, Handzettel)
TV-Testspot	individuelle Ansteuerung einzelner Haushalte (z.B. der Zielgruppe) über alle Kanäle
Kontrollverfahren	individuell
Kosten	zwischen 180.000 DM und 200.000 DM

Abb. 90: *Aufbau des Mini-Testmarkt-Panels der GfK*
      (Quelle: Bevekuven/Eckert/Ellenrieder 1993, S. 373)

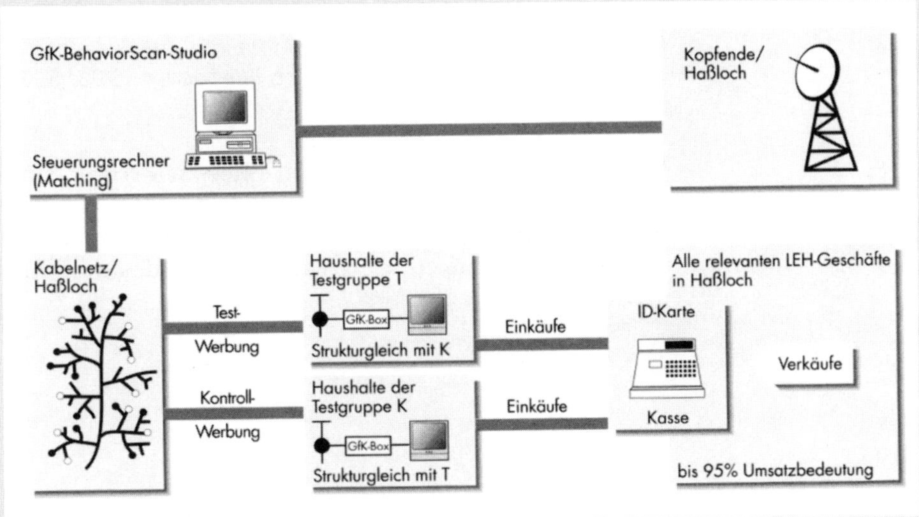

Abb. 91: *Werbewirkungsmessung im GfK-BehaviorScan Mini-Testmarkt-Panel*
      (Quelle: GfK Testmarktforschung)

Merkmal	Nielsen Telerim
Testmarkt	Bad Kreuznach Reutlingen Buxtehude (4. Testmarkt im Aufbau)
Anzahl der Testhaushalte	je Testmarkt 1 000 HHe (Erweiterung der Stichprobengröße in Vorbereitung)
Markterfassungs-grad im LEH	ca. 50%
einsetzbare Medien	• ZDF • Hörzu • Handelswerbung (Tageszeitung, Handzettel)
TV-Testspot	alle Haushalte im Testgebiet empfangen Testspot
Kontrollverfahren	Testmarkt A gegen Testmarkt B
Kosten	150 000 DM pro Test

Abb. 92: *Aufbau des Mini-Testmarkt-Panels von Nielsen*
(Quelle: Berekoven/Eckert/Ellenrieder 1993, S. 373)

Das Mini-Testmarkt-Panel von Nielsen verteilt sich auf mehrere Standorte in Deutschland. Damit kann es regionale Unterschiede mit einbeziehen, kann aber für einen Standort nicht die Fülle an veränderten Marketinginstrumenten und deren Messung bereitstellen.

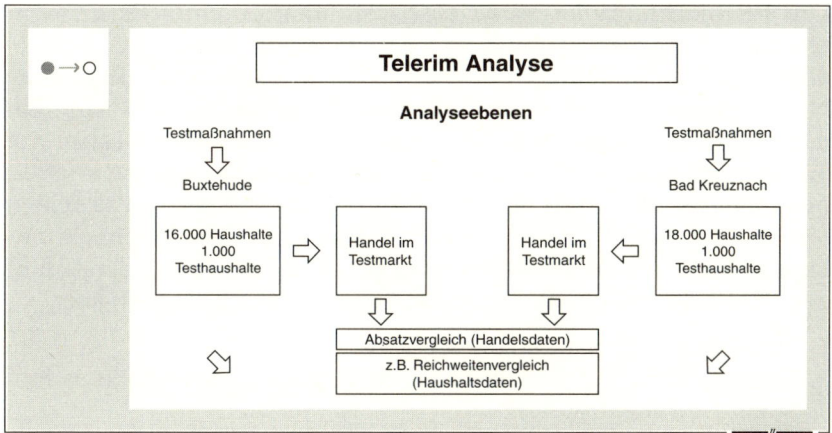

Abb. 93: *Telerim-Testmarktpanel (Quelle: Nielsen GmbH)*

Verbreitung	Spezifizierung des Fragebogens	
	Auswahl des Testlokals	
	Gewinnung der Testpersonen	
	• Vorinterview • Einladung	zu Hause
Phase 1	Hauptinterview • Markenbekanntheit • Markenverwendung • Einkaufsverhalten • Präferenz- und Einstellungsdaten	im Studio
	Werbesimulation ⎱ inklusive Kaufsimulation ⎰ neues Produkt	
Phase 2	Verwendung des neuen Produktes	zu Hause
	Nachinterview	
	• Markenverwendung • Präferenz- und Einstellungsdaten	im Studio
	Käufersimulation	

Abb. 94: *Ablauf der Testmarktsimulation der G&I*
       (Quelle: Weiß/Steinmetz 1995, S. 149)

Testmarktsimulation   Die Testmarktsimulation ist eine Kombination eines Experimentes unter Laborbedingungen mit einem Experiment unter Feldbedingungen. In Modellform wird im Labor eine wirklichkeitsgetreue Nachbildung einer Marktrealität vorgenommen wie z.B. eine Ladensituation. In diesem Studio müssen die Probanden bestimmte Situationen durchspielen. An diese Kaufsimulationsphase folgt eine Home-use-Phase, in dem der Proband das Produkt unter realen Situationen durch Gebrauch testet. Danach folgt wieder eine Simulationsphase, jeweils begleitet mit kurzen Befragungen. Der Ablauf der TESI-Labortestmarktsimulation sieht folgendermaßen aus:

Ablauf der TESI-Test-marktsimulation
1. Anwerben von Testpersonen,
2. Erstinterview zur Ermittlung von Konsumentenverhalten und Sozio-Demografie,
3. Reizpräsentation, Präsentation eines Werbeblocks, in der Mitte der Spot für das Testprodukt,
4. Einkauf im Testladen, künstliches Nachkauf-Interview:
5. Produktverwendung zu Hause,
6. Follow-up-Interview: Reaktionen auf Testkauf und Gebrauch, Umsatz und Marktanteilsprognose.

3.2.4   Methodenauswahl

Für welche Fragestellungen und Erhebungsbedarfe ist welches der drei Erhebungsverfahren Beobachtung, Befragung oder Experiment geeignet? Diese Fragestellung muss für den Einzelfall anhand der fünf Hauptkriterien geprüft werden.

● → + ● → − ● → + Kriterium / Erhebungsverfahren	Kosten	Zeit	Quote	Qualität	Repräsentanz
Beobachtung	O	−	+	O	O
Befragung	−	+	−	+	+
Experiment	+	O	O	+	−

Abb. 95: *Vergleich der Erhebungsverfahren anhand der Hauptkriterien*

SCHÄFFER POESCHEL

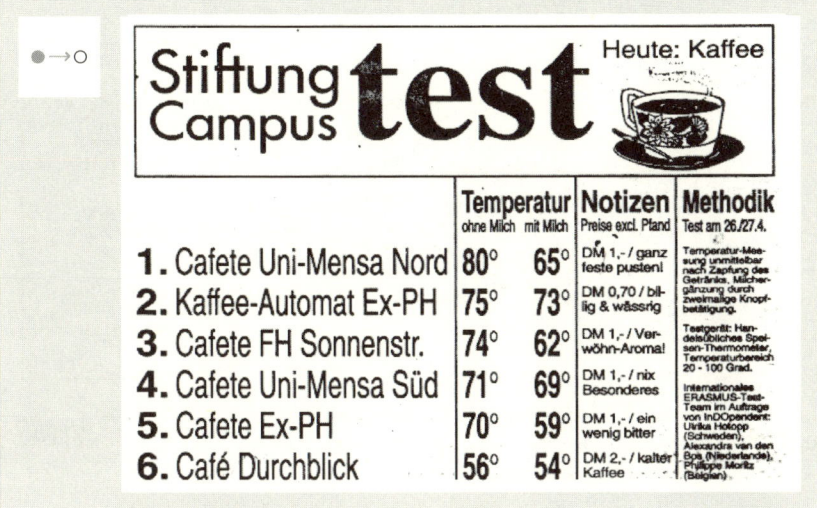

Abb. 96: *Kaffee-Test in Dortmund*
        (Quelle: InDOpendent (1995), S. 16)

Allgemeingültig kann man folgende Aussagen treffen:

- Die Beobachtung besitzt Vorteile bei der Rücklaufquote, da diese fast 100 % beträgt,
- die Befragung zeigt ihre Stärken in der Qualität der untersuchten Sachverhalte und der Repräsentanz für die Grundgesamtheit,
- das Experiment hat Kostenvorteile und kann bei speziellen Untersuchungsthemen sehr tiefe Erkenntnisse bringen.

Beurteilung der drei Erhebungsmethoden anhand der 5 Hauptkriterien

Der Begriff Test wird umgangssprachlich auch für Erhebungen genutzt, die nichts mit dem Marktforschungsinstrument Testverfahren zu tun haben. So ist bei dem Dortmunder Kaffeebeispiel keine Veränderung der natürlichen Umwelt vorgenommen worden, sodass es sich hier um eine Beobachtung handelt.

3.2.5 Gestaltungsmöglichkeiten der Erhebungsverfahren

Alle drei Erhebungsverfahren haben folgende Möglichkeiten der Gestaltung und Variation:

Möglichkeiten der Gestaltung

- Anzahl der einbezogenen Themen,
- Strukturierung der Erhebung,
- Wiederholung der Erhebung und
- qualitative oder quantitative Erhebung.

Neben der Erhebung mit einem einzigen Thema sind auch Erhebungen mit mehreren Themen möglich. Dabei wird von dem Pro-

Mehrthemenuntersuchung

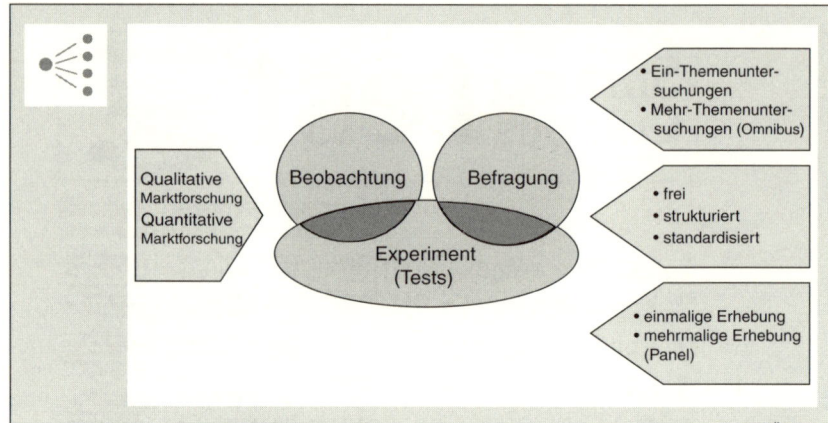

Abb. 97: *Übersicht über die Gestaltungsmöglichkeiten der Erhebungsverfahren*

banden verlangt, dass er »umschalten« kann von dem einen zu dem anderen Thema. Eine Sonderform der Mehr-Themenuntersuchung ist die Omnibusbefragung, auch nur Omnibus genannt. Dabei führen Marktforschungsinstitute zu vorgegebenen Zeitpunkten Erhebungen bei fest umrissenen repräsentativen Zielgruppen durch, die für viele Unternehmen von Interesse sind. So können sich verschiedene Auftraggeber auch kurzfristig an einer Erhebung beteiligen – auch nur mit einer einzigen Frage. Damit kann sich ein Unternehmen kurzfristig für wenig Geld – ca. 1.000 DM pro Frage – entscheidungsrelevante Informationen am Markt beschaffen.

Standardisierungs-grad

Bezüglich des Standardisierungsgrades unterscheidet man zwischen einer standardisierten, strukturierten und freien Erhebung. So ist z.B. bei einer standardisierten Befragung ein starrer Fragenkatalog, fester Fragenablauf, gleiche Interviewtechnik, überwiegend geschlossene Fragen und eine genaue Reihenfolge der Fragen kennzeichnend. Ein strukturiertes Interview hat festgelegte Kernfragen, keine vorgegebene Reihenfolge, Freiheit der Interviewführung und offene Fragen. Das freie Interview arbeitet mit vorgegebenen Themen- und Problemkreisen, völlig freien Gesprächen und ohne feste Fragen.

Wiederholung von Erhebungen

Die dritte Gestaltungsmöglichkeit betrifft die Wiederholbarkeit von Erhebungen. Neben einer einmaligen Erhebung kann zum selben Untersuchungsgegenstand mit gleichen oder veränderten Instrumenten z.B. jährlich dieselbe Zielgruppe befragt werden. Dabei sind die Probanden jeweils andere Personen. Mit einer einmaligen Erhebung kann eine Querschnittsanalyse vorgenommen werden. Mehrere wiederholte Erhebungen erlauben eine Längsschnittstudie.

Eine im Marketing wichtige Besonderheit stellt das Panel dar. Dies **Panel**
wird gekennzeichnet durch:

- einen bestimmten, gleichbleibenden Erhebungskreis (Panelteil-
  nehmer),
- der wiederholt zum gleichen Untersuchungsgegenstand durch
  Beobachtung, Befragung oder Experiment angesprochen und analysiert wird.

Panelarten

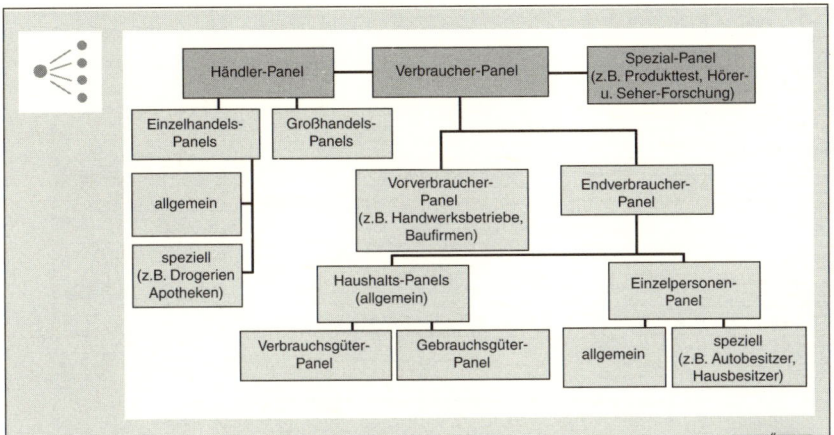

Abb. 98: *Panelarten in der Marktforschung*

Damit können Panel Veränderungen im Zeitablauf besonders gut **Panelprobleme**
erfassen, da sie an den einzelnen Probanden nachvollziehbar sind.
Diesen Vorteilen stehen folgende Probleme des Panels gegenüber:

- Paneleffekt: Veränderungen des Verbraucherverhaltens durch die
  intensivere Auseinandersetzung mit dem Untersuchungsgegenstand, weniger Spontankäufe, prestigebedingtes Overreporting,
  vergessen von Eintragungen, Checklist-Effekt aktiviert Kauf des
  aufgeführten Produktes,
- Panelsterblichkeit »Panel-Mortalität«, häufig mehr als die Hälfte
  der Teilnehmer scheiden aus, Panel-Rotation wird notwendig,
- Ausfallquoten bei der Gewinnung zur Mitarbeit,
- Keine vollständige Marktabdeckung (»Coverage«), nicht repräsentativ, da bestimmte Zielgruppen nicht einzubeziehen sind.

Panel werden zum einen im Einzelhandel durchgeführt, um den
Abverkauf einzelner Produkte und Warengruppen in den verschiedenen Outlets und Einzelhandelsstufen genau zu messen. Hier hat
der schon aufgeführte Scanner die Datenerfassung erleichtert. Teilweise gehen noch Marktforscher von Geschäft zu Geschäft und erheben die jeweiligen Bestände in den Regalen per Hand. Bei den
Haushaltspanels, die das Einkaufs- und Konsumverhalten der

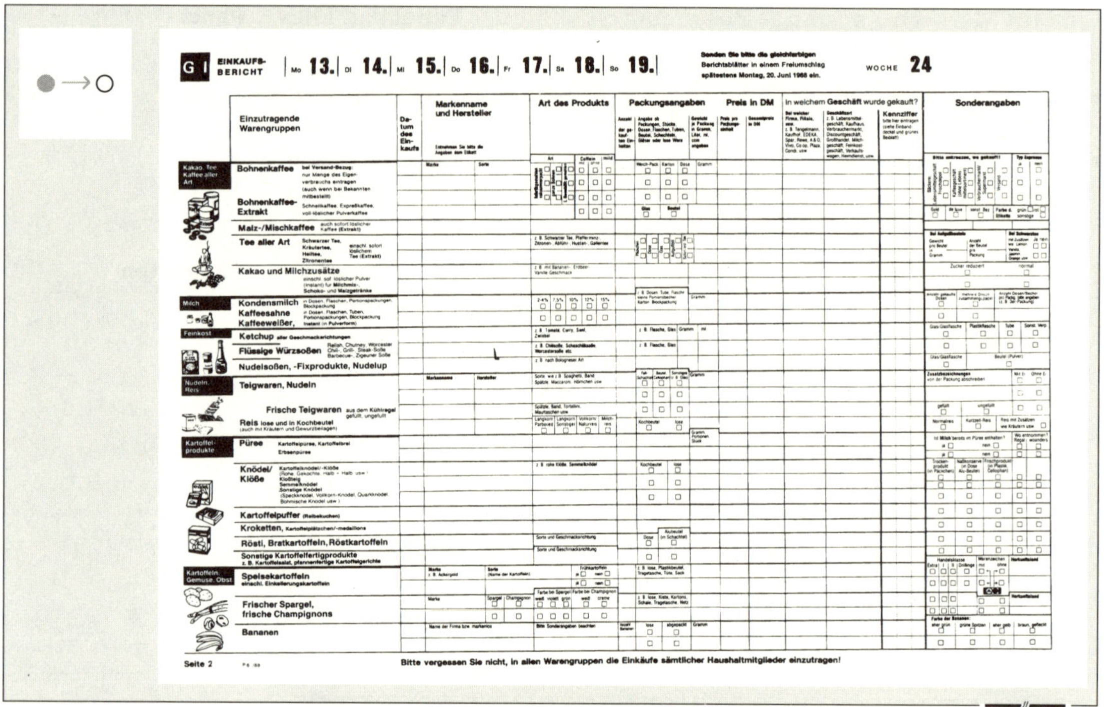

Abb. 99: *Datenerfassungsbogen eines Haushaltspanels (Hüttner 1989, S. 139)*

Haushalte exakt messen sollen, hält der Scanner nur langsam Einzug. Bis dahin wird vom Haushalt ein Haushaltserfassungsbogen per Hand ausgefüllt.

Qualitative Marktforschung

Die Marktforschung versucht in der Regel, auf der Basis einer breiten und sicheren Datenbasis Entscheidungen zu erleichtern. Neben dieser quantitativen, auf numerischen Daten aufbauenden Marktforschung wird in der qualitativen Marktforschung weniger auf eine große Datenbreite, sondern vielmehr auf die Datentiefe Wert gelegt. Der Kern der qualitativen Marktforschung betrifft die Erforschung unbewusster Motive, Einstellungen und Erwartungen. Diese Kenngrößen sind für die Wahl der richtigen kundengerichteten Entscheidung elementar bedeutend. Andere tabuisierte oder schwer verbalisierbare oder nicht direkt beobachtbare oder erfragbare Themen sind schwer zu quantifizieren. Deshalb ist die Motivforschung und die qualitative Marktforschung sehr stark psychologisch orientiert und nutzt Erkenntnisse und Verfahren der Psychologie wie z.B. die psychologische Diagnostik.

Einsatzgründe für qualitative Marktforschung

Zusätzlich bieten quantitative Analysen (»Zahlenfriedhöfe«) oft eine Scheingenauigkeit, die den Aufwand in Frage stellt. Insbesondere zum Finden neuer, bisher nicht erforschter Bereiche, vor allem

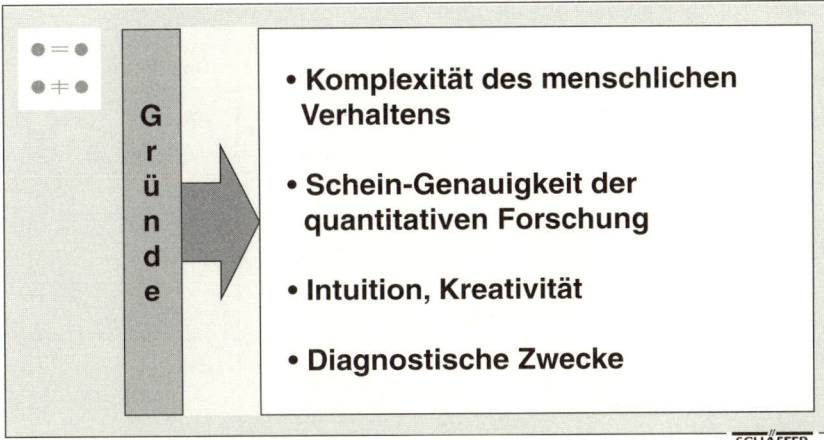

Abb. 100: *Gründe für den Einsatz der qualitativen*
Marktforschung

innerhalb der Prognosen, kann die qualitative Marktforschung über die Aktivierung von Intuition und Kreativität bessere Ergebnisse liefern als die quantitative Marktforschung.

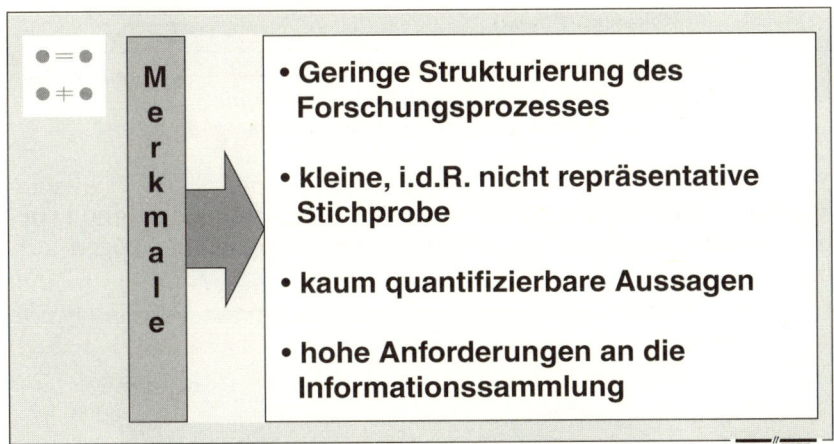

Abb. 101: *Merkmale der qualitativen Marktforschung*

Typische Kennzeichen der qualitativen Marktforschung sind der geringer strukturierte Forschungsprozess, eine kleine, meist nicht-repräsentative Stichprobe und wenige bis nicht quantifizierbare Aussagen. Zudem wird aufgrund der gesuchten Datentiefe eine hohe Anforderung an die Informationssammlung und Informationsaus-wertung gestellt.

Merkmale der qualitativen Markt-forschung

Bezüglich der Gestaltungsmöglichkeiten der Strukturierung nutzt die qualitative Marktforschung eher die unstrukturierten und frei-

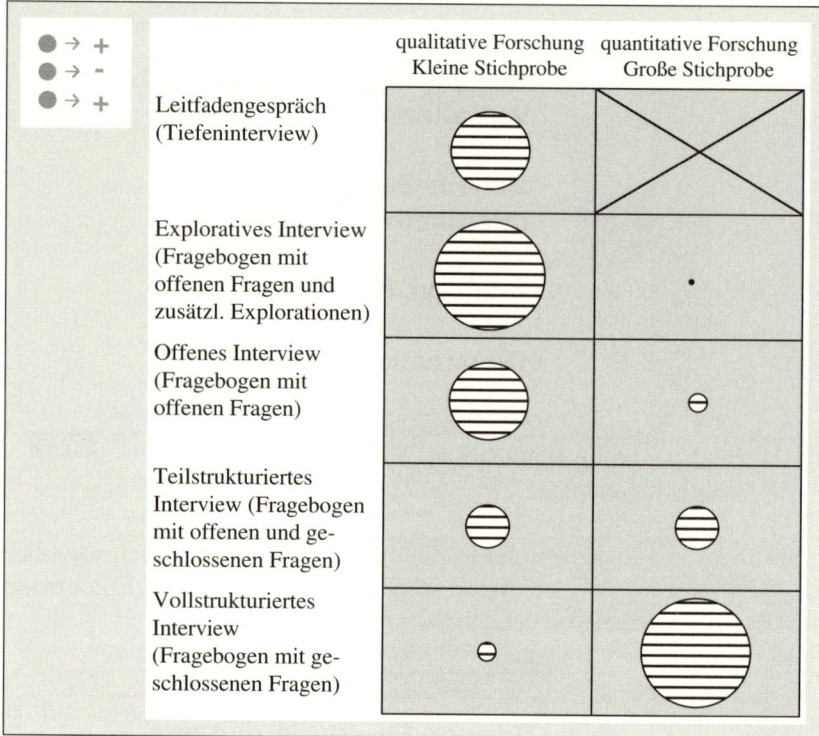

Abb. 102: *Bedeutung der Interviewstrukturierung für die*
qualitative und die quantitative Marktforschung

en Arten, während die quantitative Marktforschung bei allen Erhebungsarten auf möglichst vollstrukturierte Erhebungsbögen aufbaut.

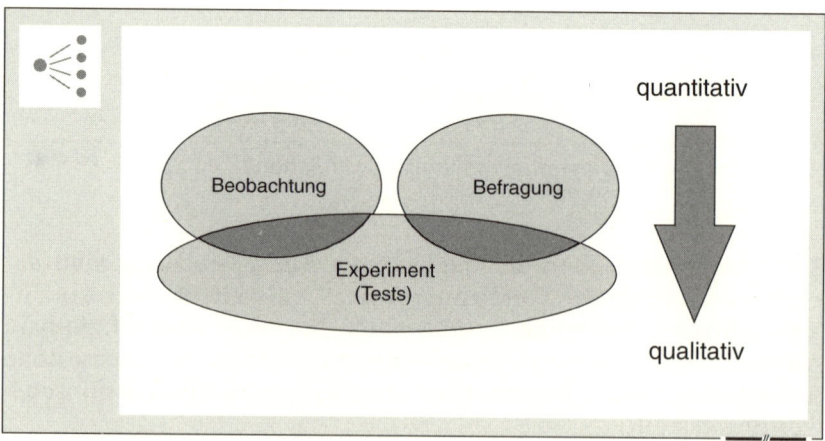

Abb. 103: *Einordnung der qualitativen und quantitativen*
Marktforschung innerhalb der Erhebungsmethoden

Von den drei Erhebungsmethoden ist vor allem das Experiment weitgehendst qualitativ. Aufgrund des Instrumentes der Gruppendiskussion und des Tiefeninterviews greift die Befragung ebenfalls teilweise auf die qualitative Marktforschung zurück. Die Beobachtung nutzt diese überwiegend durch den Einsatz apparativer Erhebungsgeräte wie z.B. durch die Blickaufzeichnungsgeräte.

| Problem-bereich | Beispiele für Untersuchungsziele, die sich eignen für | |
	qualitative Forschung	quantitative Forschung
Werbung	Der Anbieter eines Waschmittels will Ansatzpunkte für die Kommunikation von Vorteilen seines Waschmittels in einem Werbespot finden.	Zwei unterschiedliche Werbespots für ein Waschmittel sind entwickelt worden. Das Management will herausfinden, welcher hinsichtlich der Beeinflussung der entsprechenden Zielgruppe wirksamer ist.
Neuprodukt-planung	Der Produktmanager einer Pudding-mischung will verstehen lernen, wie, wann, wo und warum die Konsumenten das Produkt verwenden.	Der Produktmanager will feststellen, in welchem Maße eine zusätzliche Geschmacksvariante zu einer Absatzsteigerung führt.
Persönlicher Verkauf	In einem stark auf den persönlichen Verkauf ausgerichteten Unternehmen sind die Umsätze kontinuierlich rückläufig und der Verkaufsleiter will herausbekommen, woran das liegt.	Ein Verkaufsleiter hat die Vermutung, dass die Motivation seiner Außendienst-Leute gering ist, und möchte das durch einen standardisierten Fragebogen überprüfen lassen.

SCHÄFFER POESCHEL

Abb. 104: *Beispiel für die Nutzung qualitativer und quantitativer Marktforschung im Marketing (Quelle: Parasuraman 1986, S. 241)*

3.2.5.1 Übersicht über die Verfahren der qualitativen Marktforschung

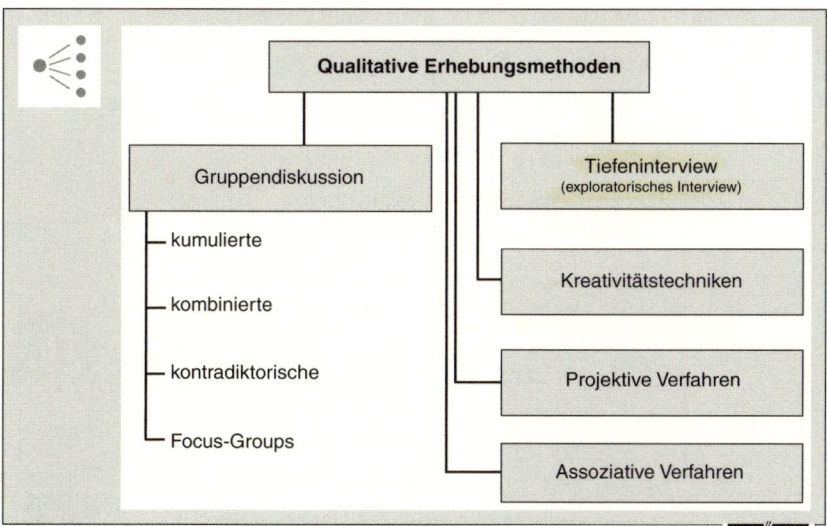

SCHÄFFER POESCHEL

Abb. 105: *Übersicht über qualitative Erhebungsmethoden der Marktforschung*

Die qualitativen Erhebungsmethoden nutzen mit der Gruppendiskussion und dem Tiefeninterview zum einen Elemente der Befragung und mit den projektiven und assoziativen Verfahren Elemente der Psychologie. Die Kreativitätstechniken sind qualitative Verfahren zur Aktivierung von Intuition und Kreativität.

3.2.5.2   Tiefeninterview und Gruppendiskussion

Der grundlegende Unterschied zwischen der Gruppendiskussion und dem Tiefeninterview liegt in der Anzahl der Probanden. Im Tiefeninterview ist dies immer nur ein Proband, der dem Interviewer gegenübersitzt. Bei der Gruppendiskussion sind neben dem Gruppenleiter immer mehrere Probanden einbezogen.

	Gruppen-diskussion	Tiefeninterview
Anzahl der "befragten" Personen je Erhebung	5 bis 8	1
Einblick in die verbale Ausdrucksweisen innerhalb der Zielgruppe	relativ hoch	relativ hoch
Einblick in Beeinflussungsmechanismen innerhalb der Zielgruppe	relativ hoch	nicht gegeben
Einblick in Beeinflussungsmechanismen durch außenstehende Personen	nicht gegeben, nur nur bei kontradiktorischer Vorgehensweise möglich	durch den Interviewer provozierbar
Gruppendynamische Prozesse: "Schweiger" vs. "Dominierer"	hoch	nicht gegeben
Interviewereinfluss	relativ gering	sehr hoch
Auswertung	• qualitativ kaum aufwendig • Versuch der Bildung von Antwortkategorien und deren Quantifizierung, • quantitativ sehr aufwendig	

Abb. 106: *Gegenüberstellung der Interviewsituation der Gruppendiskussion und des Tiefeninterviews anhand einzelner Kriterien*

Tiefeninterview

Typische Unterarten des Tiefeninterviews sind:

- Reine Exploration: Vorliegendes Themengerüst oder Leitfaden. Der Psychologe geht über neutrale Nachfassfragen jeder spontanen Äußerung des Probanden nach. Suggestive Frageformulierungen werden dabei vermieden.
- Qualitatives Interview: Gründliches Gespräch mit privatem Charakter über Einstellungen, Meinungen, Erfahrungen, Verhalten und Bedürfnissen.

Gruppendiskussion

Bei der Gruppendiskussion sind als wichtigste Untermethoden zu nennen:

- Unstrukturiertes Gruppeninterview: Lockere Diskussionssituation soll spontane Aussagen fördern, Interaktion soll Kreativität öffnen, Gruppendynamik wird eingesetzt, psychologisch geschulte Marktforscher werten aus.
- Kumulierte Gruppendiskussion: Die Gruppe bekommt die Ergebnisse der vorherigen Gruppen als Ausgangsbasis für die eigene Diskussion.
- Kombinierte Gruppendiskussion: Jeder Gruppenteilnehmer wird zusätzlich einem Tiefeninterview unterzogen.
- Kontradiktorische Gruppendiskussion: Ein Mitarbeiter des Marktforschungsinstituts spielt in der Gruppe verdeckt eine Rolle, die bestimmte Reaktionen der Gruppenteilnehmer provoziert.
- Focus-Groups: Gruppendiskussionen mit dem Ziel der Antizipation der Zukunft. Für alle nicht-quantifizierbaren Prognosen einsetzbar.

Durchführungsschritte einer Gruppendiskussion

1. Vorbereitung:
   - Raumauswahl
   - Teilnehmerauswahl
2. Moderatorauswahl
3. Diskussionsleitfaden
4. Vorbereitung des Ergebnisberichtes
5. Durchführung
6. Berichterstellung

Abb. 107: *Durchführungsschritte einer Gruppendiskussion*

Die Hauptvorteile der Gruppendiskussion als qualitativem Verfahren gegenüber quantitativen Erhebungsverfahren wie z.B. einem standardisierten Interview sind:

- Beobachtbarkeit der Reaktionen,
- intensive Auseinandersetzung mit dem Thema,
- Vielschichtigkeit der Auseinandersetzung,
- Verfolgung der Adaption von Argumenten,
- direkte Erkenntnisse über Einstellungen,
- Hören der Sprache der möglichen Zielgruppen,
- Schnelligkeit der Durchführung,
- beliebige Wiederholbarkeit durch Aufzeichnung,
- Kostengünstigkeit.

Dem stehen die folgenden Nachteile gegenüber:

- Suggestibilität des Eindrucks,
- Interpretationsbedürftigkeit,
- fehlende Repräsentanz,
- keine Vergleichbarkeit zwischen mehreren Veranstaltungen,
- schwer einschätzbare Relevanz von Aspekten,
- gute Qualität des Moderators notwendig.

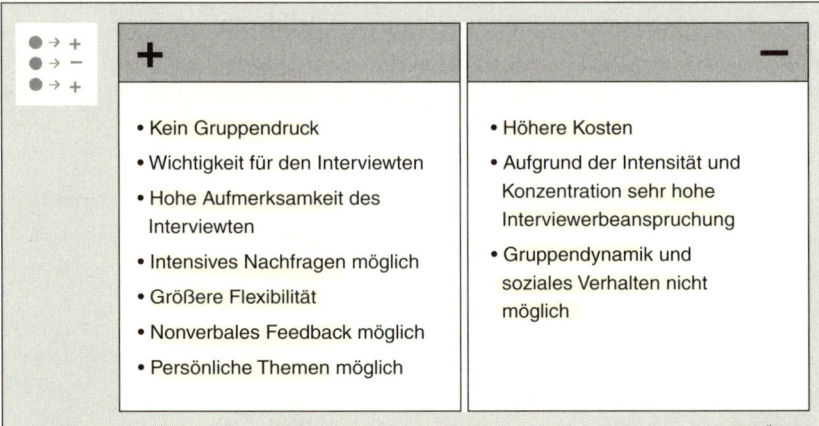

Abb. 108: *Vor- und Nachteile des Tiefeninterviews im Vergleich zur Gruppendiskussion*

Der Automobilkonzern Opel führte 1995/96 das Coupé Tigra als Erweiterung der Produktlinie ein, um zum einen neue Zielgruppen und zum anderen höhere Preise pro Fahrzeug durchzusetzen. Gleichzeitig ermittelte die Abteilung Wettbewerbsbeobachtung eine große Aktivität bei der Konkurrenz im Bereich der Roadster, einem zweisitzigen Cabrio. Also wurde ein Roadster-Modell auf Tigra-Basis designed und auf einer Automobilmesse mit positiver Resonanz präsentiert. Die Marktforschungsabteilung wurde daraufhin beauftragt, eine Studie durchzuführen, welche Zielgruppen in welchem Umfang einen Tigra-Roadster kaufen würden und wie das vorhandene

Modell den Wünschen der Zielgruppe entspricht. Ein beauftragtes Marktforschungsinstitut führte in einer Frankfurter Veranstaltungshalle einen Produkttest des Modells mit Wettbewerbsmodellen plus kombinierter Gruppendiskussion durch, ohne die Probanden über Auftraggeber und Ziele zu informieren. Die Probanden wurden nach Fahrzeugbesitz ausgewählt wie z.B. Cabrio- oder Coupéfahrer. Der Produktvergleich wurde über einen standardisierten Fragebogen durchgeführt mit Beurteilungsrankings bezüglich der unterschiedlichen Modelle. In der Gruppendiskussion wurden anschließend die Vor- und Nachteile der Modelle besprochen, für wen sie in Frage kämen, was bei dem neuen Modell besonders positiv war und welcher Preis denkbar wäre und wer der Hersteller sein könnte.

(Teilnehmer einer dieser Gruppendiskussionssitzungen war der Autor dieses Buches, der sich als Coupéfahrer mit dem eiernden und gedrungenen Design des Modells nicht anfreunden konnte. Das Fahrzeug wurde bisher nicht eingeführt.)

3.2.5.3   Kreativitätstechniken

Eine spezielle Form der Gruppeninterviews sind die verschiedenen Kreativitätstechniken. Hier sollen durch den gegenseitigen Austausch und durch die gegenseitige Inspiration neue Verknüpfungen und neue Lösungsansätze und Konzepte gefunden werden.

Unterschieden werden die Verfahren in kombinatorische und assoziative Verfahren. Die **assoziativen Verfahren** bauen darauf auf, daß aufgrund einer schriftlich, bildlich, verbal dargestellten Reizsituation durch den Probanden Assoziationen angeregt werden, die letztendlich die Kreativität bedingen. Die bekanntesten Vertreter sind:

- **Brainstorming:** Gruppensitzung mit vier bis sieben Teilnehmern, Dauer maximal 30 Minuten, Kritik während der Sitzung untersagt, keine Hierarchie zwischen den Teilnehmern, alle Vorschläge erlaubt.
- **Didaktisches Brainstorming:** Heranführung an das Problem durch einen Sitzungsleiter, mehrere Sitzungen, vier bis sieben Teilnehmer.
- **Destruktiv-konstruktives Brainstorming:** Zwei Phasen, Aufzeigen der Schwächen eines Problems, Lösungsansätze für jede der Schwächen, vier bis sieben Teilnehmer, Dauer maximal 50 Minuten.
- **Creative Collaboration Technique:** Zwei Phasen, normales Brainstorming, einzelne Problemlösungsversuche außerhalb der Gruppe, vier bis sieben Teilnehmer, Dauer maximal 30 Minuten.
- **Methode 635:** 6 Teilnehmer tragen in ein Formular je 3 Lösungen innerhalb von 5 Minuten ein, Weitergabe der Ergebnisse an den Nachbarn.

Arten der Kreativitätstechniken

- **Brainwriting:** Vorgegebene Lösungsansätze müssen weitergeführt werden, jeweils eine Idee schriftlich angefügt werden, vier bis acht Teilnehmer, Dauer maximal 40 Minuten.
- **Ideen-Delphi:** Mindestens 3 Runden mit mehreren Experten. In der 1. Runde spontane Lösungsansätze, in der 2. Runde Erweiterung der Summe aller Vorschläge, in der 3. Runde Bewertung der Vorschläge.
- **Bionik:** Lösungsansätze werden in der Natur gesucht, Ableitung von Analogien.
- **Synektik:** Problemtransformation in Analogiebereiche, Verfremdung, Konfrontation mit dem Problembereich.

Die **kombinatorischen** Kreativitätstechniken versuchen, durch Systematiken alle denkbaren Kombinationen auszuleuchten, sodass eine neue, bisher noch nicht angedachte Kombination übrig bleibt. Typische Verfahren sind:

- **Morphologischer Kasten:** Untersuchungsgegenstand wird in alle Bestandteile zerlegt, alle Ausprägungen der Bestandteile werden miteinander kombiniert, alle Kombinationen bewertet.
- **Attribute-Listing:** Auflistung aller wichtigen Eigenschaften und Bestandteile einer bekannten Problemlösung, Anregung für Lösungsverbesserungen des konkreten Problems.

3.2.5.4   Projektive Verfahren

Bei den projektiven Verfahren (Projektionsverfahren) handelt es sich um überwiegend fest definierte und strukturierte qualitative Interviewtechniken, die von Psychologen entwickelt wurden, um auf standardisierter Weise zwischen den einzelnen Probanden einfache vergleichbare Ergebnisse zu erzielen. Die Verfahren gehen von der Idee aus, dass ein Proband anderen Menschen Eigenschaften und Verhalten zuschreibt, die auf ihn selber zutreffen. Insbesondere bei Themen, bei denen der Proband wenig oder gar keine Auskunft direkt gibt, bekommt der Forscher über den Weg der Projektion auf eine dritte Person trotzdem die Motive des Probanden auch zu solchen Themen heraus. Typische projektive Verfahren sind:

Arten von projektiven Verfahren

- Einfache **projektive Fragestellung:** Beziehung des Frageinhaltes auf eine unbekannte, anonyme Bezugsperson, um dem Probanden Informationen über Meinungen und Einstellungen zu entlocken.
- **Ablenkungsfragetechnik:** Bei erwarteten Prestige-Antworten wird durch diese Fragetechnik von der eigentlichen Frage abgelenkt.

- **Bilder-Erzähl-Test:** Bildvorlage, spannende Geschichte erzählen lassen.
- **Einkaufslisten-Test:** Fiktive Einkaufszettel als Vorlagen, der Proband muss die Person beschreiben, welche diese Waren einkauft oder sich selbst für einen Einkaufszettel entscheiden.
- **Fragenverallgemeinerung:** Bei erwarteten Prestige-Antworten oder Antwortverweigerung wird nicht die Person direkt in die Frageformulierung einbezogen, sondern vielmehr von der Allgemeinheit geredet, was die in einer bestimmten Situation tun oder denken würde.
- **Picture Frustration Test (PFT):** Ursprünglich als **Rosenzweig-Test** aus der klinischen Forschung mit 24 vorgegebenen, standardisierten Zeichnungen. In einem Comic-Strip unterhalten sich zwei Personen über das Untersuchungsthema. Eine Sprechblase pro Bild bleibt jeweils leer und muss von dem Probanden ausgefüllt werden. Der Ballon-Test ist eine Abwandlung des Picture-Frustration-Test, bei dem nur eine geringe Anzahl von Bildern eingesetzt wird.
- **Personenzuordnungs-Test (Fotozuordnungstest):** Beschreibung und Charakterisierung eines typischen Verwenders des Produktes durch Vorlage verschiedener Personentypen über Fotos.
- **Produkt-Personifizierung:** Umschreibung des Produktes mit Eigenschaften, Stärken und Schwächen als Person.
- **Rohrschach-Test** (Klecksographie): Sinnleere oder sinnarme Zufallsfiguren (Tintenkleckse) sollen von den Probanden gedeutet werden. Lebhafte Erinnerungs- und Phantasievorstellungen werden angeregt, worin sich charakteristische Wahrnehmungs- und Einstellungsweisen zeigen.
- **Rollenspiel:** Zuweisung einer Rolle innerhalb einer sozialen Beziehung für das Untersuchungsobjekt.
- **Symbolzuordnungstest** (Symbolzeichen-Test, Farbtest): Ähnlich der Produkt-Personifizierung. Statt Personen werden hier Symbole wie z.B. bestimmte Tiergattungen, Gegenstände, Farben als zuzuordnende Wertvorgaben vorgelegt.
- **Thematischer Apperzeptions-Test (TAT):** Vorlage von Bildern, die eine Situation um den Untersuchungsgegenstand darstellen, z.B. typische Kauf- und Konsumsituationen. Der Proband muss nun zu einem Bild eine Geschichte erzählen. Wie ist diese dargestellte Situation entstanden und wie könnte sie weitergehen? Dieses Verfahren wird z.B. eingesetzt, um Werbemittel vor ihrem Einsatz zu testen.
- **Zeichentest:** Freies Zeichnen des Testobjektes als Symbol wie ein Tier oder eine Baum.
- **Zitatzuordnungstest:** Vorlage von typischen Äußerungen verschiedener Personen. Diese sind dann als Käufer oder Nichtkäufer vorgegebener Produkte einzuordnen.

Abb. 109: *Ballon-Test (Quelle: Salcher 1978, S. 69)*

Abb. 110: *Produktpersonifizierung (Quelle: Salcher 1978, S. 69)*

Abb. 111: *Produktpersonifizierung bezüglich Gas- oder*
Elektroherdpräferenz (Quelle: Borschberg 1963, S. 307)

In einer amerikanischen Untersuchung (vom
Social Research International in der "Chicago Tribune")
über Autos sollte auch die Einstellung der Verbraucher zur
Geschwindigkeit ermittelt werden, um daraus Schlüsse für
die Konstruktion, Werbung usw. ziehen zu können.
Den Auskunftspersonen wurde deshalb das folgende Bild
vorgelegt - das deutlich eine Geschwindigkeit von fast
70 Meilen pro Stunde (und damit mehr als die damals
üblicherweise zugelassene Höchstgeschwindigkeit) zeigt
- mit der Aufforderung, sich in die Rolle des Fahrers
hineinzuversetzen und davon zu berichten.

Put Yourself Here!

Abb. 112: *Thematischer Apperzeptionstest*
(Quelle: Berth 1959, S. 174)

3.2.5.5   Assoziative Verfahren

Arten von assozia-
tiven Verfahren

Assoziative Verfahren (Assoziationsverfahren) sind eine Gruppe
von aus der Psychologie stammenden Verfahren, die den Probanden
zu spontanen Assoziationen anregen. Je spontaner und unkontrol-
lierter die Probanden auf bestimmte Themen und Vorlagen reagieren, desto bessere Einblicke in Motive und Einstellungen des Probanden werden gegeben. Die bekanntesten assoziativen Verfahren
sind:

- **Assoziation, freie:** Der Proband darf auf ein Thema oder Stich-
  wort hin völlig frei assoziieren.
- **Assoziation, eingeschränkte:** Der Proband wird in seinen Assoziationen gelenkt.

- **Lücken-Test:** In einem vorformulierten Text werden Lücken gelassen, die der Proband ausfüllen muss.
- **Satzergänzungstest** (sentence completion test, SET): In einer Bildvorlage sind nur unvollständige Sätze angegeben, die vom Probanden ergänzt werden sollen.
- **Satzassoziationstest:** Hierbei werden vollständige Sätze vorgegeben, zu denen dann eine Antwort vom Probanden erbeten wird. Wortassoziationstest (word association test): Schnelle Antworten auf vorgegebene Reizworte oder Namen werden verlangt. Nur spontane, schnelle Antworten sind zugelassen. In der Marktforschungspraxis wird das Verfahren eingesetzt, um für Produkt- und Werbebotschaftsentwicklungen Assoziationen zu bekommen, die der potentielle Kunde damit verbindet und die vom Marketing z.B. in einen passenden Slogan umgesetzt werden.

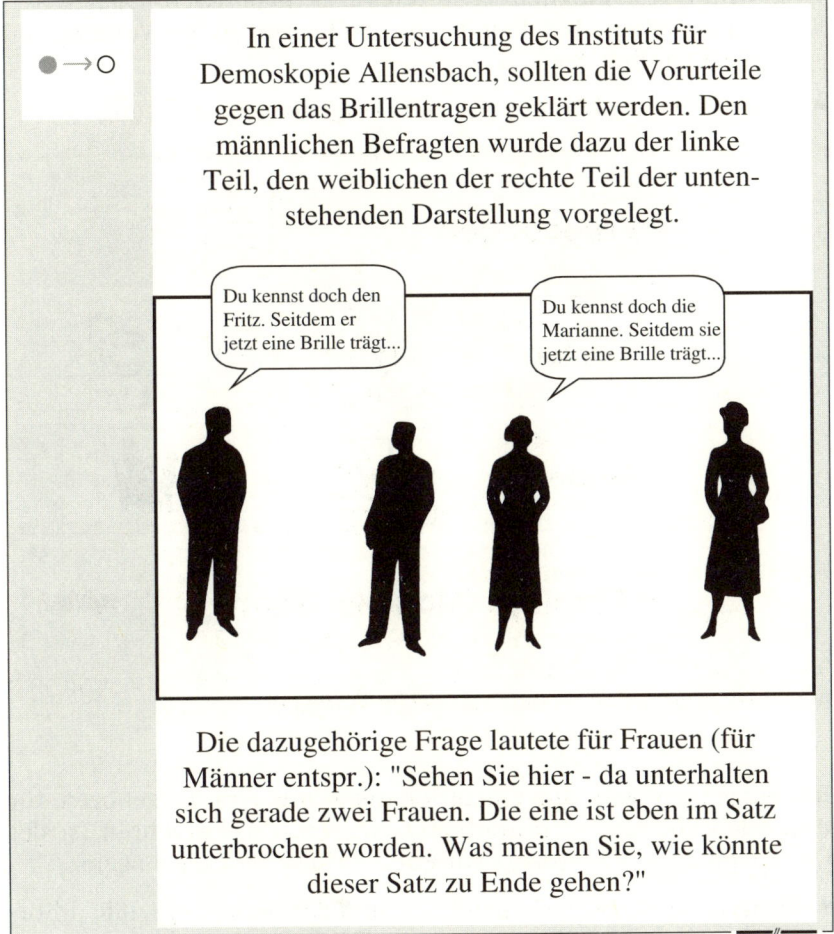

Abb. 113: *Satzergänzungstest*
(Quelle: Noelle-Neumann 1971, S. 76)

- **Wartegg-Test** (Erzähltest): Nach dem Beginn einer Geschichte muss der Proband das Thema fortführen.
- **Zuordnungstest:** Hierbei muss der Proband zwei Variablenlisten einander zuordnen. Auf der einen Seite hat er Bilder von unterschiedlichen Produktnamen und auf der anderen Seite alternative Verpackungsentwürfe. Gleiches ginge mit Produkteigenschaften und Produkten.

3.3 Operationalisierung

Operationalisierung bedeutet die Umsetzung von Hypothesen oder Untersuchungsfragen in eine Form, die eine Messung bzw. die Datengewinnung ermöglicht. Die teilweise theoretisch abgeleiteten Konstrukte sollen »handhabbar« gemacht werden. Im Vordergrund steht das Erstellen der

- Materialien und Erhebungs- oder Fragenbogengestaltung.

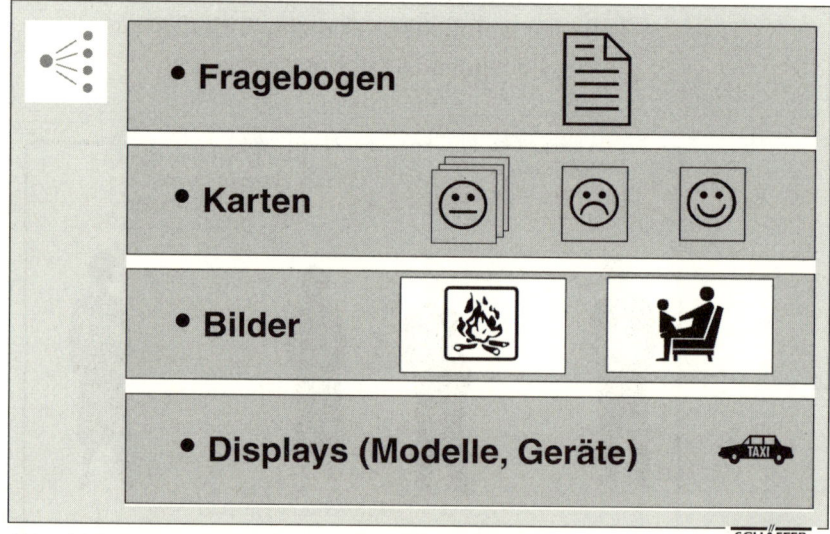

Abb. 114: *Materialien für eine mündliche Befragung*

Im Folgenden soll die Operationalisierung von Fragebögen für mündliche Befragungen erarbeitet werden. Zu betrachten ist der Operationalisierungprozess zur Entwicklung des Fragebogens:

Operationalisierungs-prozess

- Festlegung der Aufgabenstellung und der Befragungsziele (Informationsziele), der Ressourcen und Beschränkungen,

- Festlegung der Erhebungsmethode (mündliche, telefonische oder schriftliche Befragung),
- Finden und Festlegen der Sach- und Fragebogenfragen,
- Festlegung der Fragen- und Antwortarten und der Fragenformulierung,
- Festlegung des Fragenverlaufs und des Layouts des Fragebogens,
- Fragebogenüberprüfung nach
  - Länge,
  - Zielgenauigkeit,
  - Layout und Umfang,
- Genehmigung durch Auftraggeber,
- Pretest und Überarbeitung,
- Vorbereitung des endgültigen Fragebogens,
- Implementierung,
- Festlegung der Intervieweranweisung,
- Interviewertraining.

Diese Tätigkeiten sind in folgenden Gruppen zusammenfassbar:

1. Aufgabenstellung,
2. Frageblöcke bilden,
3. Formulierung der Fragebogenfragen und -antworten,
4. Fragebogenlayout festlegen,
5. Pretest und Überarbeitung,
6. Intervieweranweisung und Interviewertraining.

Kundenbriefing

Der erste Block der Opertionalisierung betrifft das genaue Briefing durch den Kunden und die klar umrissene Aufgabenstellung. Idealtypisch ist der Informationsbedarf schriftlich in der früheren Marktforschungsphase definiert worden. Das Budget liegt fest, die Erhebungsmethode ist gewählt.

Frageblöcke

Der zweite Operationalisierungblock betrifft die Entwicklung der Fragen. Bisher liegt nur der geforderte Informationsbedarf vor. Daraus sind Fragen zu entwickeln. Gehen wir davon aus, dass es sich für die Marktforscher um ein neues Thema handelt, so sind folgende Schritte zu gehen:

- Strukturierung des Informationsbedarfs in logische Blöcke,
- Sekundäranalyse zu den so gefundenen Frageblöcken,
- Experteninterviews zu den Frageblöcken.

Die Schritte 2 und 3 werden nach jeweiliger Verbesserung der Frageblöcke so lange wiederholt, bis alle Schattierungen des Themas bekannt sind. Da man selten das Rad neu erfinden will, wird in der Praxis nach dem Grundsatz gehandelt: »Besser gut geklaut als schlecht erfunden«. So können z.B. aus anderen Erhebungen Fragebatterien übernommen werden, wenn es sich um ein führendes Marktforschungsinstitut gehandelt hat.

Diese so vorliegenden Materialien werden verdichtet, Redundanzen herausgenommen, sodass für jeden Fragenkomplex erste Fragen und Antwortkategorien vorliegen.

Führt dieser Weg nicht zum Erfolg, so sind mit Hilfe der Methoden der qualitativen Marktforschung neue Erkenntnisse und neue Fragestellungen zu ermitteln.

EASY-Fallstudie

Das Marktforschungsinstitut macht für das Finden der relevanten Ausstattungen (Job 3) eine kleine Gruppendiskussion mit insgesamt 7 Mitgliedern der drei Zielgruppen. Es werden alle bestehenden Ausstattungen diskutiert und vor allem über neue, zukünftige Möglichkeiten gefachsimpelt. Als gemeinsames Ergebnis nach zwei Stunden Ringen kommt die Gruppe zu folgenden für den EASY interessanten, besonderen Ausstattungen:

- eine mehrfarbige Lackierung: Türen, Dach, Felgen, Motorhaube in unterschiedlichen Farben,
- GPS-Navigationssystem,
- buntes Mobilfunk-Handy: entsprechend zum Aussehen des Fahrzeugs, mit Einbausatz etc. in Wagenfarbe,
- austauschbare Sitzbezüge: Sitzbezug modisch designed, sodass es entsprechend der Mode oder der Nutzung kurzfristig ausgetauscht werden kann. Kein billiger Überzieher!

Eine Recherche aller erdenklichen Vertriebssysteme für Automobile kam zu folgendem Ergebnis:
- konventioneller Vertrieb über Speedy GmbH-Händler,
- eigene, neue EASY-Shops,
- Supermärkte,
- Versandhandel,
- Sonstige.

Frageformulierungen

Für die so gefundenen einfachen Fragen müssen nun im dritten Operationalisierungsschritt die ensprechenden Formulierungen für die Themenfragen des Fragebogens mit den dazu passenden Antwortkategorien gefunden werden.

Eines der schwierigsten Themen bei der Operationalisierung der Befragung ist die Formulierung der einzelnen Fragen. Sprache ist ein lebendes Gebilde. Trotz Duden sind Begriffe und Worte in unterschiedlichen Gesellschaftskreisen oder regionalen Personengruppen unterschiedlich. Für die richtige Frageformulierung gibt es

Regeln

Grundsätze, die sich in der praktischen Umsetzung bewährt haben:

- **einfache Sprache:** keine Fremdwörter, allgemein gültige Begriffe und Formulierungen;
- **kurze Sätze:** keine Bandwurm- oder Schachtelsätze;
- **konkrete Fragestellung:** nur eine Aussage pro Fragestellung (Falsch: »Halten Sie den neuen EASY für wirtschaftlich und sicher?«);

- **eindeutige Fragestellung:** alle Befragten sollten gleiches darunter verstehen, Vorsicht vor Synonymen, Homonymen und regionalen Nebenbedeutungen;
- **neutrale Fragestellung:** keine Stellungnahmen, Meinungen in der Fragestellung, keine suggestiven Beeinflussungen (Falsch: »Sind Sie auch meiner Meinung, dass Automobile stinken?«);
- **keine Überforderung:** nicht zu kompliziert, Gedächtnisstützen einbauen, begrenzte Antwortmöglichkeiten vorsehen;
- **allgemein beantwortbar:** (Falsch: »Meinen Sie auch, dass die Hinterradaufhängung technisch besonders durchdacht ist?«).

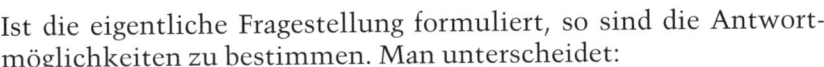

Beispiele für Eindeutigkeit: Das Wort Treffen bedeutet ein Beisammensein zwischen Personen, aber auch das Treffen eines Kopfes mit einem Tennisball. Ein anderes Beispiel aus einer Studentenzeitung: Zwei Polizisten und ein Ausländer. »Können Sie sich ausweisen?« fragen die Polizisten. Der Ausländer antwortet: »Muss man das jetzt schon selber tun?«

Ist die eigentliche Fragestellung formuliert, so sind die Antwortmöglichkeiten zu bestimmen. Man unterscheidet:

- offene oder geschlossene Fragen,
- gestützte oder ungestützte Fragen,
- alternative Fragen oder Mehrfachantworten,
- Skalierung der Antworten.

Innerhalb der qualitativen Marktforschung werden offene Fragen bevorzugt. Der Proband bekommt keine Antwortmöglichkeit angeboten und kann sich frei äußern; bei der geschlossenen hat er nur die Möglichkeit, eine der angebotenen Antworten zu wählen. Er muss sich dadurch entscheiden. Damit verbunden ist die Stützung der Antworten. Insbesondere bei der Erforschung von Bekanntheitswerten spielt diese Antwortform eine wichtige Rolle. Fragt man: »Welche Politiker kennen Sie?«, ohne Politiker zu nennen (ungestützt), so ist das Ergebnis völlig anders als wenn 20 Namen genannt werden (gestützt). Deshalb ist bei veröffentlichten Bekanntheitswerten auch immer anzugeben, ob die Werte gestützt oder ungestützt entstanden sind. Die alternative Frage lässt nur eine Antwort aus einer Auswahl von mehreren Möglichkeiten zu. Hingegen können bei den Fragen mit Mehrfachantworten alle Antworten gleichzeitig ausgewählt werden. Die Entscheidung für alternative oder Mehrfachauswahl hat einen direkten Einfluss auf die statistische Auswertung und ist deshalb besonders zu beachten.

offene/geschlossene Fragen

gestützte/ungestützte Fragen

Mehrfachantworten

Ist zu erwarten, dass der Proband bei der direkten Fragestellung keine ehrliche oder offene Antwort gibt, so verwendet man indirekte oder projektive Fragen. Bei den indirekten Fragen wird dem Probanden z.B. eine fiktive Äußerung vorgelegt, die er kommentieren soll.

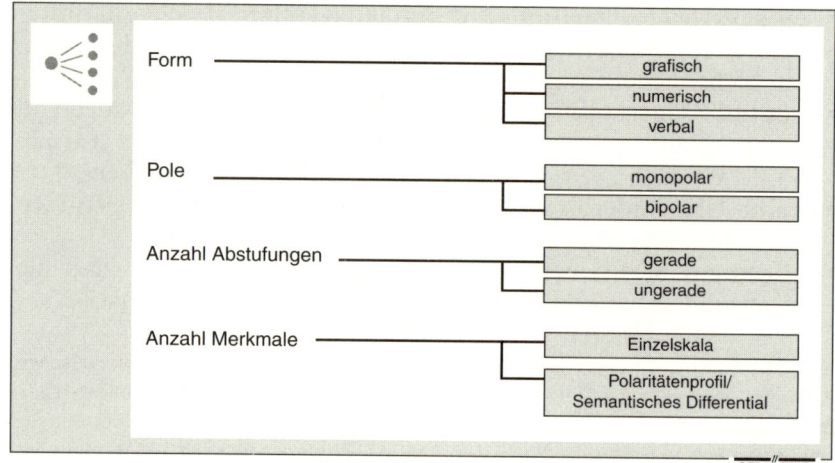

Abb. 115: *Skalentypen*

Bei der projektiven Frage wird von dem Probanden verlangt, dass er sich in eine bestimmte Situation oder in eine bestimmte Person hineinversetzt. Die Antwort, die der Proband quasi für eine fiktive Person abgibt, wird auf seine eigene Meinung oder sein eigenes Verhalten projiziert. Weitere Möglichkeiten sind im Kapitel der qualitativen Marktforschung besprochen worden.

Skalierung der Antworten

Der letzte Bereich bei der Entwicklung der Sachfragen und der Antworten ist die Skalierung der Antworten. Sie betrifft:

- die **Form** der Skalen: grafisch, numerisch oder textlich,
- die **Polarität** (Pole) der Skalen: monopolar mit nur zwei gegensätzlichen Polen einer Aussage wie »gefällt nicht« und »gefällt sehr«, bipolar mit zwei unterschiedlichen Polen wie »gefällt« und »hässlich«,
- die **Anzahl der Abstufungen** der Skalen: Anzahl abhängig von dem Differenzierungsvermögen des Probanden, deshalb meist 5er Skalen, gerade Anzahl der Abstufung bewirkt Pflicht zur Entscheidung, ungerader Mittelwert und damit Nichtentscheidung für einen Pol ist möglich,
- die **Anzahl der Merkmale** pro Skala und Fragestellung: bei dem Polaritätenprofil oder Semantischen Differential sind »Fragebatterien« mit bis zu 20 Antwortmöglichkeiten üblich.

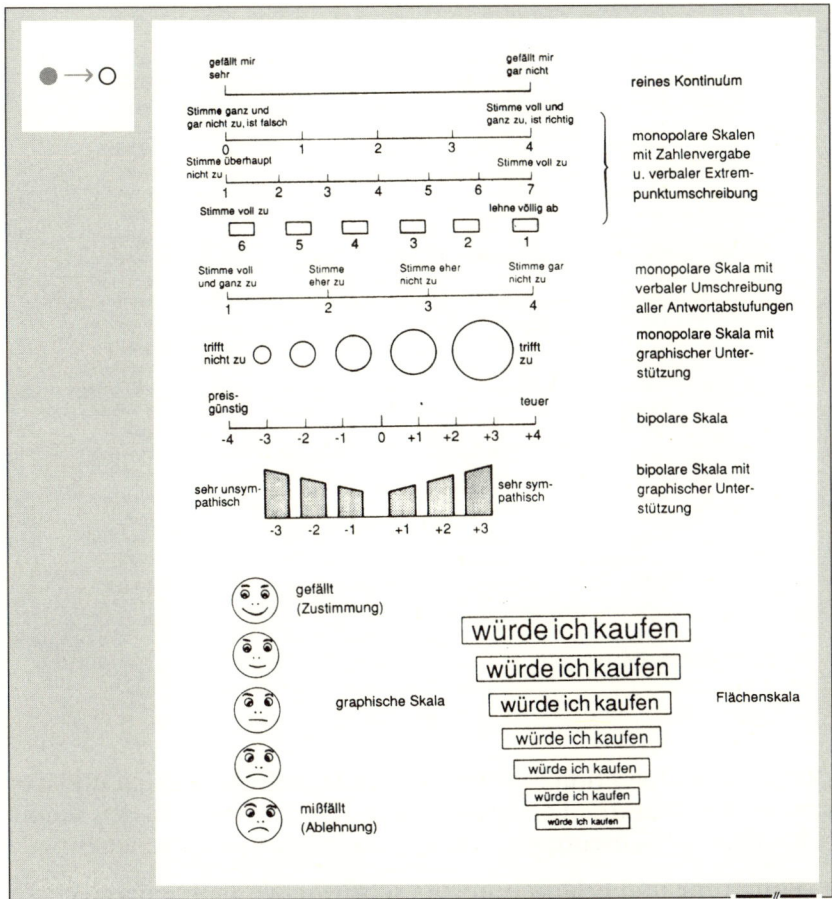

Abb. 116: *Typische Ratingskalen der Marktforschung*
(Quelle: Berekoven/Eckert/Ellenrieder 1993, S. 199)

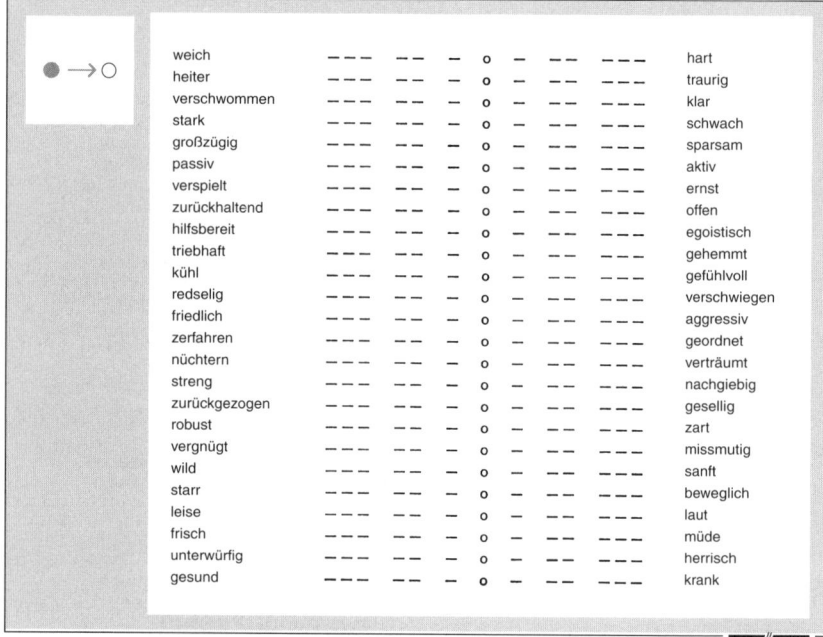

Abb. 117: *Polaritätenprofil* (Quelle: Ott 1972 , S. 557)

Fragebogenlayout

Der nächste Operationalisierungsblock betrifft das Design und das Layout des gesamten Fragebogens. Vor allem sind neben den schon behandelten Themenfragen weitere Fragetypen einzubeziehen:

- **Einleitung und Erläuterung:** Bei schriftlichen Befragungen muss neben dem Anschreiben am Anfang des Fragebogens auf die Befragung hingeleitet werden. Dies macht in der mündlichen Befragung der Interviewer. Außerdem stehen hier Angaben zum Ausfüllen des Fragebogens.
- **Eisbrecher- und Ablenkungsfragen:** Mit der ersten Frage versucht der Interviewer, das »Eis zu brechen«.
- **Filterfragen:** Auswahl der betreffenden Fragen.
- **Themenfragen:** die besprochenen Sachfragen.
- **Kontroll- und Konsistenzfragen:** Überprüfung der Glaubwürdigkeit und Ehrlichkeit des Probanden durch ähnliche Fragestellungen. Durch späteren Quervergleich kann die logische Konsistenz überprüft werden.
- **Strukturmerkmalsfragen:** sozio-demografische Variablen wie Alter, Beruf oder Einkommen, die den Haushalt oder den Probanden beschreiben.

Ist zu erwarten, dass der Proband bei der direkten Fragestellung keine ehrliche oder offene Antwort gibt, so verwendet man indirekte

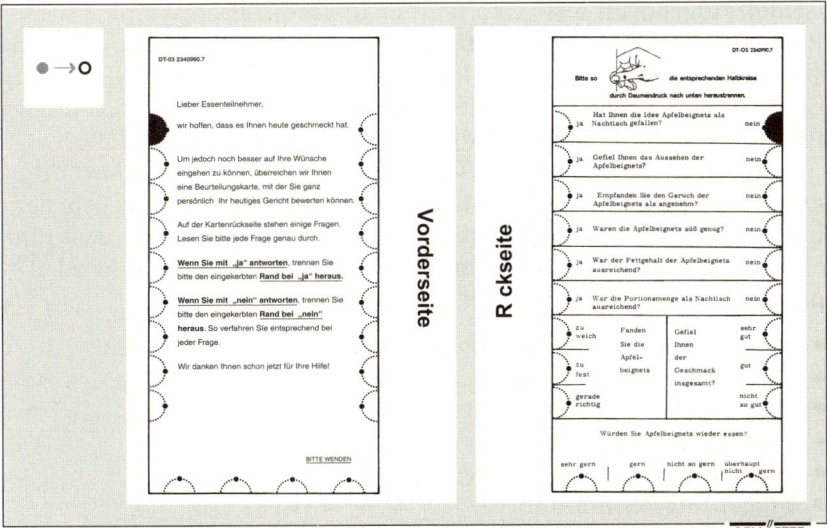

Abb. 118: *Fragebogen einer Mensabesucherbefragung mit der
         IVE-Randloch-Befragungskarte (Quelle: Rogge 1992,
         S. 178 – 179)*

oder projektive Fragen. Bei den indirekten Fragen wird dem Probanden eine fiktive Äußerung vorgelegt, die er kommentieren soll.

»Man hört die Aussage: Autos sind die größten Umweltschädiger. Stimmen Sie dieser Aussage zu?« Bei dieser projektiven Frage wird von dem Probanden verlangt, dass
er sich in eine bestimmte Situation oder in eine bestimmte Person hineinversetzt.
Die Antwort, die der Proband quasi für eine fiktive Person gibt, wird auf seine eigene
Meinung oder sein eigenes Verhalten projiziert.

In einer Mensa wurden die Studenten mit einem schmalen Karton als »schriftliche«
Befragung nach einem Nachtischgericht befragt. Da in der Mensa viele der Studenten
keinen Stift dabei haben, wurde hier eine Randlochkarte benutzt, bei der man die jeweiligen Antworten heraustrennen konnte. »Liebe Essensteilnehmer« ist schon eine
ungewöhnliche Ansprache. Positive Atmosphäre schaffen: »Wir hoffen, dass es
Ihnen heute geschmeckt hat.« Nutzen rüberbringen, um den Probanden zur Mitarbeit zu motivieren: »Um jedoch noch besser auf Ihre Wünsche eingehen zu können,
...«. Anleiten zum Ausfüllen: »Lesen Sie bitte jede Frage genau durch. Wenn Sie mit
»ja« antworten,.... wenn Sie mit »nein« antworten, ..« , also keine Variante bleibt
unbesprochen. »Bitte wenden« aktiviert den Probanden, »Bitte so ...die entsprechenden Halbkreise .. durch Daumendruck nach unten heraustrennen« zeigt es überdeut-
lich. Kann der Student auch den linken Daumen als Linkshänder oder gar einen Fin-
ger nehmen? Das bleibt unbeantwortet. »Hat Ihnen die Idee Apfelbeignets als
Nachtisch gefallen?« verstößt als Frage gegen mehrere Regeln. Wonach ist gefragt?
Nach einer Idee oder nach dem realen Nachtisch? Was ist ein Apfelbeignet? Fremdwörter sind immer gefährlich und deshalb zu vermeiden. Im unteren Drittel wird
von der Anweisung links ja herausdrücken und rechts nein herausdrücken wieder
abgewichen. Eine interessante »Idee« einer Befragung.

Pretest

Ist der Fragebogen fertig, so wird er in einem Pretest mit 3 bis 10 Probanden getestet. Immer dann, wenn ein Proband sagt »Das verstehe ich nicht!« kann man davon ausgehen, dass die Fragestellung nicht treffend genug war und verändert werden muss. Nach dem Pretest wird der Fragebogen überarbeitet und verabschiedet.

Intervieweranweisung

Jedes professionelle Field-Research-Team wird eine klare Intervieweranweisung in schriftlicher Form ausarbeiten und mit dem Interviewerstab durchsprechen. Damit ist gewährleistet, dass eine einheitliche und korrekte Vorgehensweise durchgeführt wird. Typische Anweisungen für Interviewer sind:

- Ausweis beim Probandenkontakt vorzeigen,
- nur Fremde interviewen,
- freundliche und sympathische Ausstrahlung,
- entspannte, positive Interviewatmosphäre herstellen,
- Fragen Wort für Wort vorlesen,
- Fragenfolge einhalten,
- dem Probanden ausreichende Beantwortungszeit gewähren,
- Antworten exakt und wörtlich aufnehmen,
- leserliche Eintragungen auf den Fragebögen,
- auch zur Sache gehörende sonstige Bemerkungen aufnehmen,
- Überprüfung auf Vollständigkeit und Gültigkeit,
- nur jeweils eine Befragung durchführen,
- keine Unbeteiligten mitnehmen,
- keinen Einblick in den Fragebogen gewähren,
- Auswahlplan, Zeitplan und Codeplan exakt einhalten.

Neben diesen allgemeinen Anweisungen werden bei jeder telefonischen und mündlichen Befragung die Interviewer geschult, damit sie die spezifischen Anweisungen für das konkrete Interview einhalten und sich mit der sachlichen Materie vertraut machen:

- Erläuterung des Erhebungszieles,
- Kreis der zu interviewenden Probanden, Erläuterung des Auswahlverfahrens,
- regionales Einsatzgebiet,
- zeitlicher Einsatzrahmen,
- Tageszeit der Befragung,
- Training der Vorstellung und des Gesprächsbeginns,
- festzuhaltende Beobachtungen,
- Art der Vergütung,
- Fragebogenverlauf,
- sensible Fragen und die dazugehörende Fragetechnik,
- Durchführungsüberwachung.

3.4   Auswahlverfahren

Der nächste Bereich innerhalb der Datenerhebung betrifft die Festlegung des passenden Auswahlverfahrens. Dazu sind folgende Schritte notwendig:

Schritte zur Auswahl der Probanden

1. Grundgesamtheit bestimmen,
2. Erhebungsverfahren festlegen,
3. Stichprobengröße festlegen,
4. Auswahlverfahren festlegen,
5. Quoten- und Auswahlplan festlegen,
6. Umsetzung.

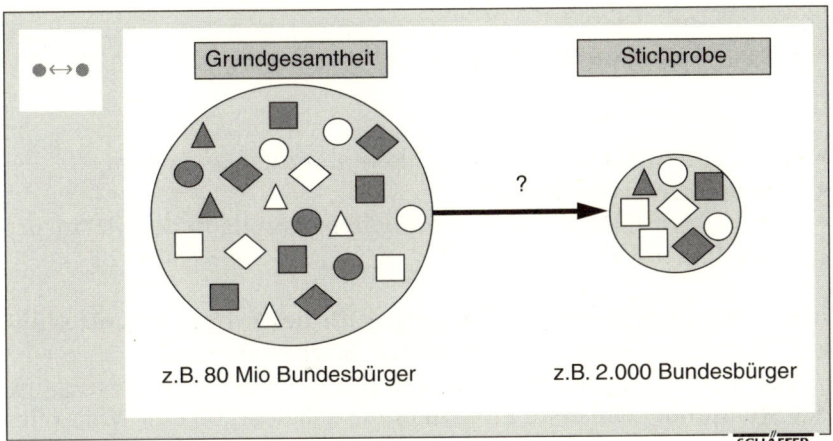

Abb. 119: *Grundprinzip der Stichprobenziehung*

Bei den Auswahlverfahren geht es darum, eine Stichprobe aus der Grundgesamtheit zu ziehen, die sichere Rückschlüsse auf das Verhalten und die Struktur der Grundgesamtheit zulässt. Die Grundgesamtheit stellt den vollständigen Personen- oder Objektkreis dar, über die wir aussagefähige Informationen wünschen. Innerhalb des Marketings sind dies zum einen die festgelegten Zielgruppen und zum anderen können es Wettbewerber, Marken oder Marketinginstrumente sein. Die richtige Wahl des Auswahlverfahrens ist abhängig von dem quantitativen Erhebungsverfahren. Im Folgenden wollen wir die Auswahlverfahren für die Befragungsmethode betrachten.

Die Festlegung der richtigen Stichprobengröße richtet sich nach statistisch-mathematischen Grundsätzen. Ihr Umfang hängt von drei Faktoren ab:

Stichprobengröße

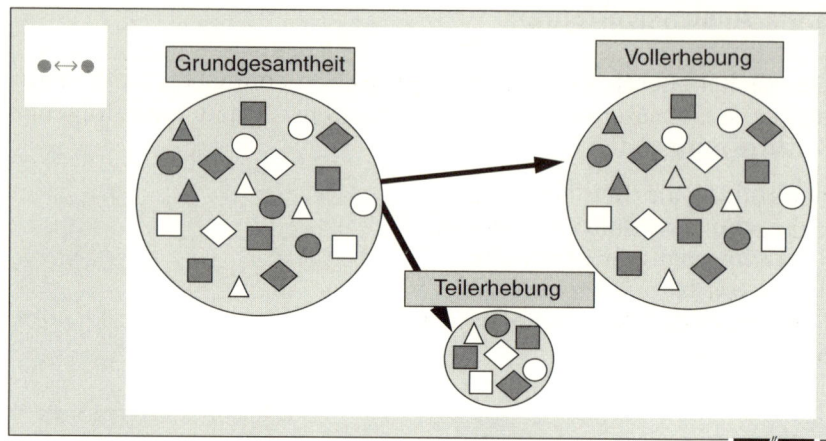

Abb. 120: *Auswahlverfahren der Voll- und Teilerhebung*

- Von der Irrtumswahrscheinlichkeit, die zugelassen wird,
- von der Fehlertoleranz und
- von der Verteilung der tatsächlichen Anteilsmerkmale in der Grundgesamtheit.

In der Marktforschungspraxis liefern für bestimmte Fragestellungen Computerprogramme die richtige Stichprobengröße.

Voll- oder Teilerhebung

Die Festlegung des Auswahlverfahrens betrifft die Festlegung der Stichprobe. Die erste Entscheidung dabei ist, ob eine Voll- oder Teilerhebung möglich ist. Bei kleinen Grundgesamtheiten ist eine Vollerhebung durchaus sinnvoll. Dabei müssen alle Mitglieder der Grundgesamtheit erhoben werden. Die Stichprobe ist somit 100% mit einem Fehler von 0,000. Die bekannteste und größte Vollerhebung ist die Volkszählung. Ist eine Vollerhebung aus organisatorischen oder finanziellen Gründen nicht möglich, muss die Stichprobe als Teilerhebung der Grundgesamtheit gezogen werden. Dazu gibt es vier Verfahrensgruppen:

- Willkürliche Auswahlverfahren,
- Zufallsauswahlverfahren (Random-Verfahren),
- bewusste Auswahlverfahren (z.B. Quota-Verfahren) und
- Sonderformen.

3.4.1   Willkürliche Auswahlverfahren

Willkürliche Auswahlverfahren

Die einfachste Möglichkeit der Probandenauswahl ist das willkürliche Verfahren, auch Auswahl aufs Geratewohl oder »Baggertechnik« genannt. Diese unwissenschaftliche Methode, bei der völlig unsystematisch ausgewählt wird, lässt keinerlei Rückschlüsse auf die entsprechenden Ausprägungen in der Grundgesamtheit zu. Trotzdem bieten auch diese Ergebnisse einen Erkenntnisbeitrag, der allerdings nicht repräsentativ ist. Er kann Zusammenhänge aufzeigen, die für die Struktur der späteren Erhebung genutzt werden. So werden die Probanden für Pretests zum Austesten eines Fragebogens oft willkürlich ausgewählt.

Bei einer Befragung zum Biertrinkverhalten der Dortmunder Bevölkerung geht der Interviewer in die nächste S-Bahn und fragt dort alle Anwesenden solange, bis er seinen Auswahlplan erfüllt hat. Da die Probanden nicht weg können, kann er sehr schnell seine Anzahl von Probanden erreichen. Ein Kollege von ihm befragt willkürlich die Besucher der örtlichen Badeanstalt, um nebenher auch noch einer anderen Beschäftigung nachgehen zu können.

3.4.2 Zufallsauswahlverfahren

Die Zufallsauswahlverfahren (Random-Verfahren, probability samples) beruhen auf wahrscheinlichkeitstheoretischen Überlegungen, nach denen eine genaue Berechnung des Zufallsfehlers vorgenommen werden kann und nach denen alle Elemente der Grundgesamtheit eine genau zu berechnende Chance besitzen müssen, in die Stichprobe zu gelangen. Deshalb sind die Kennzeichen der Zufallsauswahlverfahren:

Zufallsauswahlverfahren (Randomverfahren)

- **Chance:** Jedes Element der Grundgesamtheit muss bei den Zufallsauswahlverfahren eine möglichst gleiche Chance besitzen, in der Stichprobe sein zu können.
- **Zufallsprinzip:** Die Probanden müssen aus der Grundgesamtheit durch eine Zufallsziehung gezogen werden.

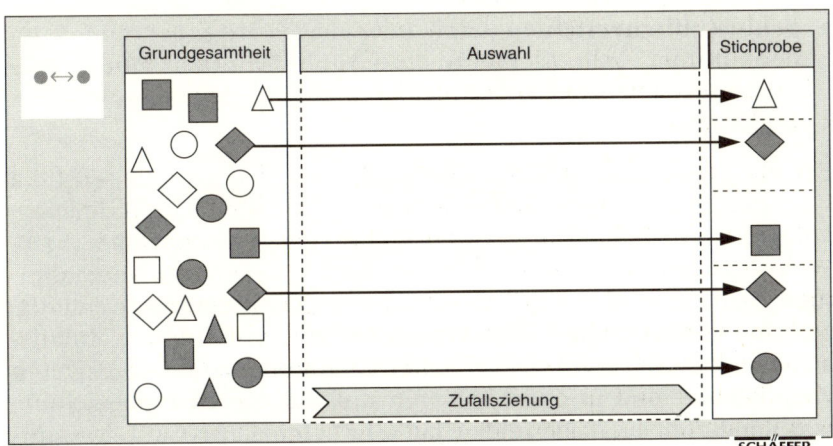

Abb. 121: *Funktionsweise der einfachen Zufallsauswahl*

Die gebräuchlichsten Verfahren der Zufallsauswahl sind:

- Einfache Zufallsauswahl,
- geschichtete Zufallsauswahlverfahren,
- Klumpenzufallsauswahlverfahren,
- mehrstufige Zufallsauswahlverfahren.

Das einfache, auch reine Zufallsverfahren (simple random) genannt, geht davon aus, dass alle Elemente der Grundgesamtheit für eine Zufallsziehung zur Verfügung stehen. Jedes Element hat damit exakt dieselbe Chance, gezogen zu werden. Die Exaktheit der Aussagen nimmt mit zunehmender Streuung der Variablen (Merkmale) in der Grundgesamtheit ab, gleichzeitig mit zunehmender Stichprobengröße zu. Bei der reinen Zufallsauswahl wird die gesamte Ziehung nach folgenden typischen Verfahren der Zufallsziehung durchgeführt:

Arten der Zufallsauswahl

- **Urnenmodell** (Auswürfeln, Auslosen, Lotterieprinzip, Lotto-Trommel): Die Elemente der Stichprobe werden direkt aus der Grundgesamtheit z.B. mit Kugeln in einem Pokal (»Urne«) gezogen.
- **Zufallszahlenalgorithmus:** Die Elemente der Grundgesamtheit werden durchnumeriert. In einer vorliegenden Zufallszahlentafel (Urnen auf Vorrat) werden die dort angegebenen Nummern ausgewählt oder ein Computerprogramm wählt über einen Algorithmus die Nummern aus.
- **Systematische Auswahl** mit Zufallsstart (n-ter Fall aus einer Kartei): Bei diesem Verfahren wird mit einer Zahl begonnen, die kleiner ist als der Quotient aus der Grundgesamtheit und der Stichprobe. Die nächste Zahl erhöht sich jeweils um den Quotienten. bsp.: 3, 23, 43, 63 ... ... 7983.
- **Geburtsdatum-**Verfahren (Buchstabenauswahl): Alle Elemente (Fälle) eines bestimmten, ausgewählten Geburtstages nach Monat und Tag werden gezogen.
- **Schlussziffernverfahren** (letzte oder ausgeloste Ziffer einer Kundennummer): Alle Elemente der Grundgesamtheit sind durchnumeriert. Die Auswahl erfolgt jetzt anhand einer ausgewählten Endziffer.

Geschichtete Zufallsauswahl

Bei der geschichteten Zufallsauswahl (stratified sample) wird die Grundgesamtheit in möglichst homogene Schichten oder Teilmassen aufgeteilt. Die Schichtung wird nach festgelegten Kriterien wie z.B. Wohnregionen oder Größenklassen der Unternehmen vorgenommen. Danach wird in jeder dieser Schichten eine getrennte Zufallsziehung vorgenommen. Der Vorteil gegenüber der reinen Zufallsauswahl liegt in einem – bei gleicher Stichprobengröße – geringeren Zufallsfehler und in einer besseren und sichereren Einbeziehung von Randgruppen, insbesondere bei sehr heterogenen Grundgesamtheiten.

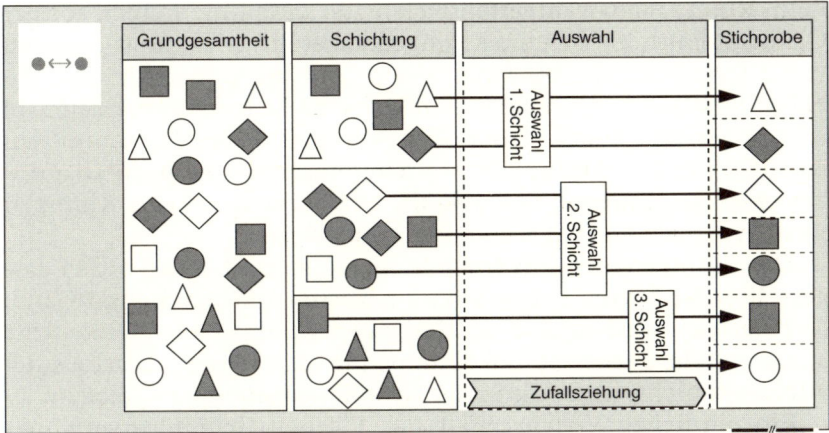

Abb. 122: *Funktionsweise des geschichteten Zufallsauswahl-*
verfahrens

Unterschieden wird in proportionale, disproportionale und optimale Schichtung. Bei der proportionalen Schichtung werden die Schichten proportional zur Verteilung der Grundgesamtheit verteilt. Disproportional bedeutet nicht entsprechend der Verteilung über die Schichten. Einzelne Schichten sind also stärker oder schwächer als ihre Anteile an der Grundgesamtheit. Bei der optimalen Schichtung wird hingegen für jede Schicht einzeln eine optimale Stichprobengröße bei möglichst geringem Stichprobenfehler bestimmt.

Die geschichtete Zufallsauswahl bietet sich immer dann an, wenn die Grundgesamtheit unterschiedliche Teilgesamtheiten enthält, wie z.B. bestimmte Regionen.

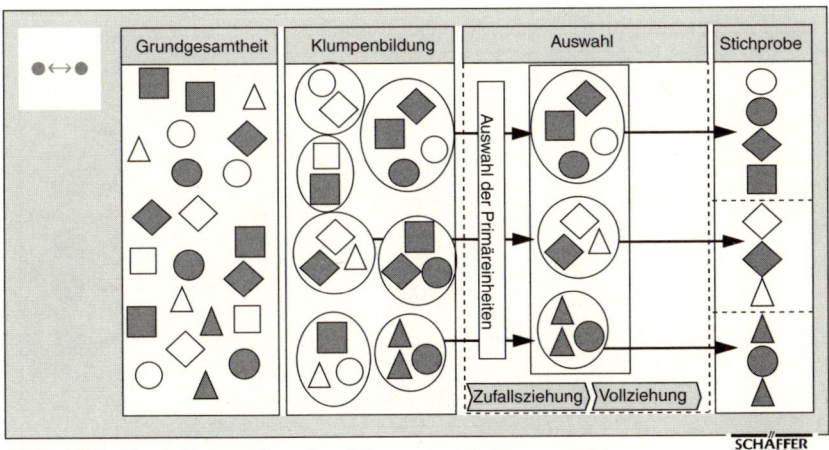

Abb. 123: *Funktionsweise des Klumpenzufallsauswahl-*
verfahrens

Klumpenauswahl

Beim **Klumpenauswahlverfahren** (cluster sampling) werden aus der Grundgesamtheit einzelne Klumpen abgeteilt. Diese sind Gruppen von Elementen, die eine natürliche Anhäufung (z.B. räumliche Nähe, Stadtteile, Bezirke, Häuserblocks) zueinander aufweisen, wie z.B. Angestellte einer Firma oder Bewohner eines Mehrfamilienhauses. Aus diesen Klumpen werden nun nach einem Zufallsprinzip einzelne Klumpen ausgewählt. Die Elemente dieser Klumpen werden danach voll als Stichprobe einbezogen.

Das Klumpenauswahlverfahren bietet gegenüber den bisher dargestellten Verfahren Vorteile bei den Kosten und dem Zeitaufwand. Der Nachteil wird durch den Klumpeneffekt bezeichnet. Dieser tritt auf, wenn die ausgewählten Klumpen in sich sehr gleichartig sind, allerdings nicht der Struktur der Grundgesamtheit entsprechen.

Flächenstichproben-verfahren

Ein ähnliches Verfahren ist das **Flächenstichprobenverfahren** (area sampling). Im ersten Schritt wird ein geographisches Gebiet in Teilregionen aufgeteilt. Dies erfolgt z.B. anhand einer Landkarte, auf welcher die unterschiedlichen Flächen abgetragen werden. Die Flächen werden durchnumeriert und nach einem Zufallsprinzip einzelne ausgewählt. Wird in der ausgewählten Fläche eine Vollerhebung durchgeführt, handelt es sich um eine Variante des Klumpenstichprobenverfahrens, wird eine Stichprobe gezogen, handelt es sich um ein mehrstufiges Stichprobenverfahren. Dieses Verfahren bietet insbesondere bei der mündlichen Befragungsmethode einige Kostenvorteile, da die Interviewer nur in einigen wenigen begrenzten Teilregionen die Erhebungen vornehmen müssen.

Das Flächenstichprobenverfahren bietet sich immer dann als Auswahlverfahren an, wenn nur eine Landkarte oder ein Stadtplan über ein Auswahlgebiet vorliegt.

Random-Route-Verfahren

Eine abgewandelte Form des Flächenstichprobenverfahrens ist das **Random-Route-Verfahren**. Nach einem Zufallsprinzip wird für

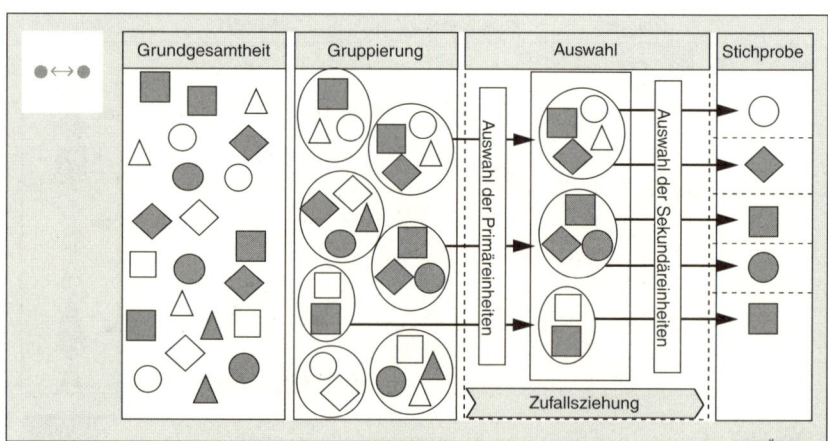

Abb. 124: *Funktionsweise des mehrstufigen Auswahlverfahrens*

den Interviewer ein Ausgangspunkt in einer Stadt oder Region ausgewählt. Von diesem Startpunkt muss er nach einer vorgegebenen Routenanweisung eine Laufroute einhalten. Z.B. muss er das dritte Haus nach rechts aussuchen, die nächste Querstraße nach links, wieder das dritte Haus u.s.w. In dem Haus kann er eine Vollziehung oder auch eine Teilziehung nach Plan vornehmen.

Mehrstufige Auswahlverfahren (multistage sampling) führen nacheinander mehrere Zufallsziehungen durch. Aus der Grundgesamtheit werden nach einem Zufallsprinzip Teilstichproben gezogen, aus denen wieder Zwischenteilstichproben oder die Endstichprobe gezogen werden.

Mehrstufige Auswahl

3.4.3   Bewusste Auswahlverfahren

Bei den Verfahren der bewussten Auswahl (nonprobability sample) wird keine Ziehung der Stichprobe nach einem Zufallsprinzip durchgeführt. Vielmehr nimmt hier die Auswahl der individuellen Probanden der Interviewer nach einem Quoten- oder Auswahlplan vor. Verfahren der bewussten Auswahl sind:

- Quotenauswahlverfahren (Quota-Verfahren): Verteilungsquoten werden über einen Quotenplan vorgegeben,
- Verfahren der typischen Auswahl,
- Konzentrationsauswahlverfahren.

Quotenauswahl

Das in der Marktforschungspraxis am häufigsten eingesetzte Auswahlverfahren ist das **Quotenauswahlverfahren** (Quota-Verfahren). Bei dieser bewussten Auswahl werden Quoten der Verteilung der Probanden nach meist sozio-demografischen Merkmalen vorgege-

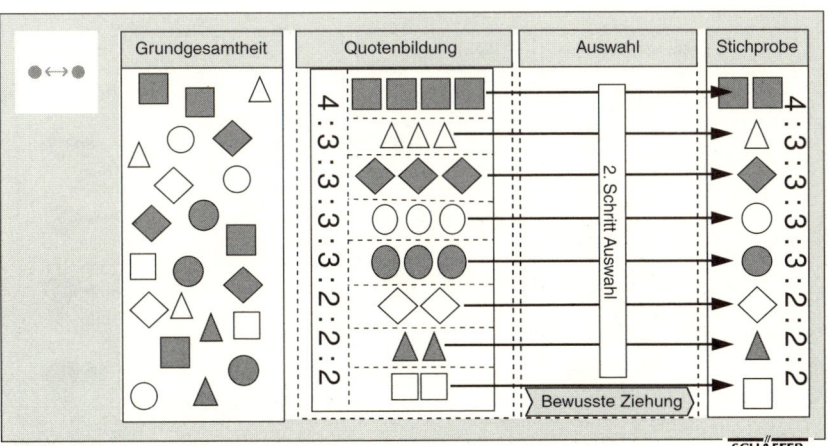

Abb. 125: *Funktionsweise des Quotenauswahlverfahrens*

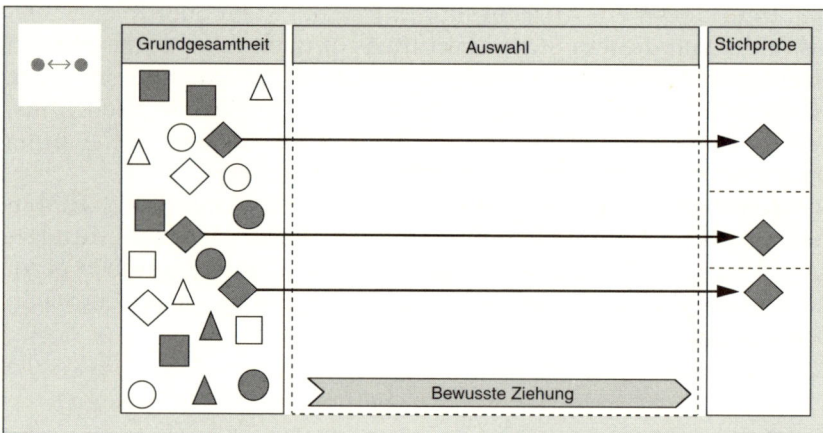

Abb. 126: *Funktionsweise des Verfahrens der typischen Auswahl*

ben. Diese Quoten, die die Struktur der Grundgesamtheit wiedergeben, müssen durch die Stichprobe exakt widergespiegelt werden.
Deshalb ist es egal, wer in die Stichprobe einbezogen wird, wenn
die Quote erfüllt ist.

Typische Auswahl   Bei dem **Verfahren der typischen Auswahl** werden charakteristische Elemente aus der Grundgesamtheit ausgesucht und als ty-
pisch für die Grundgesamtheit angenommen. Dieses Vorgehen ist
besonders bei einer sehr homogenen Zielgruppe denkbar. Typisch
bezeichnet allerdings nicht uneingeschränkt repräsentativ. Eine
Unterart stellt die Expertenauswahl dar. Ausgewählt werden nur
Experten oder Meinungsführer, deren Aussagen für die Zielgruppen
bestimmend sind.

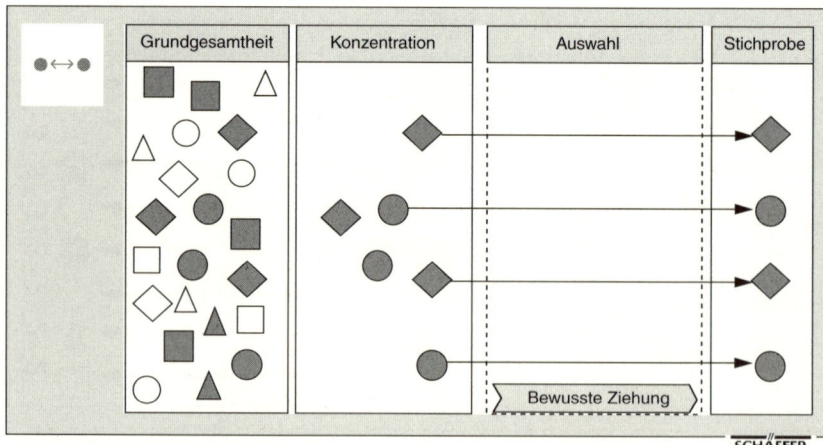

Abb. 127: *Funktionsweise des Konzentrationsverfahrens*

Bei dem **Konzentrationsverfahren** (Abschneideverfahren, Cut-off-Verfahren) werden bestimmte Elemente ausgeschlossen, die nicht von Bedeutung sind. Dies können zum Beispiel die C-Kunden eines Unternehmens sein, sodass man sich auf A- und B-Kunden konzentriert. Ein Beispiel ist in der Investitionsgüterindustrie eine Reduktion auf nur wenige Großunternehmen, da diese den Markt bestimmen. Teilweise wird der Begriff Konzentrationsverfahren auch als Oberbegriff für folgende Verfahren verwendet:

Konzentrations-auswahl

- Abschneideverfahren (cut-off): Der als wesentlich bezeichnete Teil der Grundgesamtheit wird ausgewählt, der Rest wird weggeschnitten.
- Schneeballverfahren: Proband mit bestimmtem Profil wird nach einer gleichen Person gefragt, welche wiederum der nächste Proband ist.

3.4.4   Sonderformen

In der Praxis haben sich Sonder- und Mischformen der Zufalls- und bewussten Auswahlverfahren bewährt. Die bekannteste und für repräsentative Befragungen der Bundesbürger eingesetzte Form ist das ADM-Master-Sample (Arbeitskreis Deutscher Marktforschungsinstitute). Dieses bietet in einer Art Baukasten mit Musterstichprobenplänen einen mehrstufigen Prozess mit Quoten- und Zufallsziehungen. Es wurde entwickelt für die jährlich erhobenen Media- und Leseranalysen der Arbeitsgemeinschaft Mediaanalysen. Die Vorgehensweise ist:

ADM-Master-Sample

1. Definition der Auswahleinheiten, der Sample-Points: Auf der Basis der amtlichen Wahlbezirke mit weniger als 400 Wahlberechtigten. Schichtung nach Regionen. Eine Stichprobe enthält nun 210 solcher Sampling-Points.
2. Auswahl der Haushalte der Sampling-Points durch uneingeschränkte Zufallsauswahl.
3. Auswahl der zu befragenden Person.

Auswahlverfahren	Baukasten-Elemente				Definitionen Grundsätze
Stichprobe ...*-stufige,* **geschichtete** ***RANDOM*-Stichprobe** entsprechend ADM-MSP ... oder *QUOTEN*-Stichprobe mit RANDOM-Auswahl der Sample Points					
1. Stichprobenstufe	Techn. Ablauf	Schichtung	Ausw.-Verfahren	Ausw.-Chance	
Auswahl der Sampling Points	1. Einsphasig: Auswahl von STBZ = Sample Point (ggf. Synthesierung)	Schichtungsmerkmale:	- uneingeschränkte - systematische Zufallsauswahl	- proportional Haushalte - proportional Wahlberechtigte - gleich	Mindestanforderungen bei der Auswahl der Schichtungsmerkmale bei nationalen Stichprobensystemen
	2. Zweiphasig: (a) Gemeinde-Auswahl	Schichtungsmerkmale:	systematische Zufallsauswahl	- proportional Haushalte - proportional Einwohner durch „Selbstgewichtung"	
	(b) STBZ-Auswahl = Sample Point	ggf. nach Stadtbezirken	- ت r eingeschränkte - systematische Zufallsauswahl	- proportional Haushalte - proportional Wahlberechtigte - gleich	
2. Stichprobenstufe	Auflistungsvorschrift	Auflistungsweg	Auflistungsumfang	Auswahlverfahren	
Auswahl der Haushalte	(a) Totalauflistung		alle Straßen/ Haushalte im STBZ	- uneingeschränkte oder - systematische Zufallsauswahl	(a) Definition des Privat-Haushaltes (b) Operable Einheit = Türklingel (c) Auflistungsregeln
	(b) Partielle Vorabauflistung	fest vorgegebene Straßen RANDOM-Walk	Listung jedes x-ten Haushaltes X Haushalte in Reihe	- uneingeschränkte oder - systematische Zufallsauswahl	
	(c) Parallele Teilauflistung	fest vorgegebene Straßen RANDOM-Walk	Listung aller Haushalte Listung der Ziel aushalte	systematische Zufallsauswahl	
3. Stichprobenstufe Auswahl der Zielperson	(a) *ohne* ZP = Hausfrau/ HH-Vorstand				Kontrolle der in der Hand des Interviewers liegenden Durchführung des Stichprobenplanes
	(b) RANDOM-Auswahl	Auflistungsvorschrift: - fortlaufend nach Alter - vornamensalphabetisch	Auswahlvorschrift: - Zufallszahlenreihe - Schwedenschlüssel - „Nächster Geburtstag"		
	(c) QUOTEN-Auswahl	entsprechend vorgegebener Quoten			

Abb. 128: *Ablauf des ADM-Master-Samples (Quelle: Berekoven/Eckert/Ellenreider 1993, S. 59)*

3.4.5 Bestimmung des passenden Auswahlverfahrens

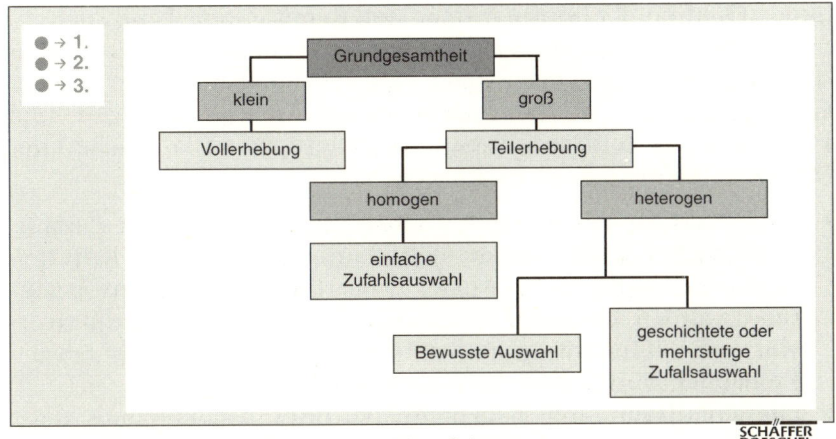

Abb. 129: *Bestimmung des Auswahlverfahrens*

Die Marktforschungsinstitute haben für bestimmte Erhebungen Standards in ihren Computern. Meist beruhen diese auf dem ADM-Master-Sample oder Quotenauswahlverfahren. Grundsätzlich sind folgende Empfehlungen möglich:

Auswahlempfehlungen

- Bei einer kleinen Grundgesamtheit sollte eine Vollerhebung vorgenommen werden, bei einer großen eine Teilerhebung.
- Ist die Grundgesamtheit homogen, bietet sich die einfache oder reine Zufallsauswahl als bestes Verfahren an.
- Ist die Grundgesamtheit heterogen, so bietet sich das Quotenverfahren, die mehrstufigen Verfahren der Zufallsauswahl und das ADM-Master-Sample an.

Beurteilung der drei Auswahlverfahrensgruppen anhand der fünf Auswahlkriterien

Kriterium / Auswahlverfahren	Kosten	Zeit	Rücklauf-Quote	Qualität	Reprä-sentanz
Willkürliche Verfahren	+	+	+	−	−
Zufalls-verfahren	−	o	−	+	+
Bewusste Verfahren	o	o	+	o	o

Abb. 130: *Vorteilsvergleich der Auswahlverfahren*

Wie alle Verfahren der Erhebung lassen sich auch die Auswahlverfahren nach den Hauptkriterien Kosten, Zeitaufwand, Rücklaufquote, Qualität der Informationen und Repräsentanz beurteilen.

Die Einschätzung dieser Kriterien ist abhängig von dem jeweiligen Untersuchungsgegenstand, der Erhebungsmethode und der Grundgesamtheit. So kann die bewusste Auswahl sehr zeit- und kostenintensiv sein, wenn man als Zielgruppe ausländische Piloten hat. Allgemein kann man sagen:

- Die willkürlichen Verfahren haben ihre Vorteile beim Zeitaufwand, den Kosten und der Rücklaufquote, da diese Kriterien durch die willkürliche Auswahl der Probanden positiv beeinflusst werden. Die nicht vorhandene Repräsentanz und die zu erwartenden Qualitätseinbußen der Information durch falsche Probanden wertet diese Verfahren deutlich ab.

- Die Zufallsverfahren haben ihre Vorteile in der Repräsentanz und der Qualität der Ergebnisse, weil sie am ehesten den wissenschaftlichen und systematischen Ansatz gewährleisten. Demgegenüber steht der hohe Aufwand an Kosten und Zeit für die Gewinnung der Stichprobe und die Kontaktherstellung mit genau diesen festgelegten Probanden. Daraus resultiert i.d.R. auch eine geringere Rücklaufquote mit einer hohen Verweigerungsquote der Probanden.

- Die bewussten Auswahlverfahren haben ihre Vorteile in der Rücklaufquote und keine wesentlichen negativen Ausreißer bei den anderen Kriterien. Daraus resultiert die besondere Beliebtheit dieser Verfahren in der Marktforschung. Umstritten bleibt weiterhin innerhalb der Wissenschaft, ob Stichproben über die bewusste Auswahl grundsätzlich aufgrund des fehlenden Zufallsprinzips statistische Aussagen über die Grundgesamtheit treffen dürfen.

3.5 Organisation

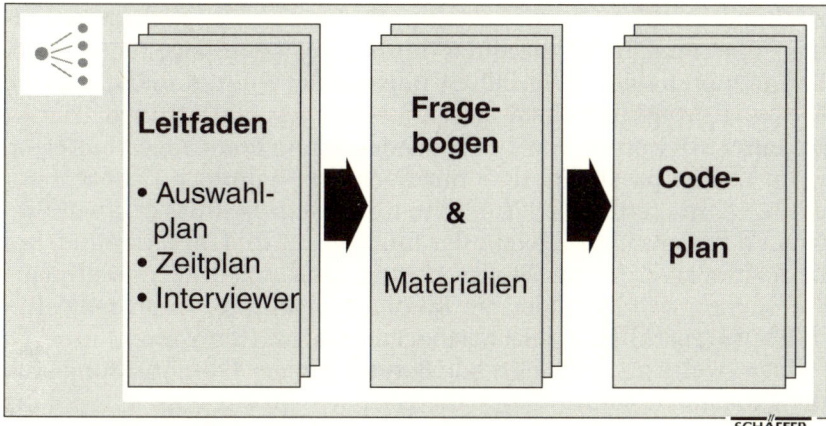

Abb. 131: *Unterlagen für die Organisation der mündlichen Befragung*

Nachdem der Fragebogen, die sonstigen Materialien für die Probandenpräsentation, der Interviewerleitfaden und der Auswahlplan mit den genauen Anweisungen für die Auswahl der Personen fertiggestellt sind, kann der eigene Interviewerstab oder das Field-Research-Institut die Befragung durchführen.

Auswahlkriterium		Quote	Besucht
Stadtteil:	A	5	//
	B	3	///
	C	2	//
		10	
Geschlecht:	männlich	6	////
	weiblich	4	///
		10	
Alter:	16 - 19	2	/
	20 - 29	2	//
	30 - 39	2	
	40 - 49	2	//
	50 - 59	2	//
		10	
Beruf:	Arbeiter	1	
	Angestellter	0	
	Beamter	2	//
	Selbstständig	2	//
	Ohne Beruf	5	////
		10	
Einkommens-klasse:	bis 500 DM	2	/
	501 - 1000 DM	4	////
	1001 - 2000 DM	2	/
	2001 - 3000 DM	2	/
		10	
Gesamtanzahl der Interviews: 10			

Abb. 132: *Beispiel eines bearbeiteten Auswahlplans (Quotenverfahren)*

Interviewer

Der Interviewer hat bei der Durchführung auf die Einhaltung aller Intervieweranweisungen zu achten. Sein größtes Problem ist die

Erfüllung des Auswahlplans. Bei der Zufallsauswahl sind ihm die Probanden genau vorgegeben. Trifft er sie nicht an, muss er i.d.R. noch zweimal hin, bevor er diesen Probanden als »nicht anzutreffen« einstufen darf, allerdings immer auf seine eigenen Kosten. Beim Quotenauswahlverfahren muss er die Quoten und damit die Merkmalskombinationen aller Probanden genau erfüllen. Hat er bei einer Stichprobe von 10 Probanden schon neun abgearbeitet, so kann es ihm passieren, dass nur noch der »zahnlose Zahnarzt auf der Bergalm« fehlt. Auch für diese Kombination muss er einen Probanden finden. Deshalb lebt der Interviewer in dem Dilemma, hohe Kosten an Zeit und Wegstrecke zur Erfüllung des Auswahlplans auf sich zu nehmen oder die Konventionalstrafe, wenn man ihm das Selbstausfüllen eines Fragebogens nachweisen kann.

Probanden

Der zweite zu beobachtende Bereich bei der Durchführung sind die Probanden selbst. Trotz Pretest hat man für eine Beteiligung unter Umständen zu wenig Anreize geschaffen. Da der Auftraggeber eine bestimmte Fallzahl von Probanden erwartet und bezahlt hat, muss bei einem solchen Fall gegengesteuert werden. Dazu sind verstärkte Anreize wie Incentives für Probanden denkbar. Insbesondere bei Studiotests in Einkaufszonen, wo die Probanden von einem »Bagger« angesprochen und in ein Marktforschungsstudio in einer Seitenstraße gelockt werden, sind solche Anreize von kleinen Werbegeschenken, Mahlzeiten, Getränken oder Verkostungen durchaus üblich.

Bei einem Produkttest eines Magenbitters gegenüber dem Wettbewerbsumfeld in einem Studio mit der Probandengewinnung über einen »Bagger« in der Einkaufsstraße in Nürnberg waren die Probanden nicht in der Lage, aufgrund der Wetterlage alle hingestellten Probegläschen komplett zu leeren. Damit nichts verkommt, entleerte jeweils der »Bagger« die Gläschen. Der »Bagger« soll daraufhin eine immer bessere »Bagger-Quote« erreicht haben.

Interviewerkontrolle

Die wichtigste Aufgabe bei der Durchführung einer Befragung ist die Interviewerkontrolle. Da der Interviewer nachvollziehbar Probleme mit der Codeplanerfüllung hat, muss er entsprechend kontrolliert werden. Dies geschieht zum einen durch im Fragebogen eingebaute Kontrollfragen, die einen logischen Quercheck des einzelnen Fragebogens ermöglichen. Zum anderen durch Kontrollanrufe bei den Probanden, ob denn die Befragung zur Zufriedenheit verlaufen sei. Hinzu darf der einzelne Interviewer immer nur einen geringen Teil der Gesamtbefragung durchführen. Eine einseitige Beeinflussung durch seine Person (siehe im nächsten Kapitel Messfehler) könnte die Folge sein. Es wird also auch hier auf eine repräsentative Mischung der Interviewer geachtet.

3.6   Messung

Innerhalb der Operationalisierung wurden die Konstrukte zur Messung der gewünschten entscheidungsrelevanten Informationen gebildet. Bezüglich der Qualität dieser Messinstrumente gibt es eine Reihe von Kriterien, die in jeder Erhebung einbezogen und beurteilt werden müssen. Sie lassen sich in vier Bereiche untergliedern:

Messinstrumente

- Informationsqualität,
- Erhebungsqualität,
- Zufallsfehler und
- systematische Fehler.

3.6.1   Informationsqualität

Neben dem wichtigsten Kriterium der Beurteilung der Information, der Entscheidungsrelevanz, gibt es weitere Anforderungen an die Information:

Arten der Informationsqualität

1. Informationsgrad,
2. Sicherheitsgrad,
3. Aktualität,
4. Kosten-Nutzen-Aspekt,
5. Vollständigkeit.

Diese Kriterien sind für die einzelne Problemstellung zu überprüfen und zu bewerten. Dabei beinhaltet der Informationsgrad die Tiefe der Information, der Sicherheitsgrad eine wahrscheinlichkeitstheoretische Betrachtung, die Aktualität, die zeitliche Nähe zwischen Messung und der später getroffenen Entscheidung. Der Kosten-Nutzen-Aspekt wird über den gesamten Marktforschungsprozess analysiert und ggf. wird gegengesteuert, insbesondere auch in Hinsicht auf ein vorgegebenes Projektbudget. Die Vollständigkeit beurteilt den Erfüllungsgrad bezüglich des definierten Informationsbedarfes.

3.6.2   Erhebungsqualität

Die Kriterien der Erhebungsqualität betreffen die Messinstrumente der Erhebungsverfahren. Drei Gütebereiche sind zu untersuchen:

Arten der Erhebungsqualität

- Objektivität,
- Validität (Gültigkeit) und
- Reliabilität (Zuverlässigkeit).

Objektivität

Objektivität bedeutet, dass die Messwerte frei von subjektiven Einflüssen sind. Verschiedene Personen, die unabhängig voneinander den gleichen empirischen Sachverhalt messen, müssen zu identischen Messergebnissen kommen. Die Informationen müssen also intersubjektiv nachprüfbar sein. Die verschiedenen Arten der Objektivität sind:

Abb. 133: *Visualisierung der Objektivität*

- Durchführungsobjektivität: Unabhängigkeit vom Projektleiter, Interviewer.
- Auswertungsobjektivität: Unabhängigkeit von dem Probanden.
- Interpretationsobjektivität: Sicherstellung der einheitlichen Folgerungen z.B. durch Vorgaben der Messwertebandbreiten für bestimmte Interpretationsspielräume.

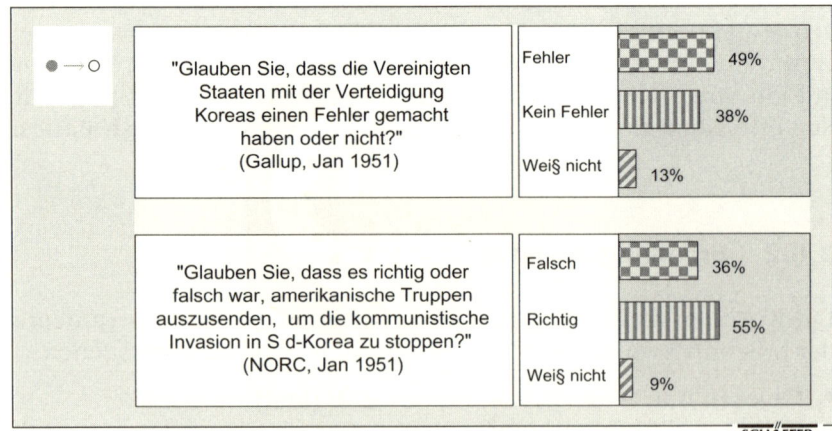

Abb. 134: *Beispiel für mangelnde Objektivität*
         (Quelle: Sudman/Bradburn (1982), S. 3)

Zwei Meinungsforschungsinstitute kommen zum selben Untersuchungszeitpunkt zur selben Fragestellung zu unterschiedlichen Ergebnissen. Warum? Welches Messinstrumentarium ist falsch? Da uns die Frageformulierung vorliegt, können wir zumindest diesbezüglich Aussagen machen.

Zur 1. Fragestellung:
- »Verteidigung Koreas« beinhaltet eine nicht erlaubte Wertung.
- »Fehler« ist eine subjektive Wertung, die ebenfalls gegen die Objektivität verstößt.

Zur 2. Fragestellung:
- »kommunistische Invasion« ist in den USA negativ besetzt, deshalb wird eine grundsätzliche Ablehnung gegen dieses Statement allein auftreten.
- Mit «Aussendung der Truppen« und «Kommunistische Invasion« werden zwei Aussagen in einer Fragestellung verknüpft. Dadurch ist unklar, auf welche Frage der Proband überhaupt antwortet.

Beide Fragestellungen sind nicht wirklich objektiv. Zudem verstößt die zweite Fragestellung auch gegen die Validität. Es ist nicht klar, was überhaupt gemessen werden soll.

Das zweite Kriterium zur Beurteilung einer vorgenommenen Messung ist die **Validität,** die Gültigkeit der Messung. Sie beurteilt die Frage, ob ein Messinstrumentarium wirklich das misst, was gemessen werden soll. Ist das eingesetzte Instrumentarium zur Messung überhaupt geeignet, das zu messen, was wir messen wollen? Folgende Arten der Validität gibt es:

Validität

- Inhaltsvalidität: Sind die Messinstrumente inhaltlich (sachlich und logisch) geeignet? Überprüfung mittels einer einfachen Plausibilitätsüberprüfung (Face-Validität), durch Expertenüberprüfung (Experten-Validität), durch Gegenüberstellung mit bekannten Vergleichsgruppen oder unabhängigen Kriterien.

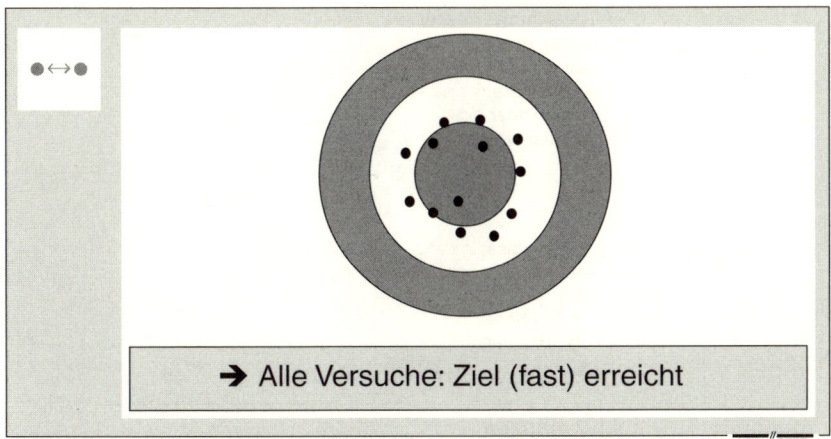

Abb. 135: *Visualisierung der Validität*

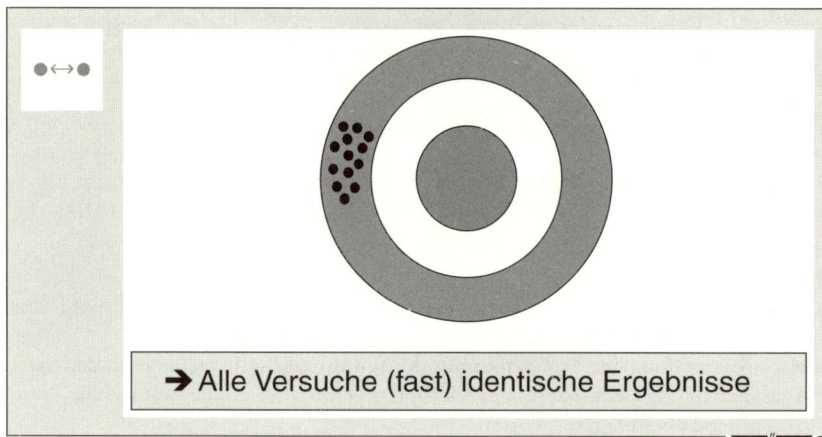

Abb. 136: *Visualisierung der Reliabilität*

- Konstruktvalidität (Construct validity): Entspricht das Messkonzept dem zugrunde gelegten theoretischen Konstrukt?
- Kriterienvalidität: Übereinstimmung mit zeitlich späteren Messungen anderer Erhebungen.
- Konvergenzvalidität: Bezeichnung des Ausmaßes der Übereinstimmung von zwei Messverfahren zur Messung des gleichen Sachverhaltes.
- Diskriminanzvalidität: Gegenteil der Konvergenzvalidität. Beurteilt das Maß der Unterscheidung von zwei Konstrukten untereinander.
- Nomologische Validität: Maß der Vernetzung von Konstrukten zum Messen eines Sachverhaltes.
- Kreuzvalidität: Aufsplittung und getrennte Analyse einer bestehenden Stichprobe und Validitätsmessung über Kreuz.

Abb. 137: *Visualisierung von Objektivität, Reliabilität und Validität*

- Extremgruppen-Validität: Vergleich der Messergebnisse zweier deutlich unterschiedlicher Gruppen.
- Äußere Validität: Übertragbarkeit der Ergebnisse von der Stichprobe auf die Grundgesamtheit, auf andere Stichproben oder analoge Situationen.
- Interne Validität: Insbesondere bei Laborexperimenten anzutreffende Ausschaltung von unerwünschten Störeinflüssen.

Das dritte Gütekriterium der Erhebungsqualität ist die **Reliabilität** (Zuverlässigkeit, Verlässlichkeit). Sie gibt Auskunft darüber, ob das Messinstrumentarium »streut«. Wiederholungen der Messung müssten bei reliablen Instrumenten zu identischen Ergebnissen führen. Beurteilungswege sind:

Reliabilität

- Test-Retest-Reliabilität: Wiederholungsmessung zu einem späteren Zeitpunkt.
- Parallel-Test-Reliabilität: Parallele Vergleichsmessung zum selben Zeitpunkt.
- Interne-Konsistenz-Reliabilität: Unterteilung eines Messinstrumentes in zwei Hälften, Korrelationsmessung der verschiedenen Messungen.

Treffen alle Messungen ins Ziel, also das subjektiv richtige Ziel mit dem zielgenauen Instrumentarium und geringer Streuung, dann ist die Messung objektiv, valide und reliabel.

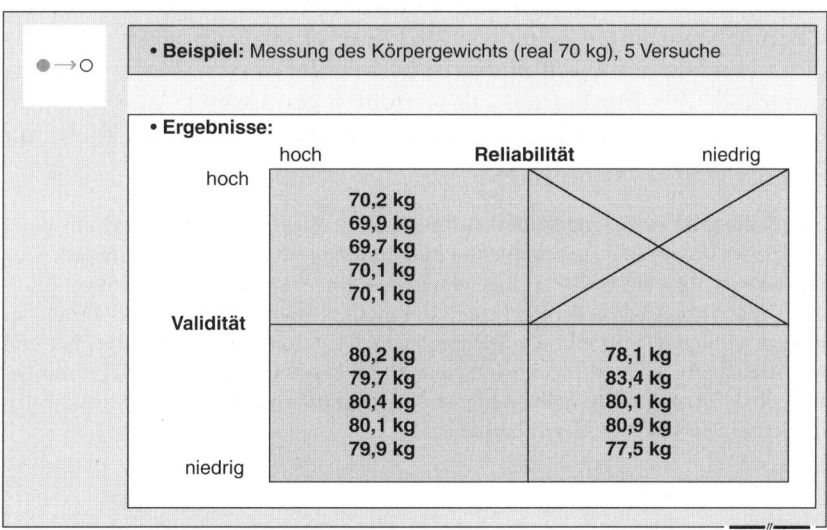

Abb. 138: *Messung des Körpergewichtes*

Wird das Körpergewicht eines 70 kg schweren Mannes mit jeweils 5 Versuchen auf drei unterschiedlichen Waagen gemessen, so ist das Ergebnis im oberen linken Feld hoch reliabel und hoch valide, wenn die Messergebnisse gering streuen (um 0,5 kg) und den realen Wert treffen (um maximal 0,3 kg Abweichung). Nimmt die Validität wie mit der Waage im unteren linken Feld ab, so ist zwar die Streuung weiterhin niedrig (0,7 kg), allerdings wird das reale Ziel von 70 kg um mehr als 10 kg höher verfehlt. Im rechten unteren Feld ist die Reliabilität aufgrund sehr hoher Streuung (5,9 kg) sehr niedrig und die Validität aufgrund des Verfehlens des realen Zieles (um ca. 10 kg) ebenfalls sehr niedrig.

3.6.3   Zufallsfehler

Arten von Zufallsfehlern

Da in der Regel keine Vollerhebung, sondern statt dessen eine Teilerhebung durchgeführt wird, gibt es immer einen zufälligen Fehler bei der Hochrechnung von der Stichprobe auf die Grundgesamtheit. Dieser Fehler wird durch die Stichprobentheorie erklärt und kann statistisch berechnet werden. Je homogener die Grundgesamtheit und je größer die Stichprobe, desto kleiner ist der auch als Stichprobenfehler bezeichnete Zufallsfehler.

Der zweite Zufallsfehler betrifft die Streuung (Varianz) der gemessenen Werte der Stichprobe. Inwieweit stimmt diese Streuung mit der Streuung in der Grundgesamtheit überein? Wie groß ist der statistische Fehler?

Eine Grundanforderung an die Stichprobenauswahl ist der Zwang nach Repräsentativität. Die Stichprobe soll die Struktur der Grundgesamtheit widerspiegeln. Diese ergibt sich statistisch aus den oben bezeichneten statistischen Fehlerwerten. Hinzu kommt innerhalb des Marketings, dass richtig gemessene Aussagen unbrauchbar sind, wenn sie sich nicht auf die gewünschten Zielgruppen beziehen.

Innerhalb einer Befragung nach dem Image einer Zigarettenmarke wird mit einer großen Stichprobe und ausgeklügelten Polaritätenprofilen sehr exakt gemessen. Das Ergebnis ist, dass die Marke als jugendlich, modern und positiv gut ankommt. Allerdings zeigt eine Analyse der Repräsentativität, dass proportional viele Nichtraucher befragt wurden. Damit gibt die Stichprobe die Grundgesamtheit aller Raucher und Nichtraucher wieder, allerdings interessiert das Markenimage in der Regel nur bezüglich der Raucher. Deshalb ist ein exaktes und richtiges Ergebnis in dieser Form für den Zigarettenhersteller unbrauchbar.

3.6.4   Systematischer Fehler

Arten von systematischen Fehlern

Die vierte Gruppe der möglichen und zu beurteilenden Messfehler betrifft die systematisch auftretenden Fehlerquellen. Zu nennen sind:

- **Untersuchungsträger:** Macht Fehler bei der Planung, Organisation, Fragenbogenformulierung, Durchführung, Auswertung, Interpretation und Präsentation.
- **Interviewer:** Veränderung des Auswahlplans, Antwortbias, Suggestion, falsche Registrierung, Selbstausfüllung.
- **Probanden:** Non-response durch Nichtantreffen, Antwortverweigerung, Antwortunfähigkeit, bewusste oder unbewusste Falschbeantwortung durch Überforderung, Prestige, Affekt, Erinnerungslücken, situative Einflüsse wie eigene Situation des Probanden, Drittbeeinflussung oder Loyalität.

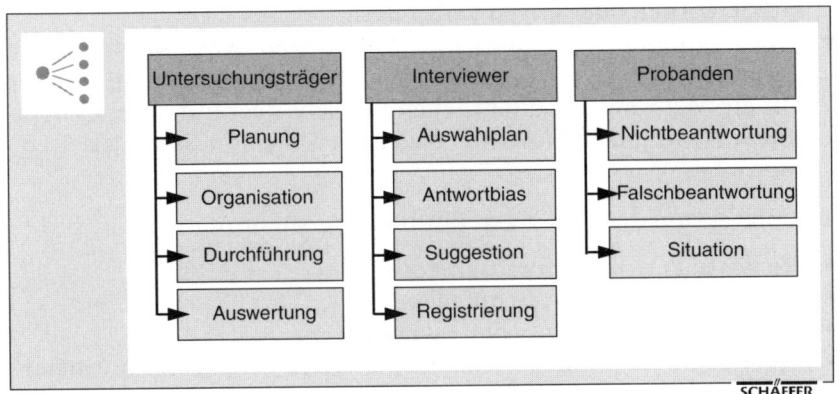

Abb. 139: *Übersicht über systematische Messfehler*

Vor allem der Interviewer ist eine starke Quelle für Fehler. Er kann aufgrund seiner Person, Ausstrahlung, Aussehen oder Benehmen den Probanden unbeabsichtigt und unbewusst beeinflussen. Durch Suggestion und beabsichtigte Verhaltensweisen kann er den Probanden auch aktiv und bewusst beeinflussen. Als Drittes nimmt er absichtliche oder unabsichtliche Falschregistrierungen vor. Insbesondere beim Quotenauswahlverfahren, bei dem er die Quotenvorgaben erfüllen muss, neigt er bei den letzten zu suchenden Probanden mit meist seltener Merkmalsstruktur zum Selbstausfüllen der Fragebögen.

So wie der Interviewer bewusst und unbewusst die Messung verfälschen kann, tut es auch der Proband. Höflichkeitsbias (z.B. Japaner gegenüber Gästen), soziale Wünschbarkeit (gesellschaftskonforme Meinungen), emotionale Staus und Autoritätsbarrieren, extremer Antwortstil (auf Rating-Skalen sehr hohe oder niedrige Werte), Ja/Nein-Sage-Tendenz, Antworthemmungen (z.B. politisch, gegenüber Vorgesetzten, Sex) verzerren meist unbewusst die Ergebnisse. Daneben kann er auch bewusst Falschantworten geben oder gar die Beantwortung einer Fragestellung oder des ganzen Fragebogens verweigern.

Situative Einflüsse   Hinzu kommen unvorhersehbare situative Einflüsse und damit folgende Fehlerquellen:

- Anwesenheit Dritter.
- Erhebungsort: Öffentlicher Ort, privat oder Arbeitsstelle. Beste Ergebnisse werden in der gewohnten Umgebung erreicht.
- Anzahl der beteiligten Personen: nur ca 50% aller Interviews werden international »unter 4 Augen« durchgeführt. (So sind Interviews mit Moslemfrauen ohne den Ehemann nicht möglich.)
- Übliche Verhaltensregeln, regional unterschiedlich.
- Bei objektiven Informationen: Dritte können als Gedächtnisstütze wirken oder Lügen verhindern.
- Proband möchte Gefühle und Meinungen Anwesender nicht verletzen. (Frage an die Frau: Wie fährt Ihr Ehemann Auto?) Oft die Meinung, die öffentlichen Konsens oder mit einer Gruppe findet (Frage an SPD-Mann: Was halten Sie von Schröder? Renten sicher?).

Zur Reduktion der situativen Einflüsse versucht man,

- die dritte Person zu verabschieden,
- einen neuen Termin abzumachen,
- vereinbarte Geheimzeichen zu benutzen,
- Zweiter Interviewer verwickelt die dritte Person in ein fingiertes Interview.

3.7   Kontrollfragen

Welche Quellen der Datenerhebung gibt es?
Was ist der Unterschied zwischen Primär- und Sekundärforschung?
Welche Erhebungsmethoden gibt es?
Was kennzeichnet eine Beobachtung?
Welche Arten der Beobachtung gibt es?
Welche technischen Hilfsmittel der Beobachtung gibt es?
Was kennzeichnet die Befragungsmethode?
Welche Arten der Befragung gibt es?
Was kennzeichnet das Experiment?
Welche Arten des Experiments gibt es?
Was sind die wichtigsten Beurteilungskriterien für die Wahl des geeigneten Erhebungsverfahren?
Welche Vorteile hat die schriftliche Befragungsmethode gegenüber der mündlichen Befragungsmetheode?
Was ist ein Panel?
Welche Panelarten gibt es?
Was ist der Unterschied zwischen quantitativer und qualitativer Marktforschung?

Welche Fragearten gibt es?

Wie wird ein Fragebogen aufgebaut?

Wie wird das Random-Auswahlverfahren charakterisiert?

Was versteht man unter dem Quota-Auswahlverfahren?

Welche Materialien sind für die Durchführung der Befragung vorzubereiten?

Welche Kriterien zur Beurteilung der Messung durch eine Befragung gibt es?

3.8 Literaturhinweise

ADM (Hrsg.): Muster – Stichproben – Pläne, München 1984

Alvi, S.A.: Computergestützte Produkttests, Münster 1989

Bauer, E.: Produkttests in der Marketingforschung, Göttingen 1981

Bausch, T.: Stichprobenverfahren in der Marktforschung, München 1990

Bechtloff, V.: Computergestützte Befragungssysteme bei der Datenerhebung und ihr praktischer Einsatz in der Bundesrepublik Deutschland, Münster et al. 1993

Dworak, K.: Beobachtung und Experiment als Verfahren der Erhebung in der Absatzforschung, Diss. Erlangen 1969

Esomar (Hrsg.): Qualitative Methods of Research, Amsterdam 1986

Fritz, W.: Warentest und Konsumgütermarketing, Wiesbaden 1984

GfK (Hrsg.): TESI-Testmarktsimulation, Nürnberg o.J.

Green, P.E., Srinivasam, V.: Conjoint Analysis in Marketing, in: Journal of Marketing 1990, S. 3-19

Grüner, K.-W.: Beobachtung, Stuttgart 1974

Gutjahr, G.: Psychologie des Interviews in Praxis und Theorie, Heidelberg 1985

Hafermalz, O.: Schriftliche Befragung. Möglichkeiten und Grenzen, Wiesbaden 1976

Hanefeld, U.: Die 78er ADM-Stichprobe, Mannheim 1982

Hansen, J.: Das Panel. Zur Analyse von Verhaltens- und Einstellungswandel, Opladen 1982

Hansen, M.H./Hurwitz, W.N./Madow, W.G.: Sample Survey Methods and Theory, New York 1953

Hauser, S.: Statistische Verfahren zur Datenbeschaffung und Datenanalyse, Freiburg 1981

Heidel, B.: Scannerdaten im Einzelhandelsmarketing, Wiesbaden 1990

Hoepner, G.: Computereinsatz bei Befragungen, Wiesbaden 1994

Hofstätter, P.R./Wendt, D.: Quantitative Methoden der Psychologie, 4.A., München 1974

Holm, K. (Hrsg.): Die Befragung 4, München 1976

Hossinger, H.-P.: Pretests in der Marktforschung, Würzburg et al. 1982

HWWA (Hrsg.): Quellen für statistische Marktdaten, Hamburg 1985

ISB (Hrsg.): Kundenlaufstudien im Warenhaus, Köln 1985

Kepper, G.: Qualitative Marktforschung, Wiesbaden 1994

Köhler, R. et al. (Hrsg.): Scanning, Düsseldorf 1985

Leiner, B.: Stichprobentheorie, München et al. 1985

Leven, W.: Blickverhalten von Konsumenten beim Betrachten von Werbung, Trier 1990

Rappl, K.: Kontrollierte Zufallsauswahl in der Marktforschung, Diss. Erlangen 1993

Rehorn, J.: Markttests, Neuwied 1977

Rehorn, J.: Werbetests, Neuwied 1988

Rüdell, M.: Konsumentenbeobachtung am Point of Sale, Ludwigsburg et al. 1993

Schäfer, F.: Muster-Stichproben-Pläne, München 1979

Schub von Bossiazky, G.: Psychologische Marketingforschung, München 1992

Schwaiger, M.: Hochrechnungsverfahren im Marketing, München 1993

Sedlmeyer, K.-J.: Panelinformation und Marketing Entscheidung, München 1983

Spöhring, W.: Qualitative Sozialforschung, Stuttgart 1989

Staud, J.L.: Online Wirtschaftsdatenbanken, Frankfurt 1987

Stenger, H.: Stichproben, Heidelberg et al. 1986

Stoffels, J.: Der elektronische Minimarkttest, Wiesbaden 1989

Strobel, K.: Die Anwendbarkeit der Telefonumfrage in der Marktforschung, Frankfurt 1983

Uhrig, M.: Datenbankensysteme und Online-Datenbanken, Hannover 1987

Weissmann, A.: Verbraucherpanel, München 1983

Wettschurek, G.: Meßtechnisches Praktikum für Marktforscher, Hamburg 1977

4 Daten und Informationsanalyse

Nach Durcharbeitung des Kapitels Daten- und Informationsanalyse sollte der Leser

- die unterschiedlichen Begriffe der Daten- und Informationsanalyse voneinander abgrenzen können,
- die Schritte der Aufbereitung der Daten aufzeigen können,
- die Verfahren der Analyse beschreiben können,
- das zu einer Fragestellung passende statistische Verfahren anhand von vorgegebenen Kriterien ermitteln können.

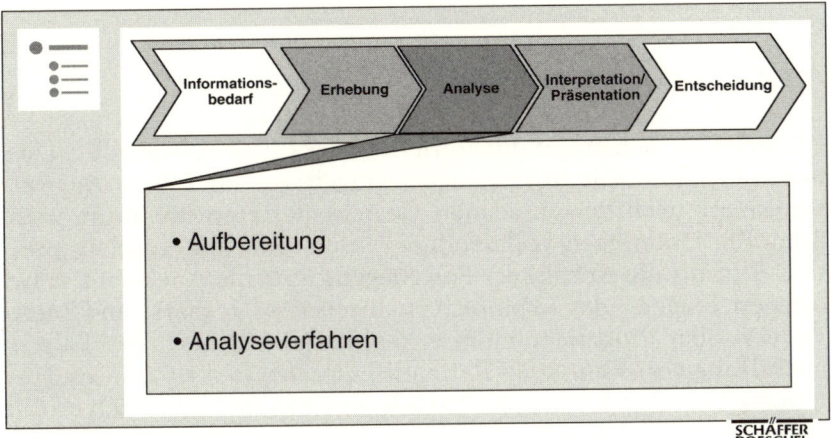

Abb. 140: *Übersicht über die Phase Daten- und Informationsanalyse*

Nach der Erhebungsphase liegen die Informationen in Form von Datensätzen oder Tabellen vollständig vor. In der Analysephase müssen sie aufbereitet und mit geeigneten statistischen Verfahren analysiert werden. Welche Schritte in der Aufbereitung zu gehen sind, soll im folgenden Kapitel beschrieben werden. Insbesondere wird dabei auf die Nutzung statistischer Programmpakete eingegangen, die vorhandene Datensätze aufbereiten. Im Anschluss daran werden die verschiedenen statistischen Analyseverfahren dargestellt, die für bestimmte Daten und Informationsvoraussetzungen einzusetzen sind.

4.1   Aufbereitung

In der Regel liegt am Beginn der Aufbereitungsphase bei Nutzung der Erhebungsmethode Befragung ein Stapel von Fragebögen auf dem Tisch. Bei der Beobachtung oder beim Experiment sind es ähnliche Ergebnisbögen. Sind die Daten durch den Computer z.B. durch scanning direkt erhoben worden, sind die ersten drei Teilschritte der Aufbereitung nicht mehr notwendig. Die Aufbereitung gliedert sich in fünf Schritte:

Schritte der Aufbereitung

1. Editierung,
2. Codierung,
3. Dateneingabe,
4. Datenverarbeitung,
5. Analyse.

4.1.1   Editierung

Arbeitsschritte der Editierung

Der erste Teilschritt ist die Editierung der Eingangskontrolle. Dies bedeutet, dass jede Vorlage, jeder Fragebogen oder jedes Auswertungsblatt nach verschiedenen Gesichtspunkten überprüft wird. Sind alle Unterlagen vollständig? Fehlen einzelne Fragebogenseiten? Stimmt die Anzahl der Fragebögen? Sind die Angaben z.B. bei offenen Fragen oder explorativen Interviews lesbar? Sind Interviewer- oder Probandenfehler erkennbar? Liegt bewusste Falschausfüllung vor? Kann man Reliabilitätsmängel erkennen? Sind die Ergebnisse vergleichbar? Sind alle Interviewanweisungen erfüllt worden?

- Vollständigkeit
- Lesbarkeit
- Verständlichkeit
- Konsistenz
- Vergleichbarkeit
- Einhaltung der Interviewanweisung

Abb. 141: *Arbeitsschritte der Editierung Informationsanalyse*

4.1.2 Codierung

Der zweite Aufbereitungsschritt ist die Codierung. Dies bezeichnet die Verschlüsselung alphanumerischer Daten in reine numerische Ziffern, die vom Computer besser verarbeitet werden können. Die Codierung ist entweder schon in die Fragebogenentwicklung integriert, so i.d.R. bei mündlichen Befragungen, bei denen auf dem Fragebogenblatt die Codes enthalten sind. Ansonsten muss dies nun mit folgenden Schritten vorgenommen werden:

Arbeitsschritte der Codierung

1. Variablenkurzbezeichnungen vergeben,
2. Zahlencodes für jede Ausprägungsalternative der Variablen definieren,
3. Fragebogennummer auf den Fragebogen als erstes schreiben,
4. fehlende Werte definieren (missing values),
5. bei jeder Frage am Rand den jeweiligen Code zuweisen,
6. bei Mehrfachantworten mehrere Variablenbezeichnungen vergeben,
7. für jede Merkmalsausprägung einen Code definieren, Ober- und Unterwerte festlegen.

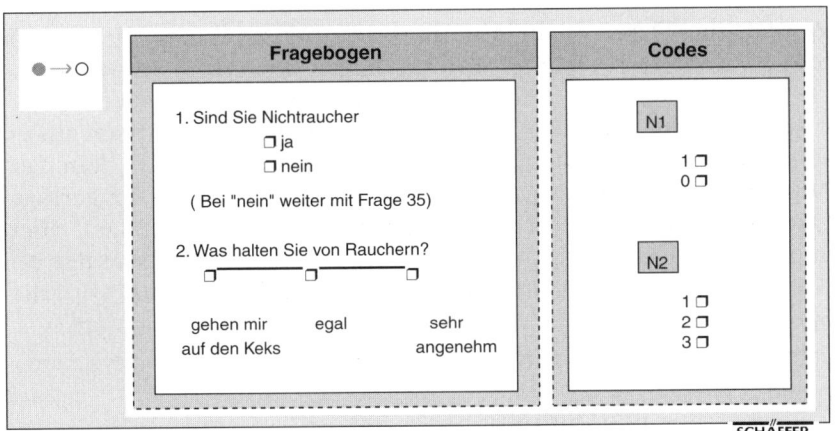

Abb. 142: *Beispiel einer Codierung*

Alle Codeinformationen und Vercodungsanweisungen werden in dem Codeplan niedergelegt. Nach diesem Codeplan nimmt der Interviewer die Vercodung auf dem Fragebogen vor. Bei der Randstreifenmethode werden alle Zifferncodes am Rand des Fragebogens notiert, sodass bei der Dateneingabe nur die Zahlen ohne große Suche abgetippt werden können. Teilweise werden die Daten auch auf Markierungsbelegen als Zwischenmedium übertragen.

Abb. 143: *Beispiel eines Fragebogens mit Codierungsanweisung*

4.1.3   Dateneingabe

Dateneingabegeräte

Werden die Daten nicht automatisch aufgezeichnet, so müssen nun die codierten Daten vom Fragebogen über ein Dateneingabegerät erfasst werden. Sind die Daten auf Markierungsbögen übertragen worden, kann der Computer diese Bögen automatisch einlesen. Neben der am häufigsten genutzten Tastatur mit dem 9er Nummernblock sind auch Touch-screen-Bildschirme für geringe Datenmengen, Lochkartenleser für gestanzte Vercodungen, aber auch ein Ganzseitenscanner denkbar. Der Ganzseitenscanner erwartet exakte und lesbare Markierungen. In der Zukunft wird die Spracheingabe auch hier die Marktforschungspraxis verändern.

– Tastatur

– Touch-Screen-Bildschirm

– Lochkartenleser

– Barcode (Scanner)

– Ganzseitenscanner

– Markierungsbeleg

– Spracheingabe

Abb. 144: *Dateneingabegeräte*

4.1.4 Datenverarbeitung

Bei kleinen Stichproben und qualitativen Erhebungen sind auch manuelle Auswertungen der aufgenommenen Informationen sinnvoll. Nach dem Sortieren der Antworten werden über eine Strichliste die aufgetretenen Merkmalsausprägungen aufgezeichnet. Da i.d.R. aufgrund der Stichprobengröße (n < 30) keine höheren statistischen Verfahren möglich sind, wäre eine EDV-mäßige Auswertung nicht sinnvoll. Die Striche werden gezählt und in % umgesetzt. Eine reine Auszählung gibt es noch bei Wahlen, wo für jede Merkmalsausprägung ein Haufen gemacht wird, der einzeln gezählt wird.

Dauer des Führerscheinbesitzes (in Jahren)	Führerscheinbesitzer Geschlecht	
	männlich	weiblich
weniger als 2	///	///
2 bis unter 4	////	//
4 bis unter 6	///// /	/////
6 bis unter 10	///// ///	///
10 bis unter 20	//	//
20 und mehr	/////	//

Abb. 145: *Beispiel einer manuellen Auswertung*

Die Datenverarbeitung wird heute meist von statistischen Programmpaketen erledigt. Die Marktforschungsinstitute haben meist eigene Systeme. Für Unternehmen und Hochschulen kann man auf allgemein zugängliche und bewährte Systeme zurückgreifen:

Statistik-Software

- BMDP: Biomedical Computer Programs
- OSIRIS: Organized Set of Integrated Routines for Investigation in Statistics
- SAS: Statistical Analysis System
- SPSS: Statistical Package for the Social Scienses.

Von diesen Systemen ist an den Hochschulen besonders SPSS verbreitet in der Windows-Version. Die Datenverarbeitung nimmt folgende Schritte vor:

Schritte der Datenverarbeitung

- Konsistenz der Angaben,
- Neue Variablen, Vercodung von Mehrfachantworten,

- Klassenbildung,
- Datencheck: Qualität der Messung,
- Plausibilitätsüberprüfung: uni- und einfache bivariate Auswertung der Daten auf Konsistenz, Logik,
- Kurzanalyse,
- Fehlerkorrektur.

4.2   Analyseverfahren

4.2.1   Überblick

Nach der Aufbereitung der Daten folgt nun die statistische Analyse des Datensatzes. Idealtypischerweise wurde schon bei der Planung der Erhebung auf die Möglichkeiten und Grenzen der einzelnen Verfahren Rücksicht genommen.

Zur Bestimmung des richtigen statistischen Verfahrens und der richtigen Anwendung sind vorab die unterschiedlichen Arten von Untersuchungsobjekten und ihre Inhalte darzustellen. Im zweiten Teil wird kurz auf die notwendigen statistischen Grundlagen eingegangen. Danach werden die verschiedenen statistischen Verfahren zur Analyse der Datensätze in Abhängigkeit von der Fragestellung und der Art der Untersuchungsobjekte dargestellt.

4.2.2   Statistische Grundlagen

Statistische Grundbegriffe

Um die weiteren statistischen Verfahren einordnen zu können, sollen im Folgenden einige wichtige statistische Grundbegriffe wiederholt werden:

- **Deskriptive Statistik** (beschreibende Statistik): Analyse der vorgefundenen Informationen (Stichprobe), Lösung einfacherer Probleme, Darstellung der Informationen in Tabellen und Schaubildern, Mittelwertberechnung, Streuungsmaße, Indizes, Konzentrationsmaße.
- **Induktive Statistik** (schließende Statistik): Rückschluss von den vorgefundenen Daten (Stichprobe) auf die Grundgesamtheit, Lösung komplexerer Probleme, Testverfahren, Schätzungen, statistische Einheit: Beobachtungsgegenstand wie z.B. Personen,
- **Objekte oder Ereignisse** (Merkmalsträger, Elemente): Da die Eigenschaften dieser Einheiten auch Merkmale genannt werden, spricht man hier auch von Merkmalsträgern.

- **Statistische Masse,** statistische Gesamtheit, Grundgesamtheit: Gesamtheit der von einem Untersuchungsziel her gleichartigen statistischen Einheiten; zeitlich, räumlich und sachlich eindeutig abgegrenzt; Stichprobe ist eine Teilgesamtheit.
- **Merkmal** (Variable): charakteristische Eigenschaft, die an einer statistischen Einheit, dem sogenannten Merkmalsträger auftritt.
- **Merkmalsausprägungen:** Beobachtungs- oder Messwerte eines Merkmals; werden nach Art des untersuchten Merkmals anhand verschiedener Skalen gemessen,
- **diskretes Merkmal:** kann auf einer metrischen Skala nur bestimmte Werte annehmen (z.B. Zahl der Kinder, Beschäftigtenzahl in einem Betrieb),
- **stetiges Merkmal:** kann auf einer metrischen Skala – zumindest in einem bestimmten Intervall – jeden Wert annehmen (z.B. Länge eines Werkstücks),
- **dichotomes Merkmal** (binäres Merkmal): diskretes Merkmal mit nur zwei Ausprägungen (z.B. Geschlecht).

Deskriptive Statistik

Basis für die Datenanalyse sind in der Regel über eine Stichprobe gewonnene Daten. Die Auswertung dieser Stichprobe wird deskriptiv vorgenommen. Es werden die Strukturen und Zusammenhänge der gewonnenen Daten analysiert. Letztendlich möchte man Informationen über die Grundgesamtheit haben. Deshalb hilft hier die induktive Statistik – vor allem durch die statistischen Testverfahren –, um von der Stichprobe auf die Grundgesamtheit zu schließen. In modernen statistischen Programmpaketen wie SPSS enthalten auch die deskriptiven Prozeduren zusätzliche induktive Signifikanztests.

Induktive Statistik

Alle mit Hilfe der deskriptiven Statistik gefundenen Erkenntnisse müssen sich auf drei Fragen bezüglich bestimmter Unterschiede zwischen Stichprobe und Grundgesamtheit überprüfen lassen:

- Sind die Erkenntnisse kompatibel mit dem bisherigen Wissen über die Grundgesamtheit?
- Sind die Ergebnisse signifikant?
- Sind die gefundenen Unterschiede und Erkenntnisse ausreichend entscheidungsrelevant?

Signifikanztest

Das wesentliche statistische Verfahren ist der Signifikanztest. Darin wird untersucht, mit welcher Sicherheitswahrscheinlichkeit eine in der Stichprobe vorgefundene Verteilung einer erwarteten Verteilung entspricht. Ist dies der Fall, so kann davon ausgegangen werden, dass die Stichprobe die Verhältnisse der Grundgesamtheit widerspiegelt. Für unterschiedliche Fragestellungen und Datenniveaus und den damit verbundenen erwarteten Verteilungen gibt es passende Signifikanztests wie CHI-Quadrat-Test, T-test oder t-Test.

4.2.3   Untersuchungsobjekte und Auswahlkriterien

- Art der Objekte:
  - Variablen (Merkmale)
  - (Merkmals)ausprägungen
  - Elemente (Fälle, Merkmalsträger, Probanden)
- Anzahl der Variablen
- Daten- und Messniveau (Skalenniveau)
- Abhängigkeiten der Variablen (Dependenz)
- Untersuchungszeitraum
- Untersuchungsgegenstand

Abb. 146: *Auswahlkriterien und Untersuchungsobjekte*

Übersicht über die Auswahlkriterien

Zur Auswahl des passenden statistischen Verfahrens sind einige Auswahlkriterien zu beachten. Aus der realen Kombination im Einzelfall ergibt sich zwangsläufig eine bestimmte Auswahl oder sogar nur ein statistisches Verfahren. Die Kriterien sind:

- **Art der Objekte:** Variable, Merkmalsausprägung oder Element, Anzahl der Variablen: eine, zwei oder mehr,
- **Daten- und Messniveau:** metrisch oder nicht-metrisch,
- **Abhängigkeiten zwischen den Variablen:** vorhanden oder nicht vorhanden; welches sind die abhängigen, welches die unabhängigen Variablen,
- **Untersuchungszeitraum:** Zeitpunkt oder Zeitraum,
- **Untersuchungsgegenstand:** Struktur oder Zusammenhang.

4.2.3.1 Art der Objekte

Entscheidend für die richtige Auswahl der Verfahren und für die richtige Interpretation der statistischen Ergebnisse ist die klare Trennung der Begriffe und damit der jeweiligen Untersuchungsobjekte.

Untersuchungsobjekte

Voneinander zu unterscheiden und zu trennen sind die Variablen (Merkmale) von den Elementen (Fällen, Merkmalsträger) und den Merkmalsausprägungen (Ausprägungen, Merkmalswerte).

Der typische Datensatz einer statistischen Auswertung speichert die Elemente in den Zeilen und die Variablen in den Spalten ab. In den Zellen der Schnittpunkte stehen nun die jeweiligen fest-

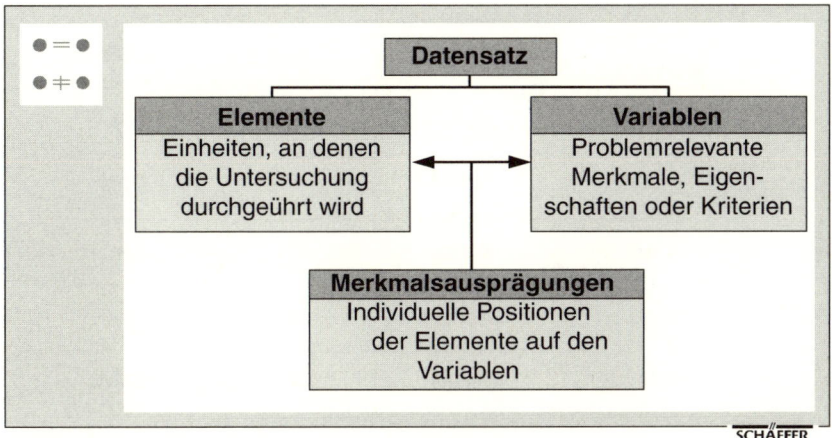

Abb. 147: *Zusammenhänge zwischen Datensatz, Elementen,*
Variablen und Merkmalsausprägungen

gestellten Merkmalsausprägungen. Es ist also im ersten Schritt
notwendig zu klären, was die Elemente, was die Variablen und was
die Merkmalsausprägungen sind.

Elemente (Fälle, Merkmalsträger) sind die Einheiten, an denen
die Untersuchung durchgeführt wird. Die Variablen (Merkmale)
sind die Eigenschaften oder Kriterien, die bezüglich der Elemente
untersucht werden. Die Merkmalsausprägungen sind die individuellen Positionen der Elemente auf den Variablen.

Innerhalb einer Region werden zwei Erhebungen zum Autobesitz durchgeführt. In
der ersten Erhebung werden einige Personen danach befragt, welche Automarke sie
fahren. Zusätzlich werden Informationen über den Vornamen und das Lebensalter
erfasst. In der zweiten Erhebung – auf der Basis von Sekundäranalysen – wird die
Wettbewerbssituation verschiedener Automarken anhand der Kriterien Marktanteil, durchschnittliches Alter der Kunden und der Marke des Zweitfahrzeuges im
Haushalt beurteilt.

In der ersten Erhebung sind die befragten Personen (Meier, Kopp u.a.) die Elemente, die Fälle für die Datenanalyse. Die untersuchten Kriterien wie Vorname, Alter
und Automarke stellen die Variablen, die Merkmale des Datensatzes dar. Die Ergebnisse wie Herbert, Opel oder 55 sind einzelne Merkmalsausprägungen der Variablen
auf den einzelnen Elementen. Ferrari ist z.B. die Merkmalsausprägung der Variable
Automarke für das Element Netzer.

In dem zweiten Fall sind die Elemente keine Personen, sondern Automarken.
Marktanteil, Kundenalter und Zweitmarke sind die Variablen. So ist z.B. 38,8 Jahre
die Merkmalsausprägung der Variable Kundenalter für das Element VW.

●→○ Variablen \ Elemente	Vorname	Alter	Automarke
Meier	Herbert	33	VW
Brandt	Peter	47	Opel
Netzer	Günther	48	Ferrari
Kopp	Michael	38	Opel
Schnitzer	Helmut	55	BMW

Abb. 148: *Aufbau des Datensatzes*

●→○ Variablen \ Elemente	Marktanteil	Kundenalter	Zweitmarke
Opel	15,7 %	40,5	VW
VW	20,1 %	38,8	Audi
Ferrari	0,01 %	48,0	Mercedes
Mercedes	8,8 %	45,9	VW
BMW	8,8 %	42,6	VW

Abb. 149: *Aufbau des Datensatzes*

4.2.3.2 Anzahl der Variablen

Variablenanzahl

Im nächsten Schritt ist die Anzahl der Variablen der einzelnen Analyse zu beachten. Handelt es sich um eine, zwei oder mehr Variablen, die in die einzelne statistische Analyse einbezogen werden? Daraus bedingen sich bestimmte Verfahren. Liegt nur eine Variable vor, können nur uni-variate Verfahren verwandt werden, liegen zwei Variablen zur Untersuchung vor, sind bi-variate Verfahren möglich. Sind mehr als zwei Variablen gleichzeitig in eine Untersuchung einzubeziehen, können die multivariaten Analyseverfahren genutzt werden.

4.2.3.3 Daten- und Messniveau der Variablen

Skalentyp	Eigenschaften der Messwerte	Aussagemöglichkeiten	Beispiele
Nominal-skala	$A = A \neq B$	Klassifikation: Die Messwerte zweier Untereinheiten sind identisch oder nicht identisch	Name, Geschlecht
Ordinal-skala	$A > B > C$	Rangordnung: Messwerte einer Variablen lassen sich als kleiner/größer/gleich einordnen	Schulnoten
Intervall-skala	$A > B > C$ und $A - B = B - C$	Rangordnung und Abstandsbestimmung: Die Abstände zwischen Messwerten sind angebbar	Intelligenzquotient, Kalenderzeit, Temperaturskalen von Celsius und Fahrenheit
Ratioskala (Verhältnis-skala)	$A = a \cdot B$	Absoluter Nullpunkt: Neben Abstandsbestimmungen können auch Messwertverhältnisse berechnet werden	Alter, Jahresumsatz

Abb. 150: *Datenskalierung und deren Auswertungsmöglichkeit* SCHÄFFER POESCHEL
(Quelle: Berekoven 1991, S. 68)

Entscheidend für das statistische Verfahren ist das Daten- oder Skalenniveau der Variablen. Im Wesentlichen werden vier Niveaus unterschieden:

1. Die **Nominalskala** lässt nur den Vergleich verschiedener Ausprägungen zu. Die einzelnen Ausprägungen stehen in keiner Reihenfolge zueinander. Ist die Autofarbe rot oder grün oder schwarz oder weiß? Sind die Farben gleich oder ungleich? Eine weitere Interpretation ist nicht möglich.

2. Bei der **Ordinalskala** ist es möglich, eine natürliche Reihenfolge der Ausprägungen darzustellen. Das gängige Beispiel sind Schulnoten. Ein 6 ist schlechter als eine 5, eine 5 schlechter als eine 4. Auch ein Gymnasialabschluss ist besser als ein Realschulabschluss und ein Realschulabschluss besser als ein Hauptschulabschluss. Eine weitergehende Interpretation ist nicht möglich, da es keinen metrischen Maßstab gibt, der nachweisen könnte, dass der Abstand zwischen Hauptschulabschluss und Realschulabschluss metrisch gleich ist dem Abstand zwischen Realschulabschluss und Abitur. Neben Häufigkeitsauswertungen sind auch die Lageparameter Median und Quantile möglich. Die oft durchgeführte Mittelwertbildung von Schulnoten ist streng methodologisch nicht erlaubt.

Messniveau der Variablen

3. Die **Intervallskala** erlaubt eine genaue metrische Betrachtung der Abstände zwischen den Merkmalsausprägungen. Damit weist sie ein metrisches Datenniveau auf und kann mit den meisten statistischen Verfahren bearbeitet werden. Neben diesen gleichen Abständen zwischen den Merkmalsausprägungen – meist auf einer Skala abgetragen – weist sie allerdings keinen natürlichen Nullpunkt auf. Kalenderzeiten oder Temperaturen nach Celsius sind dafür typische Beispiele, bei denen ein Nullpunkt aufgrund einer Vereinbarung gebildet wurde. Bei der Analyse ergibt sich daraus die Einschränkung, dass keine Quotienten gebildet werden dürfen, also z.B. das geometrische Mittel nicht sinnvoll ist.
4. Bei der **Ratioskala,** auch Verhältnisskala genannt, gibt es zusätzlich zur Intervallskala einen natürlichen Nullpunkt. Längen- und Größenangaben sind dafür typisch.

Nominalskalierung
"Welche Kaffeemarken kennen Sie?"
Tschibo ❐
Dallmeier ❐
Jacobs ❐

Ordinalskalierung
"Trinken Sie Kaffee gern oder ungern?"
sehr gern ❐
gern ❐
weder noch ❐
ungern ❐
sehr gern ❐

Intervallskalierung
"Wie gern trinken Sie Kaffee?"
sehr ungern 1 — 2 — 3 — 4 — 5 sehr gern

Ratioskalierung (Verhältnisskala)
"Wie alt sind Sie?" ____ Jahre

Abb. 151: *Beispiel von Skalierungstypen*

Mit dem Datenniveau steigt auch die Auswertungsmöglichkeit und Interpretierbarkeit der Informationen. So sind z.B. bei ratioskalierten Variablen auch die Ergebnisse der Analyse ratioskaliert, also nach einem Maßstab messbar und damit für die Unternehmenspraxis rechenbar.

Höherwertige statistische Analyseverfahren erwarten also immer das metrische Skalenniveau. Hin und wieder kommt es vor, dass das Datenniveau der vorliegenden Daten nicht zu der beabsichtigten Analyse passt. Entweder wurde bei einer Primärerhebung in der Operationalisierung des Untersuchungsdesigns schlecht gear-

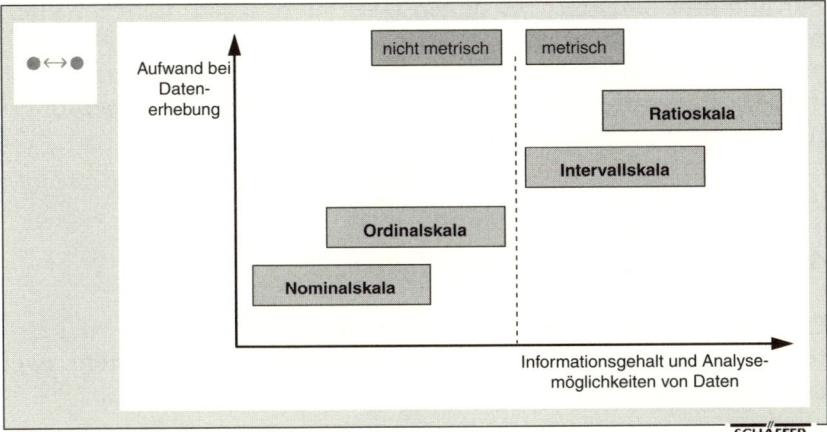

Abb. 152: *Zusammenhang zwischen Aufwand und Informations-
gehalt von Skalierungstypen*

beitet oder bei einer Sekundäranalyse findet sich das Datenniveau
so vor. Die Statistik bietet dazu zwei Hilfestellungen an:

Nominalskalierte Daten: Durch Bildung von dichotomen, bi-
nären Dummyvariablen, die jeweils nur die Ausprägung 0 = nein
und 1 = ja aufweisen, wird für jede einzelne Merkmalsausprägung
der Originalvariablen eine neue Variable gebildet. Diese kann dann
wie eine metrische Variable behandelt werden.

Die Variable Augenfarbe weist die Merkmalsausprägungen Blau, Grün und Braun
auf. Daraus werden drei Dummyvariablen gebildet: Blau, mit den Ausprägungen ja
und nein, Grün, mit den Ausprägungen ja und nein, und Braun, mit den Ausprägungen ja und nein. Hat ein Element (Proband) die Augenfarbe Blau, so ergeben sich folgende Variablenbesetzungen:

Variable	*Merkmalsausprägung*
Augenfarbe	blau
Blau	ja
Grün	nein
Braun	nein

Ordinalskalierte Daten: Geben diese Daten ein Kontinuum als
Rangfolge wieder, so dürfen auch sie wie metrische Variablen behandelt werden. Allerdings ist ein erheblicher Fehlerbereich für die
Qualität der Interpretation einzukalkulieren. Nicht einbezogen
werden dürfen klassifizierte Daten (Altersgruppe <20 Jahre, 20 bis
35, 35 bis 50, 50 bis 65, > 65) und Daten, die nicht ein gleichmäßi-
ges Kontinuum der Rangfolge darstellen (Schulnoten 1, 2, 3, 4 und
schlechter als 4).

Mehrfachantworten: Bildung von Dummyvariablen (ja-nein-
Antworten) für jede einzelne Ausprägung.

Für alle drei Bereiche, bei denen das Datenniveau nicht wirklich metrisch ist, muss bei einer metrischen Behandlung in der Analyse auf diesen Umstand hingewiesen werden. In der Interpretation ist der Qualitätsverlust mit einzubeziehen und bei der Entscheidungsfindung zu berücksichtigen.

4.2.3.4 Abhängigkeit der Variablen

Abhängigkeit zwischen Variablen

Ein weiteres Kriterium zur Beschreibung und Abgrenzung der Untersuchungsobjekte ist die Abhängigkeit zwischen mindestens zwei oder mehr Variablen:

- Die abhängige Variable ändert ihre Ausprägung in Abhängigkeit der Veränderung der unabhängigen Variablen.
- Die unabhängige Variable verändert ihre Ausprägungen nicht bei einer Änderung der abhängen Variablen.

Diese Bestimmung ist nur notwendig, wenn eine Abhängigkeit oder ein Zusammenhang zwischen den Variablen vermutet wird. Gibt es eine vermutete Abhängigkeit, so spricht man von Dependenzanalyse. Gibt es keinen Zusammenhang spricht man von Interdependenzanalyse und es werden Strukturen analysiert. Bei der Zeitreihenanalyse ist die Zeit (t) die unabhängige Variable und die jeweils anderen Variablen sind die davon abhängigen.

Fragestellung: »Gibt es einen Zusammenhang zwischen den Werbeausgaben und dem Automobilabsatz?« Hier wird ein Zusammenhang zwischen der Höhe der Werbeausgaben und der Absatzhöhe vermutet und zwar, dass bei höheren Ausgaben die Absatzzahlen steigen. Damit ist der Automobilabsatz die abhängige Variable, da sich ihre Ausprägung in Abhängigkeit der Veränderung der Variable Werbeausgaben ändert.

Kann eine Veränderung der Absatzzahlen nachgewiesen werden, werden sich nicht automatisch die Werbeausgaben ändern. Deshalb sind die Werbeausgaben die unabhängige Variable.

4.2.3.5 Untersuchungszeitraum

Untersuchungszeitraum

Der Untersuchungszeitraum bezeichnet die Periode, in der die Erhebung durchgeführt wird. Zu unterscheiden ist zwischen einer zeitpunktbezogenen Analyse und einer zeitraumbezogenen Analyse. Zeitpunktbezogen sind Querschnittsanalysen, die für einen Stichtag z.B. für eine Zielgruppe dessen Einstellung wiedergibt. Querschnittsanalysen sind die typischen Erhebungen der Marktforschung. Handelt es sich um zeitraumbezogene Analysen, so spricht man auch von Längsschnittanalysen. Sie geben die Entwicklung über einen definierten Zeitraum wieder. Sind diese Daten über die Zeitspanne kontinuierlich, so spricht man von einer Zeitreihenanalyse. Längsschnittanalysen werden durch mehrmalige Erhebungen oder Panels erhoben.

4.2.3.6 Untersuchungsgegenstand

Der Informationsbedarf beschreibt den Untersuchungsgegenstand. Entweder beinhaltet er eine Dependenz oder eine Interdependenz. Bei der Dependenzanalyse kann immer auch eine Hypothesenbildung mit möglichen Signifikanztests vorgenommen werden. Bei der Interdependenzanalyse werden Strukturen analysiert, um bisher unbekannte Zusammenhänge aufzuspüren. Dabei richten sich die einzusetzenden Verfahren nach der Art des Informationsbedarfes. Zu unterscheiden ist grob zwischen der Strukturanalyse der Elemente und der Strukturanalyse der Variablen.

Untersuchungs-gegenstand

4.2.4 Statistische Analyseverfahren

Im Folgenden werden die Analyseverfahren dargestellt nach der Anzahl der Variablen, eingeteilt in uni-, bi- und multivariat. Diese drei Bereiche werden für Querschnittsanalysen beschrieben. Im Anschluss daran werden Prognoseverfahren als Sonderkapitel angefügt, welche sehr stark von zeitraumbezogenen Analysen geformt werden.

4.2.4.1 Univariate Verfahren

Bei der Analyse einer einzigen Variablen und damit einer eindimensionalen Verteilung gibt es folgende Möglichkeiten:

Arten der univariaten Statistik

- Häufigkeiten zählen das Vorkommen der einzelnen Merkmalsausprägungen,
- die Lageparameter bestimmen Mittelwerte und Schwerpunkte der aufgetretenen Merkmalsausprägungen,
- die Streuungsmaße zeigen die Verteilung der aufgetretenen Merkmalsausprägungen vor allem um den arithmetrischen Mittelwert auf,
- die Formmaße (Formparameter) kennzeichnen die Symmetrie und Steilheit der Verteilung,

- die Konzentrationsmaße untersuchen die Gleichmäßigkeit der Verteilung aller Merkmalsausprägungen auf die Elemente (Merkmalsträger, Fälle).

Häufigkeitsmaße

Häufigkeitsmaße geben die konkreten Ausprägungen einer Stichprobenverteilung wieder. Handelt es sich um stetige Variablen mit vielen Merkmalsausprägungen werden diese in Klassen zusammengefasst, sodass nur noch überschaubare Ausprägungszahlen zu verarbeiten sind. Allerdings haben klassifizierte Daten immer einen hohen Datenverlust. Typische Häufigkeitskennzahlen sind:

- absolute Häufigkeiten,
- relative Häufigkeiten,
- kumulierte absolute Häufigkeiten und
- kumulierte relative Häufigkeiten.

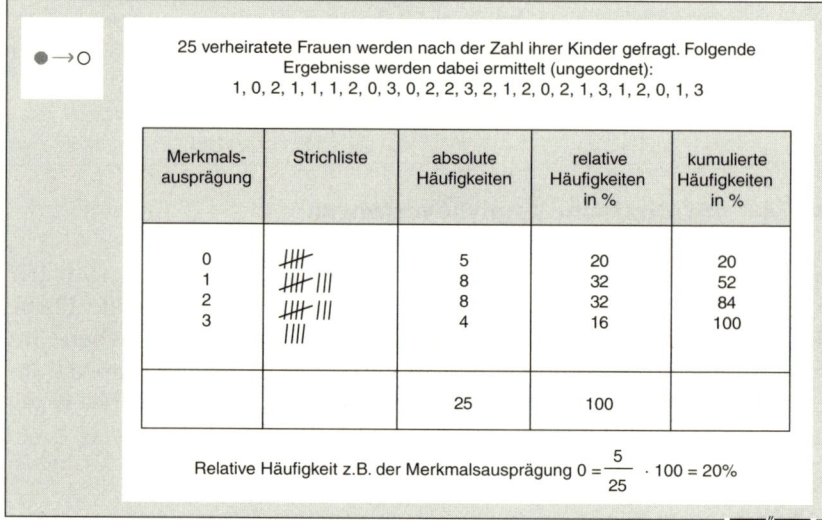

Abb. 153: *Beispiel einer Häufigkeitstabelle*

Die absoluten Häufigkeiten geben die Anzahl der in der Stichprobe bei den Elementen angetroffenen jeweiligen Merkmalsausprägungen wieder. Werden diese in Relation gesetzt zu der Gesamtzahl der Elemente, ergeben sich die relativen Häufigkeiten. Beide Kennzahlen können über die Addition der vorherigen Häufigkeiten kumuliert werden.

Lageparameter

Die zweite Gruppe zur statistischen Analyse von univariaten Daten sind die Lageparameter, auch Lokalitätsmaße genannt. Sie geben die mittleren Lagen der Häufigkeitsverteilung wieder. Folgende Maße sind gebräuchlich:

- Der **Modus** (dichtester Wert, häufigster Wert, Modalwert) kann auch bei Vorliegen des niedrigsten Messniveaus (Nominalskala) zur Anwendung gelangen. Er bezeichnet diejenige Merkmalsausprägung, die am häufigsten vorkommt. Bei klassifizierten Daten liegt der Modus in der Klasse mit der größten Klassenhäufigkeit (z.B. Modus = [näherungsweise] Klassenmitte).

- Der **Median** (Zentralwert) steht in einer der Größe nach geordneten Reihe von Merkmalsausprägungen in der Mitte, d.h. die untersuchte Variable muss zumindest ordinalskaliert sein. Bei einer geraden Anzahl von Merkmalsausprägungen ergibt sich der Median als arithmetisches Mittel der beiden mittleren Beobachtungswerte. Bei Vorliegen einer Häufigkeitsverteilung ist der Median die Merkmalsausprägung, bei der die Summenhäufigkeitsfunktion den Wert 0,5 überschreitet. Bei einer Häufigkeitsverteilung klassifizierter Daten muss unter Umständen mit Hilfe der linearen Interpolation eine Feinberechnung des Medians vorgenommen werden.
  Quantile sind die Verallgemeinerung des Medians. Während der Median die Verteilung in zwei gleiche Hälften teilt, teilen die Quantile in mehrere gleiche Teile, z.B. in vier gleiche Teile (Quartile), zehn gleiche Teile (Centile) oder hundert gleiche Teile (Perzentile).

- Das **arithmetische Mittel** (Mittelwert, durchschnittlicher Wert, Durchschnitt) kommt bei Intervall- und verhältnisskalierten (also metrisch skalierten) Variablen zum Tragen. Bei (n) Elementen einer statistischen Gesamtheit berechnet es sich als Summe der (nicht unbedingt unterschiedlichen) Einzelwerte, die durch die Anzahl aller Elemente (n) geteilt wird. Tauchen gleiche numerische Werte als Beobachtungswerte auf, so fasst man sie zusammen und berechnet das arithmetische Mittel aus der entsprechenden Häufigkeitsverteilung. Wegen der Gewichtung der einzelnen Merkmalswerte mit den Häufigkeiten spricht man auch vom gewogenen arithmetischen Mittel. Bei klassifizierten Daten benötigt man einen repräsentativen Wert für die einzelnen Klassen. Es bietet sich dazu die Klassenmitte an.

- Für das **geometrische Mittel** muss die untersuchte Variable ratioskaliert sein. Hierbei werden die Einzelwerte nicht addiert, sondern multipliziert. Daraus wird eine n-te Wurzel gezogen.

- **Harmonisches Mittel:** Kehrwert des Mittels der Kehrwerte einer Variablen geteilt durch ein gewichtetes Mittel, z.B. durchschnittliche Gurtquote über 5 Länder hinweg, deren Durchschnittswerte mit den Einwohnerzahlen gewichtet werden.

Die dritte Gruppe der Analysemaße sind die Streuungsparameter. Ergänzend zu den Lageparametern ist eine Beurteilung der Streuung der Messwerte vorzunehmen. Die gebräuchlichsten Streuungs-

Abb. 154: *»Sollen wir das arithmetische Mittel als durchschnitt-*
liche Körpergröße nehmen und den Gegner erschrecken,
oder wollen wir ihn einlullen und nehmen den Median?«
(Quelle: Krämer 1994, S. 54)

maße (Dispersionsmaße, Streuungsparameter, Variationsmaße) sind:

Streuungsparameter

- **Spannweite** (Spanne, Range, Variationsbreite). Sie kann bereits bei ordinalskalierten Daten Anwendung finden. Liegen Einzelwerte vor, dann ist die Spannweite als Differenz zwischen dem größten (Maximum) und dem kleinsten Messwert (Minimum) definiert. Bei Vorliegen einer Häufigkeitsverteilung erhält man die Spannweite als Differenz aus der größten und der kleinsten Merkmalsausprägung. Hat man schließlich eine Häufigkeitsverteilung klassifizierter Daten vorliegen, dann ist die »Range« definiert als Abstand zwischen der oberen Klassengrenze der obersten Klasse und der unteren Klassengrenze der untersten Klasse.

- **Varianz:** Das wichtigste Streuungsmaß. Sofern eine Streuung der Einzelwerte um das arithmetische Mittel zu beobachten ist, liegt der Wert der Varianz stets oberhalb von Null. Die Dimension entspricht den quadrierten Abstandssummen vom Mittelwert.

- Die positive Quadratwurzel aus der Varianz ist die **Standardabweichung:** Sie weist die gleiche Dimension auf wie die beobachteten Werte. Sie kann als durchschnittliche Abweichung der einzelnen Messwerte vom Mittelwert einer Verteilung interpretiert werden.

- Der **Variationskoeffizient** ist ein relatives Streuungsmaß. Er wird durch die Division des absoluten Streuungsmaßes durch den Mittelwert berechnet und kann so verschiedene Streuungen unterschiedlicher Erhebungen vergleichen. Voraussetzung für dieses Vorgehen ist allerdings, dass die untersuchten Merkmale verhältnisskaliert sind.

Die vierte Gruppe von Maßen zur Analyse von univariaten Variablen sind die sogenannten **Formparameter**. Sie geben Auskunft über die Gestalt, Symmetrie und Form der Verteilung:

Formparameter

- **Schiefemaße** zeigen eine rechtsschiefe (rechtsasymmetrische, rechtssteile) oder linksschiefe (linksasymmetrische, linkssteile) Verteilung.
- **Wölbungsmaße** beurteilen die Wölbung (Exzess, Kurtosis) und damit die Steilheit einer Häufigkeitsverteilung. Unterschieden wird zwischen flachgewölbten (platykurtische), mittelgewölbten (mesokurtische) und hochgewölbten (leptokurtische) Verteilungen.

Die fünfte Gruppe der Analyseverfahren von univariaten Verteilungen sind die **Konzentrationsmaße**. Sie bestimmen die Art der Verteilung der Gesamtsumme der Merkmalsausprägungen auf die Elemente (Merkmalsträger):

Konzentrations-parameter

- Die **absolute** Konzentration (Konzentration im engeren Sinne) wird über die Konzentrationsrate (Konzentrationskoeffizient, Konzentrationsverhältnis) gemessen. Dieses Maß berechnet den Anteil der gesamten Variablensumme, der auf diejenigen Merkmalsträger mit den größten Ausprägungen fällt.
- Die **relative** Konzentration (Disparität) untersucht, ob ein großer Anteil der Variablensumme auf einen geringen Anteil der Merkmalsträger verteilt ist. Die bekannteste Darstellungsweise ist die Lorenzkurve.

4.2.4.2 Bivariate Verfahren

Werden zwei Variablen statistisch untersucht, so spricht man von einer bivariaten Analyse. Bivariate statistische Verfahren sind eine Sonderform der multivariaten Form für den Zwei-Variablen-Fall. Da sie allerdings sehr häufig vorkommen, werden sie als eigene Gruppe in der Praxis betrachtet. Die wichtigsten Verfahren sind:

- Kreuz- und Kontingenzanalyse,
- Korrelationsanalyse, lineare Einfach-Regressionsanalyse und Varianzanalyse.

Arten der bivarianten Statistik

B

Rauch- verhalten Geschlecht	Raucher	Nicht- raucher	Zeilen- summe
männlich	90	165	255 55%
weiblich	110	135	245 45%
Spalten- summe	200 40%	300 60%	500 100%

●→○

SCHÄFFER
POESCHEL

Abb. 155: *Aufbau einer Kreuztabelle*

Kreuztabellenanalyse

Ausgangspunkt der bivariaten Analyse ist die zweidimensionale Häufigkeitstabelle oder auch Mehrfeldertafel oder Kreuztabelle genannt. Eine Häufigkeitstabelle besteht aus drei Teilen. Die erste Spalte und die oberste Zeile beinhalten die Bezeichnung der Merkmalsausprägungen bezüglich der Variablen 1 (Zeile) und Variablen 2 (Spalte). Die letzte Spalte und die unterste Zeile beinhalten die jeweiligen Summen der Spalten und Zeilen. Die Schnittmenge beider Reihen unten rechts gibt die Gesamtsumme aller Antworten an. Die inneren Felder werden auch Zellen genannt. Hierin stehen die Anzahl der Fälle, die die jeweilige Kombination aus Variable 1 und Variable 2 wiedergeben.

Neben den absoluten Fallzahlen können in den Zellen auch die relativen Häufigkeiten bezogen auf die Zeilensummen, die Spaltensummen und die Gesamtsumme stehen. Entsprechendes gilt für die Zellen, die zu jeder Randzelle in Relation gesetzt werden kann.

Nach der beschreibenden, rein deskriptiven Analyse der Kreuztabelle werden zusätzliche statistische Kennzahlen herangezogen, die die Intensität, die Repräsentativität und die Signifikanz der gefundenen Unterschiede und Besonderheiten der Zellen in der Kreuztabelle beurteilt. Beispiele sind der Chi-Quadrat-Test, der Phi-Koeffizient, Kontingenzkoeffizient und die quadratische Kontingenz.

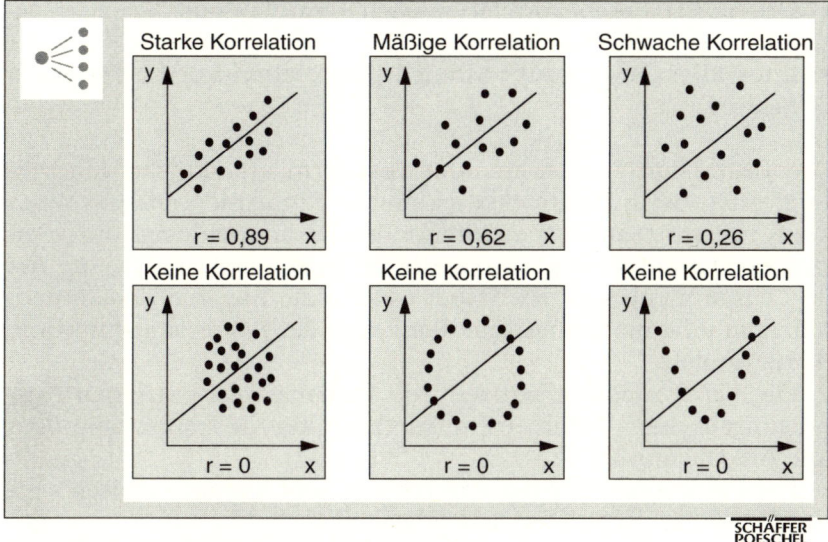

Abb. 156: *Ausprägungen von Korrelationen*

Die Korrelationsanalyse versucht in ihrer Ursprungsform, eine **Korrelationsanalyse**
lineare Beziehung zwischen den Merkmalskombinationen der Ele-
mente bezüglich zweier Variablen zu beurteilen. Der statistische
Korrelationskoeffizient r kann Werte zwischen –1 und +1 annehmen. r = 0 bedeutet, es kann statistisch kein korrelativer, linearer
Zusammenhang zwischen den Variablen festgestellt werden. r = –1
bedeutet einen vollständigen negativen Zusammenhang, r = +1
einen vollständigen positiven Zusammenhang.

Da der Korrelationskoeffizient nur lineare Beziehungen überprüft, kann er nicht-lineare Beziehungen nicht feststellen. Außerdem darf bei einem hohen korrelativen Zusammenhang nicht von
einer Gesetzmäßigkeit ausgegangen werden. Die sogenannte Scheinkorrelation kann den wirklichen Zusammenhang überdecken.

Das Standardbeispiel ist der Zusammenhang zwischen Storchenpopulation und der
Geburtenrate von Menschen. Es kann statistisch durchaus ein positiver korrelativer
Zusammenhang zwischen diesen Variablen gemessen werden. Gibt es in einer Region
eine hohe Storchenpopulation, ist ebenfalls die Geburtenrate hoch. Dieser Zusammenhang ist allerdings nur eine Scheinkorrelation, weil sie die wirklichen Zusammenhänge nicht aufdeckt. Diese verstecken sich in einem weiteren Merkmal, der
Variable Stadt/Land. Mit diesem Merkmal ließen sich beide positiven Korrelationen
erklären.

In Abhängigkeit von dem Datenniveau gibt es verschiedene Korre-
lationskoeffizienten, die die Stärke des Zusammenhangs messen:

- Ordinalskala: Rangkorrelation nach Spearman und Assoziationsmaß nach Goodman-Kruskal,
- Intervallskala: Produkt-Moment-Korrelationskoeffizient nach Pearson.

Regressionsanalyse

Die Regressionsanalyse in ihrer Basisform als »Lineare-Einfach-Regression« ist die Weiterentwicklung der Korrelationsanalyse. Wenn die Korrelationsanalyse die Stärke des Zusammenhangs durch einen Koeffizienten angibt, so stellt die Regressionsanalyse die Art des Zusammenhangs dar. Dabei werden die linearen Zusammenhänge in eine mathematische Funktion, der Regressionsfunktion, umgewandelt.

Varianzanalyse

Die Varianzanalyse beurteilt die Varianzen der einzelnen Ausprägungen einer Variablen im Vergleich zur Gesamtvarianz über alle Ausprägungen.

Die Funktionsweise der Regressions- und Varianzanalysen werden für den multivariaten Fall dargestellt.

4.2.4.3 Multivariate Verfahren

Multivariate Analysemethoden, d.h. die gleichzeitige Analyse einer größeren Zahl von Variablen, gehören heute zum Standardwerkzeug in Wissenschaft und Praxis. Dies ist zum einen sicherlich darauf zurückzuführen, dass die zu untersuchenden Phänomene zunehmend komplexer werden. Zum anderen ermöglicht immer leistungsfähigere EDV und nicht zuletzt die dazugehörige Software immer mehr Interessenten die Anwendung dieser Methoden. Nicht selten gehören die meisten der im Folgenden kurz skizzierten Verfahren deshalb schon zum Standard der gängigen Analyseprogramme.

Die dargestellten bivariaten Verfahren stellen eine Sonderform der multivariaten Verfahren für den Zwei-Variablenfall dar. Die Verfahren selber arbeiten grundsätzlich gleich.

Bei den multivariaten Verfahren wird unterschieden in:

Arten der multivariaten Analyse

- Verfahren der **Dependenzanalyse** (Strukturen prüfende Analyse). Überprüfung vermuteter Abhängigkeiten oder Unabhängigkeiten zwischen den Variablen.
- Verfahren der **Interdependenzanalyse** (Strukturen entdeckende Analyse). Untersuchung des Datensatzes auf bestehende Strukturen zwischen den Variablen und den Elementen.

4.2.4.3.1 Dependenzanalyse

Voraussetzung zur Anwendung der Verfahren der Dependenzanalyse
ist ein vermuteter Kausalzusammenhang zwischen den Variablen.
Er kann bereits sagen, welche der zu untersuchenden Variablen auf
andere einwirken, oder anders ausgedrückt, er kann die Variablen
in abhängige (also beeinflusste) und unabhängige (also beeinflus-
sende) Variablen einteilen. Je nachdem wie diese Variablen skaliert
sind, finden verschiedene Methoden Anwendung.

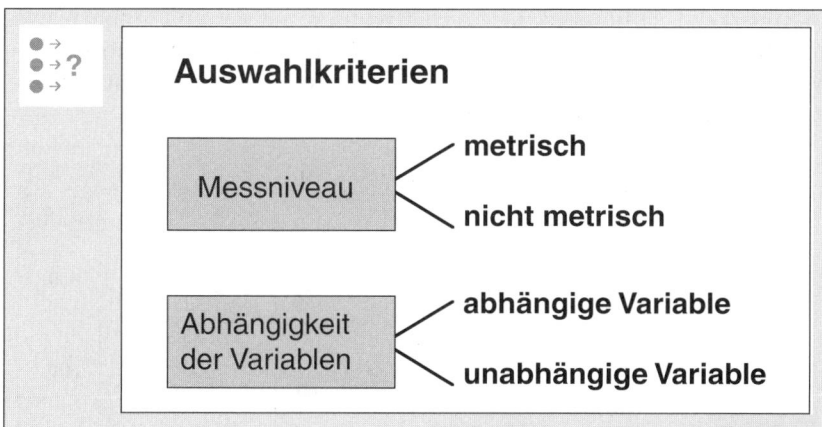

Auswahlkiterien der
Dependenzanalyse

Abb. 157: *Auswahlkriterien der Dependenzanalyse*

Die der jeweiligen Fragestellung zuzuordnenden statistischen Verfahren ergeben sich aus der Kombination des Messniveaus und der
Abhängigkeit der Variablen.

		Messniveaus der <u>unabhängigen</u> Variablen	
		nicht metrisch (nominal, ordinal)	metrisch (intervall, ratio)
Messniveaus der <u>abhängigen</u> Variablen	nicht metrisch (nominal, ordinal)	Kontingenz-analyse	Diskriminanz-analyse
	metrisch (intervall, ratio)	Varianz-analyse	Regressions-analyse

Abb. 158: *Verfahren der Dependenzanalyse*

Arten der Dependenz-analyse

Sind die Variablen ausschließlich nicht-metrisch, kann die Kontin-genzanalyse zum Einsatz kommen. Ein Beispiel für ihre Anwen-dung wäre die Frage nach dem Zusammenhang zwischen dem Rau-chen (Raucher/Nichtraucher) und dem Auftreten von Lungener-krankungen (ja/nein). Sind alle Variablen metrisch, ist ebenfalls die Entscheidung für die Regressionsanalyse einfach zu treffen. Sind al-lerdings einige Variablen metrisch und andere nicht-metrisch, so ist zusätzlich die Abhängigkeit zwischen den Variablen zu prüfen. Da die Verfahren der Dependenzanalyse nur in Betracht kommen, wenn eine Abhängigkeit in Frage kommt, so sollte immer die Struktur der Abhängigkeit geprüft werden. Ist die abhängige Varia-ble metrisch und die unabhängige nicht metrisch, so kann nur die Varianzanalyse eingesetzt werden. Im umgekehrten Fall ist die Dis-kriminanzanalyse die richtige Wahl.

● → ○	Region	Kaufintensität			
		0 - 1	2 - 3	4 und mehr	
	A	200 (beob.) / (erw.) 160	140 / 160	60 / 80	400
	B	60 / 80	80 / 80	60 / 40	200
	C	140 / 160	180 / 160	80 / 80	400
		400	400	200	1000

Abb. 159: *Kontingenzanalyse*

Kontingenzanalyse

Die Kontingenzanalyse (auch als Kontingenztabellenanalyse be-zeichnet), im Zweivariablenfall Kreuztabellenanalyse genannt, geht von nicht-metrischen abhängigen und unabhängigen Variablen aus. Dabei werden die in der Stichprobe gefundenen beobachteten Werte in einer mehrdimensionalen Tabelle dargestellt und die Randhäufigkeiten ermittelt. Auf der Basis dieser Randhäufigkeiten werden für jede Zelle der Tabelle die aufgrund einer Gleichvertei-lung erwarteten Häufigkeiten berechnet. Die Kontingenztabellen-analyse vergleicht nun die Unterschiede zwischen den beobach-teten und den erwarteten Zellenhäufigkeiten über alle Variablen multidimensional hinweg.

●→○ Problemstellung	Anzahl Variablen	Variablen		Messniveau		Ver-fahren
		abhängige	unabhängige	abhängige	unabhängige	
Gibt es einen Zusammenhang von Studienabbruch und Neben-erwerbstätigkeiten von Studenten?	2	Studien-abbruch	Neben-erwerbs-tätigkeit	nicht metrisch	nicht metrisch	Kontingenzanalyse
Ist das Krankenbild der Depression bei Selbstmördern häufiger vorzufin-den als bei anderenTodesursachen?	2	Selbst-mord	De-pression	nicht metrisch	nicht metrisch	
Sind einem Testmarkt unterzogene Produkte erfolgreicher als nicht getestete?	2	Erfolg der Marktein-führung	Testmarkt-durchführung	nicht metrisch	nicht metrisch	
Haben international tätige Kon-zerne eine andere Organisations-struktur als national tätige?	2	Konzern-struktur	Internatio-nale Tätigkeit	nicht metrisch	nicht metrisch	
Gibt es einen Zusammenhang zwischen Beruf und Herzinfarkt?	2	Herz-infarkt ja/nein	Berufs-gruppe	nicht metrisch	nicht metrisch	
Unterscheiden sich Raucher und Nichtraucher nach Geschlecht und Schulbildung?	3	Rauchen	Schulbildung Geschlecht	nicht metrisch	nicht metrisch	

Abb. 160: *Typische Fragestellungen der Kontingenzanalyse*

Die Regressionsanalyse ist wohl das am häufigsten angewandte multivariate Analyseverfahren. Dabei wird die Beziehung zwischen einer abhängigen und mindestens einer unabhängigen Variablen untersucht, die alle metrisch skaliert sind. Im Ergebnis erhält man eine quantitative Abschätzung des Zusammenhangs, der unter be-stimmten Voraussetzungen auch für die Erstellung von Prognosen

Regressionsanalyse

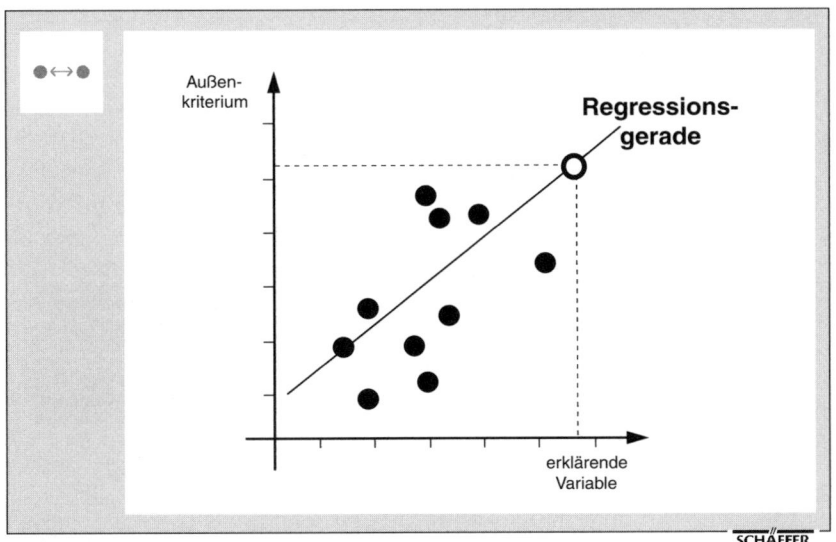

Abb. 161: *Struktur der Regressionsanalyse*

Problemstellung	Anzahl Variablen	Variablen		Messniveau		Ver-fahren
		abhängige	unabhängige	abhängige	unabhängige	
Hängt die Höhe des Verkaufsum-satzes von der Zahl der Kunden-besuche ab?	2	Umsatz	Kunden-besuche	metrisch	metrisch	Regressionsanalyse
Wie wird sich der Absatz ändern, wenn die Werbung verdoppelt wird?	2	Absatz-menge	Ausgaben für Werbung	metrisch	metrisch	
Wie lässt sich die Entwicklung des Absatzes in den nächsten Monaten schätzen?	2	Absatz-menge	Zeit	metrisch	metrisch	
Gibt es einen Zusammenhang zwischen Einkommen (in DM), Alter (in Jahren) und dem Zigarettenkon-sum (Anzahl in Zigaretten/Tag)?	3	Zigaretten-konsum	Einkommen Alter	metrisch	metrisch	
Kann der Absatzpreis eines Auto-modells um 10% erhöht werden, wenn wir den Wert der Zusatzaus-stattung um 5% anheben und den Werbeetat um 5% erhöhen?	3	Absatz-preis	Werbeetat Wert der Zusatzaus-stattung	metrisch	metrisch	

Abb. 162: *Typische Fragestellungen der Regressionsanalyse*

genutzt werden kann. Ein Beispiel für eine Regressionsanalyse könnte z.B. die Frage sein, ob und wie die Absatzmenge eines Pro-duktes vom Preis, den Werbeausgaben, der Zahl der Verkaufsstät-ten und dem Volkseinkommen abhängt.

Varianzanalyse   Die Varianzanalyse findet Anwendung, wenn die unabhängigen Variablen nicht-metrisch und die abhängigen Variablen metrisch

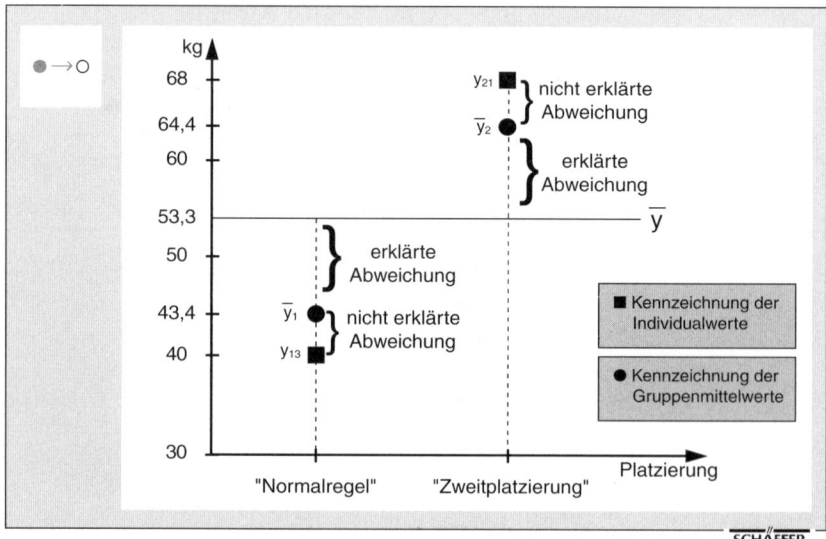

Abb. 163: *Struktur der Varianzanalyse*

Problemstellung	Anzahl Variablen	Variablen		Messniveau		Ver- fahren
		abhängige	unabhängige	abhängige	unabhängige	
Welche Wirkung haben verschiedene Formen der Bekanntmachung eines Kinoprogramms (z.B. Plakate, Zeitungsinserate) auf die Besucherzahlen?	2	Besucher- zahl	Art der Bekannt- machung	metrisch	nicht metrisch	Varianzanalyse
Es soll die Wahrnehmung von Konsumenten untersucht werden, die sie gegenüber zwei alternaten Verpackungsformen für die gleiche Seife empfinden. Auf drei Rating- skalen wird die Attraktivität der Verpackung, Gesamtbeurteilung des Produktes und ihre Kaufbereitschaft gemessen.	4	Attraktivität Gesamtbe- urteilung Kaufbereit- schaft	Verpackungs- form	metrisch	nicht metrisch	
Hängt der Zigarettenkonsum (in Zigaretten pro Tag) vom Geschlecht, der Zigarettenmarke und dem Bildungsgrad ab?	4	Zigaretten- konsum	Geschlecht Zigaretten- marke Bildungsgrad	metrisch	nicht metrisch	
Welches Design für ein neues Fahrzeugmodell bewirkt eine höhere Absatzzahl?	2	Absatz- zahl	Design	metrisch	nicht metrisch	

Abb. 164: *Typische Fragestellungen der Varianzanalyse*

SCHÄFFER POESCHEL

skaliert sind. Besondere Bedeutung kommt diesem Verfahren bei der Auswertung von Experimenten zu, wobei die nicht-metrisch skalierten unabhängigen Variablen die experimentellen Einwirkungen wiedergeben. Die Varianzanalyse untersucht die Streuungen (Varianzen) für die Ausprägungen der nicht-metrischen unabhängigen Variablen um deren einzelnen Mittelwerte. Der Abstand von diesen Mittelwerten der Merkmalsausprägungen zum Gesamtmittelwert über alle Elemente wird erklärte Abweichung genannt. Der Abstand jedes einzelnen Elementes zu diesen Mittelwerten wird nicht erklärte Abweichung genannt.

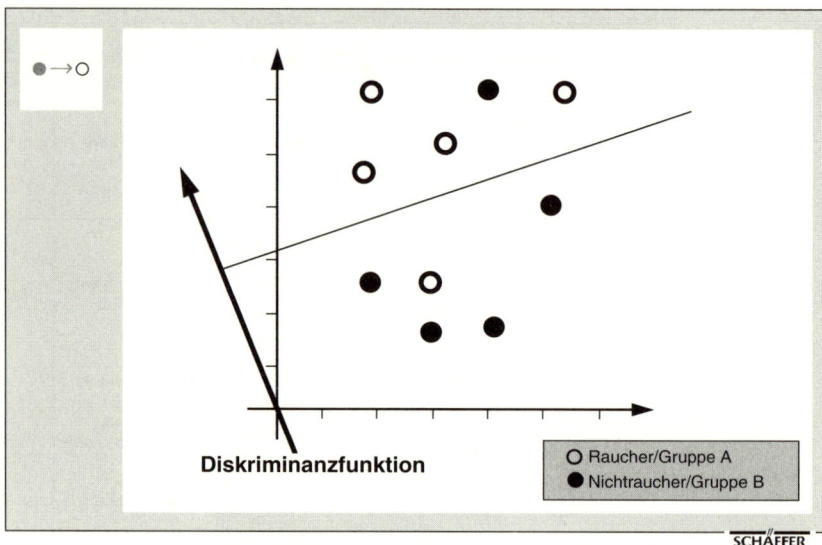

Abb. 165: *Struktur der Diskriminanzanalyse*

Die Diskriminanz-analyse

Die Diskriminanzanalyse setzt eine nicht-metrische skalierte abhängige Variable und metrisch skalierte unabhängige Variablen voraus. Hauptaufgabe dieses Verfahrens ist die Analyse von Gruppenunterschieden, wobei die abhängige Variable die Gruppenzugehörigkeit beschreibt und die unabhängigen Variablen die Gruppenelemente identifizieren. Die Diskriminanzanalyse versucht durch

Problemstellung	Anzahl Variablen	Variablen		Messniveau		Ver-fahren
		abhängige	unabhängige	abhängige	unabhängige	
Kann der Kunde anhand seines Alters, Einkommens und der Anzahl der Schufa-Einträge als kreditwürdig eingestuft werden?	4	Kredit-würdig-keit	Alter Einkommen Schufa-Einträge	nicht metrisch	metrisch	Diskriminanzanalyse
Gibt es einen Zusammenhang der Wahl einer Partei mit der Anzahl der Kirchenbesuche, dem Einkommen und der Anzahl der Strafmandate?	4	Partei-wahl	Kirchen-besuche Einkommen Straf-mandate	nicht metrisch	metrisch	
Unterscheiden sich Raucher von Nichtrauchern nach Alter, Einkommen, Körpergewicht und Körpergröße?	5	Rauchen	Alter Einkommen Körpergewicht Körpergröße	nicht metrisch	metrisch	
Hängt die Wahl eines Automodells von seiner Höchstgeschwindigkeit, seinem Verbrauch und dem Preis ab?	4	Auto-wahl	Höchstge-schwindigkeit Verbrauch Preis	nicht metrisch	metrisch	

Abb. 166: *Typische Fragestellungen der Diskriminanzanalyse*

Bildung von Diskriminanzfunktionen die vorgegebenen Gruppen bestmöglich anhand der unabhängigen Variablen zu trennen.

4.2.4.3.2 Interdependenzanalyse

Bei den strukturen-entdeckenden Verfahren, der Interdependenz-analyse, bestehen vorab keinerlei Vorstellungen über Zusammen-hänge zwischen den Variablen. Es kann daher auch nicht zwischen abhängigen und unabhängigen Variablen unterschieden werden. Deswegen wird hier neben der Kenntnis des Datenniveaus der Un-tersuchungsgegenstand für die Verfahrensauswahl benötigt, wird intensiv die Struktur der Elemente oder die Struktur der Variablen untersucht.

Variablen	Verfahren
metrisch	• multiple Korrelationsanalyse • Clusteranalyse (metrisch) • Faktorenanalyse
nicht metrisch	• MDS (Multidimensionale Skalierung) • Clusteranalyse (nicht metrisch) • Conjoint Analyse

SCHÄFFER POESCHEL

Abb. 167: *Übersicht über die wichtigsten Verfahren der Interdependenzanalyse*

Arten der Inter-dependenzanalyse

Die metrischen und nicht-metrischen Versionen der Clusteranaly-sen untersuchen die Strukturen innerhalb der Elemente. Die multi-ple Korrelationsanalye versucht Zusammenhänge zwischen vielen metrischen Variablen zu finden, arbeitet aber grundsätzlich wie dargestellt. Die Faktorenanalyse ist das typische Verfahren zum Er-kennen von Strukturen zwischen Variablen. Die multidimensiona-le Skalierung erwartet mehrere multivariate Polaritätenprofile über verschiedene Objekte, um eine Datenverdichtung vorzuneh-men. Die Conjointanalyse untersucht spezifische Strukturen in Hinsicht auf Reihenfolgen von Merkmalsausprägungen multiva-riater Variablen.

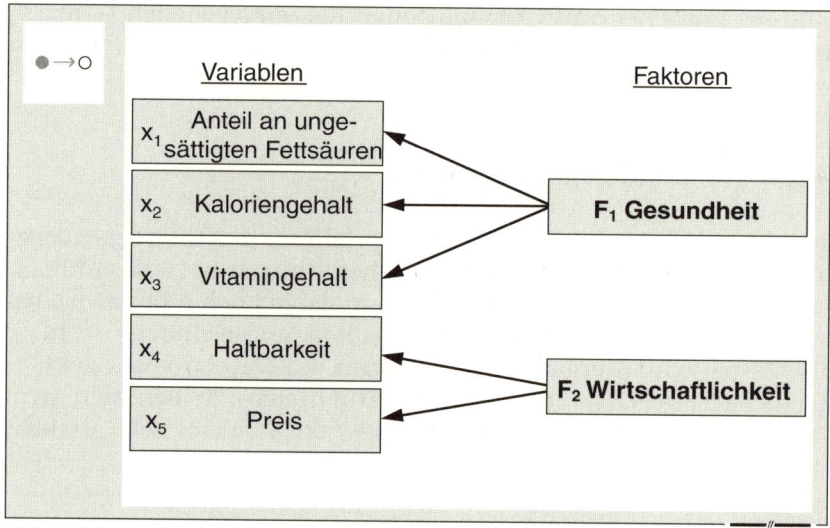

Abb. 168: *Struktur der Faktorenanalyse*

Faktorenanalyse

Die Faktorenanalyse ist ein Verfahren der Datenreduktion bezüglich der Vielzahl von gleichgerichteten Variablen. Sie analysiert die mögliche Abhängigkeit von Variablen. Sind z.B. bestimmte Eigenschaften eines Produktes nach den Ergebnissen der Analyse gleichgerichtet und sehr stark voneinander abhängig, so werden diese durch eine Hypervariable, den Faktor, ersetzt. Dieser Faktor bein-

Problemstellung	Anzahl Variablen	Variablen		Messniveau		Verfahren
		abhängige	unabhängige	abhängige	unabhängige	
Was sind die Hauptgebiete des redaktionellen Teils einer Wirtschaftszeitung nach Messung von 25 von Kunden beurteilten Merkmalen (metrische Skala)?	25		Beurteilungs-kriterien		metrisch	Faktorenanalyse
Lassen sich die 30 Einstellungsdimensionen eines Polaritätenprofils bezüglich Automarken auf einige wenige Hauptmerkmale reduzieren?	30		Items eines Polaritäten-profils		metrisch	
Reduziert sich der Erklärungsbeitrag von 5 Hauptfaktoren gegenüber 18 einzelnen Imagemerkmalen einer Zigarettenmarke?	18		Image-merkmale		metrisch	

Abb. 169: *Typische Fragestellungen der Faktorenanalyse*

haltet ohne großen Informationsverlust die Aussagefähigkeit der Einzelvariablen. Die Faktorenbezeichnung wird vom Marktforscher als Oberbegriff der Einzelvariablen vorgenommen.

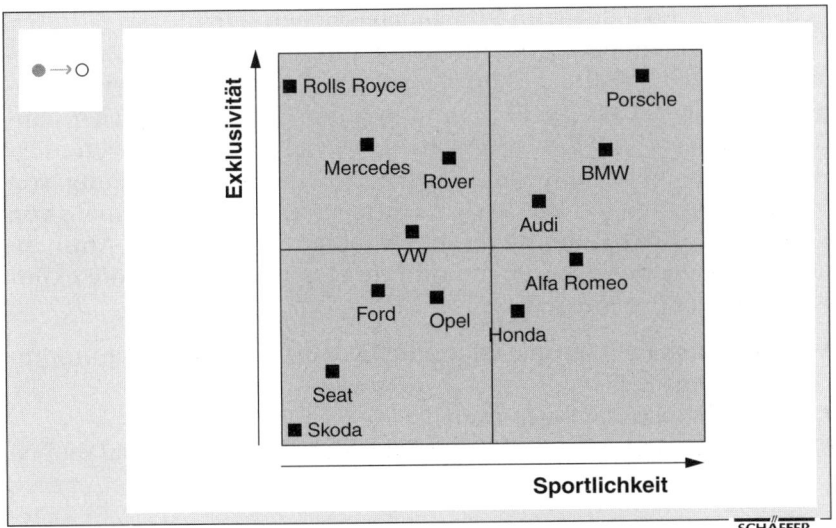

Abb. 170: *Struktur der Multidimensionalen Skalierung (MDS)*

Die Multidimensionale Skalierung (MDS) ist eine Gruppe von Verfahren, welches Objekte als Punkte in einem möglichst zweidimensionalen Raum derartig zu positionieren versucht, dass eine

MDS

Problemstellung	Anzahl Variablen	Variablen		Messniveau		Ver-fahren
		abhängige	unabhängige	abhängige	unabhängige	
Welche Produktpositionierung weisen 5 Automodelle in den Augen der Käufer anhand 15 für alle 5 Automodelle gemessenen Kaufentscheidungsdimensionen (ordinal gemessen) auf?	5*15		Kaufentscheidungsdimensionen		nicht metrisch	Multidimensionale Skalierung
Welche Zigarettenmarken sind sich nach Käufermeinung ähnlich oder unähnlich, gemessen durch ein semantisches Differenzial mit 20 Items für 10 Zigarettenmarken?	10*20		Items eines semantischen Differenzials		metrisch (intervall-skaliert)	

Abb 171: *Typische Fragestellungen der MDS*

geometrische Ähnlichkeit der Objekte wiedergegeben wird. Sie benötigt parallel für verschiedene Objekte (z.B. Automodelle) aufgenommene Variablen. Das bedeutet z.B. für eine Imageuntersuchung, dass ein Polaritätenprofil mit 15 Variablen für jedes Objekt (z.B. 5 Automodelle) beim Probanden erhoben sein muss.

Clusteranalyse   Die Clusteranalyse (Klassifikation, numerische Taxonomie) versucht Elemente (Fälle) zusammenzufassen. Sie werden so in Gruppen gebündelt, dass die Elemente in einer Gruppe möglichst ähnlich (homogen) und die Unterschiede zwischen den Gruppen möglichst hoch (heterogen) sind. Ein Beispiel wäre die Bildung von Marktsegmenten auf der Basis nachfragerelevanter Merkmale von Käufern. Zur Bestimmung dieser Gruppierungen werden Ähnlichkeitsmaße genommen, die die interne Homogenität und die externe Heterogenität messen:

- Nominalskala: Simple-Matching-Koeffizient und Tanimoto-Koeffizient,
- Ordinalskala: Canberra-Metrik,
- Intervall-/Ratioskala: Minkowski-Metrik und Mahalanobis-Metrik.

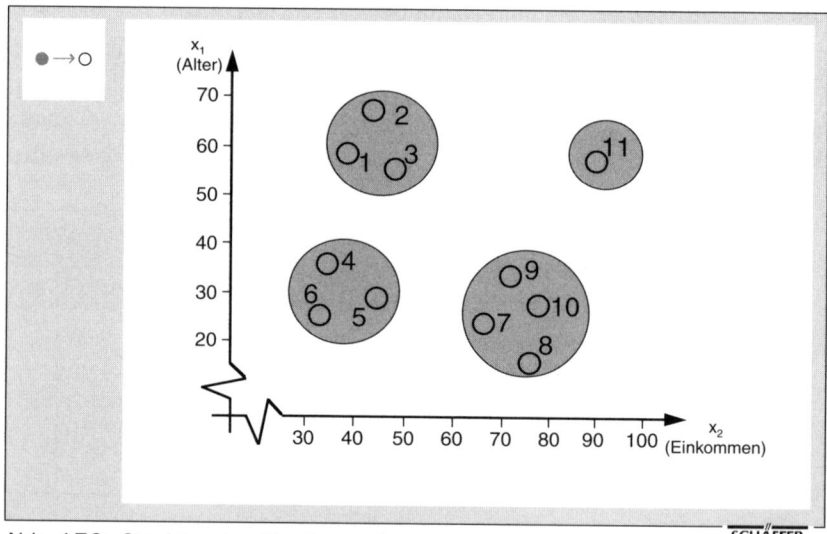

Abb. 172: *Struktur der Clusteranalyse*

Im Marketing wird die Clusteranalyse verwandt, um Kundentypologien zu entwickeln, die z.B. einzelne Marktsegmente darstellen können. Bekannt ist z.B. die Brigitte-Typologie aus den 70er Jahren oder die »Euro-Styles«, die versuchen, die europäischen Verbraucher in 16 verschiedene Lebensstilmustern zu gruppieren.

In der Praxis werden oft die Verfahren der Faktorenanalyse und der Clusteranalyse verknüpft, sodass für wenige Gruppen (Cluster) auch nur wenige beschreibende Hypervariablen (Faktoren) zur Verfügung stehen. Diese Ergebnisse der doppelten Datenreduktion werden dann oft in einer Diskriminanzanalyse auf die Trennkraft der Gruppierung überprüft.

	Problemstellung	Anzahl Variablen	Variablen		Messniveau		Ver-fahren
●→○			abhängige	unabhängige	abhängige	unabhängige	
	Welche Käufergruppen hat unser Fahrzeugmodell anhand 5 sozio-demografischer Variablen?	5		Sozio-demo-grafische Variablen		metrisch/ nicht metrisch	Clusteranalyse
	A-B-C-Analyse der Kunden: Gibt es drei Kundengruppen, die sich besonders anhand des Kaufvolumens und 10 anderer Kundenmerkmale voneinander deutlich unterscheiden?	11		Kauf-volumen Kunden-merkmale		metrisch/ nicht metrisch	
	Lassen sich die Wähler einer Partei anhand von 5 soziodemografischen und 8 psychografischen Merkmalen in verschiedene Gruppen klassifizieren?	13		Sozio-demo-grafische, psycho-grafische Variablen		metrisch/ nicht metrisch	

Abb. 173: *Typische Fragestellungen der Clusteranalyse*

SCHÄFFER POESCHEL

Conjoint-Analyse

Die Conjoint-Analyse versucht, die Strukturen zwischen den Merkmalsausprägungen verschiedener Variablen zu analysieren und in eine Reihenfolge zu bringen. Grundlage dafür ist, dass der Proband die Möglichkeit hatte, verschiedene Ausprägungen unterschiedlicher Variablen in eine Reihenfolge bringen zu können.

 ● → ○	Problemstellung	Anzahl Variablen	Variablen		Messniveau		Ver-fahren
			abhängige	unabhängige	abhängige	unabhängige	
	Welche Produktkombination aus Design (2 Alternativen), Ausstattung (Videotext ja/nein) und Bildgröße (50 cm, 70 cm) wird von den Kunden bevorzugt?	3		Design Ausstattung Bildgröße		nicht metrisch	Conjoint-Analyse
	Gibt es Kombinationen von Verkaufsunterstützungsmaterial (Display, Seminare, Geschenke, Argumenter) welche von den Großkunden im Handel bevorzugt gewünscht werden?	4		Displays Seminare Geschenke Argumenter		nicht metrisch	

Abb. 174: *Typische Fragestellungen der Conjoint-Analyse*

SCHÄFFER POESCHEL

EASY-Fallstudie

Für die Fragestellung des Informationsbedarfs (Job 3) Ausstattungskombinationen ergaben sich folgende Ergebnisse:

Eigenschaftsausprägung	Mittelwert
mehrfarbig lackiert	0,04551
einfarbig lackiert	0,24353
auswechselbare Sitzbezüge	0,06978
normale Sitzbezüge	0,14764
mit EASY-Handy	0,09874
ohne EASY-Handy	0,15776
mit GPS	0,13458
ohne GPS	0,10246

Das »optimale« EASY ist also einfarbig lackiert, hat normale Sitzbezüge, kein EASY-Handy und ist mit GPS ausgestattet. Zur Bildung einer Präferenzstruktur aller Befragten reicht aber die Kenntnis um die Größe der aggregierten normierten Teilnutzenwerte nicht aus, da sie noch keine Aussage über die Wichtigkeit der Eigenschaften geben. Das leistet nur die Spannweite der normierten Teilnutzenwerte über alle Befragten. Sie ermittelt sich aus dem maximalen normierten Teilnutzenwert einer Eigenschaft abzüglich des minimalen normierten Teilnutzenwertes derselben Eigenschaft. Da der minimale normierte Teilnutzenwert aber immer gleich Null ist, entspricht die Spannweite dem maximalen normierten Teilnutzenwert.

Eigenschaft	Spannweite	rel. Wichtigkeit
Lackierung	0,66176	31,24246%
Sitzbezüge	0,47727	22,53244%
EASY-Handy	0,49451	23,34601%
GPS	0,48462	22,87909%
Summe	2,1181	100,0%

Übersicht über die Präferenzen :

Eigenschaftsausprägung	insgesamt	Fun	Prestige	Nutzen	Rest
mehrfarbig lackiert					
einfarbig lackiert	✓	✓	✓	✓	✓
auswechselbare Sitzbezüge					
normale Sitzbezüge	✓	✓	✓	✓	✓
mit EASY-Handy		✓		indifferent	
ohne EASY-Handy	✓		✓	indifferent	✓
mit GPS	✓	✓	✓	✓	
ohne GPS					✓

Die Verteilung der Präferenzen über die Zielgruppen zeigt deutlich, dass sich die höchst präferierten Stimuli – bis auf die Ausnahme der Zielgruppe »Fun«, die eine Ausführung mit EASY-Handy vorziehen würde – nicht unterscheiden. Besonders erstaunlich ist die Tatsache, dass die beiden Eigenschaftsausprägungen, von denen eigentlich angenommen wurde, dass sie vor allem bei der Zielgruppe »Fun« (nämlich mehrfarbige Lackierung) und »Nutzen« (auswechselbare Sitzbezüge) Akzeptanz finden würden, nicht etwa knapp sondern deutlich hinter den alternativen Eigenschaftsausprägungen zurück bleiben. Eine weitere Überraschung stellt das Resultat des Merkmals »Navigationssystem« dar: Entgegen aller Erwartungen, die dieses Merkmal nur bei den Nutzenorientierten vorne sahen, hat es sich mehr oder weniger deutlich als unumgängliches Ausstattungsmerkmal – oder derzeit wenigstens als nachrüstbare Option – bei allen Zielgruppen durchgesetzt. Wie wichtig die einzelnen Eigenschaften für die Zielgruppen sind, zeigt folgende Matrix:

relative Wichtigkeiten der Eigenschaften :

Eigenschaft	insgesamt	Fun	Prestige	Nutzen	Rest
Lackierung	**31,24246%**	**30,04370%**	**30,75678%**	27,24690%	**31,45810%**
Sitzbezüge	22,53244%	23,10178%	23,47228%	22,76869%	22,51738%
EASY-Handy	23,34601%	23,80512%	22,29866%	19,02774%	23,50715%
GPS	22,87909%	23,04940%	23,47228%	**30,95667%**	22,51738%

Diese Matrix zeigt deutlich, dass der große »Verlierer« die mehrfarbige Lackierung ist, die nicht nur geringer präferiert wird (von der Zielgruppe Nutzen wird sie sogar mit Null bewertet), sondern zudem auch noch wegen der hohen relativen Wichtigkeit der Eigenschaft »Lackierung« einen negativen Effekt auf die Gesamtpräferenz eines Stimulus hat. Setzt man also Repräsentativität voraus, so wird das EASY-Mobil höchstens als absolute Ausnahme einmal mehrfarbig lackiert ausgeliefert. Die relative Wichtigkeit der Lackierung ist bei allen Zielgruppen – bis auf die Zielgruppe Nutzen – die Eigenschaft mit der höchsten relativen Wichtigkeit. Das entspricht jedoch auch dem Verständnis eines nutzenorientierten Kunden, für den andere Aspekte wesentlich wichtiger sind als ausgerechnet die Farbe des Fahrzeuges. Offenbar liefert auch das Handy dieser Zielgruppe keinen höheren zusätzlichen Nutzen, da sich sowohl der Nutzenbeitrag als auch die relative Wichtigkeit auf einem äußerst niedrigen Niveau bewegen. Die Eigenschaft, die für die Gruppe der Nutzenorientierten sehr wichtig ist, ist das Navigationssystem, das mit einer vergleichsweise hohen relativen Wichtigkeit von fast 31 % in die Präferenzstruktur diese Gruppe eingeht.

4.2.4.4 Prognoseverfahren

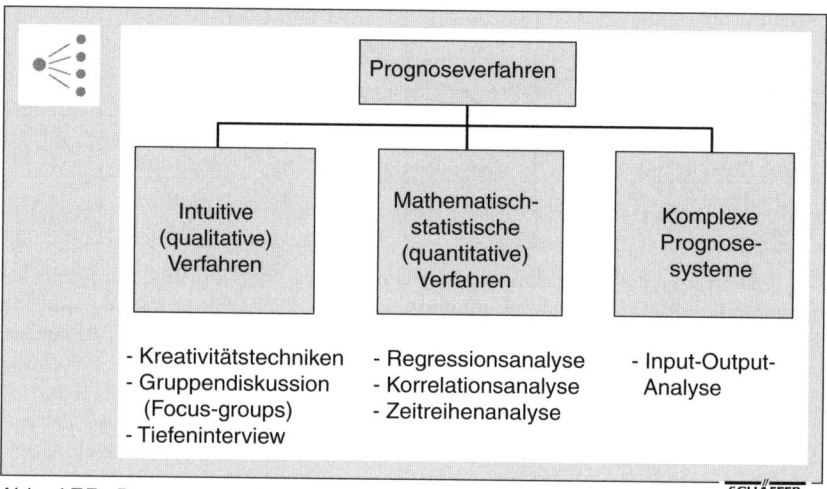

Abb. 175: *Prognoseverfahren*

Arten der Prognose-verfahren

Innerhalb jeder Situationsanalyse über Märkte sind Prognosen zu erstellen. Sie können über intuitive Verfahren erstellt werden, durch Nutzung der Verfahren der qualitativen Marktforschung. Der zweite Bereich sind die mathematisch-statistischen Verfahren, die neben der Regressions- und Korrelationsanalyse die Zeitreihenanalyse nutzen. Schließlich liefert die Input-Output-Analyse komplexe Prognosemodelle.

Komponenten der Zeitreihe

Die Zeitreihenanalyse benötigt eine oder mehrere stetige Zeitreihen, also lückenlose Merkmalsausprägungen einer Variablen in Kombination mit der Variablen Zeit (t). Diese so gemessene Ursprungsreihe wird mathematisch-statistisch zerlegt in vier Komponenten:

1. **Trendkomponente:** Wiedergabe der langfristigen Bewegung einer Zeitreihe. Misst die durchschnittliche Veränderung der Zeitreihe pro Zeiteinheit. Neben linearen Trends sind auch nicht-lineare denkbar. Die Aussagefähigkeit und der Trendverlauf hängen direkt mit der Länge der Ursprungsreihe zusammen.

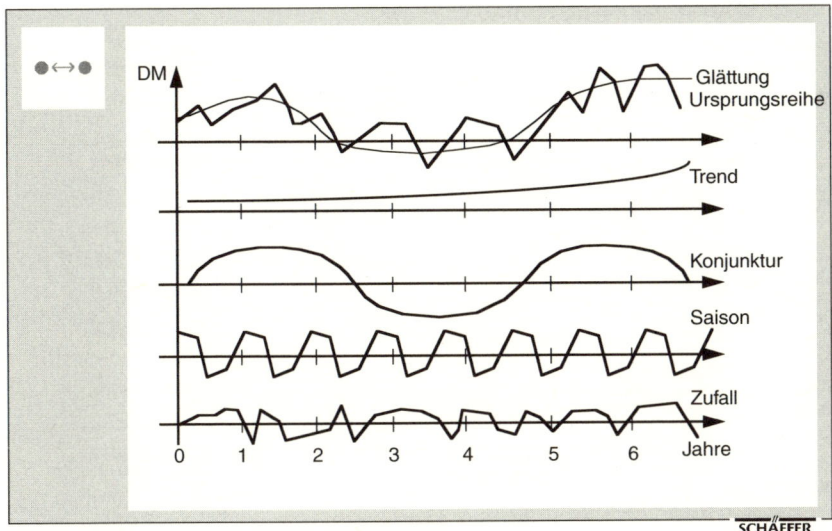

Abb. 176: *Komponenten einer Zeitreihe*

2. **Konjunkturkomponente** (Zykluskomponente): Wiedergabe der mittelfristigen Schwankungen durch Konjunktur oder Wachstum. Amplitudenhöhen und Länge der einzelnen Phasen können schwanken. Zur optischen Verdeutlichung wird über eine statistische Glättung die glatte Komponente berechnet, die vor allem den Schwankungen innerhalb der Zyklusphasen besser Rechnung trägt. Die bekanntesten Verfahren sind die Methoden der gleitenden Durchschnitte und der kleinsten Quadrate.

3. **Saisonkomponente:** Wiedergabe der kurzfristigen, i.d.R. unterjährigen Schwankungen durch saisonale und jahreszeitliche Einflüsse. Monatswerte sind mindestens notwendig. Bei den Verfahren unterscheidet man Saisonbereinigung bei konstanter und variabler Saisonfigur.

4. **Zufallskomponente** (Restkomponente): Wiedergabe der nichterklärten Schwankungen, die nicht zyklisch, regelmäßig oder periodisch auftretend. Gründe können in Erhebungsfehlern, ungenauer Berechnung der erklärten Schwankungen und singulären Einflüssen wie z.B. einem Streik liegen. Berechnet wird die Zufallskomponete als Restgröße nach Erklärung der Ursprungsreihe durch Trend, Konjunktur und Saison.

Die Glättung gibt eine mathematische Vereinfachung wieder, die die Entwicklung der Ursprungsreihe besser darstellt.

Komplexe Prognosesysteme und Prognosemodelle beruhen auf den Verknüpfungen von Input-Output-Analysen, die in der Vergangenheit beobachteten Güterströme zwischen Wirtschaftsstufen und Wirtschaftsobjekten für die Zukunft weiterführen.

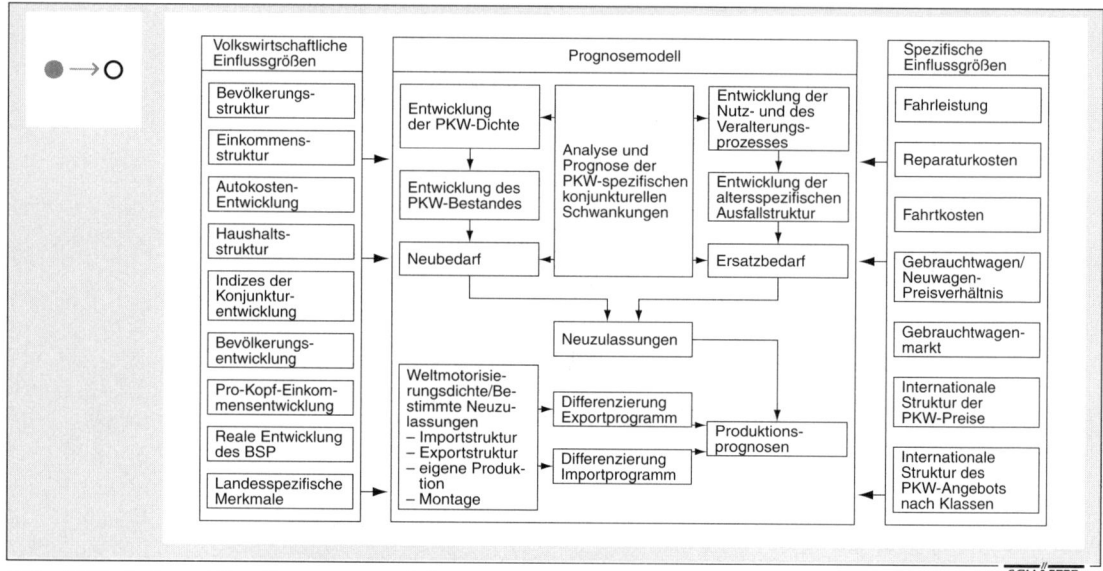

Abb. 177: *Automobiles Prognosemodel*

4.2.5   Zusammenfassung: Auswahl der Verfahren:

Für die Auswahl des richtigen statistischen Verfahrens für einen Informationsbedarf sind folgende Schritte zu gehen:

1. Untersuchungszeitraum: Zeitpunkt, Zeitraum,
2. Anzahl der Variablen: uni-, bi-, multivariat,
3. Dependenz – oder Interdependenz,
4. Datenniveau der Variablen: metrisch, nicht-metrisch,
5. Abhängige und nicht-abhängige Variablen,
6. Untersuchungsgegenstand.

Datenniveau		Statistische Analyseverfahren		
		univariat	bivariat	multivariat
nicht-metrisch	nominalskaliert	Häufigkeitsanalyse, Modus	Kreuztabellen- analyse, Kontingenz- koeffizient (Pearson), CHI², Phi	Kontingenzanalyse, Clusteranalyse
nicht-metrisch	ordinalskaliert	Median, Quantile	Assoziationskoeffizient (Goodman-Kruskal), Rangkorrelationskoeff. (Spearman, Kendall)	Faktorenanalyse, MDS, Conjoint-Analyse, Diskriminanzanalyse
metrisch	intervallskaliert	arithmetisches Mittel, Varianz, Standardabweichung	Varianzanalyse, Produkt-Moment- Korrelation (Pearson), Regressionsanalyse	Varianzanalyse, Regressionsanalyse, Diskriminanzanalyse
metrisch	ratioskaliert	geometrisches Mittel, harmonisches Mittel, Variationskoeffizient	Regressionsanalyse	Regressionsanalyse

Auswahl des passenden statistischen Verfahrens

SCHÄFFER POESCHEL

Abb. 178: *Datenniveau und Auswertungsverfahren*

Die obige Grafik versucht, eine Verbindung zwischen Anzahl der Variablen und Datenniveau herzustellen.

4.3 Kontrollfragen

Welche Phasen der Datenaufbereitung gibt es?
Welche Schritte sind nach der Datenaufnahme mit dem Computer durchzuführen?
Welche Analysesoftware gibt es?
Welche Kriterien zur Auswahl des geeigneten Analyseverfahrens gibt es?
Welche univariaten Analyseverfahren gibt es?
Welche bivariaten Analyseverfahren gibt es?
Welche Verfahren der Dependenzanalyse gibt es?
Unter welchen Voraussetzungen können Kontingenztabellenana-lyse, Varianzanalyse, Diskriminanzanalyse und Regressionsana-lyse eingesetzt werden?
Welche Verfahren der Interdependenzanalyse gibt es?
Welches Analyseverfahren reduziert die Anzahl der Variablen?
Welches Analyseverfahren reduziert die Anzahl der Elemente?
Welches Analyseverfahren ermittelt Präferenzen und Präferenzstruk-turen?
Aus welchen Bestandteilen besteht eine Zeitreihe?
Welche Prognoseverfahren gibt es?

4.4   Literaturhinweise

Ahrens, H./Läuter, J.: Mehrdimensionale Varianzanalyse, 2.A., Berlin 1981

Backhaus, K. et al.: Multivariate Analysemethoden, 8.A., Berlin et al. 1996

Bamberg, G./Baur, F.: Statistik, 8.A., München 1989

Bauer, F.: Datenanalyse mit SPSS, 2.A., Berlin et al. 1986

Bühl, A./Zöfel, P.: SPSS für Windows Version 6, Bonn/Paris/Reading 1994

Cooley, W.F./Lohnes, P.R.: Multivariate Data Analysis, New York 1971

Deichsel, G./Trampisch, H.J.: Clusteranalyse und Diskriminanzanalyse, Stuttgart 1985

Diehl, J.M.: Varianzanalyse, 4.A., Heidelberg 1983

Eckes, T./Roßbach, H.: Clusteranalysen, Stuttgart 1980

Fahrmeier, L./Hamerle, A. (Hrsg.): Multivariate statistische Verfahren, Berlin et al. 1984

Hartung, J./Elpelt, B.: Multivariate Statistik, München et al. 1984

Hochstädter, D./Kaiser, U.: Clusteranalyse, in: WISU 1989

Hochstädter, D./Kaiser, U.: Diskriminanzanalyse, in: WISU 1989

Holm, K. (Hrsg.): Die Befragung 5, München 1977

Holm, K. (Hrsg.): Die Befragung 6, München 1979

Kendall, M.: Multivariate Analysis, 2.A., London 1980

Kockläunder, G.: Angewandte Regressionsanalyse mit SPSS, Braunschweig et al. 1988

Kühn, W.: Einführung in die multidimensionale Skalierung, München et al. 1976

Lachenbruch, P.A.: Discriminant Analysis, New York 1975

Lindeman, R.H./Merena, P.F./Gold, R.Z.: Introduction to Bivariate and Multivariate Analysis, Gleview 1980

Long, J.S.: Confirmatory Factor Analysis, Beverly Hills 1983

Marinell, G.: Multivariate Verfahren, München et al. 1986

Mertens, P.: Prognoserechnung, 5.A., Heidelberg 1994

Miles, M.B./Hubermann, A.M.: Qualitative Data Analysis, Beverly Hills 1984

Norusis, M.J.: SPSS for Windows, Chicago 1992

Pepels, W.: Marktforschung und Absatzprognose, Wiesbaden 1994

Preiser, W.: Kohortenanalyse in der Konsumentenforschung, Wiesbaden 1991

Romesburg, H.C.: Cluster Analysis for Researchers, Belmont 1984

Späth, H.: Cluster-Formation und Analyse, München 1983

Steinhausen, D./Langer, K.: Clusteranalyse, Berlin et al. 1977

Tatsuoka, M.M.: Multivariate Analysis, New York 1988

Tiede, M.: Statistik, Regressions- und Korrelationsanalyse, München et al. 1987

Überla, K.: Faktorenanalyse, 2.A., Berlin et al. 1977

Weßner, K.: Strategische Marktforschung mittels kohortenanalytischen Designs, Wiesbaden 1989

5 Interpretation und Präsentation

Nach Durcharbeitung des Kapitels Interpretation und Präsentation sollte der Leser

- die unterschiedlichen Begriffe der Interpretation und Präsentation voneinander abgrenzen können,
- die Besonderheiten der Interpretation aufzeigen können,
- die Schritte innerhalb einer Präsentation aufzeigen können,
- das Layout und die Struktur einer Präsentation entwickeln können,
- den zu einer gewünschten Aussage richtigen Grafiktyp auswählen können,
- wichtige Schritte für eine zielgerichtete Dokumentation vollziehen können.

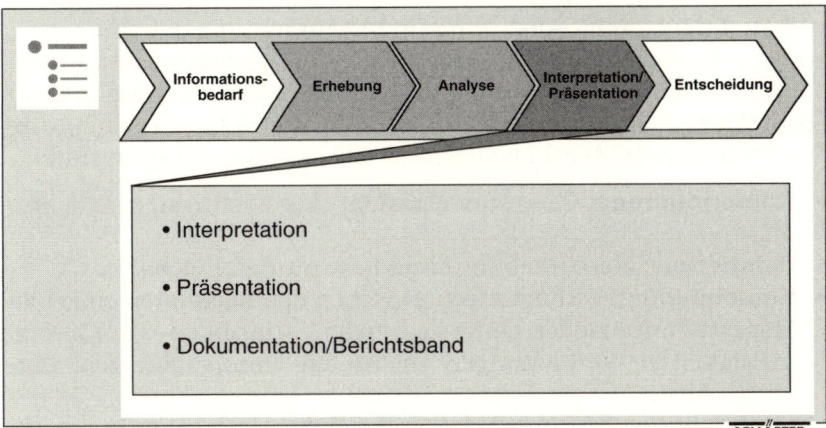

Abb. 179: *Übersicht über die Phase Interpretation und Präsentation innerhalb des Marktforschungsprozesses*

Nach Abschluss der Analysephase liegen die statistischen und sonstigen Ergebnisse geschlossen vor. Sie sind nun in Richtung der Entscheidungsfindung als Antwort auf den Entscheidungsbedarf hin zu interpretieren. Da die Qualität der Marktforschung sehr stark davon abhängt, dass die aufgrund der Interpretation gefundenen entscheidungsrelevanten Erkenntnisse auch vom Entscheidungsträger verstanden werden und dadurch in die richtigen Entscheidungen münden, ist die Präsentation der Ergebnisse letztendlich entscheidend für den Erfolg eines Marktforschungsprojektes. Die Dokumentation beinhaltet neben der schriftlichen Niederlegung der Präsentation alle angewandten Verfahren, Daten und Analysen. Insbesondere dient sie zur Information der in einer Präsentation nicht anwesenden Personen und als Nachschlagewerk für spätere Nutzungen.

5.1   Interpretation

Nach der aufgrund statistischer Analyse- und Testverfahren objektivierten Ergebnisse bezüglich der Falsifizierung von Hypothesen oder Erkennen von Strukturen und neuen Zusammenhängen muss die Interpretation eine Zielrichtung zur Entscheidungsfindung bewirken. Dies führt zu einer teilweisen Subjektivierung zurück in Form von verbaler oder schriftlicher Erläuterung durch den Marktforscher oder Projektleiter.

Die Interpretation stellt den Zusammenhang zwischen den detaillierten Methoden- und Resultatinformationen und den zweckbezogenen Informationsinteressen des Auftraggebers dar. Diese verbale Erläuterung, Auslegung und Begutachtung der erhobenen, aufbereiteten und statistisch ausgewerteten Ergebnisse endet in einer konkreten Antwort auf die Problemstellung und muss in einer **Bestandteile der** Empfehlung des Marktforschers bezüglich der Entscheidungsfin-
Interpretation dung münden. Wesentliche Bestandteile der Interpretation sind:

- **Komprimierung:** Zusammenfassung der wichtigsten Erkenntnisse.
- **Pointierung:** Hervorhebung eines bestimmten Ergebnisses.
- **Kombinierung:** Verbindungen zwischen den Resultaten einzelner Fragestellungen oder Untersuchungen, Auffinden von Gesetzmäßigkeiten, Verbindungen zu älteren Untersuchungen, Entwicklungen.
- **Begutachtung:** Abstecken der Grenzen der Methoden, Bewertung und Deutung der Ergebnisse, Bewertung der Aussage der Ergebnisse, Signifikanztest.
- **Empfehlung:** Übertragung der oft von dem konkreten Entscheidungsfall entfernten und abstrakt kategorisierten Ergebnissen in konkrete Anwendungssituationen.

Der Marktforscher hat in der Regel die besseren Methoden- und Marktkenntnisse für die spezielle Fragestellung. Demgegenüber weist der auftraggebende Marketingmanager in der Regel die besseren Kenntnisse der Marketinginstrumente und innerbetrieblichen Zielsysteme auf. Erst in einer gemeinsamen Teamleistung wird die richtige marktorientierte Entscheidung getroffen werden können.

Jegliche Forschungsergebnisse sind bei Stichprobenerhebungen mit Fehlern behaftet, die die Interpretations- und damit die Entscheidungsfähigkeit einschränken. Diese Prämissen z.B. bezüglich Reliabilität, Validität oder etwa Stichprobenfehler sollten deshalb bei jeder systematischen und wissenschaftlichen Ergebnisdarstellung angegeben werden. Die Faktoren der Messgenauigkeit sollten immer angegeben werden, um die Wichtigkeit der Ergebnisse beurteilen zu können.

Ein besonderes Problem bei der Interpretation von Erhebungsergebnissen liegt darin begründet, dass neben dem induktiven Schluss von der Stichprobe auf die Grundgesamtheit auch noch ein induktiver Schluss vom heutigem Verhalten auf zukünftiges Verhalten unternommen wird. Prognosen unterliegen somit einem besonderen Anspruch an die Qualität des Erhebungsdesigns.

5.2 Präsentation

Die Präsentation bildet den Abschluss der Marktforschung im engeren Sinne. In dieser Phase gibt der Marktforscher seine Erkenntnisse bezüglich des Entscheidungs- und Informationsbedarfs an den Entscheidungsträger weiter. Kann er jetzt seine Schlussfolgerungen nicht richtig »rüberbringen«, waren alle vorherigen Arbeiten nicht erfolgreich. Im Folgenden sollen die Grundlagen einer Präsentation und die Auswahl des richtigen Grafiktypes für eine bestimmte Aussage dargestellt werden.

5.2.1 Grundlagen

Die Planung einer guten Präsentation beantwortet im Vorfeld folgende Fragen:

Planungsbestand einer Präsentation

- Wie ist die Präsentation aufzubauen und zu strukturieren?
- Welches Präsentations-CD wird gewählt?
- Wie wird die Storyboard-Technik genutzt?
- Welche Präsentationshilfsmittel werden eingesetzt?
- Welche abzugrenzenden Inhalte und Ziele werden präsentiert?

5.2.1.1   Struktur und Aufbau

Aufbau einer Präsentation

Zwei grundsätzliche Vorgehensweisen helfen bei dem Aufbau einer Präsentation. Zum einen die fünf Schritte:

- Materialsammlung,
- Verdichtung,
- Grobgliederung,
- Strukturierung und
- Detailgliederung.

Zum anderen die wichtigste Gedächtnisstütze zum Finden der Inhalte einer Präsentation: die ETHOS-Regel. Diese besagt, dass für jeden Inhalt und damit jeden Aufbau einer Präsentation immer ökonomische, technische, menschliche, organisatorische und soziale Aspekte zu beachten sind. Mit dieser ETHOS-Regel wird eine Stichwort- und Argumenten-Sammlung zu dem Thema gemacht. Dies ist der erste Schritt zum Präsentations-Aufbau, die Stoff- oder **Materialsammlung.** Die dabei gefundenen Begriffe, Fragen etc. werden gebündelt und vernetzt zu Oberbegriffen. In Unternehmen wird zusätzlich oder alternativ diese Materialsammlung nach Abteilungen geordnet. Diese **Verdichtung** der Materialsammlung führt zu der **Grobgliederung,** die die wichtigsten Eckpfeiler der Präsentation enthält und jedem sofort klarmacht, wie der Präsentationsfluss aussieht.

Für die Grobgliederung hat sich in der Praxis die Unterteilung in

- Einleitung: Aufgabenstellung,
- Hauptteil: Situations- und Problemanalyse,
- Ursachenanalyse,
- Alternative Lösungen,
- Empfehlung und
- Schlussteil: Nächste Schritte.

bewährt.

Als Gedächtnisbrücke zum Aufbau einer Grobgliederung sind auch die Six P's nützlich, die

- Einleitung (Preface),
- Ausgangslage (Position),
- Problem (Problem),
- Möglichkeiten (Possibilities),
- Vorschlag (Proposal) und
- Nächste Schritte (Postscript)

einer Grobgliederung beschreiben.

EASY-Fallstudie

Vorgabe der Endpräsentation der Speedy GmbH:
Die Speedy GmbH plant die Markteinführung eines neuen Kleinwagens, intern

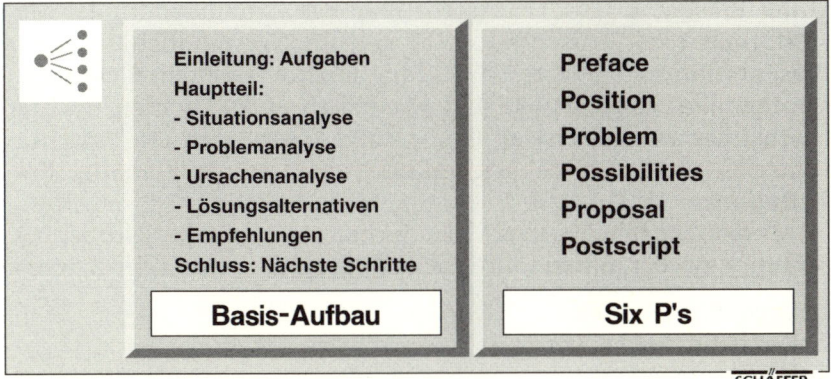

Abb. 180: Strukturierung einer Präsentation
(Quelle: Brandt/Kamenz 1993, S. 23)

EASY genannt. Die Marketingabteilung wird beauftragt, eine Präsentation über das Gesamtprojekt mit den wichtigsten Daten auch aus anderen Abteilungen bereitzustellen und dem Vorstand zur Entscheidungsfindung zu präsentieren. Welchen Aufbau hat diese Präsentation?

Erster Arbeitsschritt: **Materialsammlung.** Was sollte in der Präsentation angesprochen werden? Eine Stoffsammlung könnte folgendermaßen aussehen:
Kunden, Preise, Wettbewerb, Markt, Kosten, Umsatz, Erlöse, Profit, Design, Technik, Ausstattung, Einführungstermin, Investment, Budget, Features, Preis, Kundenwünsche, Projektzeitplan, Projektteamgestaltung, Wettbewerbsvorteile, Entscheidungstermine, Zeitplan, Dimensionen des Fahrzeugs, Aussehen, Zielgruppen.

Materialsammlung

5.2.1.2 Präsentations-CD

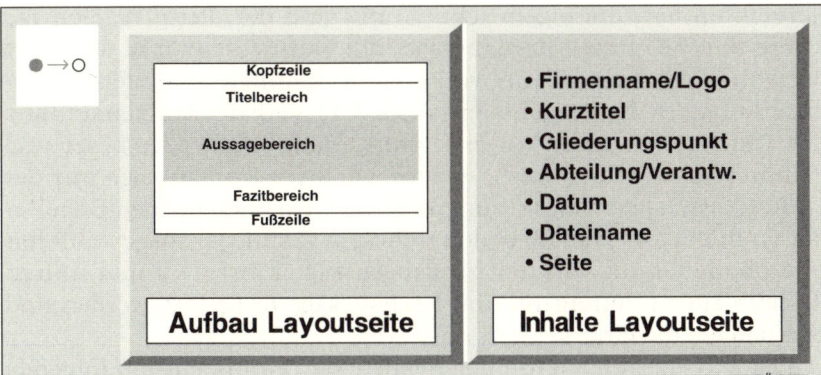

Abb. 181: *Layoutseite einer Präsentation*
(Quelle: Brandt/Kamenz 1993, S. 29)

Unter Präsentations-CD versteht man das Grundlayout oder Masterformat einer Präsentation. Es soll die Verständlichkeit einer Präsentation erhöhen, einzelne Teile leichter in einen Gesamtzusammenhang einordenbar und wiederkehrende Themen leichter bearbeitbar werden lassen. Demzufolge eignet sich ein Präsentations-CD auch mehr für wiederkehrende denn für einmalige Präsentationen.

Als typische Inhalte eines Masterformats, die auf jeder Seite der Präsentation wiederkehren sollten, sind folgende Teile zu identifizieren:

Bestandteile des Präsentations-CD

1. Logo, Firmenname,
2. Kurztitel, Schlagwort,
3. Gliederungspunkt,
4. Abteilung, Autor bzw. Präsentationsverantwortlicher,
5. Erstellungs- oder Präsentationsdatum,
6. Quelldatei der Vorlage,
7. Seitenangabe.

Auf der Präsentationsseite gehören diese sieben Inhalte in die Kopf- und die Fußzeile. Dabei sollten die für die eigentliche Präsentation weniger wichtigen Informationen (4 bis 7) in kleiner Schriftgröße in die im Allgemeinen von Lesern und Zuhörern eher weniger beachteten Fußzeile, die wichtigeren Informationen deutlich erkennbar in die Kopfzeile gestellt werden. Der dazwischen liegende Bereich lässt sich dann beispielsweise in drei Bereiche aufteilen:

• Titelbereich,
• Aussagebereich,
• Fazit- oder Kernaussagebereich.

Nach Gestaltung und Festlegung der Kopf- und Fußzeilen bleibt der Raum dazwischen zu definieren. Dabei hat sich eine Dreiteilung der Seite in der Praxis bewährt. Der erste Bereich enthält den zentrierten **Seitentitel**, ggf. ergänzt um einen **Untertitel**. Der zweite Bereich enthält die eigentliche Grafik und der dritte Bereich die kurze und prägnante **Kernaussage**, die Quintessenz und das Fazit der Folie, welche mit Hilfe von Pfeilen, Rahmen und/oder Hintergrundmustern hervorgehoben wird. Die verbale Kurzdarstellung der Aussage hat zwei Vorteile: zum einen erfährt der Leser und Zuhörer schwarz auf weiß, welche wichtige Kernaussage mit der Grafik entwickelt wurde, zum anderen wird auch für den Ersteller der Grafik sofort klar, ob er den richtigen Grafiktyp ausgewählt hat und ob die Grafik wirklich zu der Aussage führt. Optimal sollten deshalb zuerst Seitentitel und Kernaussage festgelegt werden und erst danach die Grafik.

Der Aussagebereich mit der eigentlichen Grafik enthält folgende Elemente, die in Abhängigkeit von dem gewählten Grafiktyp zu bestimmen sind:

- Achsentitel,
- Zeilentitel,
- Spaltentitel,
- Rahmen,
- Raster,
- Legende,
- Quellenangabe und
- Skala.

Die Achsentitel für Ordinate (Zeilentitel, Y-Achsentitel) und Abszisse (Spaltentitel, X-Achsentitel) geben die Bezeichnungen für die Dimensionen der in dem eigentlichen Grafikbereich dargestellten Merkmalskombinationen wieder. Diese Dimensionen werden durch Skalen an beiden Achsen abgetragen. Die Träger dieser Merkmalskombinationen werden entweder direkt an der Darstellung bezeichnet oder aber in der Legende, welche außerhalb des durch einen Rahmen abgegrenzten Grafikdarstellungsbereiches seinen Platz findet. In der Praxis hat sich der Bereich rechts neben dem Grafikrahmen als ideal herauskristallisiert. Unter Umständen ist auch der Platz unterhalb des Rahmens geeignet, wenn nicht dort schon eine Quellenangabe den Ursprung der Daten bezeichnet. Der Rahmen muss nicht durch einen Kasten wirklich dargestellt werden. Auch ist die Abtragung von horizontalen und vertikalen Rasterlinien optional. Diese Linien können sowohl störend wie auch optisch helfend wirken und sind deshalb bei jeder grafischen Darstellung auf ihre Nützlichkeit zu prüfen.

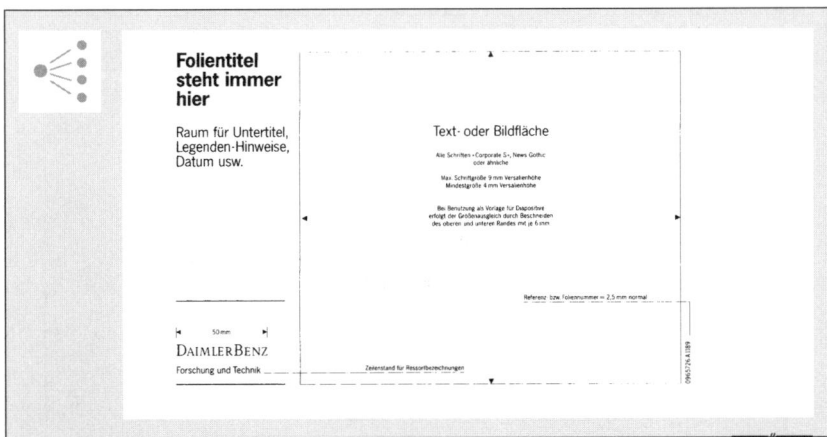

Abb. 182: *Layoutseite der Daimler Benz AG
(Quelle: Thiele 1991, S. 37)*

Das obige Beispiel zeigt die Festlegungen für die Foliengestaltungen bei Daimler Benz. Hier sind Kopf-, Fußzeilen und der Titelbereich im linken Rand festgelegt.

Dieser ist von dem Aussagebereich durch einen Balken getrennt. Diese Vorgehensweise führt dazu, dass für die Aussage und damit die Grafik eine quadratische Fläche zur Verfügung steht, welche für viele Grafiktypen Vorteile besitzt. Auf der anderen Seite hat diese Vorgehensweise für mehr rechteckige Grafiken Nachteile, weil in der Breite Platz fehlt. Außerdem würde bei dieser Vorgehensweise kein Platz für den Fazitbereich sein. Ein solcher würde optisch im unteren Bereich des Aussagebereiches keine harmonische Figur machen. Die einzige Möglichkeit bei dieser Präsentations-CD wäre, für jedes Fazit eine neue Folie anzulegen und diese Aussage als Textdiagramm darzustellen.

EASY-Fallstudie

Für die Präsentation wird die Speedy-GmbH-CD übernommen. Zusätzlich soll der Titelbereich um Bilder bezüglich des jeweiligen Bereiches ergänzt werden, um die die Präsentation lebendiger zu machen.

In der Kopfzeile sind für alle Folien links das Logo des Unternehmens, in der Mitte der Kurztitel der Präsentation und rechts die Darstellung der Gliederung mit einem Symbol der *Storyboard-Technik* wiedergegeben. Dieser Bereich wird nach unten durch eine Linie optisch abgegrenzt. In der Fußzeile wird rechts die Seitenzahl angegeben, in der Mitte der File-Name und das Datum der letzten Änderung. Die Bezeichnung der erstellenden Abteilung wird in unserem Beispiel durch einen Rahmen von den anderen Informationen der Fußzeile hervorgehoben. Mit Hilfe einer Linie wird dieser Bereich nach oben abgegrenzt.

Für den Titel-, Aussage- und Fazitbereich bleibt die Fläche zwischen den Linien. Damit bleibt auch eine Menge Flexibilität, für jede Aussage und Grafik die richtige Fläche zur Verfügung zu haben.

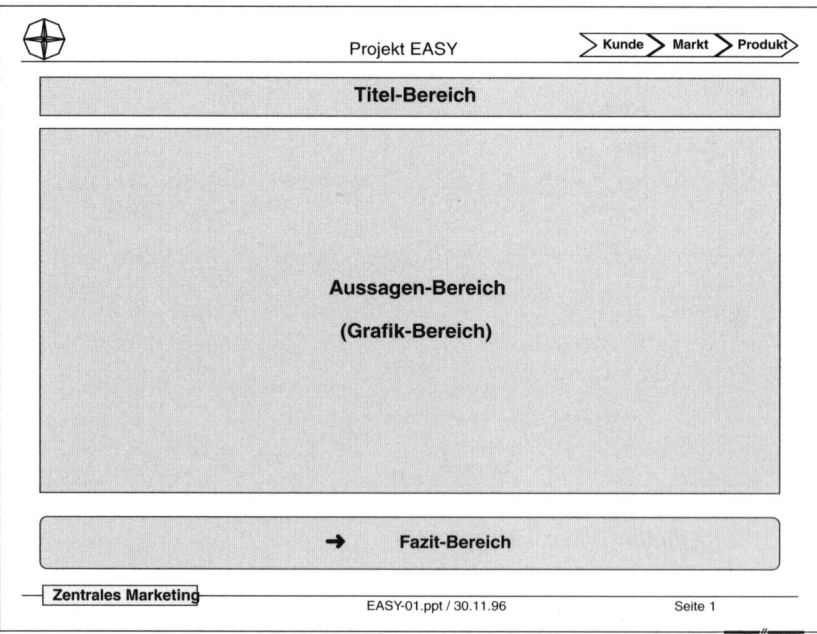

Abb. 183: *Präsentations-CD für die EASY-Präsentation*

5.2.1.3 Storyboard-Technik

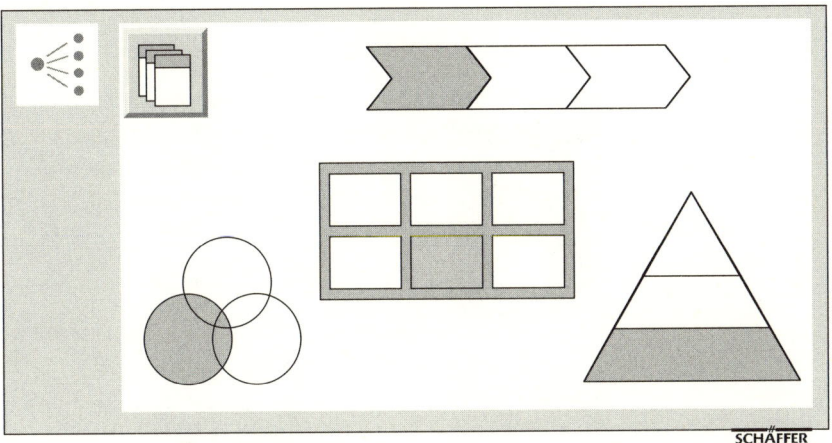

Abb. 184: *Storyboardtechnik*
      (Quelle: Brandt/Kamenz 1993, S. 36)

Ein Storyboard ist in der Filmindustrie die visuelle Skizzierung des **Storyboardtechnik**
Drehbuchs. Der Szenenablauf wird in einzelnen kleinen frei ge-
zeichneten Bildern dargestellt, die aneinandergereiht den gesamten
Film ergeben. Innerhalb einer Präsentation ist ein Storyboard die
skizzenhafte oder fertige Aneinanderreihung der einzelnen Präsentationsseiten in kleinem Format. Die Storyboard-Technik beinhal-   **Schritte der**
tet den Umgang mit diesem Ansatz in folgenden Schritten: **Storyboardtechnik**

1. Finden eines roten Fadens für die Präsentation.
2. Skizzenhafte Darstellung der Inhalte der einzelnen Präsentationsseiten.
3. Aneinanderreihung der einzelnen Skizzen in kleinem Format.
4. Umsetzung des roten Fadens durch Storyboard-Symbole.
5. Ausführung der einzelnen Präsentationsseiten nach dem Präsentations-CD.
6. Aneinanderreihung der fertigen Präsentationsseiten in kleinem
   Format mit Anmerkungen über den jeweils wichtigsten Inhalt.

Abb. 185: *Storyboard in der Filmindustrie*
(Quelle: Trauth 1973, S. 940–942)

Das Finden eines roten Fadens und damit die grafische Umsetzung der Gliederung ist der Schlüssel zum Gelingen einer langen oder mehrteiligen Präsentation. Der Zuhörer oder auch der spätere Leser des handouts kann der Präsentation besser folgen, er hat immer den Überblick und ist »voll im Bilde«.

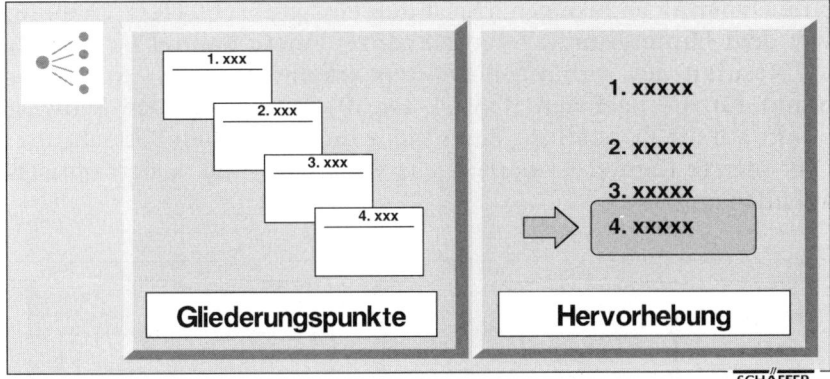

Abb. 186: *Einfache Möglichkeiten des Hervorhebens des roten Fadens (Quelle: Brandt/Kamenz, S. 37)*

Eine einfache Art, die einzelnen Seiten der Präsentation in ihrer Reihenfolge kenntlich zu machen, ist die Übernahme eines Vermerks der durchnumerierten Kapitel auf jede Folie. Bei den Übergängen auf ein neues Kapitel wird dann jeweils eine Übersicht der Hauptpunkte mit optischer Hervorhebung des zur Abhandlung anstehenden Kapitels eingeschoben.

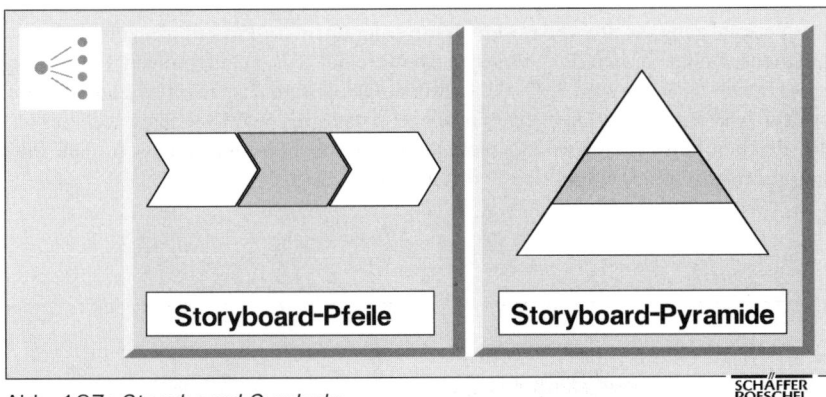

Abb. 187: *Storyboard-Symbole (Quelle: Brandt/Kamenz 1993, S. 38)*

Storyboard-Symbole

Die bessere Form der Einordnung ist die Nutzung grafischer Objekte als Storyboard-Elemente, die den Hauptgliederungspunkten eine optische Gestalt geben. Untergliederungspunkte grafisch darzustellen ist möglich, aber nur bei sehr langen und komplexen Präsentationen sinnvoll. Der Zuhörer muss wissen, in welchem Bereich der Präsentation er sich befindet. Die gängigsten Storyboard-Elemente sind Pfeil und Pyramide. Die Pfeile haben den Vorteil, eine Dynamik anzuzeigen. Das durch eine grafische Hervorhebung wie dem Hintergrundmuster gekennzeichnete Kapitel ist optisch als Resultat des vorherigen Kapitels erkennbar. Es ist Ausgangspunkt für die nächsten Kapitel. Die Pyramide legt den Schwerpunkt auf die Darstellung einer mehr hierarchischen Betrachtung. Das oberste Kapitel ist optisch das wichtigste und basiert optisch auf allen anderen.

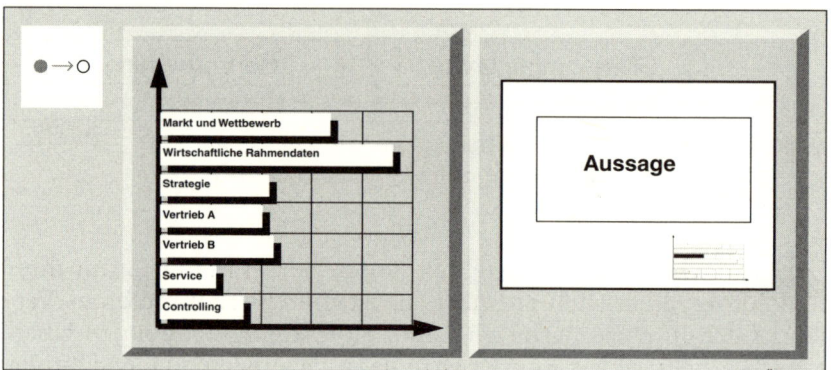

Abb. 188: *Beispiel für eine Storyboardtechnik*
         (Quelle: Brandt/Kamenz 1993, S. 39)

Das Beispiel zeigt die Storyboard-Elemente einer Business-Präsentation eines Unternehmens. Dabei werden die Gliederungspunkte auf Balken aufgetragen. Bei Beginn eines neuen Kapitels wird die linke Grafik aufgelegt und das entsprechende Kapitel optisch hervorgehoben. Die rechte Grafik zeigt das Storyboard-Element, welches bei der gleichen Präsentation jeweils rechts unten plaziert ist und welches für jede Präsentationsseite zeigt, wohin sie inhaltlich gehört.

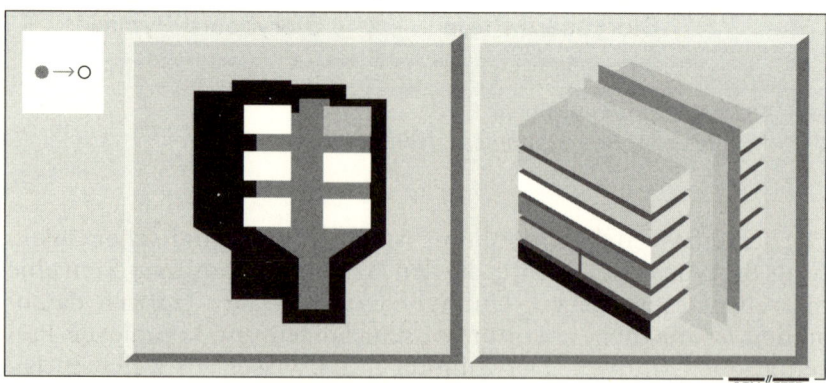

Abb. 189: *Beispiele für Storyboardsymbole*
         (Quelle: Brandt/Kamenz 1993, S. 40)

Neben den bisher eher einfachen Storyboard-Elementen gibt es auch komplexere Gebilde. Das Beispiel oben links zeigt das stilisierte Bürogebäude der betreffenden Firma, dessen sechs Fensterebenen sechs Gliederungspunkte ergeben. Im rechten Beispiel werden zwei Strukturen verbunden. Zum einen sind Kapitel schichtweise (»Listenstruktur«) übereinander geordnet, zum anderen Wirken drei Elemente als Klammer, sodass sich insgesamt eine Matrixstruktur für die dargestellten Inhalte und Aussagen ergibt.

Es gibt unendlich viele Grundformen für Storyboard-Elemente. Zu beachten bleiben dabei folgende Forderungen: **Grundformen**

- Die Elemente müssen einzeln trennbar sein,
- ein einzelnes Element muss von den anderen hervorhebbar sein,
- die Struktur der Elemente zueinander sollte der Struktur der Kapitel der Präsentation untereinander entsprechen,
- der Gesamtheit der Elemente sollte einer möglichst einfache Darstellung entsprechen.

Neben den schon beschriebenen gefüllten Pfeilen und Pyramiden sind folgende Elemente als in der Praxis bewährte Möglichkeiten der optischen Darstellung von Kapiteln und Inhalten zu nennen: überlappende Ringe, verbunden Kreise (»Magisches Dreieck«), Haus, Puzzle, Schubladen, verbundene Rechtecke oder Quadrate.

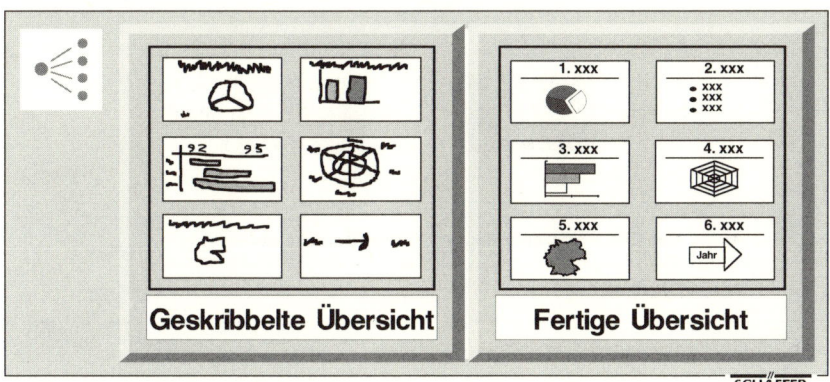

Abb. 190: *Storyboard-Übersicht*
        (Quelle: Brandt/Kamenz 1993, S. 38)

Die zweite wichtige Funktion der Storyboard-Technik zeigt sich in den Storyboard-Übersichten. Zum einen helfen sie, bevor man die einzelnen Grafiken erzeugt. Die einzelnen Folien werden in einem kleineren Format zuerst »geskribbelt« und zusammengestellt. Entsprechendes gilt zu anderen, wenn die Grafiken fertig sind. Diese verkleinerten, grob zu erkennenden Folien geben einen genauen Überblick und dem Präsentierenden eine Sicherheit über den Ab-   **Storyboard-Übersicht** lauf. Sie können in der Endfassung auch für den mentalen Präsentationsdurchgang als Stütze dienen. Gibt die Software des Computers keine Möglichkeit für eine solche Übersicht, so kann man die wichtigsten Charts ausdrucken und auf großen Tischen auslegen oder mit Magneten an Wände hängen. Die Reihenfolge der Charts und Aussagen wird sich so einige Male noch ändern, neue kommen zuerst geskribbelt hinzu, andere werden überflüssig. Die Präsentation und der Präsentationsfluss nimmt seine endgültige Gestalt an. Der wichtigste Grund für die Nutzung dieser Storyboard-Übersichten, die ja einen zusätzlichen Aufwand bedeuten, liegt in der Diskussion mit Chefs. Noch bevor eine Präsentation gehalten wird, werden fast immer verschiedene Chefs auch Einblick in die Präsentation nehmen wollen und lange über den gedanklichen Fluss der Aussagen diskutieren.

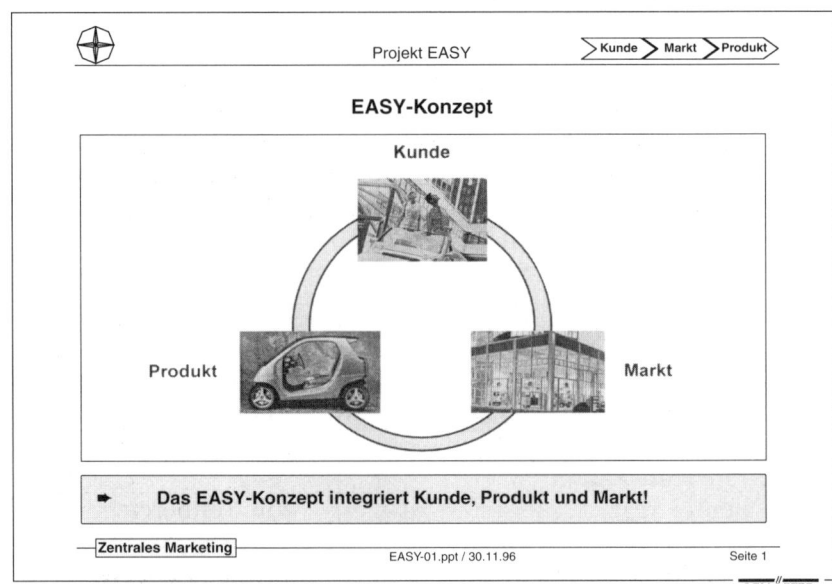

Abb. 191: *Storyboard Easy-Studie*

EASY-Fallstudie

Für die EASY-Studie werden drei verbundene Pfeile genommen, deren zugeordnetes Kapitel immer durch Hinterlegung mit einem grauen Muster hervorgehoben wird. Diese drei Pfeile zeigen auf jeder Seite die drei wichtigsten Betrachtungspunkte für die Präsentation: Kunden, Markt und Produkt. Bei dieser Vorgehensweise gibt es noch einen zusätzlichen Effekt: Auf jeder Seite der Präsentation wird ohne verbalen Hinweis die Sichtweise der Marketingabteilung allen Anwesenden optisch immer wieder aufgezeigt. Für jeden der drei Bereiche Kunde – Markt – Produkt zeigt auch eine bildhafte Darstellung, um welchen Bereich es sich handelt.

5.2.1.4   Präsentations-Hilfsmittel

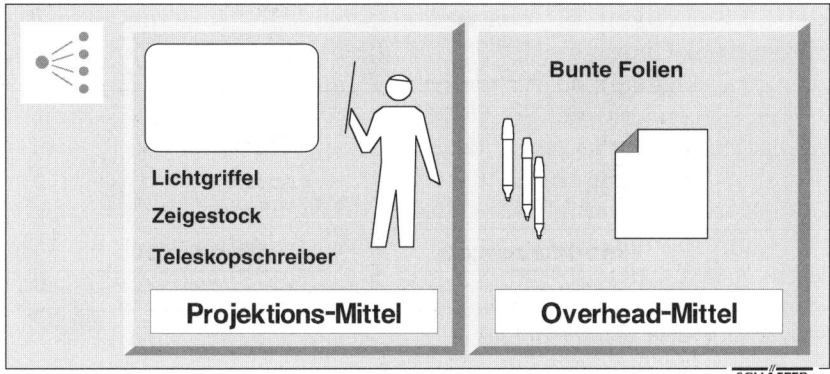

Abb. 192: *Verschiedene Hilfsmittel einer Präsentation*
           (Quelle: Brandt/Kamenz 1993, S. 29)

Der Einsatz von Hilfsmitteln, also Gegenständen oder Techniken
zur Unterstützung der Präsentation, ist vom gewählten Einsatz der
Technik zur Präsentation abhängig. Bei EDV-gesteuerten Präsentationen am Bildschirm wird man sie kaum, bei der eher typischen
Präsentation am Overhead-Projektor häufiger einsetzen. Folgende
Gegenstände werden als Standardausstattung für den Präsentierenden empfohlen:

**Arten von Präsen-
tationshilfsmitteln**

- Teleskopkugelschreiber (u.a. als Zeigeinstrument),
- roter Folienstift (Ergänzungen und Korrekturen auf der Folie),
- blauer Folienstift (neue Erkenntnisse auf zusätzlichen Folien),
- breiter Filzstift (für eventuell vorhandene Pinwand),
- mehrere leere Folien,
- ein weißes Blatt Papier (zum Abdecken von Teilbereichen einzelner Folien),
- Ersatzglühbirne für den Overhead-Projektor.

Eine sinnvolle Technik stellt die Möglichkeit dar, während der Präsentation auf der aufliegenden Folie zusätzliche Informationen auf-
zutragen oder wichtige Passagen zu unterstreichen oder farblich zu
markieren. Innerhalb einer längeren Präsentation ermöglicht diese
Vorgehensweise bei sparsamem Einsatz eine zusätzliche Aufmun-
terung für die Zuhörer, verstärkt diesen Passagen zu folgen. Die
Nachteile liegen in dem Zeitverbrauch dieser Technik für das
Schreiben und Markieren mit den Stiften und in den kopierten
Handouts, welche diese Änderungen nicht enthalten. Die Unter-
lage für die Zuhörenden hat also teilweise einen anderen Inhalt als
die Präsentation selber.

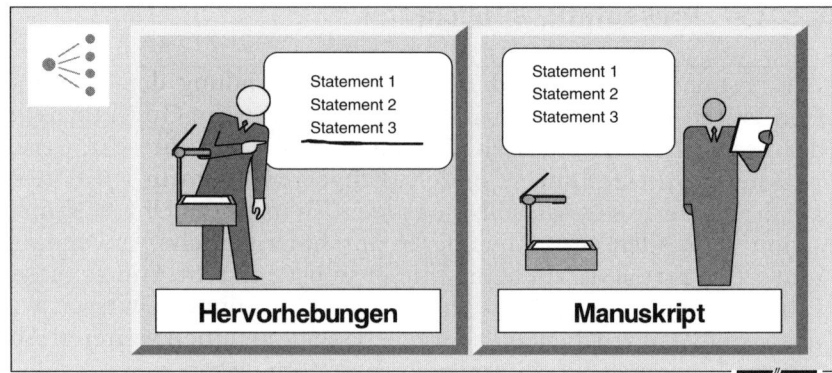

Abb. 193: *Präsentationstechnik*
(Quelle: Brandt/Kamenz 1993, S. 29)

Rhetorik

Die weitere zu betrachtende Technik betrifft den Vortragenden selber. Sein Manuskript für den Vortrag sollte in kurzer, gebündelter Form vorhanden sein und die freie Rede möglichst nicht behindern. In der Rhetorik haben sich kleine Karteikarten bewährt, auf denen stichwortartig zu einem Gliederungspunkt die Inhalte wiedergegeben sind. Bei einer Präsentation, wo der Vortragende selber auch noch die passende Folie jeweils auflegen muss, hat sich eine andere Technik bewährt. Der Stapel der Folien oder die in Klarsichthüllen im Ringbuchordner abgehefteten Folien werden durch Papierkopien der Folien ergänzt und im Rhythmus Kopie und Folie nacheinander geordnet. Jetzt kann der Präsentierende das Blatt nehmen, sieht sofort die Inhalte und legt dann während der mündlichen Überleitung die Folie auf. Danach braucht er sich nicht mehr um die Folie zu kümmern und kann mit dem Blatt in der Hand und mit Blick zum Auditorium präsentieren. Auf diesem Blatt kann er zusätzliche Informationen und Hinweise zur Präsentationsform handschriftlich notieren, sodass es die Funktionen einer Karteikarte zusätzlich übernimmt. Ein weiterer Tip:

Sollten innerhalb einer Präsentation Diskussionen aufkommen, die vom Thema abschweifen, oder Inhalte besprochen werden, zu denen keine Folie vorhanden ist, sollte der Overheadprojektor immer abgeschaltet werden. Durch das Einschalten wird automatisch wieder die gesamte Aufmerksamkeit der Anwesenheiten auf die nächste Folie gelenkt.

5.2.1.5   Präsentations-Inhalte

Die besondere Kunst in der richtigen Anwendung der Präsentationsgrafik liegt in der richtigen Wahl des richtigen Grafiktypes zu
der beabsichtigten Aussage. Es gibt bisher dazu nur sehr wenig
wirkliche Hilfestellungen. In der verfügbaren Literatur wird meist
auf die Erfahrung verwiesen, die zum einen in einem Unternehmen
schon vorhanden ist, zum anderen durch die tägliche Anwendung
und die Reaktion darauf beim Nutzer selbst entsteht. Um zu dieser
Problemstellung wirkliche Tips abgeben zu können, müssen wir
uns vorher mit trockener Theorie befassen und einen weiteren Ab-
grenzungsversuch von Präsentationsinhalten wagen.

**Inhalte einer
Präsentation**

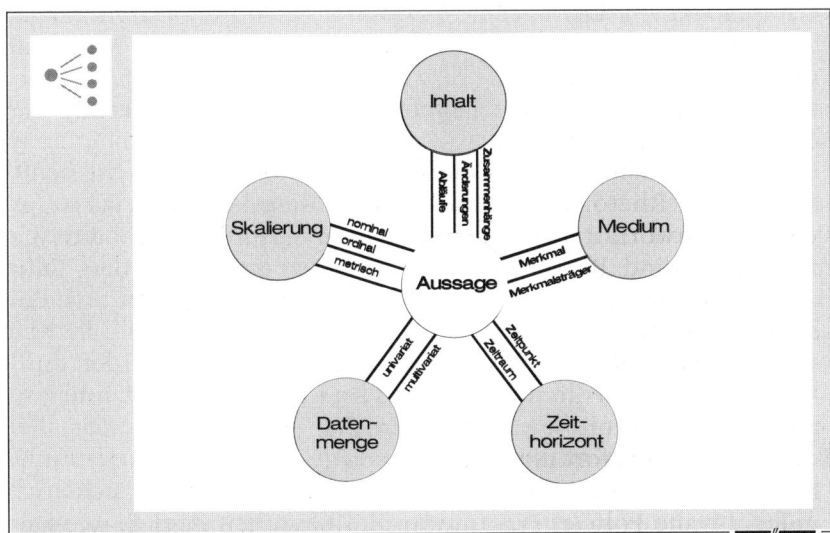

Abb. 194: *Aussage-Pentagramm*
       (Quelle: Brandt/Kamenz 1993, S. 48)

Jede Präsentation, jede Folie möchte dem Zuhörenden oder Leser
eine Aussage rüberbringen. Jede dieser Aussagen wird von fünf Eck-
pfeilern definiert, wobei jede Ausprägung oder Kombination der Bereiche möglich ist. Zu jedem dieser Aussage-Kombinationen gibt es
ein oder auch mehrere optimale Grafiktypen. Der Ausgangspunkt
für die tägliche Anwendung ist der **Aussage-Inhalt**, der sich grob in
die drei Bereiche Zusammenhänge (Strukturen), Änderungen (Trends)
und Abläufe (Folgen) unterteilen lässt. Auf diese drei Inhalte lassen
sich zumindest bei Geschäftspräsentationen alle Aussagen kom-
primieren.
    Der zweite Eckpfeiler ist das **Aussage-Medium**. Zu unterschei-
den ist zwischen dem Merkmal und dem Merkmalsträger. Die

Merkmalsträger sind die zu betrachtenden Objekte und Subjekte wie Unternehmen, Produkte, Zielgruppen, Märkte oder Kunden. Die Merkmale sind die zu betrachtenden Zielgrößen, die für die Merkmalsträger die Inhalte darstellen. Zu nennen sind hier beispielhaft Umsatz, Kosten, Gewinn, Verkäufe, Investitionen oder Qualitätskennziffern.

Die drei weiteren Eckpfeiler betreffen besonders die quantitativen Aussagen, sind aber zum Teil auch für nicht-numerische Aussagen von Gewicht. Der wichtigste Entscheidungspunkt für die Auswahl der richtigen Präsentationsgrafik ist der zu betrachtende **Zeithorizont.** Zu unterscheiden sind Zeitpunkt und Zeitraum. Dies schließt natürlich nicht aus, dass innerhalb einer zeitraumbezogenen Aussage auch Aussagen über zeitpunktbezogene Inhalte getroffen werden. Der nächste Eckpfeiler betrifft die **Datenmenge.** Ist sie univariat, liegt also pro Merkmalsträger nur ein Merkmal vor, oder ist sie multivariat, liegen mehrere Merkmale pro Merkmalsträger vor? Der letzte Eckpfeiler betrifft die **Skalierung** der Merkmale.

Die obige Abbildung versucht nun die wichtigsten Aussagen und Inhalte einer Präsentation in den Dimensionen des Aussage-Pentagramms aufzulisten. Sie gibt auch die Tatsache wieder, dass die meisten Präsentationen im Businessbereich erstellt werden. Deshalb finden sich hier die wichtigsten Präsentationsinhalte aus diesem Bereich wieder.

5.2.1.6 Präsentations-Ziele

Bei jeder Planung einer Präsentation sollte vorher überlegt werden, welche Ziele damit erreicht werden sollen. Dabei ist ein Oberziel meist schon durch den Präsentationsauftrag vorgegeben, der damit den Spielraum insgesamt einengt.

Präsentations-Ziele Oft wird bei der Überlegung der Ziele vergessen, dass auch immer persönliche Ziele existieren. Als erstes präsentiert sich der Vortragende selber. Deshalb sollte er sich vor Erstellung der Präsentation auch im Klaren sein, was er persönlich mit dieser Präsentation erreichen will. So ist es möglich, durch die Präsentation in der Organisation bekannter zu werden, Sympathie für sich zu erzeugen, persönlich in seiner Aufgabe überzeugend zu wirken oder aber auch sich für neue Aufgaben zu empfehlen und vielleicht eine direkte Beförderung auszulösen. Die sachlichen Ziele leiten sich aus dem Auftrag ab. Zu dem Thema soll informiert werden, ein Bewusstsein für Zusammenhänge und Probleme soll bei den Zuhörenden erzeugt werden, die Zusammenhänge sachlich überzeugend dargestellt werden und eine Aktion ausgelöst werden. Gehen alle Anwe-

Abb. 195: *Ziele einer Präsentation*
        (Quelle: Brandt/Kamenz 1993, S. 52)

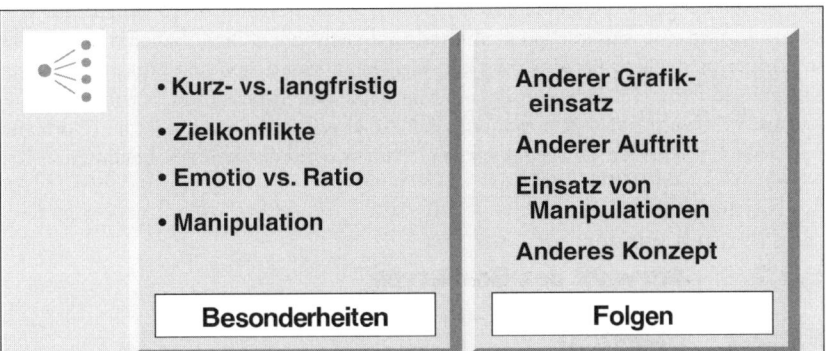

Abb. 196: *Umgang mit Zielkonflikten*
        (Quelle: Brandt/Kamenz 1993, S. 29)

senden auseinander, ohne dass eine Entscheidung oder Aktion beschlossen wurde, war die Präsentation meist nicht erfolgreich.

Sind die persönlichen und sachlichen Ziele klar, sind einige Besonderheiten zu beachten. Manche Ziele sind kurzfristig wie z.B. die Entscheidungsherbeiführung bezüglich des Themas. Andere sind langfristig wie z.B. eine Beförderung. Dann gibt es Zielkonflikte, die man vorher herausfinden sollte. Immer ist zu beachten, dass die Ziele die Emotion und den Verstand der Zuhörenden in ungleicher Art und Weise ansprechen und auch hier der richtige Mittelweg gefunden werden muss.

EASY-Fallstudie

In unserem Automobil-Beispiel gibt es folgende persönliche Ziele:
- der die Präsentation vortragende Marketingleiter möchte sich als absoluten Fachmann darstellen, der den EASY richtig plant und am Markt positioniert, der auch über den Marketingbereich hinausdenkt,
- der die Präsentation erstellende Produktmanager möchte sich beim Marketingleiter für höhere Aufgaben empfehlen,
- die Marketingabteilung möchte ihren Einfluss auf das Produkt und die Entscheidungen im Vergleich zu den anderen Abteilungen stärken.

Einige sachliche Ziele ergeben sich direkt aus dem Auftrag:
- der EASY soll erfolgreich im Markt eingeführt werden,
- er soll einen Marktanteil von 10% in seinem Marktsegment erreichen,
- bestimmte technische Veränderungen sollen vorgenommen werden,
- bestimmte Ausstattungsvarianten zugelassen werden,
- am Ende der Präsentation sollen die notwendigen Investitionen freigegeben werden.

Für dieses Beispiel steht das sachliche Ziel der Mittelfreigabe für das Projekt im Vordergrund und alle anderen persönlichen und sachlichen Ziele haben sich diesem unterzuordnen. Deshalb wird hier ein besonders sachlicher und gutstrukturierter Präsentationsfluss beschlossen, der auf Manipulationen verzichtet. Es wird beschlossen auch die emotionale Komponente des Projektes einzubauen, d. h. den Vorstand auch von dem Produkt zu begeistern, nicht nur von den finanziellen Eckdaten.

5.2.2   Auswahl des Grafiktyps

5.2.2.1   Übersicht

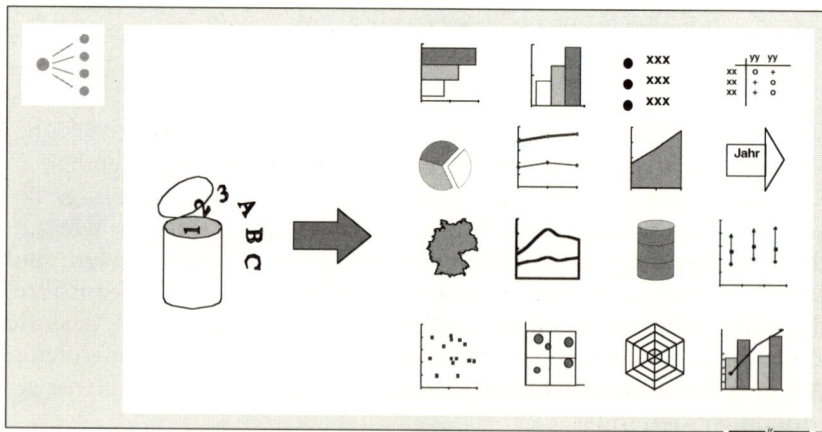

Abb. 197: *Auswahl des richtigen Grafiktyps*
(Quelle: Brandt/Kamenz 1993, S. 170)

Den im vorigen Kapitel gemachten Abgrenzungen der möglichen Aussageformen müssen die passenden Grafiktypen zugeordnet werden. Die Abbildung sollte nun mit entsprechenden Empfehlungen gefüllt werden. Eine solche Empfehlungsbox sollte auch Bestandteil einer Präsentation – oder CD-Richtlinie sein. Bei wiederkehrenden oder bei Abteilungen mit sehr vielen zu erstellenden Präsentationen ist diese Vorgehensweise sehr hilfreich und eigentlich auch ein Muss. Die Ziele der Präsentation sind umso leichter zu erreichen, je weniger der Betrachter sich an die Grafik gewöhnen muss oder Interpretationsprobleme hat. Einmal gelernte Grafik- und damit Aussagetypen erleichtern die zukünftige Verwendung der Grafiktypen und damit auch der Aussage- und Beweiskette des Vortragenden:

Wahl des passenden Grafiktypen

- Es gibt keine 100%-richtige Zuweisung des Grafiktypes.
- Anhand des Aussage-Pentagramms und des Grundgerüsts der Empfehlungsbox sollten für jede zu treffende Aussage deren Struktur und damit Einengung der möglichen Grafiktypen vorgenommen werden.
- Es sollten bei der Erstellung der CD-Richtlinie Empfehlungen integriert werden.

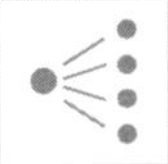

Inhalt	Medium		Zeithorizont	Datenmenge	Skalierung	Grafiktyp
	Element	Variable				
Marktanteil	Produkte	Absatz	Zeitpunkt	univariat	metrisch	
Kundenprofil	Kunden	Itemliste		multivariat	Ordinal	
Produktanforderungen	Produkt	Itemliste		multivariat	Ordinal	
Organisation	Unternehmen	Personen		multivariat	ordinal	
Marktanteilsentwicklung	Produkte	Absatz		univariat	metrisch	
Absatzentwicklung	Produkte	Absatz	Zeitraum	univariat	metrisch	
Umsatzentwicklung	Produkte	Erlöse		univariat	metrisch	
Zeitplan	Projekt	Teilschritte	Zeitraum	multivariat	nominal/ordinal	
Informationsfluss	Information	Teilschritte	Zeitpunkt/Zeitraum	multivariat	nominal/ordinal	

(Zusammenhänge / Änderungen / Abläufe)

Abb. 198: *Empfehlungsbox zur Wahl des passenden Grafiktyps (Quelle: Brandt/Kamenz 1993, S. 173)*

5.2.2.2 Einzelne Grafiktypen

Eine der wichtigsten Fragestellungen innerhalb des Themas Präsentationsgrafik ist: Welche Grafik setzen wir bei den vorhandenen Daten und Informationen ein? Dem soll im folgenden Kapitel nachgegangen werden. Als erstes werden einige wichtige Grafiktypen dargestellt und anhand von Beispielen verdeutlicht (Brandt/Kamenz 1993, S. 55):

Arten von Grafik-typen

- Balkendiagramme,
- Kreisdiagramme,
- Länderdiagramme,
- Säulendiagramme,
- Spider-Charts,
- Time-Schedules.

Anforderungen an Grafiktypen

Unabhängig von der einzelnen Aussage der Grafik gibt es allgemeine Anforderungen an die Grafikumsetzung, die von jedem Grafiktyp erfüllt werden sollten:

- Die Beschriftung sollte das Ziel der Darstellung klar erkennen lassen.
- Die Darstellung sollte sich auf das Wesentliche beschränken und damit selbsterklärend sein.
- Die Informationsquellen müssen klar erkennbar sein.
- Die Aussagen sollten nicht durch den Einsatz grafischer Mittel überzogen werden.

5.2.2.2.1   Balkendiagramme

Die Balkendiagramme sind neben den Kreisdiagrammen und den Säulendiagrammen die am häufigsten benutzen Grafiktypen für Zahlen und quantitative Daten. Von den Säulendiagrammen unterscheiden sie sich nur durch die horizontale Lage der Balken. Der Vorteil der Balken- gegenüber den Säulendiagrammen liegt in dem größeren Platz für die Beschriftung der Balken und in der besseren Darstellung von Rangfolgen.

In der einfachsten Form besteht das Balkendiagramm in pro Merkmalskombination dargestellten Balken, zwischen denen Leerräume bestehen. Beim Stufenbalkendiagramm entfallen diese Leerräume, sodass die Form von Treppenstufen entsteht.

EASY-Fallstudie

Das EASY-Beispiel zeigt ein normales Balkendiagramm mit Prozentangabe. Die Hilfslinien erleichtern dabei das Ablesen, insbesondere wenn wie hier keine großen Veränderungen – bis auf die Lackierungen – festzustellen sind. Solche vereinfachenden Darstellungen, bei denen die genauen Werteangaben fehlen, sind nur erlaubt, wenn eine Quellenangabe oder der Anhang den Informationsbezug des Betrachters ermöglicht.

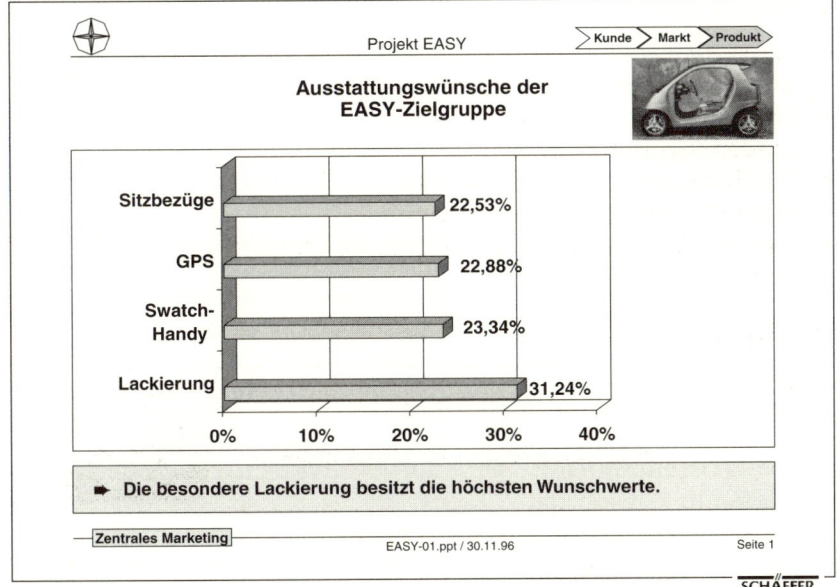

Abb. 199: *EASY-Studie: Verteilung der Ausstattungswünsche*

5.2.2.2.2 Kreisdiagramme

Einer der häufigsten genutzten Grafiktypen ist das Kreisdiagramm, frei nach dem Motto »Wer nichts weiß, malt einen Kreis«. Dabei sind die darzustellenden Inhalte sehr beschränkt, da nur sehr wenige Datenpunkte einer Datenreihe dargestellt werden können und da nur die Aussage eines Vergleichs der Datenpunkte zu der Gesamtmenge aller Datenpunkte möglich ist. Dabei werden die Daten in der Regel nach ihrer Größe geordnet im Uhrzeigersinn als Kreissegmente abgetragen.

Möchte man z.B. Marktanteile über verschiedene Zeitpunkte vergleichen, so gibt es die Möglichkeit, zwei bis drei Kreisdiagramme nebeneinander zu dem sogenannten Zeitreihen-Kreisdiagramme anzuordnen. Für diese Aussage ist allerdings die 100%-Säulengrafik besser geeignet. Will man die Veränderungen der Grundgesamtheit oder zwei gegenübergestellte Grundgesamtheiten darstellen, so können proportionale Kreisdiagramme eingesetzt werden. Entsprechend dem Wert der Grundgesamtheit wird der Kreis proportional dargestellt. Das Problem dabei ist, dass das menschliche Auge nur grob die Proportionen unterscheiden kann. Diese Darstellung ist also nur bei großen Unterschieden effektvoll.

Tipps:

- Teilgrößen und damit -segemente sollten deutlich voneinander abweichen.
- Maximal nur 7 Segmente darstellen, kleinere sollten zusammengefasst werden.
- Die Basis muss angegeben werden, also auf welchen Gesamtwert sich die Segmente beziehen.
- Start der Segmente bei 12:00 Uhr im Uhrzeigersinn in der Reihenfolge ihrer Größe.

EASY-Fallstudie

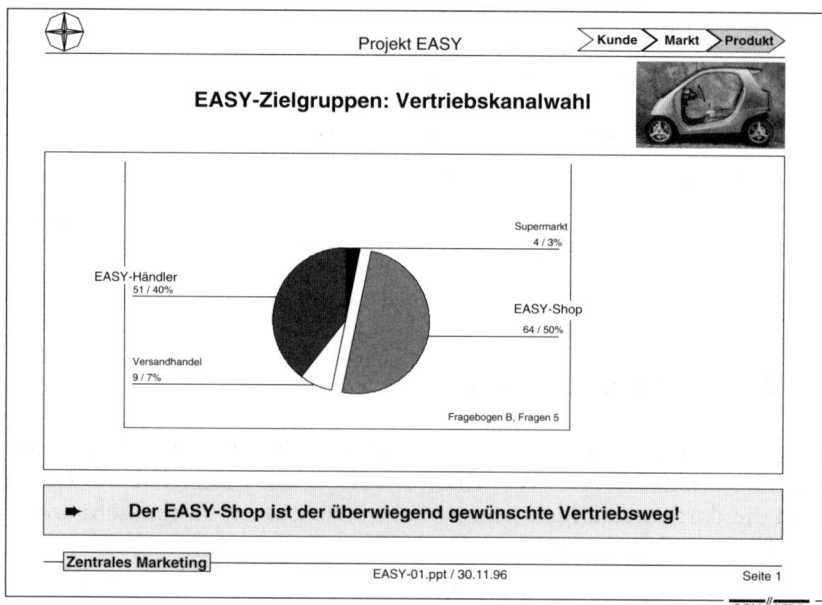

Abb. 200: *EASY-Studie: Verteilung der Vertriebskanalwahl*

Das Kreisdiagramm zeigt sehr deutlich, dass die Hälfte aller Zielgruppen einen eigenen EASY-Shop haben möchte. Mit deutlichem Rückstand folgt der traditionelle Speedy GmbH-Händler.

Länderdiagramme

5.2.2.2.3   Länderdiagramme

Zu unterscheiden ist bei den Länderdiagrammen zwischen solchen, die als Piktogramm oder Symbol zur graphischen Hintergrundauflockerung eingezeichnet werden und in einzelne zerlegbare Regionen dargestellte graphische Gesamtheiten. Die regionalen Muster sind sehr gut geeignet, regionale Einheiten zu bilden oder bestimmten Regionen unterschiedliche Muster für unterschiedliche Ausprägungen einer Variablen wie z.B. Umsatzklassen zu geben.

EASY-Fallstudie

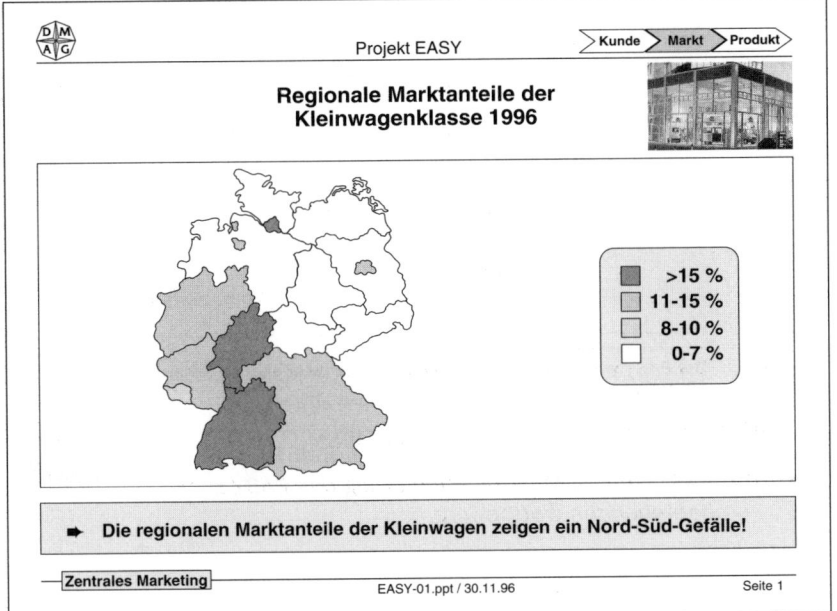

Abb. 201: *EASY-Studie: Regionale Marktanteilsunterschiede des Kleinwagenmarktes*

Der Verkauf der Produkte im Marktsegment »Kleinwagen« ist in unserem Automobil-Beispiel in den Bundesländern unterschiedlich. Dort zeigt sich ein deutliches Nord-Süd-Gefälle. Für die Aussage der Präsentation bedeutet das, dass bei der Markteinführung und im Vertrieb des neuen EASY entsprechende regionale Schwerpunkte gesetzt werden sollten.

EASY-Fallstudie

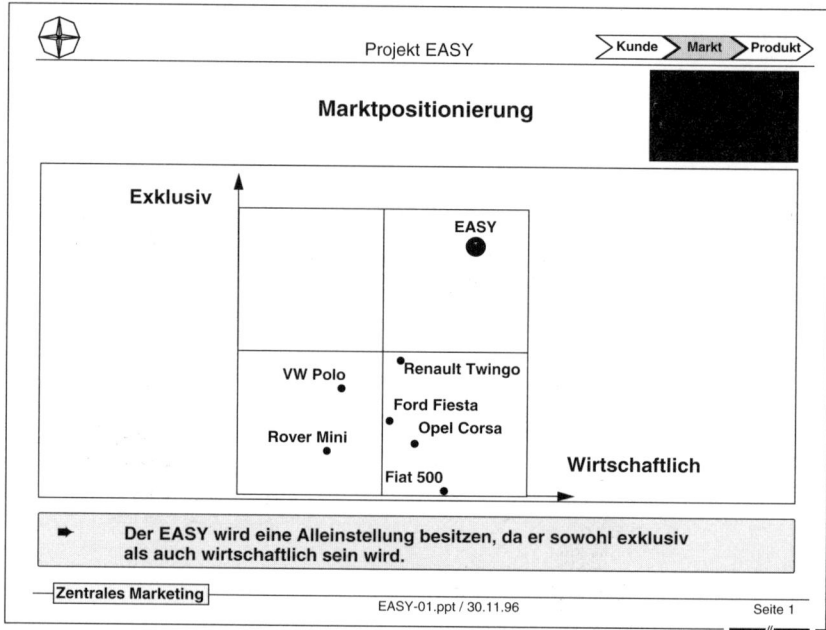

Abb. 202: *EASY-Studie: Marktpositionierung des EASY zum bestehenden Wettbewerb*

Die EASY-Studie zeigt die häufigste Verwendung des Positionierungscharts im Marketing. Das Koordinatenfeld wird nach zwei wichtigen Produktkennzeichnungen in vier Segmente aufgeteilt und die Modelle eingetragen.

Säulendiagramme

5.2.2.2.4   Säulendiagramme

Säulendiagramme sind zusammen mit den Linien-, Kreis- und Balkendiagrammen die am häufigsten benutzten Businessgrafiktypen. Wie die Balkendiagramme werden einzelne quantitative Informationen durch das grafische Element eines Kästchens wiedergegeben, die im Gegensatz zu den Balkendiagrammen bei den Säulendiagrammen senkrecht zur Y-Achse stehen. Unterschiedliche Muster und Schattierungen unterscheiden die einzelnen Merkmalskombinationen. Bei der Variante der Stufenbalken wird auf die Zwischenräume zwischen den Säulen verzichtet, sodass optisch Stufen ähnlich einer Treppe entstehen.

Tipps:

- Beginn der Ordinate grundsätzlich immer bei Null
- Immer gleiche Breite der Säulen
- Vollständigkeit der Darstellung, kein fehlender Datenpunkt
- Verzicht auf 3D-Darstellungen
- Nicht mehr als 8–10 Datenpunkte pro Säule, ansonsten Liniendiagramm vorziehen
- Einhaltung der gleichmäßigen Abstände zwischen den Säulen

EASY-Fallstudie

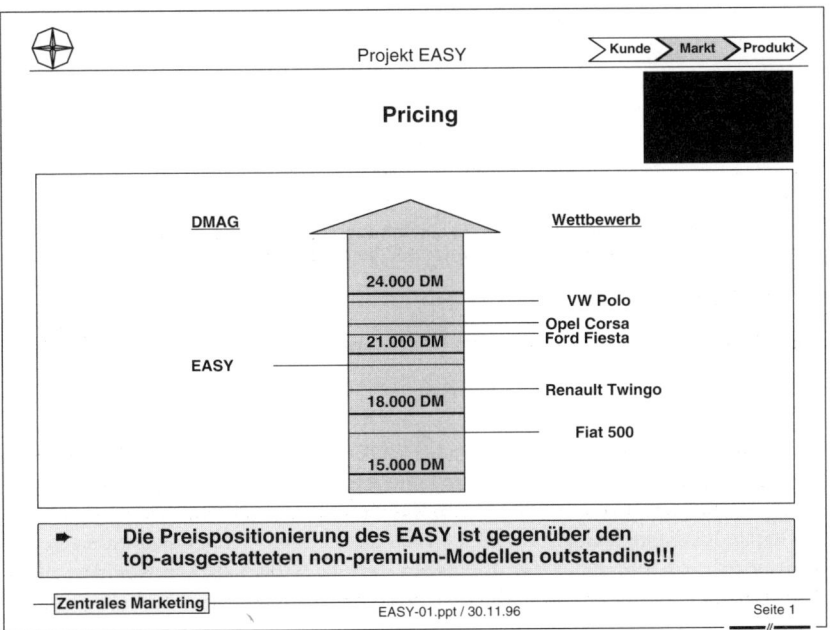

Abb. 203: *EASY-Studie: Marktpositionierung des EASY*

Unser Automobil-Beispiel benutzt das Säulendiagramm für die Darstellung einer Preisskala. Hier sind die Daten nicht in der Säule, sondern vergleichend rechts und links angebracht. Sie dient hier als Maßstab und Skala und damit als Ersatz der Y-Achse.

EASY-Fallstudie

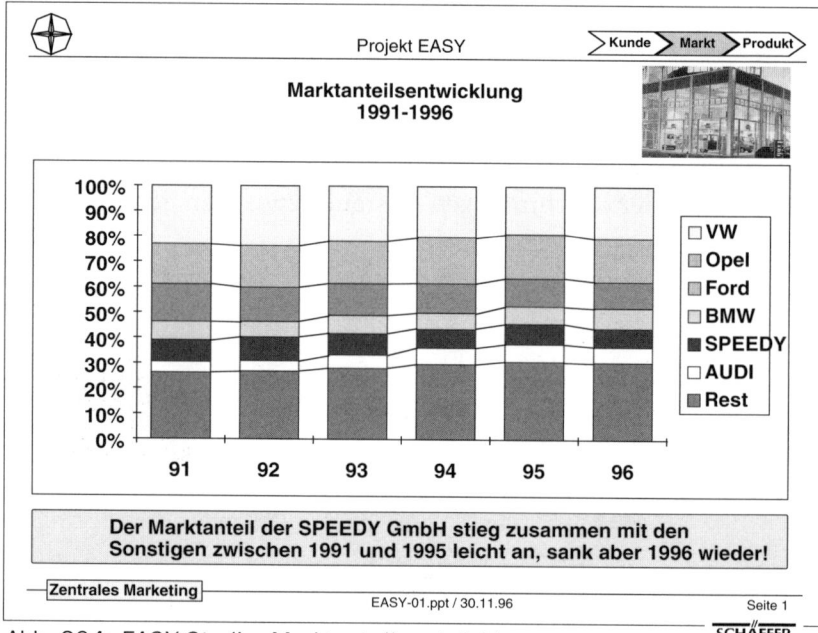

Abb. 204: *EASY-Studie: Marktanteilsentwicklung*

Eine sehr geeignete Form der Nutzung der 100%-Säulendiagramme ist der Vergleich von Marktanteilen über mehrere Zeiträume hinweg. Hier ist das Säulendiagramm dem Kreisdiagramm deutlich überlegen, welches nur ein oder zwei Zeiträume sinnvoll darstellen kann. Mit der obigen Darstellung steht das Säulendiagramm auch in Konkurrenz zum Liniendiagramm. Würden statt der Balken die Einzelpunkte allein dort stehen und durch Linien verbunden, wäre die Aussagekraft sicherlich geringer.

5.2.2.2.5 Spider-Charts

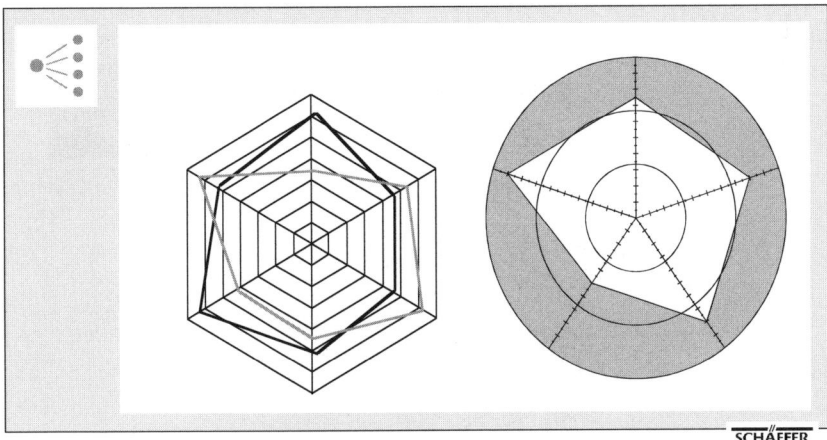

Abb. 205: *Typen von Spider-Charts*
(Quelle: Brandt/Kamenz 1993, S. 142)

Spider-Charts gehören zu den weitgehend unbeachteten grafischen Darstellungstypen. Sie stehen in direkter Konkurrenz zu den Linien- und auch Säulendiagrammen. Doch insbesondere in der Form der Darstellung von Abweichungen sind sie die geeignetste Form, auf einen schnellen Blick multivariate Zusammenhänge oder die Darstellung verschiedener Merkmale eindeutig darzustellen.

Spider-Charts

Spider-Charts geben Spinnennetze wieder. Sie werden von aus dem Zentrum ausgehenden Strahlen und den zwischen den Strahlen im gleichen Abstand um das Zentrum herumgehende Verbindungsfäden gebildet. Auf den Strahlen werden Merkmale abgetragen, die nicht metrisch sind. Die Verbindungsfäden müssen metrisch abgetragen sein. Auf diesen Strahlen können ein oder mehrere Datenreihen aufgetragen werden.

EASY-Fallstudie

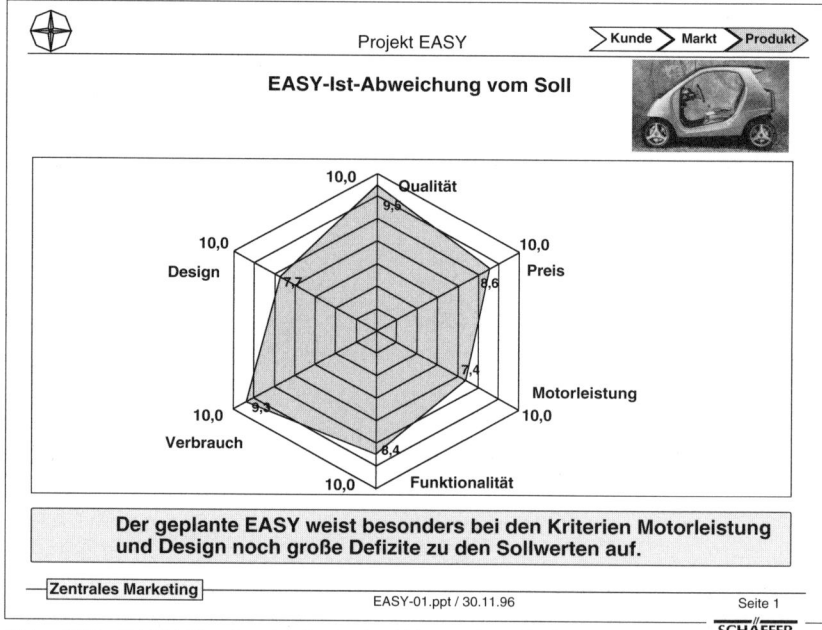

Abb. 206: *EASY-Studie: technische Werte des EASY-Prototypes*

Im EASY-Fall werden auf einer für sechs Merkmale festgelegten 10er Skala die Ist-Werte abgetragen. Die maximalen Skalenwerte von 10 werden als Ideal und damit als Soll definiert. Diese Werte soll der EASY erreichen. Die Darstellung der Ist-Werte als Fläche macht den Betrachter sofort auf die größeren Abweichungen zum Soll-Wert bei den Merkmalen Design und Motorleistung aufmerksam.

5.2.2.2.6　Time-Schedules

Time-Schedules

Zwei grundsätzliche Varianten des Time-Schedules sind nach der Form der Darstellung des Zeitstrahls zu unterscheiden. In der linken Abbildung werden die Jahresangaben in Form eines Pfeiles wiedergegeben. Die Informationen werden ober- oder unterhalb dazu in Bezug gesetzt. Die rechte Darstellung mit Hilfe von Balken gibt den Zeitbezug als Spalten eines Tabellendiagramms wieder. Die erste Darstellung hat Vorteile, wenn zwei grundsätzliche Bereiche getrennt oder gegenübergestellt werden sollen. Dies könnten z.B. unterschiedliche Produkteinführungen der eigenen Unternehmung (oberhalb) und der Konkurrenz (unterhalb) sein. Die zweite Darstellungsvariante kann besser Zeiträume darstellen, die durch die Balken wiedergegeben werden.

EASY-Fallstudie

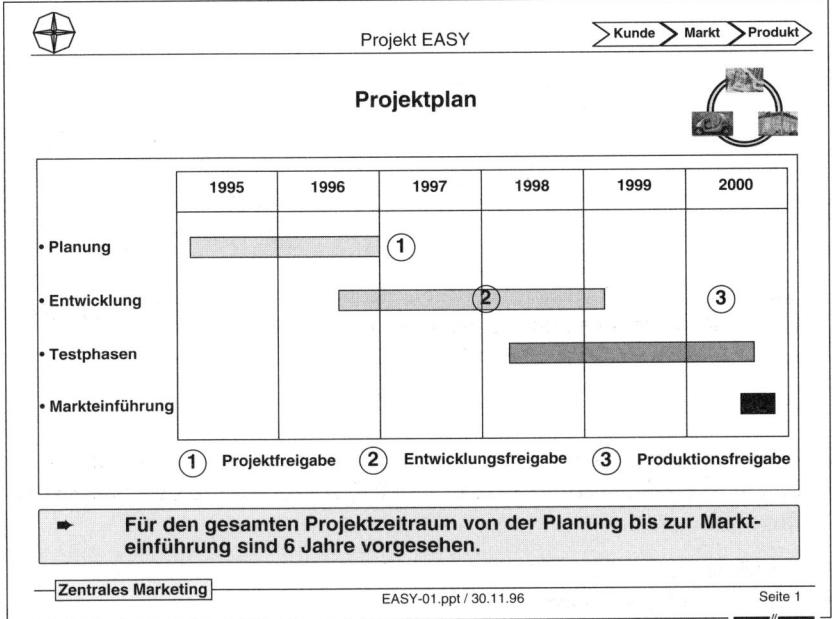

Abb. 207: *EASY-Studie: Zeitlicher Projektplan*

Innerhalb des Projektes EASY wird ein Projektplan für sechs Jahre erstellt. Die Balken geben den geplanten Zeitraum notwendiger Projektschritte wieder, die sich zum Teil überlappen. Mit den Zahlen werden wichtige Termine festgelegt, zu denen bestimmte Tätigkeiten abgeschlossen sein müssen oder besondere Entscheidungen zu treffen sind.

5.2.2.2.7 Manipulationen

Manipulationen sind von der eigentlichen Wortbedeutung her noch nichts Negatives. Die Frage stellt sich, was soll damit erreicht werden? Soll kurzfristig eine Sache durchgeboxt werden oder soll die Seriösität langfristig gewahrt bleiben? Da die meisten Präsentationen als Handout weitergegeben werden, sind Manipulationen allen zugänglich und können nachvollzogen werden. So können sich die positiven Effekte durch den Einsatz manipulativer Mittel bei der nächsten Präsentation ins Gegenteil verschieben.

Manipulations-möglichkeiten der Grafikgestaltung

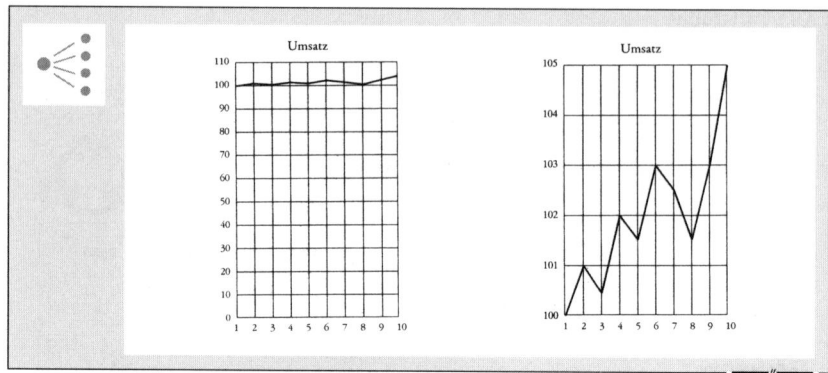

Abb. 208: *Wirkung optischer Verzerrungen*
        (Krämer 1994, S. 32–33)

Es gibt eine ganze Reihe von Möglichkeiten, ohne die Ausgangsdaten zu verfälschen, die Aussage durch grafische Manipulationen zu verändern:

• Weglassen von Werten,
• Ausreißer verkürzen,
• Skalen verkürzen,
• Nullpunkt weglassen,
• 3D-Verzerrungen,
• grafische Elemente verändern,
• Hell-Dunkel-Effekte ausnutzen,
• wichtige Elemente in den Vordergrund oder Hintergrund schieben,
• Verzerrung der Achsen,
• Schrägstellen der Grafik,
• Schrägstellen einzelner Elemente,
• Veränderung der Vergleichsbasis.

5.3   Dokumentation

Aufgaben der Dokumentation

Neben der mündlichen Abschlusspräsentation durch einen Vortrag oder eine Folien-Präsentation werden trotz EDV noch immer überwiegend schriftliche, in gedruckter Form vorgelegte Berichte erstellt. Damit dokumentiert sich auch der Nachweis, dass das Marktforschinstitut oder die Marktforschungsabteilung ihr Budget wert war. Weitere Aufgaben der schriftlichen Niederlegung sind:

- Dokumentation aller Verfahren und Daten für zukünftige Projekte,
- Nachschlagewerk und Methodenwissensbank für das laufende und folgende Projekte,
- Information für Manager, die nicht an der Präsentation teilgenommen haben.

Entsprechend den Aufgaben haben sich folgende unterschiedliche Arten von schriftlichen Abschlussberichten herausgearbeitet:

Arten der Dokumentation

- Handout der Folienpräsentation,
- Projektbericht,
- Marktforschungsbericht,
- dokumentarischer Berichtsband.

Das Handout entspricht einer 1:1 Kopie auf DIN A 4 der Folienpräsentation. Wurde bei der Erstellung der Präsentation nicht darauf Acht gegeben, dass eine spätere kopierte Form benötigt wird, so ist die Qualität oft nicht entsprechend der kundenorientierten Zielsetzung der Marktforscher. Insbesondere bei farbigen Folien ist die spätere Kopierfähigkeit zu beachten. Der Projektbericht geht einen Schritt weiter. Er gibt die Informationen der Präsentation ausführlicher wieder, ist auch ergebnisorientiert. Der Marktforschungs- oder Forschungsbericht geht zusätzlich stark auf die Methoden und erhobenen Zahlen ein und hat einen entsprechend dicken Umfang. Der dokumentarische Berichtsband versucht, alle Informationen wiederzugeben. Deshalb ist er meist mehrere Bände oder Ordner dick.

Die Struktur dieser Dokumentation sollte grundsätzlich ähnlich sein. Der Unterschied liegt mehr in der Betonung unterschiedlicher Schwerpunkte. Eine typische Gliederung könnte sein:

Struktur der Dokumentation

1. Vorwort
   - Hinführung zum Thema, Vorgeschichte, Projektanstoß,
   - Themenabgrenzung und konkrete Aufgabenstellung,
   - Einordnung in ein Gesamtprojekt,
   - Gang der Untersuchung, Aufteilung in Projektschritte,
   - Zusammensetzung des Projektteams,
   - Zusammenfassung der Ergebnisse (Management Summary),
2. Methodische Basis
   - Entscheidungs- und Informationsbedarfsbestimmung,
   - Erhebungsmethoden,
   - Analyseverfahren,
3. Ergebnisse
   - erhobene Daten,
   - statistische Kennzahlen,
   - Analyseergebnisse.

4. Schlussfolgerungen
  - Interpretation und Empfehlungen,
  - Nächste Schritte und Ausblick.

Fehlerquellen der Dokumentation

Die meisten Fehler und Fallen, die bei der schriftlichen Nieder-legung gemacht werden, und die meist die Fehler des Projektes wider-spiegeln, sind:

- Aufgabenstellung und Ziele nicht klar definiert,
- zu lang,
- unzureichende Erklärung, Fachchinesisch,
- falsche Nutzung quantiativer Methoden,
- Übergenauigkeit,
- Einzelfalldarstellung,
- schwache Darstellung der Ergebnisse, zu wenig Grafiken,
- Falschinterpretation,
- keine Empfehlungen ausgesprochen, um sich nicht festnageln zu lassen.

Der Hauptmangel solcher Berichte, wie schon bei der Präsentation, liegt darin, dass man sich vor einer klaren Positionierung drückt. Weder die Aufgabenstellung noch die Empfehlungen sind klar und eindeutig.

5.4   Kontrollfragen

Welche Bestandteile weist die Interpretation auf?
Welche Schritte sind bei der Erstellung einer Präsentation zu ge-hen?
Was ist eine Präsentations-CD?
Was bedeutet Storyboard-Technik?
Welche Präsentationshilfsmittel gibt es?
Welche Grafiktypen gibt es?
Welcher Grafiktyp passt zu welcher Aussage?
Was ist eine Empfehlungsbox für Grafiktypen und wie ist ihr Auf-bau?
Welche Aufgaben hat eine Dokumentation?
Welche Arten von Dokumentationen gibt es?
Wie sieht die Struktur eines Projektberichtes aus?
Welche Fehler werden bei der Erstellung schriftlicher Forschungs-berichte gemacht?

5.5   Literaturhinweise

Byzow, L.A.: Graphische Methoden in der Planung, Statistik und Erfassung, Berlin 1955

Geha (Hrsg.): Checkliste für professionelle Planung und Durchführung, Hannover 1991

Heller, E.: Wie Farben wirken, Frankfurt et al. 1989

Huff, D.: How to lie with statistics, New York 1954

Imlau, A./Orth, D.-P./Ring, U.: Überzeugen durch Farbe, Essen 1991

Integrated Software Systems Corporation: Choosing the right chart, San Diego 1983

Klietz, H.: Betriebliche Präsentations-Technik, Gäufelden 1990

Koberstein, H.: Statistik in Bildern, Stuttgart 1973

Krämer, W.: So lügt man mit Statistik, Frankfurt et al. 1991

Monkhouse, F.J./Wilkinson, H.R.: Maps and Diagrams, London 1971

Riedwyl, H. (Hrsg.): Grafische Gestaltung von Zahlenmaterial, 3.A., Bern et al. 1987

Schaller, T.: Businessgrafik, Düsseldorf 1990

Schön, W.: Das Schaubild, Stuttgart 1957

Schrader, E./Straub, W.G.: Darstellungstechniken und Technik der Auswahl und Verdichtung von Informationen, Berlin 1978

Seifert, J.W./Pattay, S.: Visualisieren – Präsentieren – Moderieren, Speyer 1989

Talman, M.: Besser präsentieren mit dem PC, Düsseldorf et al. 1992

Thiele, A.: Mit neuen Techniken wirkungsvoll präsentieren Landsberg 1991

Thiele, A.: Überzeugend Präsentieren, Düsseldorf 1991

Tufte, E.R.: The Visual Display of Quantitative Information, Cheshire 1983

3M (Hrsg.): Wie Konferenzen und Präsentationen besser werden, Neuss 1987

3M (Hrsg.): Zeigen Sie, was Sie zu sagen haben, Neuss 1991

Zeisel, H.: Say it with Figures, 5.A., New York 1968

Zelazny, G.: Concept Visuals, Boston 1983

Zelazny, G.: Wie aus Zahlen Bilder werden, 3.A., Wiesbaden 1992

6 Entscheidung

Nach Durcharbeitung des Kapitels Entscheidung sollte der Leser

- die unterschiedlichen Begriffe der Entscheidung voneinander abgrenzen können,
- die Schritte des Entscheidungsprozesses aufzeigen können,
- die Bestandteile der Entscheidugnsfindung nennen können,
- auf der Basis einer durchgeführten Marktforschungsstudie die Entscheidung treffen können.

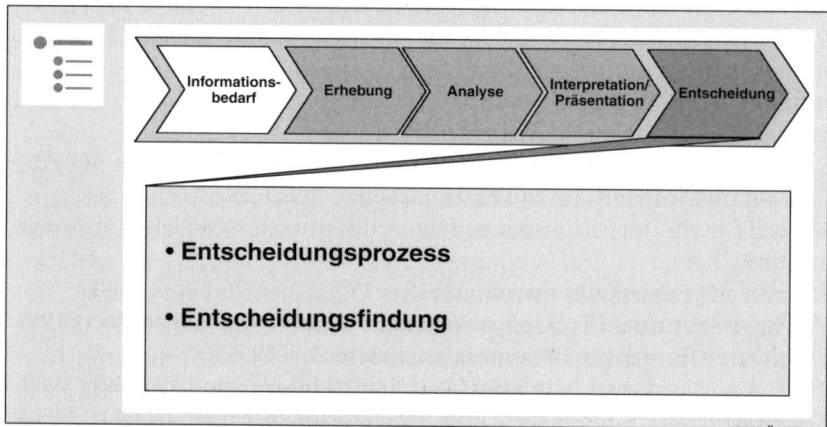

Abb. 209: *Übersicht über die Phase Entscheidung*

Der gesamte Marktforschungsprozess läuft darauf hinaus, dass am Ende die richtige Entscheidung oder zumindest eine Entscheidung unter deutlich verringerter Unsicherheit getroffen wird. In welchen Schritten der Entscheidungsprozeß abläuft und wie zu der Entscheidung gefunden wird, soll im abschließenden Kapitel behandelt werden.

6.1 Entscheidungsprozess

Betriebswirtschaftliche Entscheidungen sind der Wahlakt zwischen zwei oder mehreren Handlungsmöglichkeiten eines Unternehmens. Sie werden von Entscheidungsträgern am Ende eines Entscheidungsprozesses getroffen. Dieser läuft in den folgenden wesentlichen Phasen ab:

- **Anregungsphase:** Erkennen und Definieren von Problemen, die einer Entscheidung bedürfen,
- **Identifikationsphase:** Beschaffung, Analyse und Interpretation der für die Entscheidung notwendigen Informationen,
- **Suchphase:** Entwicklung von Lösungsalternativen,
- **Auswahlphase:** Bewertung und Entscheidung für eine der Lösungsalternativen,
- **Durchführungsphase:** Realisation der ausgewählten Alternative.

Die Marktforschung unterstützt diesen Prozess in jeder Phase, vom Erkennen des Problems, die Beschaffung, Analyse und Interpretation von Informationen für eine Entscheidung, Entwicklung von Lösungsalternativen bis zur Bewertung der Alternativen. Die Phasen der eigentlichen Entscheidung und der Durchführung bleiben den Entscheidungsträgern überlassen. In jeder dieser Entscheidungsphase sind vollständige Marktforschungsprozesse durchzuführen. So sind in der eigentlichen Entscheidungsphase, der Auswahlphase, Bewertungen von Handlungsalternativen vorzunehmen. Dabei werden die einzelnen Alternativen durch Punktbewertungsverfahren (Scoring-Modelle) anhand vorhandener Daten oder einzuholender Expertenmeinung bewertet und gewichtet. Dieses stellt einen eigenen Marktforschungsprozess dar. Innerhalb der Phase Informationsbedarf des Marktforschungsprozesses werden für eine gegebene Problemstellung durch Fragen und Hypothesen von der Marktforschung Antworten gesucht. Diese Fragestellungen beinhalten fast immer auch Alternativen, d.h. für einen optimalen Marktforschungsprozess, dass die Handlungsalternativen nach Möglichkeit schon in der Informationsbedarfsphase festgelegt werden. Ist dies nicht möglich, so muss darüber eine eigene Marktforschung betrieben werden.

EASY-Fallstudie

Im EASY-Projekt sind die Fragestellungen so definiert worden, dass alle Alternativen eingeplant sind. Der Vorstand erwartet von dem Projektteam eine Bewertung der Alternativen, sodass das Projektteam einen gemeinsamen Entscheidungsvorschlag macht.

6.2 Entscheidungsfindung

Von einer Entscheidung kann in einem Unternehmen die gesamte Zukunft abhängen. Deshalb ist das Finden der richtigen Entscheidung so wichtig. Für diese Entscheidungsfindung sind zwei Fragen zu beachten:

- Nach welchen Kriterien werden die Handlungsalternativen gewichtet und woran orientiert sich die Entscheidung?
- Wer ist der Entscheidungsträger?

Da im Marketing alle Entscheidungen kundenorientiert gefällt werden müssen, sich Kunden und Märkte aber stetig ändern, kann ein Entscheidungsträger heute keine Entscheidung mehr nur aufgrund seines Erfahrungsschatzes fällen. Er muss grundsätzlich immer Informationen über die jetzigen und zukünftigen Kunden einbeziehen. Damit ergibt sich für jede Entscheidungsfindung folgende Reihenfolge der Gewichtung:

Gewichtung der Entscheidungsfindung

1. Was bedeutet die Entscheidung für unsere jetzigen und für unsere potentiellen Kunden?
2. Wie wird die Unternehmensumwelt auf die Entscheidung reagieren?
3. Was bedeutet die Entscheidung für unser eigenes Unternehmen?
4. Wie werden die Wettbewerber auf die Entscheidung reagieren?

Diese Reihenfolge ist für den Markt einzuhalten, den das Unternehmen in der Situationsanalyse als Marktbearbeitungsgebiet definiert hat. Die Positionen 2 und 3 können in einer Region oder in einem Markt differieren. Der Kunde steht aber immer an Nummer 1. Die wichtige Position der Umweltbedingungen ist für die europäische Situation charakteristisch. Immer mehr Auflagen durch EU, Bund, Land und Kommunen und außerdem eine erhöhte Ökologieorientierung der Kunden in einigen Ländern lassen nur wenig Handlungsspielräume zu.

Ein typisches Beispiel für das Missachten der bezeichneten Reihenfolge ist das Desaster, welches Shell mit der Entsorgung der Ölbohrplattform Brent-Spar erlebt hat. Shell wollte die Plattform in der Nordsee versenken, nachdem es in Großbritannien mit dem Staat und der Allgemeinheit keine Probleme gab. Dort wurde von dem internationalen Konzern die Kundenmeinung in Deutschland und die Reaktionen der europäischen Unternehmensumwelt im Bereich der Ökologie völlig missachtet und letztendlich mit Millioneneinbußen bestraft.

Die Marktforschung bietet für diese Gewichtung die Möglichkeit des Punktbewertungsverfahrens. Dabei werden die verschiedenen Aspekte der Alternativen für die Bereiche Kunde, Umwelt, Unternehmen und Konkurrenz durch das Projektteam oder externe Experten bewertet und nach einem vorgegebenen Schema, wie die Rangfolge oben, gewichtet. Die Alternative mit dem höchsten Punktwert gewinnt.

Neben der Entscheidungsgewichtung nach der Kundenorientierung ist als zweiter Ansatz für das Finden der richtigen oder besten Entscheidung die Organisation des Unternehmens und damit die

Frage nach dem Entscheidungsträger zu stellen. Dieser kann in einem Unternehmen sein:

- Einzelperson: Inhaber, Vorstand als Person, Bereichsleiter, Manager, etc.
- Entscheidungsgremium: Vorstand als Gremium, Strategy Board, Geschäftsleiterkonferenz, Vertriebsleitersitzung, Buying Center, etc.
- Projektteam: Entwicklungsteam, Marketingteam, Marktfeldteam, etc.

Neben der Einzelperson ist das Entscheidungsgremium in Großkonzernen von großer Bedeutung. Dabei ist zu unterscheiden zwischen solchen Gremien, in denen eine Person letztendlich die Entscheidung trifft, und solchen, in denen über Mehrheit oder Einstimmigkeit die Entscheidung getroffen wird. Der erste Fall unterscheidet sich nicht von der Entscheidung der Einzelperson und soll nicht weiter behandelt werden. Durch die für die Managementstruktur notwendige Pflicht zur Produktivitätssteigerung wurde mehr und mehr der Teamarbeit und damit dem Abbau von Hierarchien der Weg bereitet. Innerhalb von Projekten wird schon lange mit Teams aus verschiedenen Abteilungen gearbeitet. Im operativen Geschäft gehen einige Markenartikler dazu über, von dem verantwortlichen Produktmanager auf ein gemeinsam verantwortliches Marktfeldteam überzugehen, die gemeinsam von der Produktentwicklung über Produktion, Vertrieb und Kommunikation für ihr Marktfeld verantwortlich sind. Der Vorstand erwartet von einem Projektteam eine gemeinsam getragene Entscheidung zu einem Stichtag. Damit muss sich ein Projektteam zu diesem Tag zu einer Entscheidung unter Unsicherheit und damit zu Pragmatismus zwingen.

6.3   Kontrollfragen

Welche Phasen und Schritte kennzeichnen den Entscheidungsprozess?

Welche Probleme kennzeichnen die Entscheidungsfindung?

Welche organisatorischen Voraussetzung gibt es bei der Entscheidungsfindung?

Welche Rolle spielt der Marktforscher in dem Entscheidungsprozess und in der Entscheidungsfindung?

6.4   Literaturverzeichnis

Bamberg, G./Coenenberg, A.G.: Betriebswirtschaftliche Entscheidungstheorie, 6.A., München 1991

Cravens, D.W./Hills, G.E./Woodruff, R.B.: Marketing Decision Making, Homewood et al. 1980

Green, P./Telz, D./Albaum, G.: Research for Marketing Decisions, 5.A., Englewood Cliffs 1988

Kahle, E.: Betriebliche Entscheidungen, 3.A., München et al. 1993

Lilien, G./Kotler, P.: Marketing Decision Making, Cambridge et al. 1983

Schneider, D.: Informations- und Entscheidungstheorie, München/Wien 1995

Sedlmeyer, K.-J.: Panelinformation und Marketingentscheidung, München 1983

7   Fallstudien und Aufgaben

7.1   Fallstudien

7.1.1   Fallstudie Willeken: Positionierung einer Biermarke

Sie sind als deutscher Produktmanager für den weltweit tätigen, sehr erfolgreichen Bierkonzern **Willeken** in Deutschland für die Bier-Marke *International* verantwortlich. *International* wird nicht nach dem deutschen Reinheitsgebot und nicht nach Pilsener Brauart gebraut. Im Vergleich zu anderen Ländern hat Willeken in Deutschland nur eine bescheidene Marktposition (1995: 2,0%). Der Konzernchef Jan Willeken, angespornt durch den Erfolg des mexikanischen In-Bieres *Sorona* im deutschen Markt, welches ebenfalls weder Pils noch »rein« ist, hält die Zeit für gekommen, die Marktposition von Willeken in Deutschland dem internationalen Konzernniveau anzupassen.

Der deutsche Biermarkt ist zu ca. 50% von Pilsmarken nach dem deutschen Reinheitsgebot mit steigender Tendenz geprägt. Die andere – schrumpfende – Hälfte teilen sich das »normale« klassische Bier (Export genannt) und ein stabiles 25%-Segment mit Spezialbieren wie Alt, Kölsch, Weizen oder ausländischen Importbieren.

Von Ihnen wird eine Marktforschungsstudie bei einem Institut in Auftrag gegeben. Dazu »briefen« Sie das Institut mit folgenden Informationen:

- Grundgesamtheit: alle Bundesbürger ab 16 Jahren,
- Stichprobe: Repräsentativität notwendig.
- Zu klärende Fragen:
    a: Wie unterscheiden sich *International*-Trinker von den Trinkern anderer Biermarken nach Einkommen, Alter und Bierkonsum?
    b: Wie sehen die Zielgruppen für *International* aus?
    c: Wie entwickelt sich der Bierverbrauch in Deutschland in Abhängigkeit von der Geburtenrate, dem Einkommen und dem Bruttosozialprodukt?
    d: Welche Präferenzen bezüglich Bieretikett, Preis und Flaschenform haben die *International*-Trinker?

Für den deutschen Biermarkt ergibt die Marktstudie folgende mit den wichtigsten Konkurrenz-Biermarken versehene Produktpositionierung:

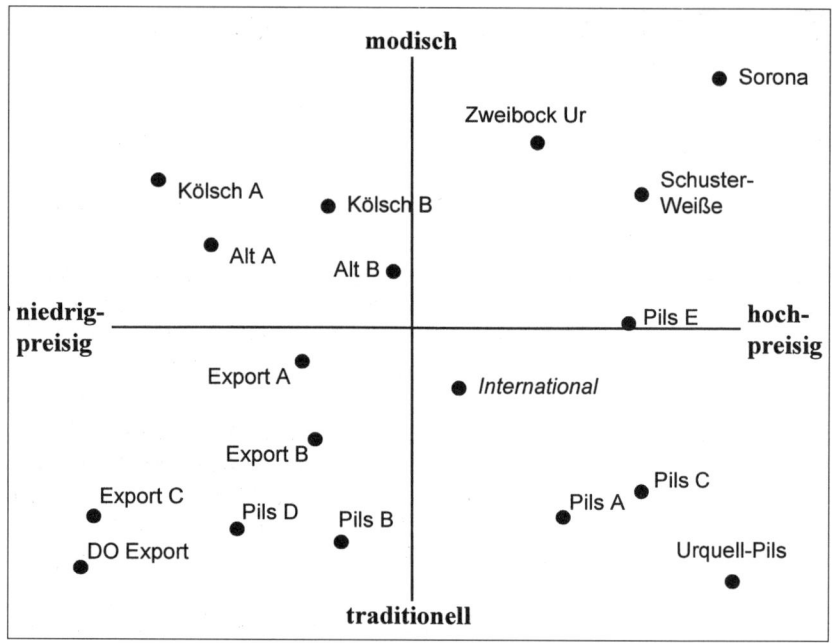

Aufgabe a)

Der Institutsleiter hat wenig Erfahrung mit multivariaten Verfahren. Deshalb ruft er Sie an und will von Ihrem Know-how profitieren:

Nennen Sie vier wichtige Kriterien zur Auswahl des geeigneten multivariaten Verfahrens. Ermitteln Sie für jedes dieser Kriterien die konkreten Ausprägungen für die fünf Fragen a: bis d: und nennen Sie das dazu passende multivariate Verfahren.

Aufgabe b)

Das von Ihnen beauftragte Marktforschungsinstitut hat vergessen, die Vorgehensweise und die benutzten Verfahren zu dokumentieren.

Nennen Sie die 5 wichtigsten Schritte der Datenerhebung. Beschreiben Sie kurz für jeden dieser Schritte, welche Verfahren – vermutlich – für die Marktstudie verwendet wurden. Begründen Sie kurz Ihre jeweilige Vermutung.

7.1.2 Fallstudie Hessen-Motor: Produkteinführung eines Automobils

Der international erfolgreiche Automobilhersteller Hessen-Motor (HM) bietet folgendes Produktprogramm im mittleren Preissegment an:

Klasse:	HM-Modell	Marktanteil	Marktführer	Marktanteil
– Kleinwagenklasse:	Borsa	15 %	Ford Fiesta	20 %
– Kompaktklasse:	Ostra	21 %	VW Golf	27 %
– Mittelklasse:	Xtra	19 %	VW Passat	20 %
– Obere Mittelklasse:	Zeta	23 %	HM Zeta	23 %

Der *Borsa* wird drei- und fünftürig angeboten. Die anderen Modelle werden als viertürige Limousine und fünftüriger Caravan angeboten. Vom Ostra gibt es zusätzlich noch ein Cabrio. Für jede Modellreihe stehen 5 Motorvarianten zur Verfügung. Alle Modelle werden international mit gleicher Modellbezeichnung vermarktet.

Im quartalsweise tagenden Strategy Board wird wieder einmal die augenblickliche Lage besprochen und darüber nachgedacht, wie man die Weichen für eine erfolgreiche Zukunft stellen kann. Der Entwicklungschef hält einen Zeitungsausschnitt der Zeitschrift »Absatzwirtschaft« in der Hand, der von der erfolgversprechenden Nischenpolitik von Mercedes-Benz berichtet. Eine heftige Diskussion über Für und Wider dieser Vorgehensweise tritt ein. Wie immer kommt man zu dem Schluss, die verantwortliche Marketingabteilung zu beauftragen, eine vollständige Marketing-Präsentation zu erarbeiten und in der nächsten Sitzung vorzulegen.

Der Marketingleiter ist persönlich von der Idee der Entwicklung eines *Borsa-Coupés* voll begeistert. Da er in seiner Funktion neu ist – er war vorher im Controlling – hat er noch ein paar grundsätzliche Fragen zum Marketing und zur Marktforschung.

Aufgabe a)
Welche Verfahren der Datenerhebung gibt es grundsätzlich? Stellen Sie anhand der 5 wichtigsten Kriterien für jedes der Verfahren mit einer Bewertung (+, o, -) dar, welches besser oder schlechter geeignet ist, die Problemstellung zu lösen. Begründen Sie stichwortartig Ihre jeweilige Entscheidung.

Aufgabe b)
Die Marketingabteilung möchte überprüfen lassen, welche Akzeptanz beim Kunden eine Ausweitung der Produktpalette beim Borsa durch eine Coupé- und eine Cabrio-Variante finden würde. Beschreiben Sie stichwortartig die 10 wichtigsten Schritte einer vollständigen Marktforschungsstudie und geben Sie für jeden der Schritte für die gegebene Fallstudie eine passende Alternative/Umsetzungslösung an.

Aufgabe c)
Welche Möglichkeiten der Informationserhebung bietet die Marktforschung zur Feststellung, welche Akzeptanz die entwickelten Modelle (*Borsa*-Coupé und *Borsa*-Cabrio) bei den Kunden später nach

der Markteinführung haben werden? Beschreiben Sie zwei mögliche Verfahren anhand der Fallstudie.

Aufgabe d)
Kurz vor der Markteinführung wird bemerkt, dass das *Borsa*-Coupé noch gar keinen eigenen Namen hat. Womit ist die Marktforschungsabteilung zu beauftragen? Welche Punkte sind zu beachten?

7.1.3   Fallstudie Ruhr-Bräu: Informationsbedarf

Die Dortmunder Brauerei »Ruhr-Bräu« leidet unter deutlichem Rückgang des Absatzes ihres Premium-Pils »Schaumkrone« im letzten halben Jahr. Deshalb gibt der Marketingleiter dem Marktforschungsinstitut »Feld-Research« den Auftrag, eine problembezogene Marktforschungsstudie durchzuführen.

Aufgabe a)
Beschreiben Sie stichwortartig die wichtigsten Schritte einer vollständig durchgeführten Marktforschungsstudie.

Aufgabe b)
Benennen Sie zu jedem einzelnen der unter a) aufgeführten Schritte für die Ruhr-Bräu AG ein problembezogenes Beispiel bezüglich Methode, Verfahren etc. der Marktforschung.
    Bei der Zwischenpräsentation legt Herr Meyer von der Feld-Research besonderen Wert auf die Darstellung multivariater Verfahren.

Aufgabe c)
Benennen Sie mind. 5 multivariate Verfahren.

Aufgabe d)
Stellen Sie für jedes dieser Verfahren eine passende Fragestellung oder ein passendes Beispiel bezüglich der Ruhr-Bräu dar.

Diskussion bei Ruhr-Bräu:

In der Kantine der Ruhr-Bräu kommt es nach der Abschlusspräsentation der Feld-Research zu einer heftigen Diskussion zwischen dem Marketingleiter und dem Vertriebsleiter. Der Marketingleiter vertritt die Ansicht »Primärmarktforschung war notwendig«. Dagegen bezieht der Vertriebsleiter folgende Stellung: »Sekundärmarktforschung wäre hier völlig ausreichend gewesen«.

Aufgabe e)
Entscheiden Sie sich für eine der beiden Meinungen und begründen Sie diese Entscheidung anhand von Vor- und Nachteilen der jeweiligen Methode.

Aufgabe f)
Welche Möglichkeiten hätte die Ruhr-Bräu gehabt, wenn Sie auf die Primärerhebung verzichtet und nur Sekundärmarktforschung durchgeführt hätte? Nennen Sie mindestens 5 denkbare Quellen und deren Informationsinhalte.

Aufgabe g)
Rücklaufquote: Die von Feld-Research für die Ruhr-Bräu durchgeführte mündliche Befragung bei 500 Haushalten ergab nur einen Rücklauf verwertbarer Fragebögen in Höhe von 70 %. Benennen Sie die wichtigsten Gründe für den Ausfall der Fragebögen.

Aufgabe h)
Befragungsmethoden: Diskutieren Sie die Stärken und Schwächen der drei wichtigsten Befragungsarten der Marktforschung anhand geeigneter Beurteilungskriterien.

Aufgabe i)
Interviewer bei Feld-Research: Das Marktforschungsinstitut Feld-Research sucht Interviewer. Beschreiben Sie stichwortartig die Aufgaben eines typischen Interviewers innerhalb von mündlichen Befragungen.

Aufgabe j)
Marketing-Problemstellungen: Stellen Sie für alle vier Teilbereiche des Marketing-Mixes jeweils 2 Beispiele (4 · 2 macht 8!) für den Einsatz der Marktforschung dar. (Beispiel: Kommunikationspolitik-> Werbung -> Werbewirkungskontrolle)

Aufgabe k)
Zeitreihenanalyse: Stellen Sie alle Komponenten einer Zeitreihe dar und beschreiben Sie kurz deren Inhalt und Bedeutung.

7.1.4 Fallstudie Borussia: Marktforschungsstudie

Der traditionsreiche deutsche Fußballverein Borussia München-Gladbeck bekommt mit Herrn Ralf Hülsmann einen neuen, dynamischen Manager. Herr Hülsmann hat sich an einer Hochschule im Abendstudium im Marketing weitergebildet und möchte des-

halb natürlich den bezüglich der Kundenorientierung schläfrigen
Club beleben und dadurch die wirtschaftlichen Eckdaten langfristig deutlich verbessern. In seinem Arbeitsvertrag steht ein wichtiger Passus, nach dem seine Leistungsprämie zu 50% von dem Tabellenstand (1. Rang: 150.000 DM und für jeden weiteren abzüglich
30.000 DM) und zu 50% vom finanziellen Überschuss (2% des er-
zielten Überschusses) des Fußballvereins abhängt. Sein persönliches Ziel ist eine Leistungsprämie in Höhe von 200.000 DM in der
nächsten Saison.

Folgende Informationen findet Herr Hülsmann in den Schrän-
ken seines Vorgängers vor:

- Tabellenstand 1996:   5. Platz.
- Stadionauslastung 1996:   zu 80%, davon 20% Dauerkarten.
- Spielzeit 1996:   Finanziell ausgeglichen,
                            kein Überschuss.
- Einnahmenverteilung: 50% Eintrittskarten,
                            30% TV-Einnahmen,
                            10% Fanartikel (Merchandising)
                            und 10% Sponsoring.
- Kostenverteilung: 60% Eintrittskarten,
                            25% TV-Einnahmen,
                            5% Fanartikel und 10% Sponsoring.
- Planung für Saison 1997: bisher keine Neuverpflichtung,
                            alle Spieler noch mindestens
                            zwei Jahre unter Vertrag.
- Freistehendes
  Investitionsvolumen: 400.000 DM.
- Zeitungsartikel:
  »Deutschland EM-Meister. Ganz Deutschland im Freudentau-
  mel. Deutliche Belebung des Bevölkerungsinteresses am Fuß-
  ball erwartet! Bundesliga-Manager stoßen noch im Wembleys-
  tadion auf neue Zuschauer- und Umsatzrekorde im nächsten
  Jahr an!«
  »Das Marktforschungsinstitut GfK in Nürnberg meldet für das
  Fußballendspiel Deutschland-Tschechien Rekordeinschaltquote
  für das ZDF!«
  »Top-Fußballvereine erreichen über Merchandising (wie z.B.
  Bayern-Senf) schon höhere Einnahmen und Gewinne als durch
  Eintrittskarten!«
  »Ab 1997 Pay-TV für Bundesligaspiele. Fernsehzuschauer kön-
  nen ab 1997 jedes Bundesligaspiel über Kabel live sehen und
  einzeln bezahlen!«

Herr Hülsmann möchte eine Marktforschungsstudie über die Struktur und Wünsche seines Kundenpotentials in Auftrag geben. Er

möchte vor allem die richtigen Leistungsangebote für die passenden Zielgruppen entwickeln und anbieten. Inhaltlich möchte er deshalb folgendes wissen:

Frage a:
Welche unterschiedlichen Kundengruppen (Zielgruppen) lassen sich nach sozio-demografischen Gesichtspunkten für die Borussia bilden?

Frage b:
Unterscheiden sich die Stadionbesucher von den bundesweiten Fans nach verschiedenen sozio-demografischen Kriterien (metrisch gemessen)?

Frage c:
Welche Präferenzen haben die Zielgruppen bezüglich der Leistungsangebote (Fan-Artikel, Fußballspiele, Galas, Aktionen, Sportfeste, »Spieler zum Anfassen«, Videos,...) der Borussia?

Frage d:
Welche Leistungsangebote sind überhaupt für Fußballfans denkbar?

Aufgabe a) Situationsanalyse
Nennen Sie alle Schritte der Situationsanalyse. Beschreiben Sie für jeden Schritt die konkrete Situation (soweit Infos vorliegen) für die Borussia!

Aufgabe b) Methodenwahl
Herr Hülsmann beauftragt ein Marktforschungsinstitut, für seine Fragestellungen die entscheidungsrelevanten Informationen zu besorgen.

- Welche restlichen, wichtigen Schritte sind noch von den Marktforschern zu gehen?
- Welche Erhebungsmethode bietet sich – gemeinsam für die Fragen a: bis c: – an und warum?
- Welches Auswahlverfahren mit welcher Probandengruppe bietet sich – gemeinsam für die Fragen a: bis c: – an und warum?

Aufgabe c) Erhebungsverfahren
Welche Erhebungsmethode bietet sich für die Frage d: an? Warum?

Aufgabe d) Auswahl Analyseverfahren
Nennen Sie vier wichtige Kriterien zur Auswahl des geeigneten multivariaten Verfahrens. Ermitteln Sie für jedes dieser Kriterien

die konkreten Ausprägungen für die drei Fragen a: bis c: und nennen Sie das dazu passende multivariate Verfahren.

7.2 Einzelaufgaben

Datenerhebung: Schritte

1. Beschreiben Sie stichwortartig und vollständig die wichtigsten notwendigen Schritte/Entscheidungen innerhalb der Datenerhebung.

Datenerhebung: Spezialthemen

2. Kreuzen Sie bitte bei den folgenden Fragen die richtigen Antworten an (Mehrfachantworten sind möglich).

2.1 Bei welchem oder welchen Auswahlverfahren bekommt der Interviewer die aufzusuchenden Befragten namentlich vorgegeben?
   - ☐ willkürliches Verfahren
   - ☐ Random-Verfahren
   - ☐ Quota-Verfahren

2.2 Welches sind die fünf wichtigsten Kriterien zur Auswahl der geeigneten Erhebungsmethoden in der Marktforschung?
   - ☐ Kosten
   - ☐ Design der Methode
   - ☐ Repräsentanz
   - ☐ Rücklaufquote
   - ☐ Abhängigkeit der Merkmale
   - ☐ Zeitaufwand
   - ☐ Qualität
   - ☐ Quantität

2.3 Welche Frageform stellt die Frage »Welches Geschlecht haben Sie – männlich oder weiblich« dar?
   - ☐ offene Frage
   - ☐ geschlossene Frage
   - ☐ Filterfrage
   - ☐ Eisbrecherfrage

2.4 Welches Messkriterium bezeichnet die Gültigkeit der Ergebnisse?
   - ☐ Varianz
   - ☐ Validität
   - ☐ Resonanz
   - ☐ Reliabilität
   - ☐ Objektivität

2.5 Welche Dimensionen für Skalenarten gibt es?
  ☐ Form
  ☐ Stufigkeit
  ☐ Pole
  ☐ Funktion
  ☐ Anzahl Abstufungen
  ☐ Anzahl Merkmale
  ☐ Anzahl Merkmalsträger

2.6 Die Stiftung Warentest untersucht Fernsehgeräte und be-
     notet die Qualität nach 6 Kriterien wie Technische Sicher-
     heit und Bildschirmqualität. Um welche Marktforschungs-
     methode handelt es sich hier?
  ☐ Befragung
  ☐ Beobachtung
  ☐ Experiment/Test

2.7 Die Firma ALDO-Einzelhandel testet die Aufnahme zu-
     sätzlicher Produkte wie z.B. Schuhe ins Verkaufssortiment.
     Um welches Testverfahren handelt es sich hier?
  ☐ Produkttest
  ☐ Storetest
  ☐ Markttest
  ☐ Testmarktsimulation

3. Die Einzelhandels-Panel der Nielsen Company erfassen regel-
    mäßig Produkt-, Distributions- und Verkaufsförderungsdaten
    bei 1.000 Einzelhandelsgeschäften.

    Datenerhebung: Nielsen-Panel

    3.1 Diskutieren Sie anhand dieses Beispiels die besonderen
         Probleme bei Aufbau und Pflege eines Panels!
    3.2 Welche besonderen Vorteile haben Paneluntersuchungen
         gegenüber Einmal-Befragungen?

4. Entwerfen Sie eine Codierung für folgende Fragen aus einem
    Fragebogen:

    Datenerhebung: Fragebogencodierung

    Sind Sie Raucher?
  ☐ Ja
  ☐ Nein

    Wenn »nein«, folgende Frage übergehen!

    Welches ist Ihre bevorzugte Zigarettenmarke?

    Markenname eintragen: _____

**Datenerhebung:
Auswahlverfahren**

5. Beantworten Sie folgende Fragen zur Datenerhebung:
   5.1 Stellen Sie kurz die vier wichtigsten Verfahren der Stichprobenauswahl dar.
   5.2 Welche Vor- und Nachteile hat das Quotaverfahren gegenüber dem Random-Verfahren?

**Datenerhebung:
Auswahlverfahren**

6. Erläutern Sie mögliche Fehlerquellen bei folgenden Vorgehensweisen der Stichprobenziehung:
   6.1 Ziehung der Stichprobe von Einzelhändlern an einem Ort auf Basis des Mitgliederverzeichnisses des örtlichen Einzelhandelsverbandes
   6.2 Ziehung einer Stichprobe möglicher Käufer von PC's auf Basis der Mitgliederverzeichnisse von Industrie- und Handelskammern

**Datenanalyse:
Statistische Maß-
zahlen**

7. Welche der Maßzahlen Modus, Median und arithmetisches Mittel lassen sich bei folgenden Variablen anwenden?
   7.1 Geschlecht
   7.2 Schulnoten
   7.3 Einkommen
   7.4 Erreichte Punktzahl bei einer Klausur
   7.5 Markenname des zuletzt gekauften Autos

**Datenanalyse:
Verfahrensauswahl**

8. Folgende Fragestellungen sollen durch welche geeigneten statistischen Verfahren analysiert werden:
   8.1 Gibt es einen Zusammenhang zwischen der konsumierten Biermenge (in Liter), dem Geschlecht der Befragten und der Einkommensklasse?
   8.2 Ist die Qualität der Hochschulabsolventen (Durchschnittsexamensnote) abhängig vom Alter, der Semesterzahl und der BaFöG-Höhe (in DM)?
   8.3 Wie verändert sich die Absatzmenge, wenn die Werbeausgaben um 10% gekürzt werden?
   8.4 Lassen sich die Kunden eines Kaufhauses entsprechend ihren Bedürfnissen in Gruppen einteilen?
   8.5 Welche Merkmale (metrische) der Außendienstmitarbeiter tragen am besten zu ihrer Differenzierbarkeit in Erfolgreiche und Nicht-Erfolgreiche bei?
   8.6 Hat die Farbe einer Anzeige einen Einfluss auf die Zahl der Personen, die sich an die Werbung erinnern?
   8.7 Lassen sich bestimmte Kreditkunden anhand der Merkmale Einkommen, Anzahl der Kinder und Alter als kreditwürdig einstufen?
   8.8 Hat die Art der Verpackung einen Einfluss auf die Höhe der Absatzmenge?

8.9 Gibt es einen Zusammenhang zwischen dem Geschlecht der Wähler und der Wahl einer politischen Partei?

8.10 Wie lässt sich der Preis für Baumwolle in den nächsten sechs Monaten schätzen?

8.11 Wie kann man die Wählerschaft entsprechend ihren Interessen an polititschen Vorgängen klassifizieren?

8.12 Hat das Investitionsvolumen der Automobil-, Werft- und Bauindustrie einen Einfluss auf die Stahlnachfrage?

8.13 Lässt sich die Vielzahl der Eigenschaften, die Käufer von Automobilen als wichtig empfinden, auf wenige komplexe Kriterien reduzieren?

8.14 Hat die Wahl des Absatzweges einen Einfluss auf die Absatzmenge?

7.3   Lösungshinweise

7.3.1   Fallstudie Willeken: Positionierung einer Biermarke

Aufgabe a)
Kriterien
- Art der Untersuchungsobjekte
- Anzahl Variablen
- Abhängigkeiten zwischen den Variablen
- Daten- und Messniveau
- Untersuchungszeitraum
- Untersuchungsgegenstand

Frage a:
- Art der Untersuchungsobjekte: »Trinker« (nicht metrische Skalierung der Merkmalsausprägungen), Einkommen, Alter, Bierkonsum (metrische Skalierung der Merkmalsausprägungen)
- Anzahl Variablen: 4 (multivariates Verfahren erforderlich)
- Abhängigkeiten zwischen den Variablen: ja (Dependenzverfahren erforderlich)
- Untersuchungszeitraum: Zeitpunkt
- Untersuchungsgegenstand: Gruppenvergleich
- Verfahren: Diskriminanzanalyse

Frage b:
- Art der Untersuchungsobjekte: »Zielgruppen« (nicht metrische Skalierung der Merkmalsausprägungen) – Unterschiede (metrisch oder nichtmetrisch)
- Anzahl Variablen: >2 (multivariates Verfahren erforderlich)

- Abhängigkeiten zwischen den Variablen: nein (Interdependenz-verfahren erforderlich)
- Untersuchungszeitraum: Zeitpunkt
- Untersuchungsgegenstand: Marktsegmentierung/Elementere-duktion
- Verfahren: Clusteranalyse

Frage c:
- Art der Untersuchungsobjekte: »Bierverbrauch«, Zeit, Geburten-rate, Einkommen, Bruttosozialprodukt (metrische Skalierung der Merkmalsausprägungen)
- Anzahl Variablen: 5 (multivariates Verfahren erforderlich)
- Abhängigkeiten zwischen den Variablen: ja (Dependenzverfahren erforderlich)
- Untersuchungszeitraum: Zeitraum
- Untersuchungsgegenstand: Zeitreihenanalyse und Abhängigkeit
- Verfahren: Regressionsanalyse

Frage d:
- Art der Untersuchungsobjekte: Bieretikett, Preis, Flaschenform, Präferenzen (nicht-metrische Skalierung der Merkmalsauspra-gungen)
- Anzahl Variablen: 3 (multivariates Verfahren erforderlich)
- Abhängigkeiten zwischen den Variablen: nein (Interdependenz-verfahren erforderlich)
- Untersuchungszeitraum: Zeitpunkt
- Untersuchungsgegenstand: Präferenzen
- Verfahren: Conjoint-Analyse

Aufgabe b)
Schritte der Datenerhebung
- Quellenwahl
- Erhebungsverfahren
- Operationalisierung
- Auswahlverfahren
- Durchführung
- Messung

Verfahren zur Datenerhebung
- Quellenwahl: Biermarktstudie des Brauereiverbandes, Nielsen-Handels- und Verbraucher-Panel, interne Absatzstatistik, Außen-dienstbefragung
- Erhebungsverfahren: Scanner-Beobachtung in Getränkeshops und Verbrauchermärkten, Haushaltsbeobachtung
- Operationalisierung: Fragebogengestaltung
- Auswahlverfahren: ADM-Mastersample, Quotaverfahren

- Durchführung: –
- Messung: –

7.3.2 Fallstudie Hessen-Motor: Produkteinführung eines Automobils

Aufgabe a)
Verfahren der Datenerhebung
- Beobachtung
- Befragung
- Experiment
  Bewertung
- siehe Abb. 95

Aufgabe b)

10 Schritte der Marktforschungsstudie	→	Alternative/ Umsetzungslösung
• Informations- und Entscheidungsbedarf	→	Akzeptanz des Coupés
• Quellenwahl	→	interne und externe Quellen
• Erhebungsverfahren	→	mündliche Befragung Coupé- und Borsa-Fahrer
• Operationalisierung	→	Fragebogengestaltung mit Vorlagen über Stylingentwürfe
• Auswahlverfahren	→	Quotaverfahren
• Durchführung	→	Kontrolle der Interviewer- anweisungen
• Messung	→	Validitäts- und Reliabilitäts- check
• Aufbereitung	→	Fragebogeneditierung- Codierung
• Analyseverfahren	→	Conjoint-Analyse
• Entscheidung	→	Coupé-Einführung ja oder nein

Aufgabe c)
Qualitative Marktforschung
- Gruppendiskussion oder Einzelinterviews

Aufgabe d)
Branding
- Generierung von Namen
- juristische Überprüfung
- Sprachliche Überprüfung in 7 Sprachen
- Akzeptanzüberprüfung bei der Zielgruppe

7.3.3   Fallstudie Ruhrbräu: Informationsbedarf

Aufgabe a)
Informations- und Entscheidungsbedarf
Erhebung:
- Quellenwahl
- Erhebungsverfahren
- Operationalisierung
- Auswahlverfahren
- Durchführung
- Messung

Analyse:
- Aufbereitung
- Analyseverfahren

Entscheidung.

Aufgabe b)
Informationsbedarf:
- Situationsanalyse Kunde
- Gründe für Absatzrückgang »Schaumkrone«
- Kunden- und Imagestudie

Erhebung –
Quellenwahl:
- externe Sekundärmarktforschung
- Absatzzahlen
- Brauereiverband

Erhebung –
Erhebungsverfahren:
- mündliche Befragung
- Kunden in Dortmund

Erhebung –
Auswahlverfahren:
- Quota-Verfahren
- Struktur der Dortmunder Bevölkerung

Analyse –
Analyseverfahren:
- Unterschied zwischen Trinkern von »Schaumkrone« und den Nichtrinkern
- Diskriminanzanalyse

Aufgabe c)
Dependenzanalyse:
- Kontingenzanalyse
- Diskriminanzanalyse
- Varianzanalyse
- Regressionsanalyse

Interdependenz-
analyse:
- Faktorenanalyse
- Clusteranalyse
- MDS
- Conjoint-Analyse

Aufgabe d)
- Kontingenzanalyse: Gibt es einen Zusammenhang zwischen dem Trinken von »Schaumkrone« und dem Geschlecht?
- Diskriminanzanalyse: Wie unterscheiden sich die »Schaumkrone«-Trinker von den Nichttrinkern nach Alter, Einkommen (in DM) und Bierverbrauch (pro Monat)?
- Varianzanalyse: Hängt der Absatz und der Umsatz von »Schaumkrone« von der Art der Flaschen- und Etikettgestaltung ab?
- Regressionsanalyse: Gibt es einen Zusammenhang zwischen Alter, Einkommen (in DM) und dem Bierverbrauch (in 1 pro Monat)?
- Faktorenanalyse: Lassen sich die 15 gemessenen Gründe für die Markenwahl bei Bier auf vier bis sechs wichtige Hauptgründe zusammenfassen?
- Clusteranalyse: Gibt es unterschiedliche Zielgruppen im Dortmunder Biermarkt?
- MDS: Wie unterscheidet sich das Image von Ruhrbräu im Vergleich zu den Konkurrenzmarken nach 20 Imagefaktoren?
- Conjoint-Analyse: Welche Kombination aus Preis, Flaschenform, Geschmack und Werbung bevorzugen die Ruhrbräukunden?

Aufgabe e)
»Primärmarktforschung war notwendig«;
Begründung: Nur über die Befragung der Dortmunder konnten die spezifischen Schwächen der »Schaumkrone« erfasst werden;
Vorteil der Primärmarktforschung: problemspezifische und genaue Informationen;
Nachteil: Kosten, Zeit

Aufgabe f)

Quellen	Informationsinhalte
Statistisches Bundesamt	Bevölkerungsstatistik
Städtisches Statistikamt in Dortmund	Bevölkerungsentwicklung in Dortmund
Brauereiverband	Bierverbrauch allgemein und nach Sorten
G+J-Verlag	MARIA-Studie
Konkurrenzinformationen Fachzeitschriften	Änderungen in Kundeneinstellungen gegenüber Bier und Freizeit

Aufgabe g)
Gründe:
- Verweigerung durch den Probanden
- Falschbeantwortung durch den Probanden
- Nichtantreffen des Probanden
- Falschausfüllung durch den Interviewer
- Missachtung der Intervieweranweisung

Aufgabe h)
Befragungsarten:
- mündlich
- schriftlich
- telefonisch

Beurteilungs-
kriterien:
- Kosten
- Zeitaufwand
- Qualität
- Rücklaufquote
- Repräsentanz
  (siehe Kapitel Befragungsmethode)

Aufgabe i)
Aufgaben Interviewer:
- persönlich: Auftreten, Ausstrahlung, Sprache, Benehmen
- Probandenkontakt: Gesprächsführung, Interesse wecken
- Auswahlplan: Vorgaben genau erfüllen, Konventionalstrafen
- Interviewführung: Fragebogenaufbau, Fragen vorlesen, ...

Aufgabe j)

Produktpolitik:	• Produkt	→ Neuproduktentwicklung
	• Marke	→ Branding
Preispolitik:	• Preis	→ Preisabsatzfunktion
	• Zahlungsbe- dingungen	→ Kundenakzeptanz
Distributions- politik:	• Logistik	→ Wegeoptimierung
	• Absatzkanal	→ Vertriebswegeauswahl
Kommunikations- politik:	• Werbung	→ Werbewirkungskontrolle
	• Werbung	→ Recall-Test

Aufgabe k)
Komponenten
einer Zeitreihe:
- Ursprungsreihe
- Trend
- Konjunktur
- Saison
- Zufall

7.3.4 Fallstudie Borussia: Marktforschungsstudie

Aufgabe a)
Schritte der Situationsanalyse:
- Kunden: 20% Dauerkarten
- Wettbewerber: Merchandising mehr als 50% der Einnahmen
- Unternehmen: traditionsreicher Club, neuer Manager, wenig Kundenorientierung, 5. Tabellenplatz, finanziell ausgeglichen, Einnahmen aus Eintrittskarten (50%), Fanartikeln (10%) und Sponsoring (10%), Kostenverteilung bekannt, keine Neuverpflichtung, Spieler 2 Jahre unter Vertrag, Investitionsvolumen 400.000 DM
- Umwelt: Pay-TV, Deutschland EM-Sieger, Bevölkerungsinteresse am Fußball steigt, Zuschauer- und Umsatzrekorde erwartet, Rekord-Zuschauerinteresse

Aufgabe b)
Schritte:
- Erhebung: Quellenwahl, Erhebungsverfahren, Operationalisierung, Auswahlverfahren, Durchführung, Messung
- Analyse: Aufbereitung, Analyseverfahren
- Entscheidung

Erhebungsmethode für Frage a: bis c:
- bei bundesweiter Zielgruppe: mündliche Befragung über Interviewer, nicht beobachtbares Verhalten, repräsentatives Ergebnis notwendig
- bei Stadionbesuchern: mündliche Befragung im Stadion, beobachtbares Verhalten, nicht-repräsentatives Ergebnis

Auswahlverfahren für Frage a: bis c:
- bei bundesweiter Befragung: Quotaverfahren oder mehrstufige Zufallsauswahl – heterogene Gruppe
- bei Stadionbesuchern: einfache Zufallsauswahl – homogene Gruppe

Aufgabe c)
Qualitative Marktforschung:
- Befragung: Gruppendiskussion, Tiefeninterview, Kreativitätstechniken
- Beobachtung: ggf. möglich im Fan-Shop eines Konkurrenzvereins
- Experiment: Labortests
Begründung: keine quantitativen Methoden möglich, neues Verhalten soll analysiert werden

Aufgabe d)

Kriterien: • Art der Untersuchungsobjekte
             • Anzahl Variablen
             • Abhängigkeiten zwischen Variablen
             • Daten- und Messniveau
             • Untersuchungszeitraum
             • Untersuchungsgegenstand

Frage a:

- Art der Untersuchungsobjekte: »Zielgruppe«, nicht-metrisch (sozio-demographische Variablen i.d.R. nicht-metrisch)
- Anzahl Variablen: >2 – multivariat
- Abhängigkeiten zwischen Variablen: nein – Interdependenzverfahren
- Untersuchungszeitraum: Zeitpunkt
- Untersuchungsgegenstand: Marktsegmentierung/Elementereduktion
- Verfahren: Clusteranalyse

Frage b:

- Art der Untersuchungsobjekte: »Stadionbesucher/bundesweite Fans«, nicht-metrisch, abhängige Variable, (sozio-demographische Variablen: metrisch – unabhängige Variablen)
- Anzahl Variablen: > 2 – multivariat
- Abhängigkeiten zwischen Variablen: ja – Dependenzverfahren
- Untersuchungszeitraum: Zeitpunkt
- Untersuchungsgegenstand: Gruppenvergleich
- Verfahren: Diskriminanzanalyse

Frage c:

- Art der Untersuchungsobjekte: »Zielgruppe«, nicht-metrisch; »Leistungsangebote«, nicht-metrisch
- Anzahl Variablen: > 7 – multivariat
- Abhängigkeiten zwischen Variablen: nein – Interdependenzanalyse
- Untersuchungszeitraum: Zeitpunkt
- Untersuchungsgegenstand: Präferenzen
- Verfahren: Conjoint-Analyse

7.4 Einzelaufgaben

1. Datenerhebung:
   - Quellenwahl
   - Erhebungsverfahren
   - Operationalisierung
   - Auswahlverfahren
   - Durchführung
   - Messung

2.1. Random-Verfahren
2.2. Kosten, Repräsentanz, Rücklaufquote, Zeitaufwand, Qualität
2.3. geschlossene Frage (ggf. Filterfrage)
2.4. Validität
2.5. Form, Pole, Anzahl Abstufungen, Anzahl Merkmale
2.6. Beobachtung
2.7. Store- oder Markttest

3.1. Panelsterblichkeit und Paneleffekt
3.2. Messung von Veränderungen z.B. durch Marketinginstrumente im Zeitablauf, längere Verbrauchsprozesse

4. V01 (Rauchen) – 0 = Nichtraucher, 1 = Raucher;
   M01 (Marke) – 0 = keine, 1 = Marlboro, 2 = Camel, ...

5.1. Vollerhebung
   Teilerhebung: Zufallsverfahren, willkürliche Verfahren, bewusste Auswahl, Sonderformen
5.2. Vorteil: Rücklaufquote; Nachteil: Repräsentanz

6.1. Fehlerquellen: nicht alle sind Verbandsmitglieder
6.2. Fehlerquellen: Mitglieder der IHK sind nicht identisch mit der Zielgruppe PC-Käufer

7.1. Modus
7.2. Modus, Median, (arithmetisches Mittel)
7.3. Modus, Median, arithmetisches Mittel
7.4. Modus, Median, arithmetisches Mittel
7.5. Modus

8.1. Varianzanalyse
8.2. Regressionsanalyse
8.3. Regressionsanalyse
8.4. Clusteranalyse
8.5. Diskriminanzanalyse
8.6. Varianzanalyse
8.7. Diskriminanzanalyse
8.8. Varianzanalyse
8.9. Kontingenzanalyse (Kontingenztabellenanalyse), Korrelationsanalyse

Literaturverzeichnis

3M (Hrsg.): Wie Konferenzen und Präsentationen besser werden, Neuß 1987

3M (Hrsg.): Zeigen Sie, was Sie zu sagen haben, Neuß 1991

Aaker, D.A/Day, G.S.: Marketing-Research, 3. A., New York 1986

Abell, D.: Defining the Business, New Jersey 1980

Abell, D.: Strategic Marketing Planning, New Jersey 1984

Abels, H./Degen, H.: Handbuch des statistischen Schaubilds, Herne 1981

ADM (Hrsg.): Muster-Stichproben-Pläne, München 1984

Afifi, A.A./Clark, V.: Computer-Aided Multivariate Analysis, New York 1990

Ahrens, H.-J.: Multidimensionale Skalierung, Stuttgart et al. 1974

Ahrens, H./Läuter, J.: Mehrdimensionale Varianzanalyse, 2.A., Berlin 1981

Aldendorfer, M.S./Blashfield, R.K.: Cluster Analysis, Beverly Hills 1984

Alemann, H.v.: Der Forschungsprozeß, Stuttgart 1977

Allerbeck, K.: Die Entscheidung über Erhebungsmethoden und Methoden-Mix in der Wirtschafts- und Sozialforschung, München 1981

Alvi, S.A.: Computergestützte Produkttests, Münster 1989

Amstad, P.: Die galvanische Hautreaktion in der Werbe- und Marketingpolitik, Freiburg/CH 1971

Anders, H.J.: Neue Informationstechniken und ihre Bedeutung für die Marktforschung, 1988

Anders, M.: Das Telefoninterview in der Bevölkerung, München o. J.

Anderson, T.W.: An Introduction to Multivariate Statistical Analysis, 2.A., New York 1984

Angermann, E. (Hrsg.): Handbuch der Marktforschung, Wien 1989

Ansoff, H.J.: Implanting Strategic Management, New York 1984

Ante, B./Schmidt, B.: Amtliche und halbamtliche Statistiken als Quellen von Sekundäranalysen, in: Behrens 1974, S. 721-729

Arminger, G.: Faktorenanalyse, Stuttgart 1979

Atteslander, P./et al.: Methoden der empirischen Sozialforschung, 6.A., Berlin 1991

Atteslander, P./Kneubühler, H.U.: Verzerrungen im Interview, Opladen 1975

Auerbach, F.: Die graphische Darstellung, 2.A., Leipzig et al. 1918

Backhaus, K. et al.: Multivariate Analysemethoden, 8.A., Berlin et al. 1996

Backhaus, K./Weiber, R.: Entwicklung einer Marketing-Konzeption mit SPSS/PC+, Berlin et al. 1989

Backhaus, K./Weiber, R.: Die Anwendung multivariater Analysemethoden in der Marktforschung, in: WISU 1984, S. 457-462

Backhaus, K.: Das Marktexperiment, Frankfurt et al. 1977

Backhaus, K./Kleinschmidt, M./Vollmer, B.: Die Stimmfrequenz, in: Marketing ZFP 1983, S. 113-121

Bagozzi, R.P.: Casual Models in Marketing, New York et al. 1980

Bamberg, G./Baur, F.: Statistik, 8.A., München 1989

Bamberg, G./Coenenberg, A.G.: Betriebswirtschaftliche Entscheidungs-theorie, 6.A., München 1991

Banks, S.: Experimentations in Marketing, New York 1965

Barg, C.D.: Messung und Wirkung der psychischen Aktivierung durch die Werbung, Saarbrücken 1977

Bauer, E.: Markt-Segmentierung, Stuttgart 1977

Bauer, E.: Produkttests in der Marketingforschung, Göttingen 1981

Bauer, E.: Internationale Marketingforschung, München 1996

Bauer, F.: Datenanalyse mit SPSS, 2.A., Berlin et al. 1986

Bauer, K.: Schriftliche Befragungen im Panel, in: Planung und Analyse 1988, S. 206-209

Bauer-Verlag (Hrsg.): Entscheidungskriterien beim PKW-Kauf, Hamburg 1991

Bauer-Verlag (Hrsg.): Spielzeugmarkt, Hamburg 1991

Bausch, T.: Stichprobenverfahren in der Marktforschung, München 1990

Bauske, F.: Umfragen in der Empirischen Sozialforschung 1945 – 1982: Da-tenbestandskatalog des Zentralarchivs für Empirische Sozialforschung, Frankfurt 1983

Bechtloff, V.: Computergestützte Befragungssysteme bei der Datenerhebung und ihr praktischer Einsatz in der Bundesrepublik Deutschland, Mün-ster et al. 1993

Becker, D.: Analyse der Delphi-Methode und Ansätze zu ihrer optimalen Gestaltung, Frankfurt et al. 1974

Becker, G.: Magnitude-Skalierung, in: Innovative Marktforschung 1983, S. 125-137

Becker, J.: Marketing-Konzeption, 5.A., München 1993

Becker, W.: Beobachtungsverfahren in der demoskopischen Marktfor-schung, Stuttgart 1973

Behrens, G.: Magnitudenskalierung, in: Forschungsgruppe Konsum und Verhalten 1983, S. 125-138

Behrens, G.: Werbewirkungsanalyse, Opladen 1976

Behrens, K.C. (Hrsg.): Handbuch der Marktforschung, Wiesbaden 1974

Behrens, U.: Imageanalyse für Butter und Margarine, Hannover 1984

Bellenger, D./Bernhardt, K./Goldstrucker, J.: Qualitative Research in Mar-keting, Chicago 1976

Benninghaus, H.: Einführung in die sozialwissenschaftliche Datenanalyse, München et al. 1990

Benz, J.: Kausalanalyse in der Marketingforschung auf verschiedenen Wegen, in: Marketing ZFP 1990, S. 241-249

Berekoven, L./Eckert, W./Ellenrieder, P.: Marktforschung. Methodische Grundlagen und praktische Anwendung, 6.A., Wiesbaden 1993

Berekoven, L.: Erfolgreiches Einzelhandelsmarketing, München 1990

Berekoven, L.: Grundlagen der Absatzwirtschaft, Herne et al., 1978

Bergs, S.: Optimalität bei Cluster-Analysen, Münster 1981

Berndt, R.: Marketing-Management, 2.A., Heidelberg 1995

Berndt, R.: Marketing-Politik, 3.A., Heidelberg 1995

Berndt, R.: Marketing. 1: Käuferverhalten, Marktforschung und Marketing-Prognosen, 2.A., Berlin et al. 1992

Bernhard, U.: Blickverhalten und Gedächtnisleistung beim visuellen Werbekontakt unter besonderer Berücksichtigung von Plazierungseinflüssen, Frankfurt 1978

Bernhard, U.: Das Verfahren der Blickaufzeichnung, in: Forschungsgruppe Konsum und Verhalten 1983, S. 105-124

Berth, R.: Marktforschung zwischen zahl und Psyche, Stuttgart 1959

Bertin, J.: Grafische Darstellungen und die grafische Weiterverarbeitung der Information, Berlin et al. 1982

Bidlingmaier, J.: Marketing, 10.A., Opladen 1983

Bidlingmaier, J.: Marktforschung und Unternehmerische Entscheidung, in: Behrens 1977, S. 841-856

Blankenship, A.: Professional Telephone Surveys, New York et al. 1977

Bleicker, U.: Produktbeurteilung der Konsumenten, Würzburg et al. 1983

Bleymüller, J./Gehlert, G./Gülicher, H.: Statistik für Wirtschaftswissenschaftler, 5.A., München 1988

Bliesner, M./Scharff, G.: Marktforschung Statistik, Frankfurt 1970

Böcker, F./Batz, G./Haupt, K.: Optimierung von Skalen, in: Planung und Analyse 1987, S. 246-251

Böcker, F./Dichtl, E.: Marktforschung, in : HdWW, Bd. 5, 12.A., Stuttgart 1980

Böcker, F.: Automatische Klassifikation, Göttingen 1974

Böcker, F.: Marketing, 5.A., Stuttgart 1994

Böhler, H.: Marktforschung, 3.A., Stuttgart et al. 1995

Böhler, H.: Methoden und Modelle der Marktsegmentierung, Stuttgart 1977

Böhmer, M.: Praktische Aspekte der »Mannheimer Blickregistrierung«, in: Der Marktforscher 1964, S. 97-100

Bolch, B.W./Huang, C.J.: Multivariate Statistical Methods for Business and economics, Englewood Cliffs 1974

Böltken, F.: Auswahlverfahren, Stuttgart 1976

Bomnüter, U./Völcker, T.: Praxis der Werbeerfolgskontrolle in Deutschland, in: M&M 1993, S. 71-77

Bonoma, T.V.: Wie man Marketingstrategien in die Praxis umsetzt, in: Harvard Manager 1985, S. 72-79

Borg, I./Staufenbiel, T.: Theorien und Methoden der Skalierung, 2.A., Bern et al. 1993

Borg, I.: Anwendungsorientierte Multidimensionale Skalierung, Berlin 1981

Börner, W./Schnellhardt, G.: Präsentationsgrafiken auf dem PC, München 1992

Bornitz, P.: Entwicklungen und Perspektiven der Investitionsgütermarktforschung in der BRD, München 1981

Bortz, J.: Lehrbuch der empirischen Forschung, Berlin 1984

Bortz, J.: Lehrbuch der Statistik , 2.A., Berlin 1985

Bortz, J.: Statistik für Sozialwissenschaftler, 3.A., Berlin et al. 1989

Bosch, K.: Statistik Taschenbuch, München et al. 1993

Box, G.E.P./Hunter, W.G./Hunter, J.S.: Statistics for Experimenters, New York 1978

Boyd H./Westfall, R./Stasch S.: Marketing Research. Text and Cases, 6.A., Homewood 1985

Brandenburg, A.: Möglichkeiten und Grenzen der Marktforschung in mittelständischen Handwerksbetrieben, Göttingen 1978

Brandt, P./Kamenz, U.: Präsentationsgrafik, München 1993

Bredemeier, K./Schlegel, H.: Die Kunst der Visualisierung, Zürich 1991

Brezski, E.: Konkurrenzforschung im Marketing, Wiesbaden 1992

Brinberg, D./Lutz, R.L. (Hrsg.): Perspectives on Methodology in Consumer Research, New York 1986

Brinton, W.C.: Graphic Methods for Presenting Facts, New York 1914

Brockhoff, K.: Prognoseverfahren für die Unternehmensplanung, Wiesbaden 1977

Brombacher, R.: Entscheidungsunterstützungssysteme für das Marketing-Management, Berlin 1988

Bruhn, M. (Hrsg.): Handbuch des Marketing, München 1989

Bruhn, M./Meffert, H./Wehrle, F. (Hrsg.): Marktorientierte Unternehmensführung im Umbruch, Stuttgart 1994

Bruhn, M./Tilmes, J.: Social Marketing, 2.A., Stuttgart 1994

Bruhn, M.: Marketing, 2.A., Wiesbaden 1995

Buchhofer, B.: Projekt und Interview, Weinheim 1979

Büning, H./Haedrich, G./Kleinert, H. et al.: Operationale Verfahren der Markt- und Sozialforschung, Berlin 1981

Bussmann, W.: Firmeninterne Marktuntersuchungen, Weinheim 1984

Buzzell, R./Cos, D./Brown, R.: Markforschung, 4.A., Stuttgart 1982

BVM (Hrsg.): Die Forschung der Zukunft – die Zukunft der Forschung, Offenbach 1995

BVM (Hrsg.): Marktforschung für kreative Entscheidungen, Düsseldorf 1987

BVM (Hrsg.): Marktforschung im Baumarkt, Düsseldorf 1989

BVM (Hrsg.): Marktforschung im magischen Viereck, Offenbach 1988

Byzow, L.A.: Graphische Methoden in der Planung, Statistik und Erfassung, Berlin 1955

Campbell, D.T./Fiske, J.D.: Convergent and Discriminant Validity by the Multitrait-Multimethod Matrix, in: Psych. Bull. 1959, S. 81-105

Campbell, S.K.: Flows and Fallacies in Statistical Thinking, Englewood Cliffs 1974

Cattin, P./Wittink, D.R.: Commercial Use of Conjoint Analysis, in: JoM 1982, S. 44-53

Chambers, J.M. et al.: Graphical methods for Data Analysis, Monterrey 1983

Cheskin, L.: How to predict what people buy, New York 1957

Chicken, J.C./Hayns, M.R.: The Risk Ranking Technique in Decision Making, Oxford et al. 1989

Chou, Y.-L.: Statistical Analysis, London 1970

Churchill, G.: Marketing Research. Methodological Foundations, 4.A., Chicago et al. 1987

Cochran, W.G.: Stichprobenverfahren, Berlin et al. 1972

Compagnon (Hrsg.): Anzeigen-Testmethoden, Stuttgart o. J.

Converse, J.M./Presser, S.: Survey Questions, Beverly Hills

Cook, R.D./Weisberg, S.: Residuals and Influence in Regression, New York 1982

Cook, T.D./Reichhardt, C.S.: Qualitative and Quantitative Methods in Evaluation Research, Beverly Hills 1979

Cooley, W.F./Lohnes, P.R.: Multivariate Data Analysis, New York 1971

Cox, E.: Marketing Research, New York 1979

Cox, K.K./Enis, B.M.: Experimentation for Marketing Decisions, New York, 1969

Cranach, M. von/Franz, H.-G.: Systematische Beobachtung, in: v. Graumann, C.F. (Hrsg.): Sozialpsychologie, Göttingen 1969

Cravens, D.W./Hills, G.E./Woodruff, R.B.: Marketing Decision Making, Homewood et al. 1980

Crossen, C.: Tainted truth. The manipulation of Fact in America, New York 1994

Dalrymple, D.J.: Sales Forecasting Methods and Accuracy, in: Business Horizons 1975, S. 69-73

Darden, W.R./Monroe, K.B./Dillon, W.R. (Hrsg.): Research Methods and Casual Modeling in Marketing, Chicago 1983

Davidson, M.L.: Multidimensional Scaling, New York 1983

Dechmann, M.D.: Teilnahme und Beobachtung als soziologisches Basisverhalten, Bern et al. 1978

Deffae, W.: Anonymisierte Befragungen mit zufallsverschlüsselten Antworten, Frankfurt 1982

Deichsel, G./Trampisch, H.J.: Clusteranalyse und Dskriminanzanalyse, Stuttgart 1985

Deming, E.W.: Sample Design in Business Research, New York et al. 1960

Dichtl, E./Egges, W. (Hrsg.): Markterfolg mit Marken, München 1996

Dichtl, E./Raffèe, H./Potucek, V. (Hrsg.): Marktforschung im Automobilsektor, Frankfurt 1983

Dichtl, E./Schobert, R.: Mehrdimensionale Skalierung, München 1979

Dichtl, E./Thomas, U.: Der Einsatz des Conjoint Measurement im Rahmen der Verpackungsmarktforschung, in: Marketing ZFP 1986, S. 27-33

Diehl, I.M./Mohr, H.U.: Durchführungsanleitungen für Statistische Tests, Weinheim et al. 1977

Diehl, J.M.: Varianzanalyse, 4.A., Heidelberg 1983

Dillmann, D.: Mail and Telephone Surveys, New York 1978

Dillon, W./Madden, T./Firtle, N.: Marketing Research in a Marketing Environment, St. Louis 1987

Dodge, H./Fullerton, S./Ring, D.: Marketing Research, Columbus 1982

Douglas, S./Craig, C.S.: International Marketing Research, Englewood Cliffs 1983

Dreger, W.: Systematische Aufbereitung von Informationen über den Wettbewerb, in: Maschinenmarkt 1987, S. 44-47

Drieseberg, T.: Die Anwendung lebensstil-orientierter Marktforschung in der Bundesrepublik Deutschland – eine empirische Bestandsaufnahme, in: Zeitschrift für Markt-, Meinungs- und Zukunfts-Forschung 1994, S. 7401-7406

DSF (Hrsg.): Marktforschung im Reisebüro, Berlin 1992

Dworak, K.: Beobachtung und Experiment als Verfahren der Erhebung in der Absatzforschung, Diss. Erlangen 1969

Eckes, T./Roßbach, H.: Clusteranalysen, Stuttgart 1980

Eimer, E.: Varianzanalyse, Stuttgart 1978

Emory, C.W.: Business Research Methods, Homewood 1980

Engel, J./Blackwell, R.D.: Consumer Behavior, Chicago 1982

Erbslöh, E.: Das Interviews, Stuttgart 1972

Erdos, P.L.: Professional Mail Surveys, Malabar 1983

Erichson, B.: Ein Test- und Prognoseverfahren für neue Produkte, in: Marketing ZFP 1981, S. 201-207

Esch, F.-R./Kroeber-Riel, W. (Hrsg.): Expertensysteme für die Werbung, München 1994

Esomar (Hrsg.): Qualitative Methods of Research, Amsterdam 1986

Esser, H./Klenovits, K./Zehnpfennig, H.: Wissenschaftstheorie, Stuttgart 1977

Everitt, B.: The analysis of contingency tables, London 1977

Everitt, B.: Cluster Analysis, 2.A., London 1980

Fahrmeier, L./Hamerle, A. (Hrsg.): Multivariate statistische Methoden, Berlin et al. 1984

Fairly, J.U./Lehmand, D.R.: Meta-Analysis in Marketing, Lexington 1986

Fendrich, J.C.: Präsentationen vorbereiten und Ideen durchsetzen, 5.A., Stuttgart 1990

Ferber, E. (Hrsg.): Readings in Survey Research, Chicago 1978

Ferber, R. (Hrsg.): Handbook of Marketing Research, New York et al. 1974

Fienberg, S.E.: The analysis of cross-classified categorial data, Cambridge 1980

Finn, J.D.: A General Model for Multivariate Analysis, New York 1974

Finney, D.J.: Probit analysis, Cambridge 1971

Fischer, G.: Einführung in die Theorie psychologischer Tests, Bern et al. 1974

Fisher, R.A.: The Design of Experiments, 7.A., Edinburgh et al. 1960

Fligner, M.A./Verducci, J.S. (Hrsg.): Probability Models and Statistical Analysis for Ranking Data, New York et al. 1993

Flury, B./Riedwyll, H.: Angewandte multivariate Statistik, Stuttgart 1983

Forschungsgruppe Konsum und Verhalten (Hrsg.): Innovative Marktforschung, Würzburg 1983

Förster, F. et al.: Der LISREL-Ansatz der Kausalanalyse und seine Bedeutung für die Marketing-Forschung, in: Zeitschrift für Betriebswirtschaft 1984, S. 346-367

Fox, J.A./Tracy, P.E.: Randomized Response, Beverly Hills 1986

Frank, K.L.: Projective Methods, Springfield 1948

Frank, R.E./Massy, W.F./Wind, Y.: Market Segmentation, Englewood Cliffs 1972

Freter, H.: Marktsegmentierung, Stuttgart 1983

Frey, J.H./Kunz, G./Lüschen, G.: Telefonumfragen in der Sozialforschung, Opladen 1990

Frey, J.J.: Survey Research by Telephone, Beverly Hills 1983

Friedrichs, J./Lüdtke, H.: Teilnehmende Beobachtung, 2.A., Weinheim 1973

Friedrichs, J.: Methoden der empirischen Sozialforschung, 12.A., Opladen 1984

Fritz, W.: Warentest und Konsumgütermarketing, Wiesbaden 1984

Fröhlich, P./Thiel, V.: Marktforschung in eigener Regie, Köln 1991

Fuchs, R.: Marktvolumen und Marktanteil, Stuttgart 1963

Funkhouser, H.G.: Historical Development of the Graphical Representation of Statistical Data, in: Osiris 1937, S. 269-404

Gaensslen, H./Schubö, W.: Einfache und komplexe statistische Analyse, München 1973

Gaul, W./Baier, D.: Marktforschung und Marketing-Management, 2.A., München 1994

Gaul, W./Both, M.: Computergestütztes Marketing, Heidelberg 1990

Geer, J.P., van de: Introduction to Multivariate Analysis for the Social Sciences, San Francisco 1971

Geha (Hrsg.): Checkliste für professionelle Planung und Durchführung, Hannover 1991

Geider, F./Rogge, K.-E./Schaaf, H.P.: Einstieg in die Faktorenanalyse, Heidelberg 1982

Gerbner, G. et al. (Hrsg.): The Analysis of Communication Content, New York 1969

Geschka, H./Reibnitz, U.v.: Die Szenario-Technik, Frankfurt 1983

Geßler, J.: Statistische Grafik, Basel 1993

GfK (Hrsg.): Der Konsument im Jahr 2000, Nürnberg 1988

GfK (Hrsg.): TESI-Testmarktsimulation, Nürnberg

Gierl, H.: On-line-Marktforschung durch Bildschirmtext und Rechnerverbund, Zürich 1984

Gisholt, O.: Marketing-Prognosen, Bern et al. 1976

Glaab, P.: Die Vorausschätzung der Fruchtbarkeit anhand von Kohortenextrapolation, in: ASTA 1976, S. 415-433

Glagow, H.: Interview-Computer. Rechnergestützte Datenerhebung, in: Zentes 1984, S. 42-66

Glaser, W.R.: Varianzanalyse, Stuttgart 1978

Goerlitz, H.: Darstellung der Vorgänge im Abrechnungswesen durch Leitungspläne, in: Betrieb 1919, S. 237-243

Göhring, E.J.: Verkehrsplan mit Darstellung der Zeitfolge, in: Betrieb 1921, S. 676

Goldrian, G.: Externe Datenbanken: Neue Ansätze der Sekundärmarktforschung, in: Zentes 1984, S. 84-104

Goodman, L.A.: Snowball Sampling, in: Annuals of Mathematical Statistics 1961, S. 1.948-1.970

Goodman, L.A.: The Multivariate Analysis of Qualitative Data, in: JASA 1970, S. 226-256

Gotta, M./u.a.: Brand News. Wie Namen zu Markennamen werden, Stuttgart 1988

Grass, A.: Darstellung von Experimenten zum Einsatz von Grafiken und Tabellen im betrieblichen Entscheidungsprozeß, Bern 1987

Green, P.: Analyzing Multivariate Data, Chicago et al. 1987

Green, P./Tull, D./Albaum, G.: Research for Marketing Decisions, 5.A., Englewood Cliffs 1988

Green, P./Tull, D.: Methoden und Techniken der Marketingforschung, 4.A., Stuttgart 1982

Green, P.E./Srinivasan, V.: Conjoint Analysis, in: Consumer Research 1978, S. 103-123

Green, P.E./Srinivasan, V.: Hybrid Models for Conjoint Analysis, in: Journal of Marketing Research 1984, S. 155-169

Green, P.E./Srinivasan, V: Conjoint Analysis in Marketing, in: Journal of Marketing 1990, S. 3-19

Greenwood, E.: Das Experiment in der Soziologie, 3.A., Köln 1965

Grochla, E.: Grundlagen der organisatorischen Gestaltung, Stuttgart 1982

Gröne, A.: Marktsegmentierung bei Investitionsgütern, Wiesbaden 1977

Groves, R.M./Kahn, R.: Surveys by Telephone – A National Comparison with Personal Interviews, New York 1979

Grüner, K.-W.: Beobachtung, Stuttgart 1974

Gutjahr, G.: Die Methode der Blickregistrierung, Diss. Göttingen 1965

Gutjahr, G.: Psychologie des Interviews in Praxis und Theorie, Heidelberg 1985

Hafermalz, O.: Schriftliche Befragung. Möglichkeiten und Grenzen, Wiesbaden 1976

Hammann, P./Erichson, B.: Marktforschung, 3.A., Stuttgart 1994

Hanefeld, U.: Das Sozio-ökonomische Panel, Frankfurt et al. 1987

Hanefeld, U.: Die 78er ADM-Stichprobe, Mannheim 1982

Hansen, H.R. (Hrsg.): Computergestützte Marketingplanung, München 1974

Hansen, J.: Das Panel. Zur Analyse von Verhaltens- und Einstellungswandel, Opladen 1982

Hansen, M.H./Hurwitz, W.N./Madow, W.G.: Sample Survey Methods and Theory, New York 1953

Hansen, U./Stauss, B./Riemer, M. (Hrsg.): Marketing und Verbraucherpolitik, Stuttgart 1970

Hansmann, K.W.: Kurzlehrbuch Prognoseverfahren, Wiesbaden 1983

Harder, R.: Werkzeug der Sozialforschung, München 1974

Hardung, O.: Methoden der graphischen Darstellung von Organisationen und Arbeitsvorgängen, in: Organisation 1922, S. 110-113

Harman, H.H.: Modern Factor Analysis, 3.A., Chicago 1976

Harris, R.J.: A Primer of Multivariate Statistics, New York 1975

Hartley, R./Prough, G./Flaschner, A.: Essentials of Marketing Research, Tulsa 1983

Hartung, J./Elpelt, B./Klösener, K.-H.: Statistik, 6.A., München 1987

Hartung, J./Elpelt, B.: Multivariate Statistik, München et al. 1984

Hartung, J.: Lehr- und Handbuch der angewandten Statistik, 9.A, München et al. 1993

Hauser, S.: Statistische Verfahren zur Datenbeschaffung und Datenanalyse, Freiburg 1981

Hedges, L.V./Olkin, I.: Statistical Methods for Meta-Analysis, Orlando 1985

Heemeyer, H.: Psychologische Marktforschung im Einzelhandel, Wiesbaden 1981

Hehl, K.: Scanner-Marktforschung, in: Werbeforschung, 31/1986, S. 161-164

Heidel, B.: Scannerdaten im Einzelhandelsmarketing, Wiesbaden 1990

Heinze, T.: Qualitative Sozialforschung, Opladen 1987

Heinzelbecker, K.: Marketing-Informationssysteme, Stuttgart 1985

Heller, E.: Wie Farben wirken, Frankfurt et al. 1989

Henseleit, R.: Marktforschung in Frankreich, Berlin 1993

Hermanns, A./Flegel, V. (Hrsg.): Handbuch des Electronic Marketing, München 1992

Herstatt, J.D.: Die Entwicklung von Markennamen im Rahmen der Neuproduktplanung, Frankfurt 1985

Hildebrandt, L./Trommsdorff, V.: Konfirmatorische Analysen in der empirischen Forschung, in: Forschungsgruppe Konsum und Verhalten 1983, S. 139-160

Hildebrandt, L.: Kausalanalytische Validierung in der Marketingforschung, in: Marketing ZFP 1984, S. 41-51

Hildebrandt, L.: Konfirmatorische Analysen von Modellen des Konsumentenverhaltens, Berlin 1983

Hillmann, G.: Marktforschung in der mittelständischen Industrie, Wiesbaden 1967

Hodapp, V.: Analyse linearer Kausalmodelle, Bern 1984

Hoepner, G.: Computereinsatz bei Befragungen, Wiesbaden 1994

Hofmeier, R.: Investitionsgüter- und High-Tech-Marketing, 2.A. Landsberg 1993

Höfner, K.: Der Markttest für Konsumgüter in Deutschland, Stuttgart 1966

Hofstätter, P.R./Lübbert, H.: Die Untersuchung von Stereotypen mit Hilfe des Polaritätenprofis, in: ZFMM 1958, S. 127-138

Hofstätter, P.R./Wendt, D.: Quantitative Methoden der Psychologie, 4.A., München 1974

Holm, K. (Hrsg.): Die Befragung 1, München 1975

Holm, K. (Hrsg.): Die Befragung 2, München 1975

Holm, K. (Hrsg.): Die Befragung 3, München 1975

Holm, K. (Hrsg.): Die Befragung 4, München 1976

Holm, K. (Hrsg.): Die Befragung 5, München 1977

Holm, K. (Hrsg.): Die Befragung 6, München 1979

Homburg, C.: Exploratorische Ansätze der Kausalanalyse als Instrument der Marketingplanung, Frankfurt 1989

Hope, K.: Methoden multivariater Analyse, Weinheim 1975

Hossinger, H.-P.: Pretests in der Marktforschung, Würzburg et al. 1982

Hubel, W.: Der Einsatz von Conjoint Measurement bei Unternehmensimageanalysen, in: Planung und Analyse 1988, S. 22-27

Huff, D.: How to lie with statistics, New York 1954

Huly, H.R./Raake, St.: Marketing Online, Frankfurt et al. 1995

Huppert, E.: Scanning aus der Perspektive der Marktforschung, in: Marketing ZFP 3/1981, S. 153-160

Huppert, E.: Scanning: Elektronische Handels- und Konsumentenpanels, in: Zentes 1984, S. 18-40

Hüttner, M.: Der Einsatz von Prognoseverfahren in der Praxis, in: Marktforschung 1987, S. 29-34

Hüttner, M.: Grundzüge der Marktforschung, 4.A., Berlin/New York 1989

Hüttner, M.: Informationen für Marketing-Entscheidungen, München 1979

Hüttner, M.: Markt- und Absatzprognosen, Stuttgart et al. 1982

Hüttner, M.: Multivariate Methoden im Marketing, München 1978

Hüttner, M.: Prognoseverfahren und ihre Anwendung, Berlin 1986

HWWA (Hrsg.): Quellen für statistische Marktdaten, Hamburg 1985

Ihn, H. (Hrsg.): Checklisten Präsentationshilfen für Marketing-Manager, Neuwied 1994

Imlau, A./Orth, D.-P./Ring, U.: Überzeugen durch Farbe, Essen 1991

Inden, T.: Alles Event?, Landsberg 1993

Integrated Software Systems Corporation: Choosing the right chart, San Diego 1983

Irlbeck, T. et al.: Grundlagen Businessgrafik, in: DOS 5/91, S. 80-92

Irninger, I.: Pretesting und Testmarkt, Bern 1972

Irrgang, W. (Hrsg.): Vertikales Marketing im Wandel, München 1993

Irrgang, W.: Strategien im vertikalen Marketing, München 1989

ISB (Hrsg.): Kundenlaufstudien im Warenhaus, Köln 1985

Jackson, B.B.: Multivariate Data Analysis, Homewood 1983

Jahreszeitenverlag (Hrsg.): Gehobener Lebensstil, Hamburg 1991

Jaspersen, T.: Computergestütztes Marketing, München 1994

Jeyn, W.: Der Chi-Quadrat-Test in der Marktforschung, Konstanz 1962

Joas, A.: Konkurrenzforschung als Erfolgspotential im strategischen Marketing, Augsburg 1990

Johnson, R.A./Wichern, D.W.: Applied Multivariate Statistical Analysis, Englewood Cliffs 1982

Jolliffe, F.R.: Survey Design and Analysis, New York 1986

Jürgens, H./Saupe, D. (Hrsg.): Visualisierung in Mathematik und Naturwissenschaften, Berlin et al. 1989

Kaas, K.P./Hofacker, T.: Beobachtung des emotionalen Verhaltens, in: Forschungsgruppe Konsum und Verhalten (Hrsg.), Würzburg et al. 1983, S. 45-62

Kaas, K.P.: Zur Entwicklung von Angebot und Nachfrage auf dem Markt für Marketing-Informationen, Stuttgart 1986

Kahle, E.: Betriebliche Entscheidungen, 2.A., München et al. 1990

Kähler, W.-M.: SPSS für Windows, Wiesbaden 1994

Kaiser, A.: Die Identifikation von Marktsegmenten, Berlin 1978

Kamenz, Uwe: Einkommensverwendung im Familienlebenszyklus, Frankfurt et al. 1987

Kamenz, Uwe: Von Customer Satisfaction Measurement zum Customer Satisfaction Management, in: Customizing, hrsg. v. Peren, F. W./Hergeth, H., Frankfurt/New York 1996, S. 149-161

Kanuk, L./Berenson, D.: Mail Survey and Response Rates, in: Journal of Marketing Research 1975, S. 440-453

Karmasin, F./Karmasin, H.: Einführung in Methoden und Probleme der Umfrageforschung, Wien et al. 1977

Kastin, K.: Marktforschung mit einfachen Mitteln, München 1995

Keller, H.: Zur Psychologie des volkstümlichen Zahlenbildes, Leipzig 1941

Kellerer, H.: Theorie und Technik des Stichprobenverfahrens, 3.A., München 1963

Kendall, M.: Multivariate Analysis, 2.A., London 1980

Kendall, M.G.: Factor Analysis, in: Journal of Royal Statistic Society 1950, S. 60-73

Kennedy, J.J.: Analyzing Qualitative Data, New York 1983

Kepper, G.: Qualitative Marktforschung, Wiesbaden 1994

Kinnear, T./Taylor, J.: Marketing Research, 3.A., New York et al. 1987

Kinnebrock, W.: Marketing mit Multimedien, 1994

Kish, L.: Statistical Design for Research, New York 1987

Kish, L.: Survey Sampling, New York 1965

Klapprott, J.: Einführung in die psychologische Methodik, Stuttgart et al. 1975

Klecka, W.R.: Discriminant Analysis, Beverly Hills 1980

Klietz, H.: Betriebliche Präsentations-Technik, Gäufelden 1990

Klingemann, H.-D. (Hrsg.): Computergestützte Inhaltsanalyse in der empirischen Sozialforschung, Frankfurt 1984

Knaak, R.: Demoskopische Umfragen in der Praxis des Wettbewerbs- und Warenzeichenrechts, Weinheim 1986

Knoblich, H./Scharf, A./Schubert, B.: Geschmacksforschung, München 1996

Koberstein, H.: Statistik in Bildern, Stuttgart 1973

Koberstein, H.: Wiener Methode der Bildstatistik, Hamburg 1969

Koch, J.: Marktforschung, München 1996

Kockläunder, G.: Angewandte Regressionsanalyse mit SPSS, Braunschweig et al. 1988

Köhler, R. et al. (Hrsg.): Scanning, Düsseldorf 1985

Köhler, R./Uebele, H.: Marktsegmentierung in der Industrieelektronik, Würzburg 1983

Köhler, R./Zimmermann, H. (Hrsg.): Entscheidungshilfen im Marketing, Stuttgart 1977

Költringer, R.: Die Interviewer in der Markt- und Meinungsforschung, Wien 1992

Konert, F.-I.: Vermittlung emotionaler Erlebniswerte, Heidelberg et al. 1986

König, R. (Hrsg.): Beobachtung und Experiment in der Sozialforschung, Köln 1972

König, R. (Hrsg.): Das Interview, 10.A., Köln 1976

König, R.: Handbuch der empirischen Sozialforschung, 3.A., Stuttgart 1973

Koolwijk, J./Wieken-Mayser, M. (Hrsg.): Techniken der empirischen Sozialforschung, Bd. 1-8, München et al. 1975

Kops, M.: Auswahlverfahren in der Inhaltsanalyse, Meisenheim 1977

Kotler, P./Armstrong, G.: Marketing, Wien 1988

Kotler, P./Bliemel, F.: Marketing-Management, 8.A., Stuttgart 1995

Krämer, W.: So lügt man mit Statistik, 6. A., Frankfurt et al. 1995

Kreienbrock, L.: Einführung in die Stichprobenverfahren, München et al. 1989

Kreppner, K.: Zur Problematik des Messens in den Sozialwissenschaften, Stuttgart 1975

Kress, G.: Marketing Research, 2.A., Boston 1982

Krieger, T.: Konsumenten-Befragung, Nürnberg 1935

Krishnaiah, P.R./Rao, C.R. (Hrsg.): Handbook of Statistics 6, Amsterdam et al. 1988

Kroeber-Riel, W.: Konsumentenverhalten, 4. A., München 1990

Kroeber-Riel, W./Neilbecker, B.: Elektronische Datenerhebung, in: Forschungsgruppe Konsum und Verhalten (Hrsg.), Würzburg et al. 1983, S. 193-208

Kroeber-Riel, W.: Analyse des nicht-kognitiven Konsumentenverhaltens in: Forschungsgruppe Konsum und Verhalten (Hrsg.), Würzburg et al. 1983, S. 13-44

Kromrey, H.: Empirische Sozialforschung, 6.A., Opladen 1994

Krug, W./Nourney, M.: Wirtschafts- und Sozialstatistik, 2.A., München 1987

Krumsiek, R. (Hrsg.): Scanning-Zukunftsperspektiven für Handel, Industrie und Marktforschung, Dortmund 1985

Kruskal, J.B./Wish, M.: Multidimensional Scaling, Beverly Hills 1978

Küchler, M.: Multivariate Analyseverfahren, München 1979

Kuhfeld, W.F./Tobias, R.D./Garrat, M.: Efficient Experimental Design with Marketing Research Applications, in: JoMR 1994, S. 545-557

Kuhlmann, E.: Das Informationsverhalten der Konsumenten, Freiburg 1970

Kühn, W.: Einführung in die multidimensionale Skalierung, München et al. 1976

Kulich, C.: Erfolgreich präsentieren, 2.A., Ehningen 1991

Kunz, D.: Praktische Wirtschaftsstatistik, Stuttgart 1987

Kurz, H.: Die Genauigkeit von Umfrageergebnissen, Wien 1987

Lachenbruch, P.A.: Discriminant Analysis, New York 1975

Lamnek, S.: Qualitative Sozialforschung, München et al. 1989

Langeheine, R.: Loglineare Modelle zur Multivariaten Analyse qualitativer Daten, München 1980

Langer, H./Sand, H.: Erfolgreiche Marktforschung im Investitionsgütervertrieb, Berlin et al. 1983

Latour, S.: Namen machen Marken, Frankfurt et al. 1996

Lebart, L./Marineau, A./Warwick, K.M.: Mutivariate Descriptive Statistical Analysis, New York 1984

Lehmann, D.: Market Research and Analysis, 2.A., Homewood 1985

Lehmeier, P./Segler, K.: Möglichkeiten der Kontrolle von Non-response-Verhalten bei schriftlichen Befragungen, in: Marketing ZFP 1985, S. 47-51

Lehtonen, R./Pahkinen, E.: Practical Methods for Design and Analyses of Complex Survey, New York 1995

Leiner, B.: Stichprobentheorie, München et al. 1985

Lenne, H.: Skalierung als Mittel der direkten, vergleichenden Einstellung-Struktur-Analyse, Weinheim 1964

Leven, W.: Blickverhalten von Konsumenten beim Betrachten von Werbung, Trier 1990

Lewin, K.: Feldtheorie in den Sozialwissenschaften, Stuttgart 1963

Lienert, G.A.: Testaufbau und Testanalyse, 3.A., Weinheim 1969

Lilien, G./Kotler, P.: Marketing Decision Making, Cambridge et al. 1983

Lindeman, R.H./Merena, P.F./Gold, R.Z.: Introduction to Bivariate and Multivariate analysis, Gleview 1980

Linder, A./Berchtold, W.: Statistische Methoden III, Basel 1982

Link, J./Hildebrand, V.: Verbreitung und Einsatz des Database Marketing und CAS, München 1994

Linstone, H.A./Turoff, H. (Hrsg.): The delphi-methode-techniques and Applications, London et al. 1975

Lippe, P. von der: Wirtschafts- und Sozialstatistik, 2.A., München 1987

Lockhart, D.C. (Hrsg.): Making Effective Use of Mailed Questionnaires, San Francisco 1984

Lodge, M.: Magnitude Scaling, Beverly Hills 1981

Lohmeier, F.: Der Warentest, Essen 1959

Long, J.S.: Confirmatory Factor Analysis, Beverly Hills 1983

Longworth, D.S.: Use of a mail questionnaire, in: American Sociological Review 1953, S. 310-313

Luck, D./Rubin, R.: Marketing Research, 7.A., Englewood Cliffs 1987

MacGregor, A.J.: Graphics Simplified, Toronto 1979

Mag, W.: Entscheidung und Information, München 1977

Magens, K.: Marktforschung Markengestaltung, in: Behrens 1977, S. 935-948

Magnusson, D.: Testtheorie, Wien 1975

Marinell, G.: Multivariate Verfahren, München et al. 1986

Martin, M.: Mikrogeografische Marktsegmentierung, Wiesbaden 1992

Maurer, R.: Marketingforschung im Einzelhandel, Wien 1994

Mayer, H.: Verschiedene Möglichkeiten zur Erhöhung der Rücklaufquote bei schriftlichen Befragungen, in: JAVF 1977, S. 279-296

Mayer, K.U./Schmidt, P. (Hrsg.): Allgemeine Bevölkerungsumfrage der Sozialwissenschaften, Frankfurt et al. 1984

Mayntz, R./Holm, K./Hübner, P.: Einführung in die Methoden der empirischen Soziologie, Köln et al. 1978

Mayerhofer, W.: Werbemitteltest – mit dem Schwerpunkt auf der Darstellung moderner Verfahren der Laborforschung, Wien 1990

Mayring, P.: Qualitative Inhaltsanalyse, Weinheim 1983

McDaniel, C./Gates, R.: Contemporary Marketing Research, Menneapolis 1993

Meffert, H. (Hrsg.): Lexikon der aktuellen Marketingbegriffe, 1994

Meffert, H./Bruhn, M.: Marketing Fallstudien, 2.A., Wiesbaden 1993

Meffert, H./Steffenhagen, H./Freter, H. (Hrsg.): Konsumentenverhalten und Information, Wiesbaden 1979

Meffert, H./Steffenhagen, H.: Marketing-Prognosemodelle, Stuttgart 1977

Meffert, H.: Fallstudien aus Marketing und Werbung, Hamburg 1981

Meffert, H.: Marketing Arbeitsbuch, Wiesbaden 1992

Meffert, H.: Marketing, 7.A., Wiesbaden 1989

Meffert, H.: Marketing-Management, Wiesbaden 1994

Meffert, H.: Marketingforschung und Käuferverhalten, 2.A., Wiesbaden 1992

Meier, F.: Computergestützte Befragungen, in: Hermanns/Flegel, München 1992

Menges, D.: Die Statistik, Wiesbaden 1982

Merten, K.: Inhaltsanalyse, Opladen 1983

Mertens, P.: Prognoserechnung, 5.A., Heidelberg 1994

Mertens, P./Griese, I.: Integrierte Informationsverarbeitung, 7. A., Wiesbaden 1993

Meyer, J.-A.: Computer Integrated Marketing, München 1992

Meyer, W./Fischer, M.: Methoden zur Investitionsgütermarktforschung, Berlin 1975

Meyer-Kirschner, D./Kähler, P.: Der M+W Sensoriktest, in: M&M, Stuttgart 1993, S. 82-85

Mildner: Schaubildliche Darstellung von Organisationsplänen, in: Sparwirtschaft 1928, S. 509-515

Miles, M.B./Hubermann, A.M.: Qualitative Data Analysis, Beverly Hills 1984

Mitchell, R.E.: Survey materials collected in the developing countries, in: ISSJ 1965, S. 579

Mochmann, E. (Hrsg.): Computerstrategien für die Kommunikationsanalyse, Frankfurt 1980

Molinari, G.F.: Das Tiefeninterview in der Absatzforschung, 1971

Monkhouse, F.J./Wilkinson, H.R.: Maps and Diagrams, London 1971

Montgomery, D.C.: Design and Analysis of Experiments, New York et al. 1976

Morrison, D.F.: Multivariate Statistical Methods, 3.A., New York 1984

Motor-Presse (Hrsg.): Autofahren in Deutschland '91, Stuttgart 1991

Müller, W.: Planung von Marketing-Strategien, Frankfurt 1986

Müller-Brockmann, J.: Geschichte der visuellen Kommunikation, Stuttgart 1971

Namboodirei, K.N. (Hrsg.): Survey Sampling and Measurement, New York et al. 1977

Neibecker, B.: Elektronische Datenerhebung: Computergestützte Reaktionsmessung, in: Forschungsgruppe Konsum und Verhalten (Hrsg.), Würzburg et al. 1983, S 209-236

Neibecker, B.: Konsumentenemotionen, Würzburg et al. 1985

Neubäumer, R.: Die Eigenschaften verschiedener Stichprobenverfahren bei wirtschafts- und sozialwissenschaftlichen Untersuchungen, Frankfurt et al. 1982

Nieden, W.: Möglichkeiten der Marktforschung in westdeutschen Warenhausunternehmen, Diss. Erlangen 1968

Nielsen GmbH (Hrsg.): Universen 96, Frankfurt 1996

Nielsen Marketing Research (Hrsg.): Category Management, Lincolnwood 1994

Nieschlag, R./Dichtl, E. et al.: Marketing, 17.A., Berlin 1994

Noelle-Neumann, E.: Umfragen in der Massengesellschaft, Reinbek 1971

Nordsieck, F.: Die schaubildliche Erfassung und Untersuchung der Betriebsorganisation, Stuttgart 1932

Nordsieck, F.: Erfassung der Betriebsorganisation durch Organisationsschaubilder, in: ZfO 1930, S. 487-491

Nordsieck, F.: Harmonogramme, in: ZfO 1931, S. 106-112

Norusis, M.J.: SPSS for Windows, Chicago 1992

o.V.: Computer-Grafik, in: Chip 9/1988, S. 188ff.

Orth, B.: Einführung in die Theorie des Messens, Stuttgart 1974

Ott, W. (Hrsg.): Handbuch der praktischen Marktforschung, München 1972

Ott, W.: Konsumforschung für Marketingentscheidungen, München 1989

Overall, J.E./Klett, C.J.: Applied Multivariate Analysis, New York 1972

Parasuraman, A./Zeitham, V.A./Berry, L.L.: A Conceptual Model of Service Quality and Its Implications for Future Research, in: Journal of Marketing 1985, S. 41-50

Parasuraman, A.: Marketing Research, Reading 1988

Park, K.A.: Marktforschung und Marketing in Japan bzw. Korea, Diss. Bremen 1982

Patschorke, A.: Vorträge gestalten mit Pcs und GEM, München 1989

Patzelt, W.: Einführung in die sozialwissenschaftliche Statistik, München

Pawlik, K.: Dimensionen des Verhaltens, Bern et al. 1968

Payne, S.L.: The Art of Asking Questions, Princeton 1951

Pepels, W.: Käuferverhalten und Marktforschung, Stuttgart 1995

Pepels, W.: Marketing, Baden-Baden 1994

Pepels, W.: Marktforschung und Absatzprognose, Wiesbaden 1994

Peren, F. W./Hergeth, H. (Hrsg.): Customizing in der Weltautomobilindustrie, Frankfurt/New York 1996

Pfanzagl, J.: Theory of Measurement, Würzburg 1971

Piercy, N./Evans, M.: Managing Marketing Information, London 1983

Pirani, M.: Graphische Darstellung in Wissenschaft und Technik, Berlin et al. 1931

Planck, H.: Zur Methode der Klassenzimmerbefragung, in: ZFMM 1959, S. 511-516

Pokropp, F.: Stichproben, Königstein 1980

Popper, K.R.: Logik der Forschung, 8.A., Tübingen 1984

Porter, D.B.: Charts, in: Ronald Management's Handbook 1924, S. 134-233

Porter, M.E.: Globaler Wettbewerb, Wiesbaden 1995

Porter, M.E.: Wettbewerbsstrategie, 8.A., Frankfurt et al. 1995

Porter, M.E.: Wettbewerbsvorteile, Frankfurt et al. 1989

Poth, L. (Hrsg.): Marketing, 2.A., Neuwied 1990

Preiser, W.: Kohortenanalyse in der Konsumentenforschung, Wiesbaden 1991

Press, S.J.: Applied Multivariate Analysis, New York 1972

Prince, M.: Consumer Research for Management Decisions, New York 1982

Pröschel, K.: Marktforschung in der Kraftverkehrsversicherung, Karlsruhe 1968

Raffée, H.: Informationsverhalten des Konsumenten, Wiesbaden 1981

Rappl, K.: Kontrollierte Zufallsauswahl in der Marktforschung, Diss. Erlangen 1993

Regli, J.: Bankmarketing, Bern 1985

Rehder, H.K.K.: Mehrdimensionale Produktmarktstrukturierung, Meisenheim am Glan 1975

Rehorn, J.: Bessere Marktforschung durch Maschinen, in: ASW 1986, S. 82-93

Rehorn, J.: Das Consumer Panel als Instrument der Absatzforschung, Diss. Mainz 1965

Rehorn, J.: Markttests, Neuwied 1977

Rehorn, J.: Werbetests, Neuwied 1988

Reibnitz, v.U.: Szenarien-Optionen für die Zukunft, Hamburg et al. 1987

Reinhard, M.: Wirtschaftsinformation in der Bundesrepublik Deutschland, München 1987

Reiter, G./Matthäus, W.-G.: Marktforschung und Datenanalyse mit EXCEL, München 1996

Revensdorf, D.: Faktorenanalyse, Stuttgart 1980

Revensdorf, D.: Lehrbuch der Faktorenanalyse, Stuttgart 1976

Richter, H.J.: Einführung in das Image-Marketing, Stuttgart 1977

Riedwyl, H. (Hrsg.): Grafische Gestaltung von Zahlenmaterial, 3.A., Bern et al. 1987

Rieser, I.: Konkurrenzanalyse, in: Die Unternehmung 1989, S. 293-309

Ringel, K.: Exportmarktforschung als Informationsaufgabe, Köln 1963

Rogers, A.C.: Graphic Charts Handbook, Washington 1961

Rogers, E.M.: Diffusion of Innovations, 3.A., New York 1983

Rogge, H.-J.: Methoden und Modelle der Prognose aus absatzwirtschaftlicher Sicht, Berlin 1972

Rogge, H.: Marktforschung, 2.A., München et al. 1992

Romesburg, H.C.: Cluster Analysis for Researchers, Belmont 1984

Roth, E. (Hrsg.): Sozialwissenschaftliche Methoden, 3.A., München 1993

Rother, K.: Das internationale Geschäft, München 1991

Rüdell, M.: Konsumentenbeobachtung am Point of Sale, Ludwigsburg et al. 1993

Rümelin, H.: Die schriftliche Befragung in der Marktforschung, Diss. Erlangen 1958

Ruppnig, U.: Der Produkttest, in: Planung und Analyse 1986, S. 148-150

Sabel, H.: Marktforschung und Produktgestaltung, in: Behrens 1977, S. 901-924

Sachs, L.: Angewandte Statistik, 6.A., Berlin 1984

Sahner, H.: Schließende Statistik, Stuttgart 1971

Salcher, E.: Psychologische Marktforschung, Berlin et al. 1978

Salcher, E.F.: Durch Markforschung zur Markterschließung, Bonn 1975

Sattler, H.: Herkunfts- und Gütezeichen im Kaufentscheidungsprozeß, Stuttgart 1991

Saurwein, K.-H./Hönekopp, T.: SPSS/PC+ 4.0, 2.A., Bonn et al. 1992

Schaeffer, R.L./Mendenhall, W./Ott, L.: Elementary Survey Sampling, 2. A., North Scituate 1979

Schäfer, E./Knoblich. H.: Grundlagen der Markforschung, 5.A., Stuttgart 1978

Schäfer, F.: Muster-Stichproben-Pläne, München 1979

Schaich, E.: Schätz- und Testmethoden für Sozialwissenschaftler, München 1977

Schaller, T.: Businessgrafik, Düsseldorf 1990

Scheer, A.-W.: Absatzprognosen, Berlin 1983

Scheer, T.: Marktforschung für kleine und mittlere Verlage, Handebeck 1990

Scheuch, F.: Marketing, München 1986

Schiffman, S.S./Reynols, M.L./Young, F.W.: Introduction to Multidimensional Scaling, New York 1981

Schlosser, O.: Einführung in die sozialwissenschaftliche Zusammenhangsanalyse, Reinbek 1976

Schmid, C.F./Stanton E.: Handbook of Graphic Presentation, New York 1979

Schmitt, G. (Hrsg.): Landwirtschaftliche Marktforschung in Deutschland, München et al. 1967

Schneider, D.: Informations- und Entscheidungstheorie, München/Wien 1995

Schnell, R./Hill, P.B./Esser, E.: Methoden der empirischen Sozialforschung, 4. A., München et al. 1993

Schön, W.: Das Schaubild, Stuttgart 1957

Schrader, E./Biehne, J.: Auswählen-Verdichten-Gestalten, Essen 1984

Schrader, E./Biehne, J.: Optische Sprache, Essen 1991

Schrader, E./Straub, W.G.: Darstellungstechniken und Technik der Auswahl und Verdichtung von Informationen, Berlin 1978

Schub von Bossiazky, G.: Psychologische Marketingforschung, München 1992

Schumann, H./Presser, S.: Questions and Answers in Attitude Surveys, New York 1981

Schwaiger, M.: Hochrechnungsverfahren im Marketing, München 1993

Schwarze, J. (Hrsg.): Angewandte Prognoseverfahren, Herne 1980

Schweikl, H.: Computergestützte Präferenzanalyse mit individuell wichtigen Produktmerkmalen, Berlin 1985

Schweizer, R.: Empirische Rechtsforschung, in: JAVF 22/1976, S. 386-429

Schweizer, R.: Rechttatsachenermittlung durch Befragungen, Köln 1985

Seber, G.A.F.: Multivariate Observations, New York 1984

Seckinger, J.: Marktforschung als Instrument der Unternehmungsführung in der Buntmetallhalbzeug-Industrie, Diss. Schellenberg 1969

Sedlmeyer, K.-J.: Panelinformation und Marketing Entscheidung, München 1983

Seifert, J.W./Pattay, S.: Visualisieren-Präsentieren-Moderieren, Speyer 1989

Shephard, R.N./Romney, A.K./Nerlove, S. (Hrsg.): Multidimensional Scaling, New York 1972

Sheth, J.N.: The Multivariate Revolution in Marketing Research, in: JoM 1971, S. 13-19

Siebel, W.: Die Logik des Experiments in den Sozialwissenschaften, Berlin 1965

Siebke, J.: Die Automobilnachfrage, Köln et al. 1963

Simon, H.: Bessere Marketingentscheidungen mit Scanner-Daten, in: Köhler, 1985 , S. 5-21

Singh, D./Chaudhary, F.S.: Theory and Analysis of Sample Survey Designs, New York et al. 1976

Sixtl, F.: Meßmethoden der Psychologie, 2.A., Weinheim 1982

Smith, G.H.: Warum Kunden kaufen, München, 1955

Späth, H.: Cluster-Formation und Analyse, München 1983

Späth, H.: Clusteranalyse, München et al. 1977

Spear, M.: Practical Charting Techniques, New York et al. 1969

Spear, M.E.: Charting Statistics, New York 1952

Specht, K.: Marketingsoziologie, Berlin 1976

Spiegel, B.: Werbepsychologische Untersuchungsmethoden, 2.A., Berlin 1970

Spöhring, W.: Qualitative Sozialforschung, Stuttgart 1989

Stadtler, K.: Die Auswirkungen unterschiedlicher Rating-Skalen auf das Antwortverhalten von Befragten, in: Marktforschungsreport 1985, S. 7-10

Stadtler, K.: Die Datenanalyse in der empirischen Forschung, München 1980

Stadtler, K.: Skalierung in der empirischen Forschung, München 1983

Statistisches Bundesamt (Hrsg.): Stichproben in der amtlichen Statistik, Wiesbaden 1960

Staud, J.L.: Online Wirtschaftsdatenbanken, Frankfurt 1987

Stefanic-Allmayer, K.: Schaubildliche Darstellung von Kontenplänen und von Buchungszusammenhängen, in: ZfO 1929, S. 341-346

Steidl, P.: Experimentelle Marktforschung, Berlin 1977

Steinhausen, D./Langer, K.: Clusteranalyse, Berlin et al. 1977

Steinhausen, D./Zörkendörfer, S.: Statistische Datenanalyse mit dem Programmsystem SPSS X und SPSS/PC+, München et al. 1987

Stenger, H.: Die Befragungstaktik in der Marktforschung, Wiesbaden 1965

Stenger, H.: Stichproben, Heidelberg et al. 1986

Stenger, H.: Stichprobentheorie, Würzburg et al. 1971

Stern, H.W.E.: Einzelhandelspanel, in: Marketing-Enzyklopädie, München 1974

Stewart, D.W.: Secondary Research, Beverly Hills 1984

Stoffels, J.: Der elektronische Minimarkttest, Wiesbaden 1989

Stoklasl (Hrsg.): Marktforschung im Baubereich, Stuttgart 1990

Strauss, A.: Qualitative Analysis in Social Research, Hagen 1984

Strobel, K.: Die Anwendbarkeit der Telefonumfrage in der Marktforschung, Frankfurt 1983

Stroschein, F.-R.: Die Befragungstaktik in der Marktforschung, Wiesbaden 1965

Strothmann, K.-H.: Methoden der Werbewirkungskontrolle für Konsumgüter- und Produktionsgüter-Anzeigen, in: Kleiner Almanach der Marktforschung 1964, S. 72-79

Sudman, S./Bradburn, N.M.: Asking Questions, San Francisco 1983

Sudman, S.: Applied Sampling, New York 1976

Sukhatme, P.V./Sukhatme, B.V.: Sampling Theory of Surveys with Applications, Bombay 1977

Talman, M.: Besser präsentieren mit dem PC, Düsseldorf et al. 1992

Tatsuoka, M.M.: Multivariate Analysis, New York 1988

Tauschner, L.: Zur Spezifikation von Antwortmodellen, Diss. Göttingen 1977

Theuerkauf, I.: Kundennutzenmessung mit Conjoint, in: Zeitschrift für Betriebswirtschaft 1989, S. 1179-1192

Thiele, A.: Mit neuen Techniken wirkungsvoll präsentieren, Landsberg 1991

Thiele, A.: Überzeugend Präsentieren, Düsseldorf 1991

Thomas, L.: Conjoint Measurement als Instrument der Absatzforschung, in: Marketing ZFP 1979, S. 199-211

Tiede, M./Voss, W.: Einführung in die induktive Statistik, Bochum 1982

Tiede, M.: Statistik, Regressions- und Korrelationsanalyse, München et al. 1987

Tiemeyer, E.: Moderne Grafikprogramme, Planegg 1991

Tietz, B.: Die Grundlagen des Marketing, München 1969

Tomczak, T.: Forschungsmethoden in der Marketingwissenschaft, in: Marketing ZFP 1992, S 77-78

Töpfer, A. (Hrsg.): Kundenzufriedenheit messen und steigern, Neuwied/ Kriftel 1996

Töpfer, A./Zander, E. (Hrsg.): Mitarbeiter-Befragungen, Frankfurt 1988

Trommsdorf, V.: Der Stratege braucht keine Zahlenfriedhöfe, in: W&V 1993, S. 110-121

Trommsdorf, V.: Die Messung des Produktimages für das Marketing, Köln et al. 1975

Trommsdorf, V.: Konsumentenverhalten, 2. A., Stuttgart 1993

Trommsdorff, V./Ernst, M.: Automatische Auswertungsverfahren, in: Forschungsgruppe Konsum und Verhalten, Würzburg et al. 1983, S. 237-254

Tryon, R.C.: Cluster Analysis, Ann Arbor 1939

Tufte, E.R.: The Visual Display of Quantitative Information, Cheshire 1983

Tufte, E.R.: Envisioning Information, Cheshire 1990

Tukey, J.W.: Exporatory Data Analysis, Reading 1977

Tull, D./Hawkins, D.: Marketing Research, 4.A., New York et al. 1987

Turnbull, P.W./Paliwoda, S.J. (Hrsg.): Research in International Marketing, London 1986

Twedt, D.W. (Hrsg.): 1978 Survey of Marketing Research, Chicago 1978

Twedt, D.W. (Hrsg.): 1983 Survey of Marketing Research, Chicago 1983

Überla, K.: Faktorenanalyse, 2.A., Berlin et al. 1977

Uhrig, M.: Datenbankensysteme und Online-Datenbanken, Hannover 1987

Unger, F.: Markforschung, Heidelberg 1989

Voets, S.: Präsentationsgrafik mit Excel 3, Düsseldorf 1991

Vogel, F.: Probleme und Verfahren der numerischen Klassifikation, Göttingen 1975

Wäckerlin, M: Marketing mit Ambiguitäten. Erfolgreiche Kommunikation mit Mehrdeutigkeiten, Freiburg 1995

Warner, S.L.: Randomized Response, in: JASA 1965, S. 63-69

Weber, E.: Einführung in die Faktorenanalyse, Jena 1974

Weber, M.R.: Telefon-Marketing, Landsberg 1984

Weber, R.P.: Basic Content Analysis, Beverly Hills 1985

Wechsler, W.: Delphi-Methode, München 1978

Weiber, R.: Faktorenanalyse, St. Gallen 1984

Weigel, H.: Der exakte Schwindel oder Der Untergang des Abendlandes durch Zahlen und Ziffern, Graz 1977

Weinberg, P./Schulte-Frankenfeld, H.: Informationstafeln und Denkprotokolle, in: Forschungsgruppe Konsum und Verhalten, Würzburg et al. 1983, S. 75-104

Weinberg, P.: Beobachtung des emotionalen Verhaltens, in: Forschungsgruppe Konsum und Verhalten (Hrsg.), Würzburg et al. 1983, S. 45-62

Weis, H.C.: Marketing, 8.A., Ludwigshafen 1993

Weis, H., Steinmetz, P.: Marktforschung, 2.A., Ludwigshafen 1995

Weissmann, A.: Verbraucherpanel, München 1983

Weissmann, A.: Verbraucherpanel-Informationen als Grundlage für Marketingentscheidungen im Einzelhandel, München 1983

Wendt, F.: Bewußte Auswahlverfahren, in: Der Marktforscher 1964, S. 15-23

Wendt, F.: Wann wird das Quotenverfahren begraben?, in: AStA 1960, S. 35-40

Weßner, K.: Strategische Marktforschung mittels kohortenanalytischer Designs, Wiesbaden 1989

Wettschurek, G.: Meßtechniken der demoskopischen Marktforschung, Diss. Berlin 1977

Wettschurek, G.: Meßtechnisches Praktikum für Marktforscher, Hamburg 1977

White, J.V.: Graphic idea Notebook, New York 1980

White, J.V.: Using Charts and Graphs, New York 1984

Wich, D.J.: Die Vergleichbarkeit von Befragungen im Rahmen der internationalen Konsumentenforschung, Hamburg 1989

Wiedemann, P.: Erzählte Wirklichkeit, Weinheim 1986

Wilde, K.: Langfristige Marktpotentialprognosen in der strategischen Planung, Düsseldorf 1981

Williams, E.Y.: Regression Analysis, New York 1959

Willim, B.: Leitfaden der Computer Grafik, Berlin 1990

Winer, B.J.: Statistical Principles in Experimental Designs, 2.A., New York 1971

Wiswede, G.: Motivation und Verbraucherverhalten, München 1973

Witt, D.: Blickverhalten und Erinnerung bei emotionaler Anzeigenwerbung, Diss. Saarbrücken 1977

Witt/Hofmann et al.: Modernes Marketing-Management, Baden-Baden 1983

Witte, E.: Das Informationsverhalten in Entscheidungsprozessen, Tübingen 1972

Wittenberg, R.: Grundlagen computerunterstützter Datenanalyse, Stuttgart 1991

Wittenberg, R./Cramer, H.: Datenanalyse mit SPSS, Stuttgart 1992

Wittling, W. (Hrsg.): Handbuch der klinischen Psychologie, Hamburg 1980

Wittmann, W.: Unternehmung und unvollkommene Information, Köln et al. 1959

Wlach, F.: Organisationstechnische Darstellung, in: ZfO 1927, S. 229-241

Wohlleben, H.-D.: Präsentationstechnik, Gießen 1977

Wolf, J.: Markt- und Imageforschung im Handel, Grafenau 1981

Wolff, H.: Die graphische Darstellung als Lehrmittel, Dresden 1927

Wöller, R.: Absatzprognosen, Bamberg 1980

Worcester, R./Downham, J. (Hrsg.): Consumer Market Research Handbook, 3.A., Amsterdam 1986

Yates, F.: Sampling Methods for Censues and Surveys, 4.A., High Wycombe 1981

Zdrowomyslaw, N.: Der bundesdeutsche Augenoptikermarkt im Wandel, Spardorf 1989

Zeisel, H.: Say it with Figures, 5.A., New York 1968

Zelazny, G.: Concept Visuals, Boston 1983

Zelazny, G.: Say it with Charts, Homewood 1985

Zelazny, G.: Wie aus Zahlen Bilder werden, 3.A., Wiesbaden 1992

Zentes, J.: EDV-gestütztes Marketing, Berlin et al. 1987

Zentes, J.: Grundbegriffe des Marketing, 4.A., Stuttgart 1995

Zentes, J.: Neue Informations- und Kommunikationstechnologien in der Marktforschung, Berlin et al. 1984

Zimmermann, E.: Das Experiment in den Sozialwissenschaften, Stuttgart 1977

Zins, A.: Multidimensionale Skalierung von Freizeiteinrichtungen, Wien 1991

Zöfel, P.: Univariate Varianzanalysen, Stuttgart 1992

Zusne, L.: Visual perception of Form, New York 1970

Stichwortregister